Prüfungs-Handbuch

Praxisorientierter Leitfaden
einer umfassenden unternehmerischen
Überwachungs- und Revisionskonzeption

von Prof. Dr. Rolf Hofmann

unter Mitarbeit von
Ingo Hofmann StR

4., völlig überarbeitete und erweiterte Auflage

ERICH SCHMIDT VERLAG

Die Deutsche Bibliothek – CIP-Einheitsaufnahme

Hofmann, Rolf:
Prüfungs-Handbuch : praxisorientierter Leitfaden einer umfassenden unternehmerischen Überwachungs- und Revisionskonzeption / von Rolf Hofmann. Unter Mitarbeit von Ingo Hofmann. – 4., völlig überarb. u. erw. Aufl. – Berlin : Erich Schmidt, 2002

ISBN 3 503 06662 4

1. Auflage 1991
2. Auflage 1994
3. Auflage 2000
4. Auflage 2002

ISBN 3 503 06662 4

www.erich-schmidt-verlag.de

Dieses Papier erfüllt die Frankfurter Forderungen der Deutschen Bibliothek und der Gesellschaft für das Buch bezüglich der Alterungsbeständigkeit und entspricht sowohl den strengen Bestimmungen der US Norm Ansi/Niso / 39.48-1992 als auch der ISO Norm 9706.

Gesetzt aus der Times New Roman 10/12 Punkt

Satz: multitext, Berlin
Druck: Hubert & Co., Göttingen

Effiziente „Interne Revision" erfordert eine
dynamische Anpassung an die sich
beschleunigenden Entwicklungsprozesse
und ändernden wirtschaftlichen Rahmenbedingungen.
Entscheidende Impulse erhalten Unternehmensphilosophie
und Managementparadigma durch Leankonzepte, Prozessorientierung,
Reengineering, Computerisierung und Globalisierung.

Vorwort

Die erste Fassung des „Prüfungshandbuches" aus dem Jahr 1990 und die weiteren in 1994 und 2000 erschienenen überarbeiteten Auflagen haben eine positive Resonanz gefunden. Das Interesse der Unternehmen unterschiedlicher Rechtsformen, Größenordnungen und Wirtschaftsbereiche an einem praxisorientierten Leitfaden einer Überwachungs- und Revisionskonzeption sowie an einem aussage- und funktionsfähigen Revisionsmanual als Orientierungs- und Arbeitshilfe weist ungebrochen eine steigende Tendenz auf.

Gründe hierfür liegen in den Herausforderungen für die Wirtschaft durch technologische Änderungen und integrierte, vernetzte Daten- und Informationssysteme, wachsende Betriebsgrößen, veränderte Führungs- und Organisationsstrukturen, wirtschaftliche Turbulenzen, Wettbewerbsdruck und rückläufige Konjunktur sowie Internationalisierung und Globalisierung. Endogene und exogene Faktoren revolutionieren das unternehmerische Handeln. Sie beeinflussen Ziele und Vorgehensweisen der Leitungs- und Kontrollorgane.

Entscheidende Impulse erhielt die Unternehmensüberwachung durch Missmanagement in Großunternehmen und Konzernen, die den Gesetzgeber 1998 veranlassten das KonTraG (Gesetz zur Kontrolle und Transparenz im Unternehmensbereich) zu erlassen. Weitere Managementfehlleistungen intensivierten die Diskussion zum Fragenkomplex „Unternehmensverfassung". Sie führten im Mai 2000 zur Einsetzung einer Regierungskommission „Corporate Governance – Unternehmensführung – Unternehmenskontrolle – Modernisierung des Aktienrechts". Die Kommission soll bestehende Defizite des deutschen Systems im Hinblick auf den sich durch die Globalisierung der Kapitalmärkte vollziehenden Wandel der Unternehmens- und Marktstrukturen aufzeigen und Vorschläge für eine Effizienzsteigerung des dualistischen Überwachungssystems der Kapitalgesellschaft unterbreiten.

Berücksichtigt sind die Vorschläge im „Transparenz- und Publizitätsgesetz" (einem Gesetzentwurf zur weiteren Reform des Aktien- und Bilanz-rechts – zu Transparenz und Publizität) des Bundesministeriums der Justiz, Stand 26. November 2001. Der Entwurf enthält u.a. Regelungen für die Akteure der Corporate Governance, die Unternehmenspublizität unter Einbeziehung elektronischer Medien und die Abschlussprüfung. Das Gesetz führt zu Änderungen im AktG, GmbHG und HGB.

KonTraG und Transparenz- und Publizitätsgesetz erhöhen den Stellenwert der Internen Revision nicht nur für börsennotierte Gesellschaften, sondern auch für Unternehmen aller Rechtsformen, unabhängig von ihrer Betriebsgröße.

Nach einer Erhebung „über den Stand der Internen Revision“ die das Deutsche Institut für Interne Revision e.V., Frankfurt am Main, zum Stand März 1996 durchgeführt hat, verwenden über 70 % der Revisionsabteilungen bzw. Konzernrevisionen Handbücher. Grundsätzlich verfügen Interne Revisionen zu mehr als 80 % über schriftlich fixierte Prüfungsgrundsätze; im Versicherungssektor sind es 90 %. Mit zunehmender Unternehmensgröße steigen Notwendigkeit und Bereitschaft zu einer ausführlichen Dokumentation.

Wegen des Fehlens einer Konzeption, sicherlich auch mangels ausreichender personeller Ressourcen und der für die Erstellung eines Manuals aufzuwendenden Zeit, die einen nicht unerheblichen Kostenfaktor darstellt, verfügen mittelständische Gesellschaften und Kleinbetriebe nicht über ein Prüfungshandbuch. Ohne Zweifel trägt es dazu bei, Prüfungen zu optimieren und Verwaltungsaufwand zu minimieren.

Für diesen Adressatenkreis bietet die vorliegende Ausarbeitung eine Möglichkeit, kostengünstig und mit vertretbarem Zeitaufwand ein unternehmensspezifisches Handbuch zu erstellen. Großunternehmen und Konzernen dient sie als Orientierungs- und Vergleichsmöglichkeit für den Ausbau und die Aktualisierung bestehender Handbücher. Keine Interne Revision, unabhängig von Unternehmensgröße und Branchenzugehörigkeit sollte auf ein Prüfungshandbuch als Führungs-, Organisations- und Rationalisierungsmittel verzichten.

In der betriebswirtschaftlichen Literatur gibt es zahlreiche Beiträge, die Teilaspekte der Prüfungslehre zum Gegenstand haben, wie Organisations- und Revisionsgrundsätze, Stellenbeschreibungen, Arbeitsanweisungen und Checklisten, Prüfungsplanung, -vorbereitung und -durchführung, Berichterstattung und Erfolgskontrolle. Es fehlen jedoch in sich geschlossene, praxisorientierte, operationelle Abhandlungen über den Komplex der Unternehmensüberwachung sowie die Erstellung und den Inhalt eines Prüfungshandbuches. Aufgabe der vierten, aktualisierten erweiterten und überarbeiteten Auflage dieses Buches ist es, die Lücke zu schließen.

Anregungen zur Konzeption dieser Studie erhielt der Verfasser aus seiner langjährigen, weltweiten Prüfungs- und Beratungstätigkeit in Unternehmen und Konzernen unterschiedlicher Wirtschaftsbereiche, aus Impulsen als Hochschullehrer im Bereich der Wirtschaftswissenschaft sowie aus der Leitung der Konzernrevison eines transnationalen Unternehmens.

Adressaten des Prüfungshandbuches sind Aufsichtsräte, Unternehmensleiter und Führungskräfte in Wirtschaft, Verwaltung und Handel, im Kredit- und Versicherungswesen sowie im Dienstleistungsbereich. Angehörige interner und externer

Prüforgane, Steuerberater, Organisatoren, Controller und Unternehmensberater. Ferner interessierte Leser und Studenten der Wirtschaftswissenschaft und des Prüfungswesens, die sich über Wirkungsgrad, Zielsetzung, Aufgaben, Organisation, Planung und Durchführung der unternehmerischen Überwachung praxisorientiert und umfassend informieren wollen.

Die Verfasser hoffen, dass das Prüfungshandbuch weiterhin eine positive Aufnahme findet. Für Anregungen und Hinweise, die bei einer erneuten Überarbeitung berücksichtigt werden können, wären wir den Lesern verbunden.

Bochum, Mai 2002

Rolf Hofmann
Ingo Hofmann

Inhaltsverzeichnis

Verzeichnis der Abbildungen

Abkürzungsverzeichnis

A

AAA	US Army Agency Bulletin
ACC	The Accountant
ADV	Automatische Datenverarbeitung
AG	Aktiengesellschaft
AIA	American Institute of Accountants
AICPA	American Institute of Certified Public Accountants
AktG	Aktiengesetz
AO	Abgabenordnung
APB	Accounting Principles Board
AR	Aufsichtsrat
ARB	Accounting Research Bulletin
ARGE	Arbeitsgemeinschaft Interne Revision (Österreich)
ASCPA	American Society of Certified Public Accountants

B

BA	Bachelor
BAK	Bundesaufsichtsamt für das Kreditwesen
BetrVG	Betriebsverfassungsgesetz
BDSG	Bundesdatenschutzgesetz
BDU	Bundesverband Deutscher Unternehmensberater
BGBl	Bundesgesetzblatt
BImSchG	Bundesimmissionsschutzgesetz
BiRiLiG	Bilanzrichtliniengesetz
BKA	Bundeskriminalamt
BpO(St)	Betriebsprüfungsordnung
BStBl	Bundessteuerblatt
BVB	Bundesverband der vereidigten Buchprüfer

C

CAD	Computer Aided Design
CAM	Computer Aided Manufacturing
CAQ	Computer Aided Quality Control
CCA	The Canadian Chartered Accountant
CFR	Cash-Flow-Rendite
CIA	Certified Internal Auditor
CIM	Computer Integrated Manufacturing

COM	Computer-Output-Microfilm
COSO	Committee of Sponsoring Organizations
CPA	Certified Public Accountant
CVA	Cash Value Added

D

DAX	Deutscher Aktienindex
DB	Der Betrieb
DIN	Deutsches Institut für Normung
DM	Deutsche Mark
DRS	Deutscher Rechnungslegungs-Standard
DRSC	Deutsches Rechnungslegungs-Standards-Committee
DSB	Datenschutzbeauftragter
DUB	Delta-Unterschieds-Brutto-Cash-Flow
D&O	Directors-and Officers-Versicherung
DV	Durchführungsverordnung
DVFA	Deutsche Vereinigung für Finanzanalyse und Anlagenberatung

E

EAC	Executive Automotive Committee
EBIT	Earnings Before Interest and Taxes
EBITA	Earnings Before Interest, Taxes and Amortization
EBITDA	Earnings Before Interest, Taxes, Depreciation and Amortization
E-Business	Electronic Business
E-Commerce	Electronic Commerce
ECIIA	European Confederation of Institutes of Internal Auditing
EDP	Electronic Data Processing
EDV	Elektronische Datenverarbeitung
EG	Europäische Wirtschaftsgemeinschaft
EStG	Einkommensteuer-Gesetz

F

FAGO	Geschäftsordnung für Finanzämter
FAMA	Fachausschuss für moderne Abrechnungssysteme
FASB	Financial Accounting Standards Board
F+E	Forschung und Entwicklung
FG	Fachgutachten

G

GAAP	Generally Accepted Accounting Principles

GAAS	Generally Accepted Auditing Standards
GmbH	Gesellschaft mit beschränkter Haftung
GmbHG	GmbH-Gesetz
GoB	Grundsätze ordnungsmäßiger Buchführung und Bilanzierung
GoD	Grundsätze ordnungsmäßiger Datenverarbeitung
GoDS	Grundsätze ordnungsmäßigen Datenschutzes
GoM	Grundsätze ordnungsmäßiger Mikroverfilmung
GoS	Grundsätze ordnungsmäßiger Speicherbuchführung
GVG	Gerichtsverfassung
GWB	Geschäftswertbeitrag
GWW	Geldwäschegesetz

H

HdB	Handbuch
HFA	Hauptfachausschuss
HGB	Handelsgesetzbuch
Hrsg.	Herausgeber
HWRev	Handwörterbuch der Revision
HWO	Handwörterbuch der Organisation

I

IA	The Internal Auditor
IdW	Institut der Wirtschaftsprüfer
IFAC	International Federation of Accountants
IIA	Institute of Internal Auditors Inc.
IIR	Institut für Interne Revision e.V.
IKS	Unernehmensinternes Kontrollsystem

K

KG	Kommanditgesellschaft
KGaA	Kommanditgesellschaft auf Aktien
KO	Konkursordnung
KonTraG	Gesetz zur Kontrolle und Transparenz im Unternehmensbereich 1998
KWG	Kreditwesengesetz

L

LAN	Local Area Network

M

M-Business	Mobile Business

MIIA	Master of Internal Auditing
Mio	Millionen
MIS	Management-Informationssystem
MitbestG	Mitbestimmungsgesetz
Mrd	Milliarden

N

NAA	National Association of Accountants
NUI	Network User Identification
NNOPAT	Net Operating Profit after Taxes
NYSE	New York Stock Exchange

P

PC	Personal Computer
PPS	Produktionsplanung und -steuerung
PubG	Publizitätsgesetz

R

RAO	Reichsabgabeordnung
RKW	Rationalisierungskuratorium der Wirtschaft
RGBl	Reichsgesetzesblatt
ROCE	Return on Capital Employed
RORAC	Return on Risk-Adjusted Capital
RPO	Rechnungsprüfungsordnung
RZ	Rechenzentrum

S

SA	Securities Act
SAS	Statement of Auditing Standards
SEA	Securities Exchange Act
SEC	Securities and Exchange Commission
SFAS	Statement of Financial Accounting Standards
SG	Schmalenbach Gesellschaft
SIC	Standing Interpretation Committee
SMA	Statement on Management Accounting
SMAS	Statement on Management Accounting Standards
SOP	Statement of Position
StB	Steuerberater
StBG	Steuerberatergesellschaft
StBv	Steuerbevollmächtigter
StBG	Strafgesetzbuch

T

TI	Transparancy International

U

UEC	Union Européenne des Experts Comptables Economiques et Financiers
UMTS	Universal Mobile Telecommunication System
UK	United Kingdom
US	United States
USA	United States of America
US	United States
US-GAAP	United States Generally Accepted Accounting Prinsiples

V

VAG	Versicherungsaufsichtsgesetz
vBP	Vereidigter Buchprüfer
VDB	Verband Deutscher Bücherrevisoren
VGlO	Vergleichsordnung
VIA	Value Improvement Analyses

W

WACC	Weighted Average Capital Cost
WiKG	Gesetz zur Bekämpfung der Wirtschaftskriminalität
WHG	Wasserhaushaltsgesetz
WISU	Das Wirtschaftsstudium
WP	Wirtschaftsprüfer
WPH	Wirtschaftsprüferhandbuch
WPg	Die Wirtschaftsprüfung
WPK	Wirtschaftsprüferkammer
WPO	Wirtschaftsprüferordnung

Z

ZfhF	Zeitschrift für handelswissenschaftliche Forschung
Ziff.	Ziffer
ZIR	Zeitschrift für Interne Revision
ZSI	Zentralstelle für Sicherheit in der Informationsverarbeitung

1. Aufgabenstellung

Inhalt des Prüfungshandbuches ist eine in sich geschlossene unternehmerische Überwachungskonzeption mit Fokussierung auf die Interne Revision.

Zur Sichtbarmachung des Kontrollspektrums und als Beurteilungsgrundlage für die Aufgaben und den Wirkungsgrad des unternehmensinternen Prüforgans wird unter dem Gliederungspunkt 2 der Einfluss der Betriebsgröße auf die Überwachung herausgestellt. Skizziert werden die Beschäftigtengrößenklassen in Deutschland, untergliedert in Kleinbetriebe, mittelständische Gesellschaften und Großunternehmen. Die Unternehmensgröße, ausgedrückt im Belegschaftsstand und Jahresumsatz, determiniert die Aufgabenstellung der Internen Revision und die zur ordnungsmäßigen Durchführung erforderlichen sachlichen und personellen Ressourcen. Einfluss auf den Überwachungsumfang und die Überwachungsintensität sowie das Risikopotential hat der Verbund mit transnationaler unternehmerischer Betätigung und der erreichte Konzentrationsgrad wirtschaftlicher Macht, ausgedrückt im Marktanteil des Wirtschaftsbereichs des Konzerns. Darüber hinaus sind die Konsequenzen der Globalisierung und ihr Einfluss auf IKS und Risikomanagement zu beachten.

Behandelt wird ferner der Einfluss der Unternehmensverfassung auf die unternehmerische Überwachung. Dargestellt werden die Überwachungssysteme der US-Corporation und der Aktiengesellschaft sowie der Stand der Unternehmensverfassung in Europa. Akteure der Corporate Governance in Deutschland sind das Leitungs- und Überwachungsorgan, repräsentiert durch Aufsichtsrat und Vorstand. Zur Vorbereitung seiner Entscheidungsfindung sowie zur Erhöhung des Wirkungsgrades der Beratung und Überwachung des Vorstands bildet das Kontrollorgan paritätisch besetzte Ausschüsse.

Punkt 3 befasst sich mit der unternehmerischen Überwachungskonzeption sowie dem Niveau und der Intensität der Unternehmenskontrolle. Abgehandelt werden die Aufgabenstellungen von Aufsichtsrat, Jahresabschlussprüfer und Vorstand. Kontrolllücken werden aufgezeigt und Möglichkeiten ihrer Schließung vorgeschlagen. An Beispielen aus der Praxis wird exemplifiziert, wie Control-Gaps und Überwachungsschwächen unternehmerische Fehlleitungen und Missmanagement begünstigen.

Gegenstand von Ziffer 4 ist das Prüfungshandbuch als Orientierungsmaßstab und Hilfe zur Erhöhung der Effizienz der Internen Revision. Aufgabe eines Manuals ist die Dokumentation der unternehmerischen Überwachungsstruktur unter Leitungsaspekten. Einfluss haben insbesondere die Interne Revision und der Jahresabschlussprüfer. Im einzelnen werden definiert Inhalt, Umfang und Einsatz des Handbuches unter Berücksichtigung der Interessen der Adressaten.

Die Interne Revision als Instrument der Geschäftsführung wird unter Ziffer 5 vorgestellt. Wichtig sind eine adäquate Eingliederung in die Unternehmenshierarchie, die Gewährleistung der Prozessunabhängigkeit und die Abteilungsgröße. Für die Beurteilung der Angemessenheit der Revisionskapazität dienen repräsentative Revisionskennzahlen.

Gliederungspunkt 6 betrifft die Organisation der Internen Revision. Möglich ist eine Zentralisierung oder Dezentralisierung der Abteilungsstruktur. Voraussetzung für einen reibungslosen Ablauf sind Stellenbeschreibungen für die einzelnen Abteilungsfunktionen.

Das Anforderungsprofil der Revision, dargestellt unter Ziffer 7, wird determiniert durch die Fundierung der Einstellungsentscheidungen für Mitarbeiter, die begleitenden Fort- und Weiterbildungsmaßnahmen sowie die den Revisoren eingeräumten beruflichen Entwicklungschancen im Unternehmen bzw. Konzern.

Informationen zum Berufsstand und Image Interner Revisoren und Abschlussprüfer, zu den Berufsgrundsätzen und zur Berufsgerichtsbarkeit enthält Ziffer 8.

Entwicklungstendenzen im Kontext mit der Unternehmensüberwachung werden unter dem Gliederungspunkt 9 aufgezeigt. Sie werden vorgegeben durch die Gesetzgebung für Kapitalgesellschaften und für den Bereich relevanter Wirtschaftsstraftaten. Starke Impulse resultieren aus dem evolutorischen technischen und wirtschaftlichen Entwicklungsprozess. In Anpassung an die sich schnell ändernden Rahmenbedingungen entwickelten sich die Revisionsinhalte vom Financial- über das Operational- zum Management- und Lean-Auditing. Immer wichtiger wird die betriebswirtschaftliche Begutachtung und Beratung im Hinblick auf das IKS und Risikomanagement-System.

Unter Ziffer 10 werden die Prüfungsschwerpunkte herausgearbeitet. Zentrale Bedeutung haben das unternehmensinterne Kontroll- und Risikomanagementsystem sowie das abgestimmte Zusammenwirken von Interner Revision, Abschlussprüfer, Organisation bzw. Informatik und Controlling. Zu beachten sind die GoB und deren Weiterentwicklung einschließlich der Grundlagen der Konzernrechnungslegung. Einen immer höheren Stellenwert gewinnt die Daten- und Informationsverarbeitung und die damit im Zusammenhang stehenden System- und Softwarefragen. Einen Schwerpunkt bildet das Risikomanagement, untergliedert in Risikopotentiale und -bereiche. Hierbei sind die Vorschriften des KonTraG und die erweiterten Bestimmungen des Transparenz- und Publizitätsgesetzte zu beachten. Dargestellt wird die Risikominimierung durch Einsatz derivativer Finanzinstrumente, ein wichtiger Teilaspekt, wie ausgewählte Beispiele aus der Praxis eindrucksvoll belegen. Immer mehr Unternehmen bekennen sich zum Wertmanagement und den damit angestrebten Wertsteigerungen. Abschluss der Prüfungsschwerpunkte bilden Umwelt Audits sowie Vermögensschutz und Vermögenssicherung.

Ausführlich behandelt wird unter Ziffer 11 die Prüfungsplanung mit den Schritten Planungsphasen, Setzen von Prioritäten, Gliedern der Prüfprojekte bzw. Prüffelder und Zuordnen der Revisoren zu den Prüf- und Beratungsaufträgen.

Der Prüfungsablauf mit den Phasen Vorbereitung und Abwicklung ist Bestandteil der Ziffer 12; die Berichterstattung einschließlich der Erfolgskontrolle von Ziffer 13.

Abschließend wird unter dem Gliederungspunkt 14 die Kooperation zwischen Interner Revision und dem Abschlussprüfer einerseits und den unternehmensinternen Stellen, vor allem mit dem Controlling, andererseits, beschrieben.

Zur Veranschaulichung der verbalen Ausführungen dienen umfangreiche Abbildungen in Form von Grafiken und Tabellen.

Verzeichnisse der Abbildungen, Abkürzungen und Literaturhinweise sowie ein Stichwörterverzeichnis runden die Untersuchung ab.

2. Einfluss der Betriebsgröße und Unternehmensverfassung auf die unternehmerische Überwachung

Beurteilungsmaßstab für den Stellenwert der unternehmerischen Überwachung und die Notwendigkeit des Einsatzes einer Internen Revision sind neben der Betriebsgröße branchenspezifische Risikopotentiale und sich daraus ableitenden Sicherheitsbedürfnisse sowie die Unternehmensverfassung.

2.1 Beschäftigtengrößenklassen in Deutschland

Eine Vorstellung von der Struktur deutscher Unternehmen vermittelt die Betriebsstättenzählung, die das Statistische Bundesamt in Zeitabständen in Verbindung mit Volkszählungen durchführt.[1] In Fortführung der Erhebung gibt es in Deutschland schätzungsweise über drei Millionen Betriebsstätten mit mehr als dreissig Millionen Beschäftigten.[2] Davon sind rund 20 % Ein-Mann-Betriebe. Somit verbleiben 2,4 Mio Firmen, die mehrere Personen beschäftigen

Unter ihnen befinden sich mehr als 87 % Betriebsstätten, die bis zu 9 Personen beschäftigen, im Durchschnitt 3. Weitere 7,5 % beschäftigen zwischen 10 und 19 Personen, im Durchschnitt 13.

Fünf Prozent, das sind über 100.000 Betriebe, setzen zwischen 20 bis 499 Personen ein, im Durchschnitt 65. Lediglich bei 4.000 Unternehmen, das sind etwa 0,2 % des Erhebungsumfangs, übersteigt der Personalstand jeweils 500 Personen. Der Durchschnittswert liegt bei 2.250 Mitarbeiter.

Weitere Informationen über die Größenordnung deutscher Firmen vermittelt die Ausarbeitung „wer gehört zu wem“.[3] Sie präsentiert die Kapital- und Beteiligungsverhältnisse von 11.000 Firmen, deren Nominalkapital mindestens 0,5 Mio € beträgt.

Das „Handbuch der Großunternehmen“, ein bekanntes Nachschlagewerk,[4] enthält Angaben über 25.000 Firmenporträts. Berücksichtigt sind Unternehmen mit mehr als 150 Beschäftigten und einem 10 Mio € übersteigenden Jahresumsatz

1 Statistisches Jahrbuch für die Bundesrepublik Deutschland, 1998, Ziff. 7.3, S. 113. Die Erhebung erstreckt sich auf die Bereiche Produzierendes Gewerbe, Handel, Verkehr, Nachrichten, Kreditinstitute, Versicherungen und freie Berufe.

2 In Deutschland gibt es mehr als 40 Mio Erwerbspersonen, die einen unmittelbar oder mittelbar auf Erwerb gerichtete Tätigkeit ausüben oder suchen. Davon sind 36 Mio erwerbstätig, d.h. sie stehen in einem Beschäftigungsverhältnis. Über 4 Mio sind z. Zt. erwerbslos, d. h. ohne Arbeitsverhältnis. Quelle: Statistisches Jahrbuch 2000.

3 Commerzbank AG, wer gehört zu wem, 20. Aufl., Stand April 2000, Frankfurt am Main.

4 Verlag Hoppenstedt GmbH, Handbuch der Großunternehmen, Darmstadt.

In Ergänzung zu den Erhebungen des Statistischen Bundesamtes über Kapitalgesellschaften gibt es über 4.000 Unternehmen in der Rechtsform der Aktiengesellschaft und etwa 600.000 Gesellschaften mit beschränkter Haftung.[5] In den Wirtschaftsbereichen sind die Gesellschaften hinsichtlich Anzahl, Größe und Kapitalausstattung unterschiedlich vertreten. Betriebsgrößenunterschiede zwischen der AG und GmbH werden transparent beim Vergleich des eingesetzten Kapitals. Während AG über ein gezeichnetes Kapital von durchschnittlich über 25 Mio € verfügen, beträgt das Stammkapüital der GmbH durchschnittlich 200.000 €, das sind weniger als ein Prozent im Vergleich zum Durchschnittswert der AG.

Für die Klassifizierung der Kapitalgesellschaften in kleine, mittlere und große gelten die Abgrenzungskriterien des § 287 Abs. 1–3 HGB. Unabhängig davon gilt eine Kapitalgesellschaft als groß, wenn Aktien oder andere von ihr ausgegebenen Wertpapiere an einer Börse zum amtlichen Handel zugelassen bzw. in den geregelten Freiverkehr einbezogen sind oder die Zulassung zum amtlichen Handel beantragt ist.

Nr.	**Beurteilungskriterien**	**Betriebsgröße**		
		Großunternehmen	**Mittelständische Gesellschaften**	**Kleinbetriebe**
1.	Unternehmensleitung	Vorstand/Management	Inhaber, Geschäftsführer, Management	Inhaber
2.	Unternehmensüberwachung	Aufsichtsrat	z.T. Aufsichtsrat	Inhaber, Geschäftsführer
3.	Rechtsform	AG und GmbH	Einzelfirma, Personengesellschaft, GmbH und AG	Einzelfirma, Personengesellschaft und GmbH
4.	Belegschaft	ab 250 Personen	51 bis 249	ab 20 bis 50
5.	Produktionsprogramm	Sortiment	Technisch orientiert	Spezialisiert
6.	Marktstellung	Marktführer, globale Interessen	Hochwertige Produkte, national, international	Marktnischen lokal und regional
7.	Überwachungsinstrumente	ausgeprägt	Stellenwert steigend	rudimentär
7.1	IKS	vorhanden	entsprechend der Größe	Fehlt bis rudimentär
7.2	Risikomanagementsystem	vorhanden	wie vor	wie vor
7.3	Controlling	Gesamt- und Segment-	Controller	Inhaber

Abbildung 1: Betriebsgrößenklassen unter Überwachungsaspekten

5 Statistisches Jahrbuch 1995, Ziff. 75, Zahl und Grund- bzw. Stammkapital der Kapitalgesellschaften, S. 134.

Einfluss der Betriebsgröße

Nr.	Beurteilungskriterien	Betriebsgröße		
		Großunternehmen	**Mittelständische Gesellschaften**	**Kleinbetriebe**
7.4	Interne Revision	Revisionsabteilung	Revisionsfunktion	Inhaber
8.	DV und Informatik	Integriert und Vernetzt, Spezialsoftware	Computereinsatz mit Standardsoftware	PC mit Software
9.	Betriebe insgesamt	10.000	50.000	80.000

Abbildung 1: Betriebsgrößenklassen unter Überwachungsaspekten (Forts.)

Abbildung 1 vermittelt eine Vorstellung von der Anzahl möglicher Betriebe in Deutschland unter Überwachungsaspekten.

2.1.1 Kleinbetriebe

Etwa 80.000 Betriebe beschäftigen zwischen 20 bis 50 Personen. Typisch sind die Rechtsformen Einzelfirma, Personengesellschaft und GmbH. Bei Betrieben dieser Größenordnung liegt die Geschäftsführung beim Inhaber. Das Fertigungsprogramm ist meist spezialisiert. Bevorzugt werden Marktnischen. Beliefert wird der lokale und regionale Markt. Defizite liegen in einer schwachen Eigenkapitalausstattung, in begrenzten Finanzierungsspielräumen und in einem unzureichenden Organisation-, Steuerungs-, und Führungsinstrumentarium. Überwachungsaufgaben übernimmt der Inhaber.

2.1.2 Mittelständische Gesellschaften

In rund 50.000 mittelständischen Gesellschaften werden jeweils zwischen 50 bis 249 Personen beschäftigt. Vielfach besteht eine Einheit zwischen Kapital und Leitung. Vorherrschend sind Personengesellschaften und die Rechtsform der GmbH. Eine Reihe von Gesellschaften werden als AG geführt. Das Erzeugungsprogramm, bestehend aus hochwertigen Produkten, ist in der Regel technisch orientiert. Beliefert wird der nationale und internationale Markt. Dem Führungs- und Überwachungsinstrumentarium wird ein immer höherer Stellenwert beigemessen. Anzutreffen sind vorzugsweise Controlling- und Revisionsfunktionen.

2.1.3 Großunternehmen und Konzerne

In rund 10.000 Unternehmen werden jeweils mehr als 250 Personen beschäftigt. Es handelt sich vorzugsweise um Kapitalgesellschaften in der Rechtsform der AG oder GmbH, mit einer Trennung zwischen Kapital und Leitung. Mit der Geschäftsführung sind Manager beauftragt, die die ihnen übertragenen Aufgaben in Eigenverantwortung wahrnehmen, ohne das finanzielle Unternehmerrisiko zu tragen.

Großunternehmen sind global tätig. An zahlreichen Standorten im In- und Ausland unterhalten sie Produktions- und Konfektionierbetriebe sowie ein ausgebautes Vertriebsnetz. Sie verfügen über eine jahrzehntelange Markterfahrung.

Die Geschäftsleitung delegiert mit zunehmender Betriebsgröße Kontroll- und Überwachungsaufgaben an die Service-Center Controlling und Interne Revision.

Unter den Großunternehmen sind zahlreiche Konzerne.[6] Sie verfügen über ein ausgebautes Überwachungs- und Risikomanagement-System einschließlich einer Konzernrevision.

2.1.4 Konzentration wirtschaftlicher Macht in Deutschland

Eine Tendenz zur Ausweitung unternehmerischer Betätigung durch Übernahme, Verschmelzung, Fusion, strategische Allianzen und Kooperationen ist seit den 60er Jahren feststellbar. Sie verstärkte sich in den 90er Jahren, begünstigt durch Internationalisierung und Globalisierung. Empirische Untersuchungen belegen, dass nahezu sämtliche börsennotierten Gesellschaften in einem engeren oder weiteren Verbund stehen.

Der Konzentrationsgrad, gemessen am Anteil von jeweils zehn Unternehmen am Umsatz und Beschäftigtenstand des Wirtschaftszweiges, ist, wie Abbildung 2 veranschaulicht, differenziert.

Ausgeprägt ist die Konzentration im Produzierenden Gewerbe, im Handel sowie bei Kreditinstituten und Versicherungen. Hoch ist sie beispielsweise in der Erdölgewinnung mit 99,6 % beim Umsatz bzw. 98,5 % bei den Beschäftigten, in der Tabakverarbeitung mit 98,7 % bzw. 89,4 %, im Kohlenbergbau mit 96,3 % bzw. 98,4 %, bei Kokereien und in der Mineralölverarbeitung mit 82,4 % bzw. 66,9 % sowie im Kraftwagenbau mit 77,9 % bzw. 67,5 %. Niedrig in der Metallerzeugung mit 10,3 % bzw. 5,4 %, im Ernährungsgewerbe mit 11,2 % bzw. 6,0 % und im Maschinenbau mit 11,5 % bzw. 8,9 %.

Mit steigender Betriebsgröße wächst das Kontroll- und Überwachungsbedürfnis.

---

6 Definiert ist der Konzernbegriff in § 18 AktG. Es handelt sich um eine Zusammenfassung rechtlich selbständiger Gesellschaften aus wirtschaftlichen Erwägungen unter einheitlicher Leitung.

Nr.	Wirtschaftszweig	Anteil von jeweils zehn Unternehmen am Wirtschaftszweig	
		Umsatz in %	Beschäftigte in %
1.	**Hohe Konzentration**		
1.1	Erdölgewinnung	99,6	98,5
1.2	Tabakverarbeitung	98,7	89,4
1.3	Kohlenbergbau	96,3	98,4
1.4	Kokerei, Mineralölverarbeitung	95,5	66,9
1.5	Büromaschinen, Computer	82,4	66,9
1.6	Kraftwagen	77,9	67,5
1.7	Sonstiger Fahrzeugbau	55,1	48,8
1.8	Rundfunk und Nachrichten	54,9	42,2
1.9	Geräte der Elektrizitätserzeugung	51,4	40,6
1.10	Recycling	46,6	24,1
2.	**Niedrige Konzentration**		
2.1	Metallerzeugung	10,3	5,4
2.2	Ernährungsgewerbe	11,2	6,0
2.3	Maschinenbau	11,5	8,9
2.4	Möbel, Schmuck, Sportgeräte	12,1	7,9
2.5	Textilgewerbe	12,2	7,2
2.6	Glasgewerbe, Keramik	12,5	10,1
2.7	Holzgewerbe	12,7	10,9
2.8	Gummi und Kunststoffwaren	14,6	11,1
2.9	Verlags- und Druckereigewerbe	14,8	8,7
2.10	Medizin, Regelungstechnik	21,0	17,1

Abbildung 2: Unternehmenskonzentrationen in Deutschland

2.1.5 Betriebsgröße und Interne Revision

Informationen über die Anzahl der Revisionsabteilungen in den einzelnen Betriebsgrößenklassen und in der Wirtschaft allgemein existieren nicht. Aus den vorstehenden Ausführungen ist ableitbar, dass Komplexität, Intransparenz, Anonymität und Risikopotential mit der Unternehmensgröße, ausgedrückt im Umsatz und Belegschaftsstand, und multinationale Betätigung, ausgedrückt im Auslandsanteil, gemessen am Umsatz, steigen.

In Kleinbetrieben ist der Inhaber für die Kontrolle und Überwachung des Betriebsgeschehens verantwortlich. In mittelständischen Gesellschaften übernehmen – neben der Geschäftsführung- Führungskräfte aus den Unternehmensbereichen Kontroll- und Überwachungsaufgaben in Personalunion. Größere mittelständische Gesellschaften verfügen über Controlling- und Revisionsfunktionen. Auch in Großunternehmen mit einer Belegschaftsstärke bis 300 Personen sind Controlling- und Revisionsfunktionen üblich. Umsatzstarke und personalintensive Unternehmen verfügen über entsprechend ausgestattete Controlling- und Revisionsabteilungen.

In Deutschland verfügen schätzungsweise weit über 10.000 Unternehmen über eine Interne Revision in Form einer Revisionsfunktion oder Abteilung.

Im Zusammenhang mit Lean-Management und konsequenter Prozessorientierung wird unter Kostenminimierungsaspekten über Bedeutung und Notwendigkeit einer Internen Revision kontrovers diskutiert. Unternehmen praktizieren zunehmend prozessorientiertes Self-Auditing. Andere verlagern Überwachungsaufgaben durch Outsourcing an Dritte. Im Beteiligungsbereich zahlreicher Unternehmen übernimmt die Konzernrevision der Obergesellschaft bzw. Holding bei den Tochterunternehmen Überwachungsaufgaben unter Verzicht auf dezentrale unternehmensinterne Prüforgane.

2.2 Ökonomische Relevanz der Globalisierung und Wirkung auf das Risikomanagement

Der Begriff „Globalisierung" ist ökonomisch geprägt, wenn auch seine Bedeutung den wirtschaftlichen Rahmen sprengt. Global orientierte Unternehmensaktivitäten, in den letzten Jahren Gegenstand intensiver Diskussionen, sind eine Erscheinung der Industrialisierung. Seitdem werden Rohstoffe, Waren, Produkte und Investitionsgüter weltweit gekauft, transportiert und an unterschiedlichen Standorten verkauft bzw. errichtet. Internationale Konkurrenz, Kapitalbeteiligungen und die Machstellung transnationaler Konzerne gehören seit Beginn des 20. Jahrhunderts zum Erscheinungsbild des Kapitalismus.

Eine neue Dimension gewinnt die Globalisierung durch integrierte, vernetzte Informations- und Kommunikationssysteme, kostengünstige und schnelle Überbrückung der Entfernungen zwischen den Kontinenten, Liberalisierung der Handels-, Waren-, Finanz-, Geld- und Kapitalströme, Wandlung der Aktie als Investitionsinstrument und den weltweiten Börsenhandel rund um die Uhr.[7]

Globalisierung verlagert die ökonomische Macht zu den Industrienationen und benachteiligt die Länder der Dritten Welt. Die stärksten Wirtschaftsakteure, die den Markt beherrschen, haben ihre Standorte in den USA, in Europa oder Japan. Von den fünfzig umsatzstärksten transnationalen Unternehmen unterhalten zum Stand 2000 neunzehn ihre Konzernzentralen in den USA, zwölf in Japan, zehn in Deutschland, drei in Frankreich und jeweils zwei in Großbritannien, Italien und in den Niederlanden.

---

7 Hofmann, R. und Hofmann, I., Globalisierung, Challenge für die Akteure der Corporate Governance, 2. Aufl., Bochum 2002.

Globalisierung führt zu einer weltweiten Annäherung der Konsum- und Investitionsmuster, zu einer Auflösung der klassischen Wirtschaftsstandorte sowie zu einem sich verschärfenden Wettbewerb. Entscheidungen der Konzernzentralen werden grenzüberschreitend getroffen und die Endfertigungsstätten in kostengünstige Standorte weltweit verlagert.

Shareholder-Value- und Investor-Relations-Überlegungen, bei einer Überbetonung der Interessen von Investoren und Anteilseignern, zwingen Großunternehmen zum konsequenten Wertmanagement. Zur Sicherung der Ertragskraft und zum Erhalt der Marktposition dienen eine effiziente Internal Control und ein funktionsfähiges Risikomanagement-System mit sensitiven Frühwarnindikatoren. Den Fortbestand des Unternehmens gefährdende Entwicklungen sollen dadurch möglichst früh erkannt werden. Aufgabe des Risikomanagements ist es, Fehlentwicklungen, Missmanagement, Ertragsverfall und Kapitalvernichtung zu verhindern bzw. zu minimieren.

Neben den Global Player müssen große und auch mittelständische Gesellschaften sich den Herausforderungen der Globalisierung und dem Wettbewerbsdruck in der Wirtschaft stellen und ihre Geschäftstätigkeit sowie ihre Kontroll- und Überwachungssysteme den sich rasant ändernden Rahmenbedingungen anpassen.

2.3 Corporate Governance

Der Leitgedanke der Corporate Governance ist aus dem angelsächsischen Sprachraum übernommen und umfasst die verantwortliche, auf langfristige und nachhaltige Wertschöpfung ausgerichtete Unternehmensleitung und Unternehmenskontrolle börsennotierter Gesellschaften.[8] Im Jahre 1994 verabschiedete in den USA General Motors als Antwort auf Unternehmenskrisen, Globalisierungstendenzen und zum Zwecke der Erhöhung des Börsenstandards sowie zur Manifestierung des Wertmanagements die „General Motors Board of Directors Corporate Governance Guidelines“.

Eine verbindlich definierte und akzeptierte Unternehmensverfassung fördert, stärkt und vertieft das Vertrauen von Anteilseignern, Kreditgebern, Belegschaft, Lieferanten, Abnehmern und Öffentlichkeit in die Überwachungs- und Leitungsorgane eines Unternehmens.

Durch die unterschiedlichen Rechtssysteme und institutionellen Rahmenbedingungen existiert kein international einheitliches Modell für Corporate Governance. Zum Vergleich werden das Überwachungssystem der US-Corporations mit dem deutscher Aktiengesellschaften gegenübergestellt. Aus den Systemunterschieden ergeben sich Konsequenzen für die Akteure der Unternehmensorgane.

---

8 Hofmann, R. und Hofmann, I., Corporate Governance, Überwachungseffizienz und Führungskompetenz in Kapitalgesellschaften, München und Wien 1998.

2.3.1 Überwachungssystem der US-Corporation

Im eindimensionalen Überwachungssystem werden die Interessen der Anteilseigner auf der Grundlage verschiedener „Corporate Laws“ dem „Board“ Übertragen, der die Geschäftsführung einschließlich deren Überwachung wahrnimmt.

Boards von Großunternehmen bestehen aus zehn oder mehr Mitgliedern. Von ihnen sind 80 % „Outside Directors“, meist Vertreter institutioneller Anteilseigner. Ihre Aufgabenschwerpunkte liegen in der Formulierung der Unternehmensstrategie und Zielvorstellungen. Ferner in der finalen Entscheidungskompetenz für Investitionen und Desinvestitionen sowie der Überwachung des Top-Managements. Die restlichen 20 % sind „Inside Directors“, bestehend aus dem Chairman, Chief Executive Officer und Treasurer. Sie bilden die Spitze des aktiven Managements, dem das Tagesgeschäft obliegt.

Anteilseigner sind nicht Mitglieder des Board, jedoch am Berufungsprozess von Outside Directors involviert. Grundsätzlich gibt es keine Arbeitnehmervertreter, Gewerkschaftsfunktionäre oder Vertreter sonstiger Interessengruppen.

Verantwortlich für die Unternehmensführung ist der gesamte Board. Jährlich werden zwischen sieben bis zehn Meetings durchgeführt. Daneben tagen Ausschüsse mit unterschiedlicher Besetzung und Frequenz. Outside Directors sind in folgenden Ausschüssen vertreten:

- Audit Committee. Aufgabenschwerpunkte sind u.a.: Bestellen des Abschlussprüfers, Vorgeben von Prüfungsschwerpunkten und Festlegen des Prüfungshonorars. Prüfen des Jahresabschlussberichts und der damit im Zusammenhang stehenden Berichterstattung. Überwachen der Angemessenheit und Funktionsfähigkeit der Internal Control sowie des Wirkungsgrades des Internal Auditing. Sicherstellen der Einhaltung rechtlicher und sonstiger zu beachtender Vorschriften durch das Unternehmen.
- Nominating Committee. Seine Zuständigkeiten betreffen u.a.: Auswahl der Top-Manager und deren Berufung bzw. Abberufung. Beurteilen und Prüfen der Geschäftsführung der Inside Directors. Gestalten der Board Organisation.
- Compensation Committee. Schwerpunkte bilden: Festlegen der Vergütungspraxis für das aktive Top-Management. Planen des Managementnachwuchses.

Paritätisch besetzt von Inside und Outside Directors sind

- Executive Committee und
- Finance Committee.
  Aufgabe dieser Ausschüsse ist es, dringende Tagesentscheidungen zu treffen und Board-Meetings vorzubereiten.

Exponiert ist die Stellung des Chairman. Gegenüber seinen Kollegen hat er ein direktes Weisungsrecht. Entscheidend für die reibungslose Funktionsfähigkeit des Überwachungssystems ist eine ausgewogene Relation zwischen der autoritären

Führung durch den Chairman einerseits und einer effizienten Kontrolle und Überwachung des aktiven Top-Managements durch die Outside Directors des Board andererseits. Boardmitglieder sind in den USA einer wachsenden Rechenschaftslegung und zunehmenden Kritik durch Medien und Öffentlichkeit unterworfen.

2.3.2 Überwachungssystem der Aktiengesellschaft

Aktiengesellschaften sind dualistisch strukturiert. Der Gesetzgeber unterscheidet zwischen der Überwachung des Vorstands durch den Aufsichtsrat und der Leitung des Unternehmens durch den Vorstand. Mit dem Aktiengesetz 1965 wurde im Vorstand das Kollegialprinzip eingeführt, mit einer Gesamtverantwortung des Vorstands. Im Gegensatz zum Chairman ist der Vorstandsvorsitzende lediglich primus inter pares.

Eine Besonderheit in Deutschland ist die Zusammensetzung des Aufsichtsrats. Nach dem Mitbestimmungsgesetz 1967 ist das Gremium paritätisch mit Anteilseigner- und Arbeitnehmervertretern zu besetzen. Darüber hinaus ist vorgeschrieben, dass von den Arbeitnehmervertretern zwei bis drei Gewerkschaftsfunktionäre in den Aufsichtsrat zu delegieren sind.

Unter den Anteilseignervertretern nehmen Repräsentanten von Banken und Versicherungen sowie Großaktionäre aufgrund der von ihnen gehaltenen Anteile eine dominierende Stellung ein.

Die deutsche Unternehmensverfassung bietet hinsichtlich der Überwachung und Leitung einen beachtlichen Spielraum in der Ausstattung der Akteure der Corporate Governance. Durch die Trennung von Exekutive und Überwachung ist es im Prinzip eine theoretisch zweckmäßige Organisationsform. In der Praxis besteht allerdings, wie die sich häufenden Fälle von Fehlleistungen und Missmanagement in den letzten Jahren belegen, eine gravierende strategische Lücke, die der Gesetzgeber vor allem durch das KonTraG und das geplante Transparenz- und Publizitätsgesetz zu schließen versucht.

Weltweit operierende Konzerne bewerten in ihren Geschäftsberichten die im Jahre 1999 verabschiedeten OECD-Prinzipien zur Corporate Governance positiv und unterstützen sie nachdrücklich.[9]

Durch das Transparenz- und Publizitätsgesetz beabsichtigt der Gesetzgeber börsennotierte Gesellschaften zu verpflichten, im Geschäftsbericht zu erklären, ob das Unternehmen die Empfehlungen des Deutschen Corporate- Government-Kodex

9 Die Vorschläge sind das Ergebnis der im Mai 2000 eingesetzten Regierungskommission „Corporate Governance – Unternehmensführung – Unternehmenskontrolle – Modernisierung des Aktienrechts“. Darüber hinaus hat das Bundesjustizministerium im September 2001 die Kommission Deutscher Kodex Corporate Governance eingesetzt. Die von der Kommission entwickelten Verhaltensregeln werden bis Frühjahr 2002 erwartet.

einhält. Darüber hinaus wird dem Aufsichtsrat empfohlen, mit dem Abschlussprüfer zu vereinbaren, dass dieser ihn informiert bzw. im Prüfungsbericht ausführt, falls er im Rahmen der Jahresabschlussprüfung eine Unrichtigkeit der von Vorstand und Aufsichtsrat abgegebenen Erklärung zum Kodex feststellt.

2.3.3 Stand der Unternehmensverfassung in Europa

Zur Corporate Governance in Europa nimmt die zitierte Untersuchung Stellung.[10] Grundlage bildet eine Analyse und Bewertung der 1997er Geschäftsberichte von 298 börsennotierten europäischen Top-Unternehmen aus zehn Ländern, darunter 20 belgische, 40 deutsche, 40 englische, 40 französische, 25 holländische, 40 italienische, 15 portugiesische, 26 schwedische, 17 schweizerische und 35 spanische Gesellschaften.

Beurteilungskriterien für den Stand der Corporate Governance, untergliedert in Rangstufen zwischen 1 (niedrig) bis16 (hoch), sind im wesentlichen: (1) Unternehmensverfassung (Ein- oder Zweikammer-System); (2) Offenlegung relevanter Unternehmensdaten in Geschäftsberichten (Public- bzw. Investor-Relations-Aktivitäten); (3) Anzahl und Arbeitsweise der Ausschüsse des Aufsichtsorgans; (4) Internationale Besetzung des Leitungs- und Überwachungsorgans; (5) Informationen über dessen Mitglieder.

Das Untersuchungsergebnis, bezogen auf die durchschnittliche Bewertung der Unternehmen insgesamt und von sechs ausgewählten Ländern einerseits und die Bewertungsbandbreite der Unternehmen in den jeweiligen Ländern andererseits, ist in Abbildung 3 zusammengefasst.

Sämtliche in die Untersuchung einbezogenen Gesellschaften erreichen einen Bewertungsdurchschnitt von 9,13 Punkten.

Über dem Durchschnitt mit 13,68 Punkten liegen die 40 Gesellschaften des United Kingdom mit einer Bandbreite von 10,50 bis 14,50, gefolgt von den 25 holländischen Gesellschaften mit einem Durchschnittswert von 12,98 Punkten und Einzelwerten zwischen 7,00 und 15,80.

Durchschnittswerte von 10,51 Punkten erreichen die 40 italienischen und 10,16 die 40 französischen Unternehmen. Deren Bewertungsbandbreite bewegt sich zwischen 3,00 und 14,00 Punkten.

Einen niedrigen Bewertungsdurchschnitt von 4,16 Punkten weisen die 35 spanischen Gesellschaften auf mit Spannen zwischen 1,00 bis 10,20.

Mit einem Durchschnitt von 6,06 und einer Variationsbreite zwischen 4,00 bis 8,20 Punkten wurden die 40 börsennotierten deutschen Gesellschaften bewertet. Dabei ist zu berücksichtigen, dass in den Geschäftsberichten 1997 die Impulse des

10 Heidrick & Struggles, Hrsg., Is your Board fit for the Global Challenge? Corporate Governance in Europa, Frankfurt am Main 1999.

KonTraG 1998, die Lücken und Schwachstellen im Überwachungssystem und in der Berichterstattung der Kapitalgesellschaften schließen, erst mit der Berichterstattung ab dem Geschäftsjahr 1998 sichtbar werden und dann die Bewertung positiver gestalten.

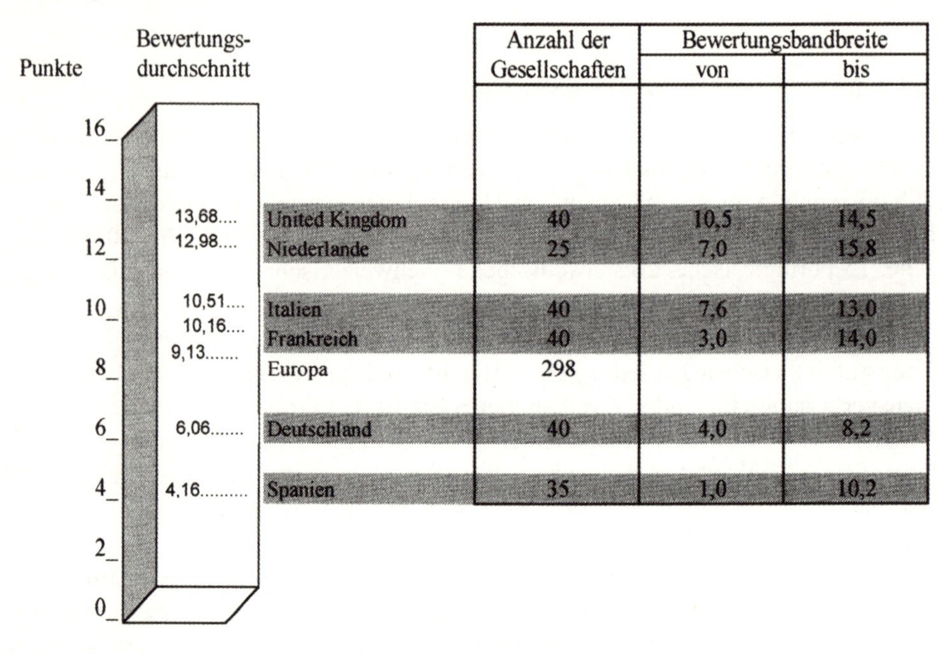

	Anzahl der Gesellschaften	Bewertungsbandbreite von	Bewertungsbandbreite bis
United Kingdom	40	10,5	14,5
Niederlande	25	7,0	15,8
Italien	40	7,6	13,0
Frankreich	40	3,0	14,0
Europa	298		
Deutschland	40	4,0	8,2
Spanien	35	1,0	10,2

Abbildung 3: Corporate Governance in europäischen Kapitalgesellschaften

Grundsätzlich ist die Corporate Governance und Performance in großen global operierenden Konzernen mit zahlreichen Anteilseignern ausgeprägter als in mittelgroßen Gesellschaften.[11]

Aus der zitierten umfassenden Studie von Heidrick & Struggles wurde der Aufgabenstellung des „Prüfungshandbuches" entsprechend, lediglich die Rangstufenbewertung abgehandelt. Dem interessierten Leser wird das Studium des Survey empfohlen.

11 Siehe Hofmann, Corporate Governance, a.a.O., S. 288 ff. Während der Survey von Heidrick & Struggles im wesentlichen auf formellen Kriterien basiert, wird in dem Buch der Verfasser auf der Grundlage von Konzernabschlüssen ausgewählter Global Player der sich daraus ableitende Unternehmenserfolg, die Führungskompetenz des Vorstands und die Überwachungseffizienz des Aufsichtsrats analysiert und kritisch bewertet.

2.4 Akteure der Corporate Governance in Kapitalgesellschaften

In Kapitalgesellschaften mit dem Schwerpunkt börsennotierter Unternehmen sind die Akteure der Corporate Governance

- der Aufsichtsrat als Überwachungsorgan des Vorstands und
- der Vorstand als Leitungsorgan des Unternehmens.

2.4.1 Aufsichtsrat, Überwachungsorgan des Vorstands

Die Aufgaben und Rechte des Aufsichtsrats sind in § 111 AktG zusammengefasst. Über seine Zuständigkeiten und Pflichten geben die §§ 95 bis 116 AktG Auskunft. Überwachungsorgan des Konzerns ist der Konzernaufsichtsrat. Bei in den Konzernabschluss einbezogenen Tochterunternehmen in der Rechtsform der Kapitalgesellschaft ist es der Aufsichtsrat des Teilkonzerns bzw. der Einzelgesellschaft. Das trifft auch für Einzelgesellschaften zu.

In Gesellschaften, die dem Mitbestimmungsgesetz unterliegen und mehr als 20.000 Arbeitnehmer beschäftigen, besteht der Aufsichtsrat aus jeweils zehn Vertretern der Anteilseigner und Arbeitnehmer (§ 95 AktG). Die Anteilsnehmervertreter werden durch die Hauptversammlung gewählt (§ 133 AktG). Von den Arbeitnehmervertretern werden sieben als Mitarbeiter des Unternehmens nach dem MitbestG von der Belegschaft gewählt und drei von der Gewerkschaft bestimmt und in das Organ delegiert.[12] Aufsichtsratsmitglieder können nach § 103 AktG vor Ablauf ihrer Amtszeit abberufen werden, wenn in ihrer Person ein wichtiger Grund liegt.

Aus seiner Mitte wählt der Aufsichtsrat einen Vorsitzenden (und Stellvertreter) gemäss § 107 Abs. 1 AktG. Innerhalb des Gremiums hat der Vorsitzende als primus inter pares eine dominierende Position, jedoch ohne Weisungsbefugnis. Als Organ entscheidet der Aufsichtsrat durch Beschluss (§ 108 Abs. 1 AktG). Verantwortlich für die Aufgabenerfüllung und Willensbildung ist das Gremium in einer Gesamtheit, unter Eigenverantwortung jedes einzelnen Mitglieds.

Die Organisation des Aufsichtsrats wird bestimmt durch Gesetz (§§ 107, 108 AktG), Satzung (Grundsätze der Arbeitsweise) und Geschäftsordnung (Regelung von Einzelheiten.[13]

Zu den gesetzlichen und satzungsmäßigen Pflichten des Aufsichtsrats gehören im wesentlichen:

- Bestellen und Abberufen des Vorstands (§ 84 Abs. 1 AktG). Initialzündung für eine kompetente Führungs- und Organisationsstruktur im Unternehmen setzt der

12 Aufgrund des Mitbestimmungsgesetzes haben in mehr als 700 Unternehmen etwa 5.000 Arbeitnehmervertreter Aufsichtsratsmandate. Davon entsenden die Gewerkschaften 1.500 ihrer Funktionäre in die Überwachungsgremien, die paritätisch besetzt sind.

Aufsichtsrat durch die Bestellung des Vorstands sowie durch die Ernennung des Vorstandsvorsitzenden und seines Stellvertreters.

- Erlassen einer Geschäftsordnung für den Vorstand. Sie ist Voraussetzung für eine ordnungsmäßige und effiziente Aufgabenerfüllung.
- Genehmigung zustimmungspflichtiger Geschäftsvorfälle. Das geplante Transparenz- und Publizitätsgesetz konkretisiert die zustimmungspflichtigen Geschäfte, ohne sie im einzelnen aufzuführen. Danach müssen Entscheidungen oder Maßnahmen, die aufgrund von Planungen oder Zielformulierungen des Vorstands die Ertragsaussichten der Gesellschaft oder ihre Risikoposition gravierend verändern und damit von existenzieller Bedeutung für die künftige Entwicklung der Gesellschaft sind, vom Votum beider Organe, d.h. des Vorstands und Aufsichtsrats getragen sein.
- Beraten, Beurteilen und Überwachen des Vorstands (§ 111 AktG).
- Bestellen des Abschlussprüfers für die Pflichtprüfung gemäß § 290 HGB und § 111 Abs. 2 S. 3 AktG, festlegen von Prüfungsschwerpunkten und vereinbaren des Prüfungshonorars. Außerdem hat der Wirtschaftsprüfer dem Aufsichtsrat zu berichten (§ 171 Abs. 1 S. 2 AktG).
- Prüfen der Rechnungslegung, Billigung des Jahresabschlusses und Berichten in der Hauptversammlung (§ 172 AktG).

Zu den Rechten des Aufsichtsrats gehören die Berichtspflicht des Vorstands (§ 90 Abs. 1 und 2 AktG). Der Aufsichtsrat kann vom Vorstand jederzeit einen Bericht über Angelegenheiten des Unternehmens und seiner Tochtergesellschaften verlangen, die auf die Vermögens-, Finanz- und Ertragslage von Einfluss sein können ((§ 90 Abs. 3 AktG). Zur Fundierung der Überwachung sollte der Aufsichtsrat in den Verteiler der standardisierten Management-Informationssysteme, die von Relevanz für seine Überwachungsfunktion sind, integriert sein. Die Selektion der Informationen ist in zeitlichen Intervallen zu aktualisieren. Neben dem Zugriff auf Berichte hat das Überwachungsorgan Möglichkeiten der informellen Kommunikation. In diesem Zusammenhang kann der Aufsichtsrat die Bücher und Schriften der Gesellschaft sowie relevante Vermögenswerte einsehen und prüfen (§111 Abs. 2 AktG). Hierzu bedarf es eines Aufsichtsratsbeschlusses. Mit der Aufgabe können einzelne Mitglieder, Ausschüsse oder Sachverständige Dritte beauftragt werden.

---

13 Hofmann, R. und Hofmann, I. Kompass für Börsenteilnehmer, 3. Aufl., Bochum 2001, insbesondere die Ausführungen über den Aufsichtsrat, Ziff. 7, S. 99 ff. Siehe ferner: Heidrick & Struggles, Hrsg., Praxis der Aufsichtsratstätigkeit in Deutschland. Chancen zur Professionalisierung, Frankfurt am Main 1998. Die Untersuchung basiert auf Interviews mit über hundert Aufsichtsräten deutscher Aktiengesellschaften, darunter Aufsichtsratsvorsitzende zahlreicher Großunternehmen. Den Abschluss der Studie bildet ein Fragenkatalog zur Qualitätsbestimmung von Aufsichtsräten.

Durch das geplante Transparenz- und Publizitätsgesetz wird die Informationsversorgung des Aufsichtsrats durch eine „Follow up" Berichterstattung des Vorstands über früher formulierte Planziele und eine Begründung von Soll-Ist-Abweichungen verbessert werden (§ 90 Abs. 1, S. 1 Nr. 1 AktG).

Aufsichtsräte unterliegen nach § 116 AktG sinngemäß der Sorgfaltspflicht und Verantwortlichkeit von Vorstandsmitgliedern (§ 93 AktG. Je mehr Informationen dem Aufsichtsrat zur Verfügung stehen, umso latenter wird das Risiko, dass vertrauliche Unternehmensdaten zum Schaden der Gesellschaft an Medien, Analysten, Konkurrenten, Belegschaften, Gewerkschaften, politische Parteien und Organisationen weitergeleitet werden. Aus diesem Grunde gelten in Ergänzung zur Anweisung von § 93 Abs. 1 S. 2 AktG die Empfehlungen zur Verschwiegenheitspflicht im Corporate Governance Kodex (§ 161 AktG).

Die Schadensersatzpflicht von Aufsichtsräten, die unter Verletzung ihrer Pflichten gehandelt haben, regelt § 117 AktG. Ist es im Einzelfall strittig, ob sie dabei die Sorgfalt eines ordentlichen und gewissenhaften Geschäftsführers angewandt haben, trifft sie die Beweislast. Über die Geltendmachung von Ersatzansprüchen informiert § 147 AktG. Geplant ist zur Verhinderung der Weitergabe vertraulicher Informationen, den Strafrahmen des § 404 AktG, beschränkt auf börsennotierte Gesellschaften, auf Freiheitsstrafen bis zu zwei Jahren oder mit Geldstrafen anzuheben.

2.4.2 Ausschussbildung zur Vorbereitung von Entscheidungsfindungen

Entsprechend § 107 Abs. 3 AktG kann der Aufsichtsrat aus seiner Mitte Ausschüsse bilden, um seine Verhandlungen und Beschlüsse vorzubereiten oder die Ausführungen seiner Beschlüsse zu überwachen. Ob Ausschüsse gebildet und welche konkreten Aufgaben ihnen übertragen werden, richtet sich nach den unternehmensindividuellen Überwachungsbedürfnissen. Aufschluss über die Ausschussbildung in ausgewählten Konzernen vermittelt Abbildung 4.

Die Ausschüsse sind paritätisch besetzt. Informationen über die Zusammensetzung enthalten die Konzerngeschäftsberichte. Durch die Delegation wird eine Mitwirkung der Mandatsträger ermöglicht. Dabei ist zu berücksichtigen, dass umfangreiche Übertragung von Aufgaben auf Aufsichtsratsausschüsse in der Praxis zu einem Informationsdefizit des Gesamtaufsichtsrats führen kann. Deshalb wird in Ergänzung zu § 107 Abs. 3 AktG gefordert, dass das Aufsichtsratsplenum regelmäßig, d.h. grundsätzlich in jeder ordentlichen Aufsichtsratssitzung, über die Arbeit der Ausschüsse im vorangegangenen Berichtszeitraum informiert wird. Dadurch soll vermieden werden, dass der Gesamtaufsichtsrat nicht zum Akklamationsorgan der Ausschüsse degeneriert.

Im Rahmen der Überwachungsfunktion kann sich der Aufsichtsrat durch Sachverständige beraten lassen oder einen Beirat einschalten. Dieser kann keine Aufgaben stellvertretend für den Aufsichtsrat wahrnehmen. Verantwortlich für die ordnungsmäßige Aufgabenerfüllung ist das Gremium in seiner Gesamtheit, unter Eigenverantwortung jedes Mitglieds.

2.4.2.1 Präsidialausschuss

Die Mitglieder beraten den Vorstand in grundsätzlichen das Unternehmen betreffenden Fragen und bereiten Aufsichtsratsentscheidungen vor.

Wesentliche Aufgabenstellungen sind beispielsweise: (1) Unternehmensstrategie und Unternehmensplanung, (2) Restrukturierungsprozesse und Portfoliopolitik, (3) Effizienz und Potentiale zur Erreichung vorgegebener Ziele sowie (4) Grundsätze der Corporate Governance und deren Anpassung an sich ändernde Rahmenbedingungen.

2.4.2.2 Bilanz- und Prüfungsausschuss

Er ist zuständig für Fragen der Rechnungslegung und Abschlussprüfung einschließlich der implementierten und auszubauenden Risikomanagement-Systeme.

Die Mitglieder werten die Konzernabschlussberichte des Abschlussprüfers aus, bewerten sie und berichten dem Aufsichtsrat als Gremium.

Wesentliche aktionärsbezogene Veröffentlichungen sind dem Ausschuss vor Weiterleitung an die Adressaten vorzulegen.

Regelmäßige Aufgaben des Prüfungsausschusses sind beispielsweise: (1) Vorbereiten der Auswahl des Abschlussprüfers und (2) Festlegen ergänzender Prüfungsschwerpunkte sowie des (3) Prüfungshonorars. Ferner die (4) Diskussion der Ergebnisse von Zwischenabschlüssen.

Erweitert werden könnte der Bilanz- und Prüfungsausschuss durch Einrichten eines Audit Committee nach angelsächsischem Vorbild.[14]

2.4.2.3 Vermittlungsausschuss

Gemäß § 27 Abs. 3 MitBestG 1976 ist die Einrichtung eines Vermittlungsausschusses zwingend vorgeschrieben. Er soll Interessenkonflikte innerhalb des Aufsichtsrats regeln.

---

14 Siehe hierzu die Ausführungen „Control-Gap in Kapitalgesellschaften, Ziff. 3.5

2.4.2.4 Frequenz der Aufsichtsratssitzungen

Nach § 110 Abs. 3 AktG soll der Aufsichtsrat einmal im Kalendervierteljahr, er muss einmal und bei börsennotierten Gesellschaften zweimal im Kalenderhalbjahr zusammentreten. Damit ist eine minimale Frequenz von jährlich vier Sitzungen für Konzernaufsichtsräte vorgegeben.

Im Geschäftsjahr 2000 tagten die Aufsichtsräte ausgewählter Global Player und deren Ausschüsse wie in Abbildung 4 aufgezeigt.

Bei den beispielhaft angeführten Konzernen bestand im Geschäftsjahr 2000 kein Anlass zur Einberufung des Vermittlungsausschusses.

Beigetragen zur Erhöhung der Sitzungsfrequenz, Intensivierung der Bildung von Ausschüssen und Verbesserung der Berichterstattung des Aufsichtsrats im Konzerngeschäftsbericht hat das1998 erlassene KonTraG.

Lfd.Nr.	Konzern	AR-Sitzungen	Ausschüsse des Aufsichtsrats						
			Präsidial-	Personal-	Sozial-	Beteiligungs-	Bilanz-	Finanz- und Investitions-	Vermittlungs-
1	BASF AG	5		2					0
2	Bayer AG	4	1	1	1	1			0
3	BMW AG	5	7						0
4	DaimlerChrysler AG	5	3				2		0
5	E.ON AG	8							0
6	Preussag AG	7	5						0
7	RWE AG	4	3	2					0
8	ThyssenKrupp AG	4	4					2	0
9	Siemens AG	5	6						0
10	Volkswagen AG	5	4	1				1	0

Abbildung 4: Aufsichtsrats- und Ausschuss-Sitzungen im Geschäftsjahr 2000

2.4.3 Vorstand, Leitungsorgan des Unternehmens

Der Vorstand leitet die Gesellschaft unter eigener Verantwortung (§ 76 Abs. 1 AktG) und vertritt sie gerichtlich und außergerichtlich (§ 78 Abs. 1 AktG). Zur Erfüllung seiner Geschäftsführerpflichten besitzt er umfassende Dispositions- und Verfügungsgewalt über personelle und sachliche Ressourcen des Unternehmens.[15]

Aufgrund der unterschiedlichen Zielsetzungen in Industrieunternehmen, im Handel und Dienstleistungssektor, bei Banken, Versicherungen usw. gibt es keine allgemein gültige Aufgabenstellung für Vorstände. Sie werden – neben dem Wirtschaftsbereich – bestimmt durch Unternehmensgröße, Konzentrationsgrad, globale

Betätigung und historische Entwicklung, um nur einige Einflussfaktoren zu nennen.

Über die Anzahl der Vorstandsmitglieder gibt § 76 Abs. 2 AktG Auskunft. Bei Gesellschaften mit einem 1,5 Mio € übersteigenden Grundkapital sind mindestens zwei Mitglieder vorgesehen. Besteht der Vorstand aus mehreren Personen, sind sämtliche nur gemeinschaftlich zur Geschäftsführung befugt (§ 77 Abs. 1 AktG).[16]

Ein oder mehrere Vorstandsmitglieder können Meinungsverschiedenheiten im Vorstand nicht gegen die Mehrheit durchsetzen.

Der Vorstand führt seine Geschäfte in Übereinstimmung mit der vom Aufsichtsrat erlassenen Geschäftsordnung und der Satzung des Unternehmens. Besteht der Vorstand aus mehreren Personen, kann der Aufsichtsrat nach § 84 Abs. 2 AktG jeweils ein Mitglied zum Vorsitzenden und Stellvertreter ernennen. Als primus inter pares hat der Vorstandsvorsitzende koordinierende Funktionen, jedoch keine Weisungsbefugnis gegenüber den anderen Kollegen. Starke Positionen haben Vorsitzende in konzernabhängigen Unternehmen, weil die Konzernleitung kompetente Ansprechpartner benötigt.

Originäre Vorstandsaufgaben sind Führen, Motivieren, Delegieren, Entscheiden und Überwachen. Im Zusammenhang mit der Aufgabenstellung dieses Buches ist der Vorstand verantwortlich für

- das Einrichten und den Ausbau eines funktionsfähigen internen Kontrollsystems einschließlich der Service-Center Controlling und Interne Revision.
- Nach dem KonTraG hat er ein Risikomanagement-System einzuführen und sich ändernden Rahmenbedingungen anzupassen, damit den Fortbestand des Unternehmens gefährdende Entwicklungen frühzeitig erkannt und verhindert bzw. minimiert werden können (§ 91 Abs. 2 AktG).
- Entsprechend dem Transparenz- und Publizitätsgesetz hat der Vorstand (Aufsichtsrat) börsennotierter Gesellschaften in der jährlichen Jahresabschlusspublizität eine Entsprechens-Erklärung abzugeben, ob die Verhaltensregeln des Corporate Government-Kodex beachtet werden.

---

15 Hofmann, Kompass für Börsenteilnehmer, a.a.O., insbesondere die Ausführungen über den Vorstand, Ziff. 8, S. 120 ff. Siehe ferner: Heidrick & Struggles, Hrsg., Der Vorstand Deutscher Aktiengesellschaften, Struktur und Entscheidungsfindung, Frankfurt am Main 1998. Die Analyse basiert auf 255 schriftlichen Interviews aus 954 in die Untersuchung einbezogenen großen Aktiengesellschaften.

16 In Großunternehmen variiert die Anzahl der Vorstandsmitglieder zwischen vier bis über zehn. Beispiele zum Stand 2000: Preussag AG = 4 Vorstandsmitglieder, jeweils fünf bei E.ON AG und RWE AG, BMW AG = 7, jeweils acht bei BASF AG, Bayer AG und Volkswagen AG, ThyssenKrupp AG = 9, jeweils zwölf bei DaimlerChrysler AG und Siemens AG.

2.4.4 Berichtspflichten an den Aufsichtsrat

Gemäß § 90 Abs. 1 AktG haben Vorstände Berichtspflichten gegenüber dem Aufsichtsrat. Es betrifft Informationen über:

- Die beabsichtigte Geschäftspolitik und grundsätzliche Fragen der Unternehmensziele, insbesondere Finanz-, Investitions- und Personalplanung. Die Berichterstattung hat mindestens einmal jährlich zu erfolgen, sofern keine gravierenden Änderungen eintreten. Mittelfristige, mehrere Geschäftsjahre umfassende operative Pläne konkretisieren und dokumentieren die Zielvorstellungen des Vorstands. Aufgrund der vorgegebenen Größen wird das Überwachungsorgan in die Lage versetzt, gezielt Analysen, Prüfungen und Bewertungen sowie Soll-Ist-Vergleiche durchzuführen bzw. durchführen zu lassen.
- Die Rentabilität des Unternehmens, insbesondere des Eigenkapitals. Normalerweise berichtet der Vorstand in der Aufsichtsratssitzung, in der über den Jahresabschluss verhandelt wird.
- Den Gang der Geschäfte, insbesondere den Umsatz und die Lage der Gesellschaft. Es handelt sich um eine regelmäßige Information, die mindestens vierteljährlich zu erfolgen hat.
- Geschäfte, die für die Rentabilität oder Liquidität des Unternehmens von erheblicher Bedeutung sein können. Die Berichterstattung hat so rechtzeitig zu erfolgen, dass der Aufsichtsrat vor Vornahme der Geschäfte Gelegenheit hat, zu ihnen Stellung zu nehmen.
- Das Transparenz- und Publizitätsgesetz fordert eine „Follow up“ Berichterstattung des Vorstands in Ergänzung zu § 90 Abs. 1 S. 1 Nr. 1 AktG. In der Praxis handelt es sich um Informationen über die Umsetzung der Unternehmensplanung, die in der Vergangenheit nicht immer erfolgte. „Früher formulierte Ziele“ sind solche, die der Vorstand in früheren Berichten gemäß Absatz 1 Nr. 1 dem Aufsichtsrat dargelegt hat. Die Berichtspflicht ist künftig zukunfts- und vergangenheitsbezogen. Somit sind „Soll-Ist-Abweichungen“ zu begründen.

3. Unternehmerische Überwachungskonzeption

Wirkungsvolle Überwachung wird umso wichtiger, je größer, komplexer und multinational orientierter ein Unternehmen ist.[17] Eine Vorstellung von der Überwachungsstruktur in Konzernen vermittelt Abbildung 5.

Leitung	Top-Management	Überwachung
Konzern	Konzernvorstand Bereichsleiter der Obergesellschaft bzw. Holding	Konzernaufsichtsrat Dienstaufsicht des Konzernvorstands Risikomanagement
Beteiligungen	Vorstände der vollkonsolidierten Tochterunternehmen	Aufsichtsrat des jeweiligen Tochterunternehmens
		Pflichtprüfung des Jahresabschlusses für den Konzern und die Tochterunternehmen
Aufgaben der Konzern- und Beteiligungsleitung		
Mitarbeiter	**Funktion**	**Leitung, Kontrolle und Überwachung**
Middle- und Lower-Management	Direktoren verschiedener Abstufungen Prokuristen Sonstige Führungskräfte	Dienstaufsicht durch Vorgesetzte Internes Kontrollsystem (IKS) und Risikomanagement als Instrumente des Top-Managements Delegierte Aufgaben vom Vorstand an Controlling und Interne Revision
Ausführungsebene	Teamleiter Angestellte Fach- und Hilfsarbeiter in den einzelnen Cost- und Service-Centern	Outsourcing von Überwachungs- und Kontrollaufgaben an Dritte Self-Controlling und Self-Auditing in den einzelnen Cost- und Service-Centern

Abbildung 5: Konzern- Überwachungsstruktur

17 Hofmann, R., Kapitalgesellschaften auf dem Prüfstand, Unternehmensbeurteilung auf der Grundlage publizierter Quellen, Berlin 1992, insbesondere die Ausführungen zur Überwachung, Ziff. 6, S. 143 ff.

Konzerne sind durch mehrere Kontrollinstanzen charakterisiert. Sie betreffen einmal die Zentrale in Form der Obergesellschaft bzw. Holding und zum anderen die in den Konzernabschluss einbezogenen Tochterunternehmen in der Rechtsform der Kapitalgesellschaft. Dabei ist zu berücksichtigen, dass große Beteiligungsgesellschaften wiederum eigene Teilkonzerne mit Beteiligungsaktivitäten bilden und zu einer komplexen, interdependenten Gesamt-Überwachungsstruktur führen.

3.1 Überwachen des Vorstands durch den Aufsichtsrat

Zuständig für die Überwachung des Konzernvorstands im dualistischen Überwachungssystem der Aktiengesellschaft ist der Konzernaufsichtsrat. Die Überwachung der Vorstände von Tochterunternehmen obliegt dem Aufsichtsrat der jeweiligen Einzelgesellschaft. Schwerpunkte bilden die Sicherung der Vermögens-, Finanz- und Ertragskraft. Skizziert sind die Aufgaben, Pflichten und Rechte des Aufsichtrats unter Ziff. 2.4.1 ff.

3.2 Jahresabschlussprüfung für Konzern- und Einzelabschlüsse

Entlastet werden Aufsichtsrat und Vorstand durch die Hauptversammlung und Jahresabschlussprüfung mit uneingeschränktem Bestätigungsvermerk.

1931, im Zusammenhang mit der Aktiennovelle, wurde die Pflichtprüfung des Jahresabschlusses von Aktiengesellschaften und anderen Rechtsformen vorgeschrieben. Gleichzeitig wurde der Berufsstand der Wirtschaftsprüfer eingeführt. Mit dem AktG 1965 wurde eine Prüfung der Konzernabschlüsse veranlasst . Durch das BiRiLiG 1985 wurde die Verpflichtung der Jahresabschlussprüfung auf große und mittelgroße Gesellschaften mit beschränkter Haftung ausgeweitet mit einer Prüfungsberechtigung für mittelgroße Gesellschaften durch vereidigte Buchprüfer. Durch das KonTraG 1998 wurde die Berechtigung der Prüfungserteilung für Konzern- und Einzelabschlüsse gemäß § 290 HGB vom Vorstand auf den Aufsichtsrat verlagert (§ 111 Abs. 2 AktG).

Ziel der in Eigenverantwortung durchzuführenden Abschlussprüfung ist die Abgabe eines sachkundigen Urteils, ob Buchführung, Jahresabschluss und Lagebericht den für sie geltenden Normen entsprechen. Nach § 91 Abs. 2 AktG im Kontext mit dem KonTraG hat der Abschlussprüfer zu beurteilen, ob der Vorstand ein der Aufgabenstellung adäquates Risikomanagement-System implementiert hat. Im Rahmen der Abschlussprüfung wird die Funktionsfähigkeit des IKS und der Wirkungsgrad des unternehmensinternen Prüforgans beurteilt.

Abschlussprüfer haben einen Bestätigungsvermerk zu erteilen (§ 2 Abs. 1 WPO). Für Auftraggeber und Öffentlichkeit belegt ein Testat, dass Buchführung und Jahresabschluss den gesetzlichen und satzungsmäßigen Vorschriften entsprechen, der Jahresabschluss unter Beachtung der GoB ein den tatsächlichen Verhältnissen entsprechendes Bild der Vermögens-, Finanz und Ertragslage der Gesellschaft vermittelt und der Lagebericht im Einklang mit dem Jahresabschluss steht.[18]

Über 98 % der geprüften Jahresabschlüsse erhalten einen uneingeschränkten Bestätigungsvermerk. Aus den unter Ziff. 3.4.6.2 ff. und 11.3.5 ff. beispielhaft aufgeführten Fällen von Fehlleistungen und Missmanagement wird deutlich, dass die Aussagekraft begrenzt ist.[19] In zahlreichen Fällen erteilten Abschlussprüfer Unternehmen über mehrere Geschäftsjahre uneingeschränkte Testate, obwohl sie sich in existenzbedrohenden Schwierigkeiten befanden.

Erneut wird im Zusammenhang mit dem KonTraG die Frage nach einer Früherkennung unternehmensgefährdender Tatbestände im Rahmen der Jahresabschlussprüfung diskutiert. Nach dem geplanten Transparenz- und Publizitätsgesetz hat unter Änderung des § 321 Abs. 1 AktG der Abschlussprüfer „über bei Durchführung der Prüfung festgestellten Unrichtigkeiten oder Verstöße gegen gesetzliche Vorschriften sowie Tatsachen zu berichten, die den Bestand des geprüften Unternehmens oder Konzerns gefährden oder seine Entwicklung wesentlich beeinträchtigen können oder die schwerwiegende Verstöße der gesetzlichen Vertreter oder von Arbeitnehmern gegen Gesetz, Gesellschaftsvertrag oder die Satzung erkennen lassen“. In Abs. 2 wird ausgeführt, dass im Hauptteil des Prüfungsberichts „auch über Beanstandungen zu berichten ist, die nicht zu Einschränkungen oder Versagen des Bestätigungsvermerks geführt haben, soweit dies für die Überwachung des geprüften Unternehmens von Bedeutung ist“.

In anderen Ländern der westlichen Welt werden in Verbindung mit der Abschlussprüfung Fragen der Aufdeckung bzw. Klärung strafwürdiger Tatbestände differenzierter beurteilt. Das Statement on Auditing Standards No. 16 des AICPA schrieb 1977 vor, dass im Rahmen der Abschlussprüfung auch betrügerische Handlungen aufzudecken seien. Die Auditing Guideline No. 11 schlossen dolose Handlungen, auch mangelnde Integrität des Managements ein.[20] Die Empfehlung zur Abschlussprüfung der UEC aus 1982 fordert die Planung und Durchführung einer Jahresabschlussprüfung so anzulegen, dass bei wichtigem Verdacht betrügerischer Manipulationen aufgedeckt werden.[21]

In der Praxis ist eine sichtbare Wirkung der Abschlussprüfung auf die unternehmerische Überwachung und die ordnungsmäßige Aufgabenerfüllung des Vorstands nicht feststellbar. Im Rahmen der Pflichtprüfung beurteilen Wirtschaftsprüfer

---

18 Bolsenkötter, H., Bestätigungsvermerk, in: HWRev, 2. Aufl., Stuttgart 1992, Sp. 210 ff.

19 Untersagt wird ein Testat, „wenn nach dem abschließenden Ergebnis der Prüfung solche Einwendungen zu erheben sind, die einen Positivbefund zu wesentlichen Teilen der Rechnungslegung als nicht möglich erscheinen lassen“.

20 Fraud and Error, Hrsg., International Federation of Accountants, New York 19882.

21 Aufdeckung betrügerischer Handlungen im Rahmen der Prüfung des Jahresabschlusses, UEC-Empfehlung zur Abschlussprüfung Nr. 12, München 1982.

weder die Fachkompetenz des Leitungsorgans noch führen sie Geschäftsführerprüfungen durch. Sie stützen sich auf die „Vollständigkeitserklärung" des Vorstands. Falscherklärungen im Zusammenhang mit Fehlleistungen vor allem kriminellen Handlungen des Top-Managements haben Unternehmen zu tragen.

Aus Imagegründen sollten Abschlussprüfer bemüht sein, der Risikobeurteilung Priorität einzuräumen. Das Ansehen des Berufsstandes leidet, wenn sich nach testierten Abschlüssen herausstellt, dass gravierende unternehmerische Mängel vorliegen. Problematisch wird die Situation, wenn – trotz pathologischer Erscheinungen – Abschlüsse über mehrere Geschäftsjahre uneingeschränkte Bestätigungsvermerke erhalten haben.

3.3 Unternehmensführung und -überwachung durch den Vorstand

Verantwortlich für die Leitung des Konzerns ist der Konzernvorstand. Seiner Dienstaufsicht unterliegen die Bereichsleiter der Obergesellschaft bzw. Holding und die Vorstände bzw. Geschäftsführer von Tochterunternehmen.

Vielfach halten Konzernvorstände und Führungskräfte der zweiten Ebene in Personalunion Aufsichtsratsmandate im Beteiligungsbereich. Das ist für die Durchsetzung von Konzerninteressen vorteilhaft, unter Überwachungsaspekten jedoch problematisch.

3.4 Internes Kontrollsystem, Instrument des Vorstands

Das IKS ist ein Instrument des Vorstands zur Gewährleistung der Ordnungsmäßigkeit, Funktionssicherheit und Wirtschaftlichkeit. Dazu dienen computergesteuerte Abläufe in sämtlichen Unternehmensbereichen sowie dokumentierte, integrierte, prozessbegleitende und nachgelagerte Kontrollen. Mit Hilfe des IKS plant, steuert, kontrolliert, überwacht und sichert der Vorstand die Zielerreichung.[22]

3.4.1 Delegation von Führungs- und Überwachungsaufgaben

Zu seiner Entlastung überträgt der Vorstand Aufgaben an Manager der Führungsebene, an Controlling und Interne Revision (Konzernrevision). Voraussetzung für erfolgreiches Delegieren sind dezentrale Organisations- und Führungsstrukturen, Prozessorientierung, Unternehmensleitlinien, integrierte und vernetzte DV und Informationssysteme sowie Planungs-, Sicherungs-, Qualitäts- und Umweltstandards.

---

22 Ausführlich abgehandelt wird das IKS einschließlich Risikomanagement-System unter Ziff. 10.1 ff.

Trotz Delegation ist die Geschäftsleitung insgesamt ihrer originären unternehmerischen Verantwortung nicht entbunden. Jeder Ressortvorstand hat sich im Rahmen der Dienstaufsicht davon zu überzeugen, ob und inwieweit die übertragenen Aufgaben umfassend, effizient und der Zielsetzung entsprechend ausgefüllt werden.

Ein Katalog der delegierten Aufgaben an Organisation, Controlling und Interne Revision enthält Abbildung 6. Aufgeführt ist ferner das Aufgabenspektrum des Abschlussprüfers im Zusammenhang mit dem IKS und Risikomanagement-System.

Der Vorstand fixiert die Rahmenbedingungen für Outsourcing von Überwachungs- und Kontrollaufgaben an sachverständige Dritte sowie für Self-Controlling und Self-Auditing an unternehmensinterne Cost- und Service-Center.

	Aufgaben im Zusammenhang mit dem IKS			
	Organisation	**Controlling**	**Interne Revision**	**WP bzw. vBP**
1	Aufbauorganisation o Dezentralisierung o Flache Hierarchie o Centerorganisation o Rückdelegation der Verantwortung auf die Ausführungsebene	Operative Planung für o Unternehmen o Bereiche o Abteilungen o Gruppen und Stellen	Prüfen (ex post) Beratung (ex ante) o Unternehmen o Bereiche o Abteilungen usw.	Jahresabschlussprüfung und Testat o Einzelabschlüsse o Konzernabschluss
2	Ablauforganisation o Integrierte Computersysteme o Prozessorientierung o Handbücher o Flow Charts	Soll-bzw. Messgrössen o Zielvorgaben o Frühwarnindikatoren o Budgets o Kennzahlen o Risikomanagement	Beurteilung o IKS o Risikomanagement o Ordnungsmäßigkeit o Funktionssicherheit o Wirtschaftlichkeit	Beurteilung o IKS (Abschluss) o Risikomanagement o Ordnungsmäßigkeit o Funktionssicherheit
3	Computersoftware o Systeme o Subsysteme o Kompabilität	Informationssysteme o Epfängerspezifisch untergliedert	Systemprüfungen und Systemberatungen o ex post und o ex ante	Systemprüfungen im Zusammenhang mit der Pflichtprüfung (ex post)
4	Prozessintegrierte Kontrollen o computergestützt o systemimmanent o personenbezogen	Zielorientiertes o Kontrollieren o Steuern o Anpassen des IST an das SOLL	Financial-, Operational- und Management-Auditing o In- und Outsourcing o Self-Auditing (von Überwachungsaufgaben)	Financial-Auditing o Insolvenzprophylaxe o Beurteilen der Internen Revision, des IKS und Risikomanagements

Abbildung 6: Beitrag zum IKS durch unternehmensinterne Stellen und Abschlussprüfer

3.4.1.1 Management

Vorstände sind Generalisten in ihrem Ressort. Das Tagesgeschäft delegieren sie an ihnen unterstellte Führungskräfte, die für die Realisierung von Teilaufgaben zuständig sind und ihre organisatorischen Einheiten in Eigenverantwortung ziel- und profitorientiert führen.

Bereichsleiter sind in der Regel auch für die organisatorische Gestaltung der Aufbau- und Ablauforganisation unter Berücksichtigung von Schnittstellen im eigenen und zu anderen Bereichen zuständig. Computergestützte Lösungen werden in Zusammenarbeit zwischen Fachabteilungen, DV bzw. Informatik, Controlling, Interner Revision und externen Softwareanbietern erarbeitet und implementiert.

3.4.1.2 Controlling

Controlling ist ein prozessorientiertes Planungs-, Informations-, Steuerungs- und Kontrollinstrument zur Unterstützung der Entscheidungsprozesse. Eingeschlossen sind Analyse, Korrektur, Anpassung und Dokumentation.

In den USA wurde das Konzept entwickelt und verfeinert.[23] In Deutschland wird mit dem Ausbau der Wirtschaft nach dem Zweiten Weltkrieg und unter dem Einfluss der sich dynamisch entwickelnden Unternehmen seit Mitte der 50er Jahre über Controlling als Servicefunktion zur Unternehmenssteuerung und Existenzsicherung diskutiert. Inzwischen ist Controlling – ebenso wie das interne Kontroll- und Risikomanagement-System – Bestandteil des unternehmerischen Instrumentariums.

Das KonTraG verpflichtet durch § 91 Abs. 3 AktG in Ergänzung zu § 93 AktG den Vorstand explizit, geeignete Maßnahmen zur Früherkennung von Risiken zu installieren. Mit der Erfüllung dieser gesetzlichen Bestimmung betraut der Vorstand den Zentralcontroller, der über Anweisungs-, Koordinierungs- und Korrekturvollmachten verfügt. Großunternehmen unterhalten Controller-Einheiten in den Bereichen Personal, Anlagen, Material, Beschaffung, Investitionen, Forschung und Entwicklung, Produktion, Marketing, Finanzen, Umwelt usw.

3.4.1.3 Interne Revision (Konzernrevision)

Die Interne Revision ist ein prozessunabhängiges Service-Center, das im Auftrag des Vorstands Prüfungen durchführt und betriebswirtschaftliche Beratung leistet. Arbeitsgebiet ist das gesamte Unternehmen (Konzern) ausgenommen der Vorstand als Auftraggeber.

---

23 Bereits im Jahre 1882 richtete General Electric als Folge von Unternehmenswachstum und steigender Komplexität eine Controllerfunktion als Koordinierungsstelle ein.

Aufgabenschwerpunkte bilden:

- Gewährleisten der Funktionssicherheit des IKS und Risikomanagement-Systems,
- Unterstützen der Führungsprozesse,
- Erhöhen des Unternehmenswertes,
- Verbessern organisatorischer Abläufe und Sichern des Vermögens.

Das KonTraG erwähnt explizit die Interne Revision als Bestandteil des Risikomanagement-Systems.

Durch Einsatz integrierter und vernetzter Computersysteme, Lean-Management, konsequente Prozessorientierung mit Abbau der Funktionstrennung, Reengineering sowie Restrukturierung wird der Stellenwert und die Abteilungsgröße der Internen Revision modifiziert bzw. beeinflusst. Begriffe, wie „Audit" und „Auditing" werden für revisionsfremde Aufgabenstellungen verwendet. Auch die Diskussion über Outsourcing von Überwachungsaufgaben und Self-Auditing führen zu einer Erosion der Begriffsbestimmung.

Unabhängig von diesen Überlegungen, ist das unternehmensinterne Prüforgan ein unverzichtbares Service-Center für die Unternehmensleitung und zugleich wichtiger Partner für den Abschlussprüfer.

3.5 Control-Gap in Kapitalgesellschaften und Schließen der Überwachungslücke beim Leitungsorgan

Aus den Ausführungen zu Ziff. 3.1 bis 3.4 ist eine Kontrolllücke ableitbar. Wesentliche Gründe hierfür sind:

- Aufsichtsräte beschränken ihre Überwachung auf Minimalpflichten und verzichten auf anspruchsvolle „Beurteilungen der Vorstände" und „Geschäftsführerprüfungen". Das bestätigen Untersuchungen über das Verhalten des Überwachungsorgans in mitbestimmten Unternehmen. Danach war „eine laufende Beobachtung der Regelmäßigkeit, Zweckmäßigkeit und Wirtschaftlichkeit der Maßnahmen des Vorstands weder möglich, noch wurde sie angestrebt".
  Aufsichtsräte unterliegen Restriktionen. Sie ergeben sich aus den hauptberuflichen Verpflichtungen und der für das Mandat eingesetzten Zeit. Das betrifft insbesondere Anteilseignervertreter und Gewerkschaftsfunktionäre mit Mandatshäufungen. Einige Mitglieder erreichen die gesetzlich vorgeschriebenen Maximalwerte. Dadurch wird die Aufsichtsratstätigkeit praktisch zum Vollzeitjob. Sicherlich ist das ein wesentlicher Grund für schwache Führungskompetenz von Vorständen mit Mehrfachmandaten und unzureichende Überwachungseffizienz der betreffenden Aufsichtsratsmitglieder.
  Für Aufsichtsräte bestehen keine Zulassungsvoraussetzungen bezüglich Fachqualifikation und Berufserfahrung (§ 100 Abs. 1 AktG). Mandatesträger, insbe-

sondere Arbeitnehmervertreter werden nicht explizit unter Überwachungsaspekten in das Organ delegiert. Einige haben Berufe erlernt und ausgeübt, die für komplexe Überwachungsaufgaben unzureichend sind und zu einer fachlichen Überforderung führen.[24]
Grundsätzlich sei bemerkt, dass zwanzigköpfige Gremien, insbesondere wenn deren Mitglieder divergierende Interessen vertreten, ineffizient arbeiten.

- Jahresabschlussprüfer konzentrieren sich im Rahmen der Pflichtprüfung auf gesetzliche und berufsständische Pflichten. Sie beurteilen weder die Dispositionen des Vorstands noch dessen Geschäftsführung. Darüber hinaus wird ihre Prüfung durch Restriktionen im Hinblick auf Zeit und Honorar beeinflusst.

Mit dem Transparenz- und Publizitätsgesetz ist eine prüferische Durchsicht der Quartalsberichterstattung börsennotierter Gesellschaften beabsichtigt. Das ist ein Schritt in Richtung permanenter Prüfung. Dadurch erhöht sich zwar die Prüfungsintensität, weckt aber zugleich Erwartungen an den Berufsstand, die schwer erfüllbar sind

- IKS und Risikomanagement-System als Instrumente des Verstands erfassen nicht dessen Dispositionen. Die an Controlling und Interne Revision delegierten Steuerungs- und Überwachungsaufgaben unterliegen Einschränkungen. Gegenüber dem Auftraggeber und Disziplinarvorgesetzten besteht eine Abhängigkeit. Die Arbeitsergebnisse sind hinsichtlich der Überwachung des Vorstands zu vernachlässigen.

Im Interesse von Anteilseignern, Belegschaft, Kreditgebern, Geschäftspartnern und Öffentlichkeit sollten Defizite abgebaut werden, beispielweise durch:

- Geschäftsführerprüfung des Aufsichtsrats. Sie fundiert zugleich die Beratungs- und Beurteilungsfunktion.

- Einrichten eines Audit Committee zur Unterstützung des Bilanz- und Prüfungsausschusses. Das gewährleistet eine intensivere Zusammenarbeit mit dem Ab-

---

24 So haben beispielsweise Arbeitnehmervertreter in Konzernaufsichtsräten, die zugleich Betriebsratsaufgaben wahrnehmen, folgende Berufe erlernt und ausgeübt: Bayer AG (Chemiker, Chemielaborant, Chemiewerker, Dreher, Maschinenschlosser, technischer Zeichner), E.ON AG (Chemiefacharbeiter, Industriekaufmann, Jurist, kaufmännischer Angestellter, Kraftwerker), Preussag AG (Angestellter, Betriebswirt, Industriekaufmann, Schlosser, Wartungsmonteur), RWE AG (Angestellter, Elektriker, Energieanlagenelektriker, Kraftwerkstechniker, Obermonteur), Siemens AG (Bürokauffrau, Fernmeldemonteur, Industriekaufmann, Schlosser, Stahlformenbauer), Thyssen-Krupp AG (Angestellter, Fertigungsplaner, Hüttenfacharbeiter, Karosserie- und Fahrzeugbauer, Maschinenbauer, Schichtmeister, Werkstoffprüfer). Die Angaben sind den Konzerngeschäftsberichten 2000 entnommen.

schlussprüfer und dem unternehmensinternen Prüforgan. Gleichzeitig verbessert es die Informationsversorgung aus dem IKS und Risikomanagement-System.

3.5.1 Erhöhen des Wirkungsgrades des Überwachungsorgans durch Geschäftsführerprüfungen und Audit Committee

Grundsätzlich sollte der Gesetzgeber Aufsichtsräte verpflichten, Geschäftsführerprüfungen durchzuführen. Dazu wäre die mit dem KonTraG modifizierte Anzahl der Höchstmandate zu reduzieren. Darüber hinaus sollten die zeitliche Mindestinanspruchnahme der Mandatsträger und die Sitzungspräsenz konkretisiert werden. Aufsichtsräte würden dadurch veranlasst, kritische Überlegungen anzustellen, ob sie neben ihrer Leitungsaufgabe den Überwachungsverpflichtungen in fremden Gesellschaften ordnungsgemäß nachkommen können.

Sämtliche Funktionsträger eines Unternehmens, auch Aufsichtsräte, sollten generell einer Kontrolle mit folgenden Beurteilungskriterien unterliegen: Ausfüllen der Überwachungsaufgaben, Unabhängigkeit und Professionalität, Zeitlicher Einsatz für die Mandatswahrnehmung sowie Präsenz auf Aufsichtsrats- und Ausschusssitzungen.

Die Durchführung derartiger Audits könnten neutrale Sachverständige übernehmen.

Wie Abbildung 7 bestätigt, intensiviert der Aufsichtsrat den Überwachungseffekt durch Ausschussbildung. Zur weiteren Effizienzsteigerung könnte der Bilanz- bzw. Prüfungsausschuss nach angelsächsischem Vorbild (USA, Kanada und Großbritannien) durch Einschalten eines Audit Committee erweitert werden. Corporate Audit

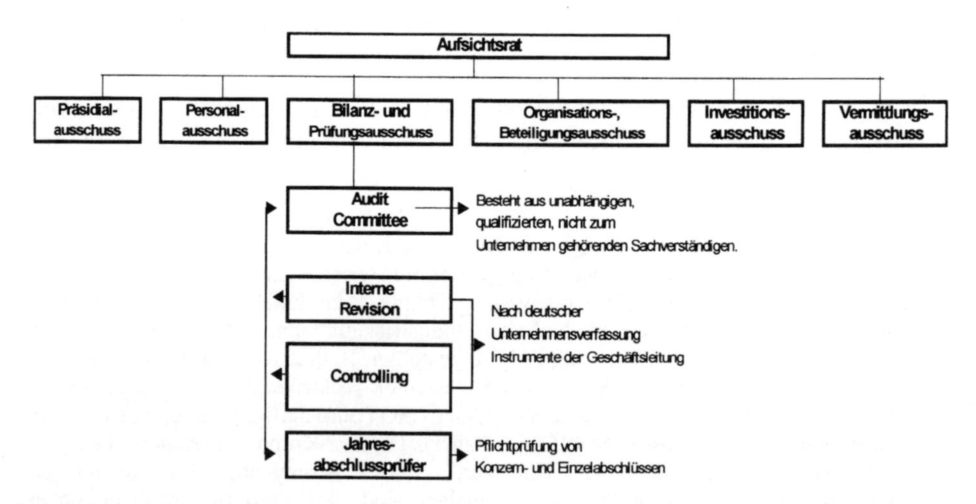

Abbildung 7: Audit Committee, Ergänzung zum Bilanz- und Prüfungsausschuss

Committees sind ständige Gremien amerikanischer Unternehmen. Seit dem 1. Juli 1978 müssen an der New York Stock Exchange registrierte US-Corporations ein Audit Committee einrichten.[25] Auskunft über Motive, Auftrag, Zusammensetzung, Amtsperiode, Aufgabenschwerpunkt und Vorteile vermittelt Abbildung 8.

In den USA tragen Corporate Audit Committees dazu bei, den Vertrauensschwund in die Berichterstattung zu begrenzen, das Sicherheitsbewusstsein von Anlegern und Öffentlichkeit zu stärken und die Konsequenzen aus den verschärften Haftungsbestimmungen für Board-Mitglieder abzufedern.

	Beurteilungskriterien	**Merkmale**
1	Motive für die Einführung	Missmanagement Unternehmenskrisen und -zusammenbrüche Korruption und Manipulationen Vertrauensschwund der Corporate Governance Lücken und Schwachstellen im unternehmerischen Überwachungssystem Insolvenzprophylaktische Maßnahmen Stärkung des Sicherheitsbewusstseins in der Öffentlichkeit
2	Auftrag	Gesetzliche Rahmenbedingungen und Satzung der Gesellschaft
3	Zusammensetzung und Amtsperiode	Externe, unabhängige Sachverständige Zwei bis fünf Mitglieder Amtsperiode analog Aufsichtsrat Wiederwahl möglich
4	Aufgabenschwerpunkte	Beraten des Aufsichtsrats Auswerten von Jahresabschluss und Lagebericht sowie Monatsabschlüssen Objektivieren der Unternehmenspublizität Zusammenarbeit mit dem Abschlussprüfer Beurteilen des IKS und Risikomanagements Erhöhen des Wirkungsgrades von Controlling und Interner Revision (Konzernrevision)
5	Vorteile	Unterstützen der Überwachungsaufgaben des Aufsichtsrats Erhöhen der Glaubwürdigkeit und Versachlichen der Kritik an der Corporate Governance

Abbildung 8: Beurteilungskriterien und Merkmale eines Audit Committee

25 AICPA, Hrsg., Audit Committee, New York 1979; Arthur Anderson & Co., Hrsg., Ideas for the Audit Committee Directors and Boards, New York 1984.

Durch Einschalten eines Audit Committee erhält der Aufsichtsrat Zugriff auf die Arbeitsergebnisse der unternehmensinternen Service-Center Controlling und Interne Revision. Deren Kontroll- und Überwachungsaufgaben unter Einbeziehung des Abschlussprüfers sind in Abbildung 9 skizziert.

Aufgabenstellung			
	Controlling	**Interne Revision**	**Abschlussprüfer**
1	Operative Planung für o Unternehmen o Bereiche o Abteilungen o Stellen	Prüfen (ex post) Beratung (ex ante) o Unternehmen o Bereiche o Abteilungen usw.	Jahresabschluss-prüfung und Testat o Einzelabschlüsse o Konzernabschluss
2	Sollgrössen o Zielvorgaben o Frühwarnindikatoren o Budgets o Kennzahlen o Risikomanagement	Beurteilung o IKS o Risikomanagement o Ordnungsmäßigkeit o Funktionssicherheit o Wirtschaftlichkeit	Beurteilung o IKS (Abschluss) o Risikomanagement o Ordnungsmäßigkeit o Funktionssicherheit
3	Informationssysteme o nach Adressaten (Top-, Middle-, Lower-Management und Ausführungsebene)	Systemprüfungen und Systemberatungen o ex post und o ex ante	Systemprüfungen im Zusammenhang mit o IKS und o Risikomanagement
4	Zielorientiertes Kontrollieren Steuern Anpassen des IST an das SOLL Dokumentation	Financial-, Operational- und Management- und Lean-Auditing o In- und Outsourcing o Self-Auditing (von Überwachungs-aufgaben)	Financial-Auditing o Insolvenzprophylaxe o Beurteilen der Internen Revision, des IKS und Risi-komanagements

Abbildung 9: Aufgaben von Controlling, Interner Revision und Jahresabschlussprüfer

Der Aufsichtsrat gewinnt Einblick in Planung, Steuerung, Abweichungen und Korrekturen.Transparenter werden Fehler, Schwachstellen, Lücken und Problemfelder.

In Deutschland könnte die Einrichtung eines Audit Committee für börsennotierte Gesellschaften vorgeschrieben werden. Dadurch würde die Professionalisierung des Aufsichtsrats zu gefördert und die Unternehmensüberwachung verbessert. Das Vertrauen von Anlegern und Öffentlichkeit in die Unternehmenspublizität würde gestärkt.

Die Resonanz auf derartige Vorschläge in deutschen Großunternehmen ist unbefriedigend. Gründe für die reservierte Haltung liegen in der paritätischen Besetzung der Aufsichtsräte mitbestimmter Gesellschaften. Aktionäre mit Einfluss sind bemüht, Arbeitnehmervertreter nicht stärker in Entscheidungsprozesse einzubeziehen, zumal deren Interessenlage vorzugsweise gewerkschaftlich geprägt ist. Konzernvorstände sperren sich gegen eine intensivere Einflussnahme des Aufsichtsrats in ihr Leitungsinstrumentarium. Dabei sind die Interessenverflechtungen zwischen Vorständen und Aufsichtsräten der Anteilseigner zu berücksichtigen. Vorstandsvorsitzende und Vorstände von Großunternehmen sind zugleich Aufsichtsratsvorsitzende und/oder Aufsichtsräte, die ihre Mandate unter Minimalaspekten ausüben. Von ihnen ist kein grundlegender Wandel in der Kompetenzverlagerung zwischen Leitungs- und Überwachungsfunktion zu erwarten.

Auch in den USA war die Einführung eines Audit Committee ein langwieriger Prozess. Zur Durchsetzung in Deutschland ist – wie in den USA – der Gesetzgeber gefordert. Im einzelnen sind zu klären: Größe des Gremiums, Qualifikation der Mitglieder, Aufgabenstellung, Pflichten und Rechte sowie Integration in den Aufsichtsrat.[26]

3.6 Überwachungsschwäche begünstigt Missmanagement

Effiziente Überwachung des Vorstands, bei stagnierenden Märkten, zunehmendem Wettbewerbsdruck, Globalisierung der Wirtschaft, hohen Personalkosten, Steuern und Abgaben, staatlichen Regulierungen sowie Strukturkrisen, ist unverzichtbar. Folgen von Überwachungsdefiziten sind unzureichende Anpassung an die sich ändernden Rahmenbedingungen, Fehlleistungen und Kapitalvernichtung, Missmanagement, Manipulationen und Unternehmernehmenszusammenbrüche

3.6.1 Steigende Insolvenzen, insbesondere in kleinen und mittelgroßen Betrieben

Symptomatisch für den Zustand der Wirtschaft ist die Entwicklung der Insolvenzen und der mangels Masse abgelehnten Konkurse, die in Abbildung 10 für den Zeitraum ab 1960 zusammengefasst sind.[27]

Die Angaben von 1960 bis 1990 bereffen Westdeutschland; seit 1992 einschließlich der neuen Länder. Die Anzahl der insolventen Firmen stieg von 2.958 in 1960 auf 41.500 (= 1.429 %) in 2000. Bei den mangels Masse abgelehnten Konkursen ist ein Anstieg von 32,0 % in 1960 auf über 70 % seit 1980 zu verzeichnen. Seit Einführung des neuen Insolvenzrechts ab 1. Januar 1999 liegen die Prozentwerte bei 60 %.

---

26 Siehe hierzu die Ausführungen zum „Audit Committee“ unter Ziff. 5.1.1.5.
27 Statistisches Jahrbuch 2000 und Vorjahre.

Jahr	Insolvenzen		Mangels Masse abgelehnt
	Anzahl	%	%
1960	2.958	100	32
1970	4.201	142	44
1980	9.140	309	73
1990	13.271	449	76
1992	15.302	517	71
1995	28.785	973	76
1997	33.398	1.129	73
1999	33.500	1.133	59
2000	41.500	1.429	60

Neues Insolvenzrecht ab 1. Januar 1999

Abbildung 10: Insolvenzen in Deutschland

Unternehmen in der Rechtsform der GmbH sind mit mehr als 60 % vertreten. Wesentliche Gründe für Insolvenzen sind: Unzureichende Eigenkapitalausstattung, fehlende Kontrollen, Fehlentscheidungen und Missmanagement. Mehr als die Hälfte der Firmen mit einem Jahresumsatz bis zu 5 Mio € verfügen praktisch über kein Eigenkapital. Bei der anderen Hälfte liegt die durchschnittliche Eigenkapitalquote um 3 %. Durch Unternehmenszusammenbrüche gehen jährlich mehr als eine halbe Mio Arbeitsplätze verloren. Der dadurch entstehende Schaden beläuft sich auf über 30 Mrd €/Jahr. Betroffen sind – neben den Firmeninhabern bzw. Anteilseignern – Mitarbeiter, Geschäftspartner, Gläubiger, Fiskus, Öffentlichkeit und Volkswirtschaft.

Die Insolvenz bildet die Endphase eines Entwicklungsprozesses, der sich über einen längeren Zeitraum erstrecken kann. Auch in kleinen und mittelständischen Betrieben sollte Krisenfürsorge getroffen und geeignete Frühwarnindikatoren, gekoppelt mit Soll-Ist-Vergleichen, eingerichtet werden. Sobald erste Symptome einer pathologischen Entwicklung sichtbar werden, sollten Anpassungs- und Restrukturierungsprozesse einsetzen.

3.6.2 Beispiele gravierender Fehlleistungen und von Missmanagement in Großunternehmen

Unternehmensskandale mit Kapitalvernichtung begleiten die Wirtschaft seit der Industrialisierung und der Gründung von Kapitalgesellschaften im neunzehnten Jahrhundert. Über neue Gesetzesinitiativen versucht der Gesetzgeber Schwachstellen und Lücken zu schließen, die sich aus veränderten Rahmenbedingungen ergeben.[28]

In den letzten Jahren häufen sich Fälle von Missmanagement in Unternehmen und Konzernen. Ursachen liegen, wie die Beispiele belegen, (1) in Lücken bzw. im

28 Siehe hierzu die Ausführungen zu den Ziff. 9.1 und 9.2 ff.

unzureichenden Ausbau des unternehmensinternen Kontrollsystem und (2) im Fehlen eines funktionsfähigen Risikomanagements mit Frühwarnindikatoren. Dazu kommen (3) in der Regel Führungsschwäche des Leitungsorgans und (4) Kontrollineffizienz des Überwachungsorgans, also bei den Akteuren der Corporate Governance.

3.6.2.1 Balsam AG, Steinhagen

Vorstände des Sportbodenherstellers, Führungskräfte von Kreditinstituten und Wirtschaftsprüfer wurden in langjährigen Wirtschaftsstrafverfahren und Zivilprozessen für unrechtsmäßiges Verhalten zur Rechenschaft gezogen. Durch betrügerische Manipulationen und Bilanzfälschungen in den Jahren 1989 bis 1994 wurden Banken, Geschäftspartner und Öffentlichkeit in einer Größenordnung von einer Milliarde € geschädigt; das Unternehmen ging in Konkurs.

Der Firmengründer, Hauptaktionär und Vorstandsvorsitzende sowie der Finanzvorstand verkauften unter Entwicklung beachtlicher krimineller Energie fingierte Verträge über den Bau von Sportböden sowie Rechnungen ausländischer Balsam-Beteiligungen an die Factoringfirma Procedo GmbH, zu deren damaligen Gesellschaftern die Allianz Versicherungs-AG, München, und die Münchener Rückversicherungs-AG, München, gehörten. Für übernommene Forderungen wurde ein 80 %iger Vorschuss gezahlt. Grundlage für die Refinanzierung der Vorschüsse durch Banken bildeten Luftgeschäfte der Balsam-Gruppe.

Zum Ausgleich der Schulden und Verluste konzipierte Balsam ein revolvierendes Kreditschöpfungssystem.

Procedo-Manager wurden wegen Kreditbetrug und Beihilfe verurteilt. Die Top-Manager der Balsam-Gruppe wurden mit Haftstrafen zwischen 9 und 12 Jahren belegt.

Bilanzfälschungen, die sich über mehrere Geschäftsjahre erstreckten, wurden von den Abschlussprüfern mit uneingeschränkten Bestätigungsvermerken ausgestattet.

3.6.2.2 Bankgesellschaft Berlin AG, Berlin

Aus der Verschmelzung der Institute Berliner Bank, Berlin Hyp und Landesbank entstand 1994 eine Holding mit einer Bilanzsumme von 200 Mrd € und 16.000 Mitarbeitern.

Die krisenhaften Symptome resultieren im wesentlichen aus sachlich ungerechtfertigten Immobiliengeschäften. Das führte zu Wertabwachs und Wertberichtigungen von schätzungsweise 4 Mrd €.

Unverständlich ist der sich in der ersten Hälfte 2001 abzeichnende erneute Verlust und Kapitalbedarf in einer Größenordnung von 2 bis 3 Mrd € Das führte zur Krise des Hauptaktionärs und zum Bruch der Koalition im Bundesland Berlin zwischen CDU und SPD und zur Ablösung von Bankvorständen. In dem Zusammenhang ermittelt die Staatsanwaltschaft in zahlreichen Verfahren wegen des Verdachts der Untreue.

3.6.2.3 BASF AG, Ludwigshafen

Im Geschäftsbericht 1999 informierte der Vorstand im Zusammenhang mit „Risiken aus Rechtsstreitigkeiten und -verfahren" über Rückstellungen wegen Prozess-, Schadensersatz- und ähnlichen Verpflichtungen" in Höhe von 726,7 Mio €.

Die Erläuterung zu „Kapital und Rücklagen" enthalten Einzelheiten zu den kartellrechtlichen Verfahren im Kontext mit dem Verkauf von Vitaminen, u.a. einen Vergleich mit den USA über vereinbarte Sanktionen in Höhe von 225 Mio US-$, Schadensersatzleistungen aufgrund einer Sammelklage in den USA über 287 Mio US-$, und einer Vereinbarung mit dem Justizministerium Kanadas über Zahlung von 19 Mio Can-$. Darüber hinaus machen US-Bundesstaaten Schadensersatzansprüche geltend, deren Höhe schwer quantifizierbar ist.

Zu diesen Vorgängen wird im Brief des Vorstandsvorsitzenden ausgeführt: „Meine Vorstandskollegen und ich bedauern die Verstöße gegen das Kartellrecht. Sie stehen im Gegensatz zu den geschäftlichen Grundsätzen der BASF. Wir haben daraus gelernt: Mit einem weltweiten Schulungsprogramm für unsere Mitarbeiter und mit internen Audits wurden Maßnahmen getroffen, um ähnliche Vorkommnisse in Zukunft zu vermeiden".

Im November 2001 verhängte die Europäische Kommission – in Analogie zum Vitaminskandal in Nordamerika – wegen kartellwidriger Preisabsprachen ein Bußgeld in Höhe von 855 Mio €, von dem auf die BASF ein Anteil von 296 Mio € (= 34,6 %) entfällt.

3.6.2.4 Bayer AG, Leverkusen

Den Stellenwert zukunftsbezogener Aussagen des Vorstands verdeutlicht der Geschäftsbericht 2000. Unter „Zielsetzung für 2001" wird ausgeführt: „Zuversichtlich sind wir vor allem für die Geschäftsentwicklung des Arbeitsgebiets Gesundheit. Unsere vorhandenen Produkte werden uns in die Lage versetzen, das Ergebnis weiter deutlich zu verbessern. Im Bereich Gesundheit lag der Pharmaanteil 2000 bei 6.140 Mio €, das sind 20 % des Umsatzes. Der prozentuale Anteil am Ergebnis Bayer dürfte etwa mit dem doppelten Wert anzusetzen sein.

Ein im August 2001 erlassener Vermarktungsstopp des Cholesterinsenkers Lipobay, verbunden mit einer Rückholaktion hat erhebliche Konsequenzen. Das Präparat stand als sogenanntes Blockbuster-Produkt an der Spitze der Erzeugnispalette mit Chancen für weiteres Wachstum, insbesondere in Nordamerika.

Der Vorgang in der Pharmasparte kann das Konzernergebnis mit über einer Mrd € belasten, das entspricht einem Drittel des letzten Jahresergebnisses. Dazu kommen schwer beurteilbare Haftungsrisiken wegen möglicherweise mit dem Medikament im Zusammenhang stehenden Problemen. Bei Arzneimitteln, die möglicherweise mit Nebenwirkungen belastet sind, sollte der Vorstand das latente Risiko und die produktbezogenen Expansionsstrategien koordinieren.

Dieses Beispiel belegt eindrucksvoll das dem Pharmageschäft innewohnende Risikopotential.

Als Konsequenz aus diesem Vorgang wurde die für September 2001 geplante Zulassung der Bayer-Aktie an der New Yorker Börse auf Anfang 2002 zurückgestellt.

3.6.2.5 BMW AG, München

Konzerne, die ihr Wachstum über Beteiligungserwerb forcieren, unterliegen oft Fehleinschätzungen bezüglich der Realisierung möglicher Synergieeffekte. Sie müssen erhebliche finanzielle Mittel für Kauf, Reorganisation und Eingliederung mobilisieren Spätere Desinvestitionen unwirtschaftlicher Beteiligungen sind vielfach die einzige Alternative zur Vermeidung weiterer Verluste.

Das trifft auch für den Beteiligungserwerb der Rover Group, Birmingham, durch die Bayerische Motoren Werke Aktiengesellschaft zu, die ebenso wie

die Vorbesitzer British Aerospace (Kauf 1988) und Honda (Beteiligung in 1990) am Restrukturierungsversuch scheiterten.

Im März 1994 erwarb BMW die Rover Group zu einem Übernahmepreis von 1,1 Mrd € mit 3 Automarken und 17 Modellen. Im Geschäftsbericht 1994 führte der Aufsichtsrat hierzu aus: „Bedeutung für die langfristige Ausrichtung des Unternehmens hat der Erwerb von Rover. ... Die unterstützende Beratung des Vorstands im ersten Jahr nach dem Erwerb und die Art der Integration in den Konzern waren dem Aufsichtsrat ein besonderes Anliegen“.

Im Geschäftsbericht 1995 bemerkte der Vorstandsvorsitzende unter Investition in die Zukunft: „Mit der Akquisition von Rover haben wir dem Unternehmen ein neues Potential erschlossen“.

Im Geschäftsbericht 1996 konstatierte der Vorstandsvorsitzende: „Wir ernten heute, was wir in der Vergangenheit gesät haben. ... Dies gilt insbesondere für das Automobilgeschäft bei BMW und Rover“. Im Geschäftsbericht 1997 führte er aus: „Die Rover Group steht dank umfangreicher Investitionen am Beginn einer umfassenden Produktoffensive“.

Erst im Geschäftsbericht 1998 wird die Problematik und der Sanierungsbedarf für Rover artikuliert. Dazu wird im Bericht des Aufsichtsrats ausgeführt: Das Gremium „hat sich während des gesamten Jahres eingehend vom Vorstand über die Situation im Geschäftsfeld Rover informieren lassen. ... es ist umfassend und tiefgreifend zu analysieren, Handlungsalternativen sind zu bewerten und Vorschläge für eine Restrukturierung zu erarbeiten“.

In den Geschäftsjahren 1994 bis 1999 erzielte die Rover Group bei zwischen 29.900 bis 40.100 Beschäftigten und jährlich zwischen 392.000 bis 522.000 produzierten Fahrzeugen Jahresumsätze zwischen 6,3 Mrd € bis 9,5 Mrd €.

Die Betriebsverluste verzeichneten seit 1995 eine steigende Tendenz. Im Februar 1999 mussten der Vorstandsvorsitzende und der Produktionsvorstand ihre Mandate niederlegen

1999 wurde wegen eskalierender krisenhafter Symptome in der Rover Group ein Konzernverlust von 2,49 Mrd € ausgewiesen. Ferner eine Risikorückstellung für die Konsolidierung beim Verkauf der Roverbeteiligung von 3,22 Mrd €. Ebenso wie im Vorjahr ergaben sich Konsequenzen für weitere Vorstandsmitglieder der Obergesellschaft, zuständig für Entwicklung, Produktion und Vertrieb.

Aus der Erkenntnis, dass Rover unfähig sein dürfte, die Kapitalkosten in übersehbarer Zeit zu erwirtschaften, beschloss der Aufsichtsrat im März 2000 die Marke aufzugeben.

Rover wurde für den symbolischen Preis von zehn Pfund Sterling an das Phoenix-Konsortium, aus dem MW Rover hervorging, verkauft.

Die Marke Land Rover wurde an Ford verkauft. Die Marke MINI verblieb im Produktsortiment von BMW.

Die unternehmerische Entscheidung von BMW für das Engagement summiert sich auf einen Verlust in der Größenordnung von um 5 Mrd €.

Symptomatisch für das Niveau der Corporate Governance ist das Statement des früheren Vorstands- und späteren Aufsichtsratsvorsitzenden: „In großer Höhe fliegt der Adler am besten allein.“

3.6.2.6 Bremer Vulkan Verbund AG, Bremen

Management- und Überwachungsfehler im Zusammenhang mit unwirtschaftlichem Beteiligungserwerb und Kapitalvernichtung die Milliardenverluste verursachten, führten den Werften- und Maschinenbaukonzern 1996 in den Konkurs.

Die Versorgungsansprüche für mehr als achttausend Mitarbeiter wurden vom Pensions-Versicherungs-Verein , dem 1974 gegründeten Träger der Insolvenzsicherung der betrieblichen Altersversorgung, nach Maßgabe des Betriebsrentengesetzes übernommen.

Sachkennern war seit Jahren bekannt, dass der Werftenstandort an der Weser, ein Konglomerat aus 89 heterogen zusammengesetzten Firmen, der vom Land Bremen aus strukturpolitischen Überlegungen gestützt wurde, eine Fehlentscheidung war.

1987 wurde mit 11.000 Beschäftigten, einem Grundkapital von 76,6 Mio € und einem Jahresumsatz von 767 Mio € ein operativer Verlust von 91,5 Mio € ausgewiesen, der durch Subventionen des Landes Bremen und der Bundesrepublik ausgeglichen wurde. 1995 wurde bei Bankschulden von 720 Mio € ein Verlust von 409 Mio € ausgewiesen.

Nach jahrelangen staatsanwaltschaftlichen Ermittlungen wurde Anklage gegen den Vorstandsvorsitzenden und einige seiner Kollegen wegen des Verdachts auf Veruntreuung und persönlicher Bereicherung erhoben.

Im September 2001 entschied der Bundesgerichtshof über die Schadensersatzklage der Bundesanstalt für vereinigungsbedingte Sonderaufgaben (BVS). Er verurteilte die schuldhaft pflichtwidrige Verwendung öffentlicher Fördermittel von 351 Mio € ausschließlich für die privatisierte MTW Schiffswerft in Wismar im Rahmen des zentralen Cash-Managements des Verbunds durch das Leitungsgremium. Vier ehemalige Vorstandsmitglieder sollen für den Konkurs des Unternehmens persönlich mit jeweils 9,7 Mio. DM (= 4,96 Mio €) haften.

Das Oberlandesgericht in Bremen hat die Tatbestände Untreue und Betrug zu prüfen.

Gegen den Aufsichtsratsvorsitzenden und Mitglieder des Überwachungsorgans, die ihre Aufsichtspflichten vernachlässigten, wurde keine Anklage erhoben.

3.6.2.7 Daimler-Benz AG, Stuttgart

Die Deutsche Bank AG als Großaktionär, Mandatsträger im Aufsichtsrat und Financier des Konzerns hat den umfangreichen Beteiligungserwerb vom „Automobilhersteller zum Technologiekonzern" gefördert und mitgetragen. Das größte deutsche Industrieunternehmen zeigt, welche Probleme Fehldispositionen verursachen.

Seit 1992 zeichnete sich ein Ertragsverfall ab. Im Geschäftsjahr 1995 wurde bei einem Umsatz von 53 Mrd € ein Jahresfehlbetrag von 2,9 Mrd €, das sind minus 5,5 % des Umsatzes, ausgewiesen. Die Verluste führten zu einem Eigenkapitalrückgang, gemessen am Gesamtkapital, von 25,6 % in 1990 auf 14,9 % in 1995.

Im Rahmen umfassender Restrukturierungsmaßnahmen wurde die Belegschaft von 378.200 in 1991 um 88.200 oder 23 % auf 290.000 Mitarbeiter reduziert. Durch den Personalabbau errechnet sich bei durchschnittlichen jährlichen Personalkosten von € 48.600 je Mitarbeiter ein theoretischer Bruttoeinsparungseffekt in der Dimension von um 4 Mrd €/Jahr.

Gescheitert war die diffuse Konzernstrategie mit den prognostizierten Synergieeffekten. Eine Überprüfung des Portfolios führte zu Desinvestitionen und zur Auflösung der ineffizienten Holdingadministration.

3.6.2.8 DaimlerChrysler AG, Stuttgart und Auburn Hills

Ähnliche Probleme wie bei dem „Technologiekonzern“ Daimler-Benz AG zeichnen sich beim „Weltkonzern“ Daimler-Chrysler ab. Wie aus dem Geschäftsbericht 2000 ableitbar, zwingen Absatzrückgang und Gewinneinbruch bei der Chrysler Group und die krisenhaften Symptome bei Mitsubishi Motors die Konzernleitung zu Anpassungsmaßnahmen.

Bei der Chrysler Group soll in den Jahren 2001 bis 2003 die Wettbewerbsposition und Ertragsfähigkeit durch ein Restrukturierungsprogramm wiederhergestellt werden. Geplante Maßnahmen sind: Stillegen von sechs Werken (bis 2001), Abbau von 26.000 Beschäftigten (bis 2003), Kosteneinsparung für den Bezug von Material und Dienstleistungen (ab 2001 = 5 % mit weiteren Reduzierungen von 10 %), innovative Produktstrategien (2001 bis 2003 bei Sachinvestitionen von 13 Mrd € und Intensivieren der Forschung und Entwicklung unter Einsatz von 6 Mrd €, Kostensenkung im Verwaltungsbereich und in der Produktentwicklung sowie verstärkte Zusammenarbeit innerhalb des Konzerns.

Eine Neuausrichtung von Mitsubishi Motors soll zu Umsatzsteigerungen und Ergebnisverbesserungen führen. Geplante Maßnahmen: Zurückführen der Produktionskapazität um 20 %, Anpassen der Beschäftigtenzahl durch Abbau von 9.500 Arbeitsplätzen, (3) Kostensenkung durch Verhandlungen mit Zulieferanten zur Ermäßigung der Beschaffungspreise um 15 % innerhalb von drei Jahren, innovative Produktstrategie in den Kernmarktsegmenten.

3.6.2.9 Deutsche Bank AG und Dresdner Bank AG, Frankfurt am Main

Wie Kreditinstitute in den Arbeitsgebieten „Investmentbanking und Asset-Management“ arbeiten, belegt die praktizierte Verschmelzungsstrategie.

Im März 2000 verkündeten die Vorstandsvorsitzenden die „geplante Fusion unter Gleichen“.

Aufgrund der Konzernstrukturen mit Überschneidungen in zahlreichen Geschäftsfeldern, sollten durch Integrations- bzw. Konsolidierungsprozesse Synergieeffekte genutzt werden, beispielsweise: Sozialverträglicher Abbau von 16.000 Mitarbeitern nach dem Motto „Blending for the best“ unter Nutzung der Fluktuationsrate, Bereinigen des Zweigstellennetzes in Deutschland um schätzungsweise 800 Filialen, Übertragen des Kleinkundengeschäfts auf die „Bank 24“. Das Einsparungspotential, das zügig und optimal erschlossen werden sollte, entsprach einem jährlichen Bruttoeinsparungseffekt in der Dimension von mehr als 2 Mrd €.

Nach wenigen Tagen, Anfang April 2000, scheiterte der Zusammenschluss durch eine Entscheidung des Vorstandsvorsitzenden der Dresdner Bank, der als einer der verantwortlichen Akteure sein Amt niederlegte. Drei weitere Vorstandsmitglieder baten „aus persönlichen Gründen“ den Aufsichtsrat, sie von ihren Aufgaben zu entbinden.[29]

3.6.2.10 Flowtex Technologie GmbH & Co KG, Ettlingen

Anfang 2000 wurden durch staatsanwaltschaftliche Ermittlungen im Kontext mit einer Steuerprüfung umfangreiche Scheingeschäfte der insolventen Gesellschaft bekannt. Der Schaden erreicht eine Größenordnung von mehr als 2 Mrd €. Flowtex, umsatzstärkstes Segment des Konglomerats, war mit 90 weiteren Firmen Bestandteil der Schmider-Kleister-Holding. Sie erzielte mit 4.000 Beschäftigten einen Jahresumsatz von 0,66 Mrd €. Die Staatsanwaltschaft erhob Anklage gegen beide geschäftsführenden Gesellschafter, den früheren Finanzdirektor und eine Geschäftsführerin eines verbundenen Unternehmens. In nahezu 400 Fällen wird den Beschuldigten gemeinschaftlicher Betrug zur Last gelegt. Den Gesellschaftern und dem Finanzdirektor zusätzlich Kapitalbetrug.

Arbeitsgebiete der Flowtex waren weiterentwickelte US-Bohrsysteme für die unterirdische Leitungsverlegung. Die unter Einsatz hoher krimineller Energie durchgeführte Straftaten basieren auf Phantomgeschäften mit Bohrsystemen, deren Einzelpreis variierte zwischen € 560.000 und € 820.000.

Unter Einschaltung „geheimer Treuhandverträge“ verkaufte die Holding nicht vorhandene Anlagen an Leasinggesellschaften. Parallel dazu leaste die Flowtex-Gruppe die Aggregate nach dem gleichen Schema. Die Transaktionen umfassten über dreitausend nicht existierende Bohrsysteme. Im Rahmen der Geschäftstätigkeit schädigte die Holding bzw. die Flowtex-Gruppe mehr als einhundert Leasinggesellschaften, Kreditinstitute und andere Gläubiger. Einen erheblichen Teil der unrechtmäßig vereinnahmten Gelder nutzten die Gesellschafter zur Tarnung des Schneeballsystems und für die Finanzierung ihrer exorbitanten privaten Ausgaben.[30]

Eine von der Commerzbank AG und Dresdner Bank AG für die Flowtex-Gruppe emittierte Anleihe von 300 Mio € konnte vom Konsortium nach Bekannt werden der staatsanwaltschaftlichen Ermittlungen zurückgezogen werden.

---

29 Mit Übernahme der Dresdner Bank AG durch die Allianz AG wurde der Fusionsversuch beider Institute beendet.

30 Allein der Hauptgesellschafter Schmider verwendete zur Befriedigung seiner Megalomanie und Finanzierung seines pathologischen Geltungsdrangs enorme Summen, beispielsweise für: (1) das Anwesen in Karlsruhe-Durlach über 10 Mio €, (2) ein Chalet in St. Moritz über 10 Mio €, (3) eine Villa in Florida über 13 Mio €, (4) ein Feriendomizil auf Ibiza über 12 Mio €, (5) zwei Villen in Uruguay über 8 Mio €, (6) ein Haus in Cannes über 3 Mio €, (7) eine 50 m-Yacht mit Mini-U-Boot und 18-köpfiger Besatzung (über 30 Mio €, (8) eine Fahrzeugflotte einschließlich Oldtimersammlung von mehreren Mio €, (9) Privatjets und Hubschrauber über 10 Mio € und last but not least (10) Privatkonten in dreistelliger Millionenhöhe.

Die mit der Pflichtprüfung beauftragte WP-Gesellschaft testierte die Jahresabschlüsse 1997 und 1998 mit uneingeschränkten Bestätigungsvermerken. Anfang Februar 2000 widerrief sie wegen „Täuschung" ihre Testate und die Ergebnisse ihrer von der Flowtex in Auftrag gegebenen Gutachten.

Das von den Gesellschaftern praktizierte, virtuell strukturierte Betrugssystem ist von der Konzeption her primitiv, in der finanziellen Dimension limitiert und mittelfristig begrenzt verschleierbar.

Im September 2001 begann nach zwanzigmonatiger Untersuchungshaft vor dem Landgericht Mannheim der Prozess gegen den hauptverantwortlichen geschäftsführenden Gesellschafter und früheren Gebrauchtwagenhändler Schmider, der ein umfassendes Geständnis ablegte.

Mitte Dezember 2001 verurteilte das Landgericht Schmider und seinen Kompagnon mit den im Wirtschaftsstrafrecht maximalen Höchststrafen von zwölf bzw. neun Jahren.

Darüber hinaus sind im Zusammenhang mit den wirtschaftskriminellen Machenschaften im Fall Flotex noch zahlreiche weitere Strafverfahren anhängig.

3.6.2.11 Philipp Holzmann AG, Frankfurt am Main

Ende 1999 meldete die Verwaltung des Baukonzerns einen Verlust in der Größenordnung von 1,3 Mrd €. Davon entfielen 40 % auf das Immobilien-Projektgeschäft und 20 % auf Tochtergesellschaften.

Krisenhafte Symptome führten seit Jahren zu bilanzpolitischen Gestaltungs-, Restrukturierungs- und Sanierungsmaßnahmen und zur Ablösung des Vorstands, der risikobehaftete, spekulative Immobiliengeschäfte abschloss, Verluste aus Großobjekten unterdrückte und eine restriktive Informationspolitik betrieb.

Gegen Ex-Vorstände des Unternehmens ermittelt die Staatsanwaltschaft wegen des Verdachts auf Untreue (§§ 266, 266a und 266b StGB), Betrug (§§ 263, 263a, 264 und 265 StGB) und Bilanzfälschung (§§ 256 und 258 AktG).

Geschäftsberichte dokumentieren die Entwicklung. 1995 wurde bei einem Jahresumsatz von 5,77 Mrd € ein Verlust von 227 Mio € ausgewiesen und die Dividende ausgesetzt. 1996 wurde bei einem Umsatz von 5,83 Mrd € durch „window-dressing" das Jahresergebnis ausgeglichen, das sich 1997 trotz eines um 11,4 % erhöhten Umsatzes auf einen Verlust von 393 Mio €, das sind minus 5,8 % vom Umsatz, verschlechterte. Der Eigenkapitalanteil schrumpfte von 14 % in 1995 auf 7 % in 1997.

1998,bei Desinvestitionen und umfangreichen Rationalisierungs- und Kosteneinsparungsmaßnahmen, verringerte sich der Verlust auf 18,6 Mio €. Unter dem neuen Vorstandsvorsitzenden machte die Verwaltung folgendes Statement: „Nach mehreren Verlustjahren sei 1999 mit einer Rückkehr in die Gewinnzone zu rechnen". Für das Geschäftsjahr 2000 wurde eine weitere Ergebnisverbesserung prognostiziert. Bei dieser optimistischen, kurzfristig überprüfbaren Aussage, die sicherlich auf gesicherten Erkenntnissen des Vorstands basierte, ist der Verlust in Höhe von 240 % des Eigenkapitals bzw. 65 % des Anlagevermögens, unverständlich. Konsequenzen aus der Fehlleistung zogen der 1996 bestellte Finanzvorstand und der Vorstandsvorsitzende durch Rücktritt. Der Aufsichtsratsvorsitzende legte unter dem Druck der Ereignisse sein Mandat Ende Januar 2000 nieder. Durch Intervention von Spitzenpolitikern, zog der Vorstand den ursprünglich eingereichten Antrag auf Eröffnung des Insolvenzverfahrens zurück.

Die Rettungsaktion war mit erheblichen Leistungen der involvierten Banken, Zusagen der Bundesrepublik Deutschland, einem Personalabbau, Schließen von Niederlassungen, einem Kapitalschnitt von 26 : 1, d.h. einem Verlust der Anteilseigner von über 96 % und Lohnverzicht der Belegschaft, verbunden.

Im Rechtsstreit mit den früheren Vorstandsmitgliedern vereinbarte Holzmann im November 2001 eine außergerichtliche Einigung. Danach zahlte das zur Absicherung eingeschaltete Versicherungsunternehmen zur Abgeltung sämtlicher Leistungen gegen Pflichtverletzungen früherer Vorstände 19,4 Mio €.

Ehemalige Vortandsmitglieder verzichteten auf 30 % bis zu 60 % ihrer Pensionsansprüche, die sich insgesamt auf 6,1 Mio € addieren.

Die Staatsanwaltschaft Frankfurt am Main ermittelt gegen Vorstände, denen ergebnisverbessernde Eingriffe vorgeworfen werden. Ferner gegen die zuständige Wirtschaftsprüfungsgesellschaft.

Im März 2002 stellte Holzmann nach einem erneuten Verlust von 237 Mio € im Geschäftsjahr 2001 und Schulden in einer Größenordnung von 1,5 Mrd € beim Amtsgericht Frankfurt am Main den Insolvenzantrag wegen Zahlungsunfähigkeit.

Letztlich konnte der sich 1999 anzeichnende Exitus nicht verhindert werden, trotz Intervention von Spitzenfunktionären aus Politik und Gewerkschaften, Sanierungsbemühungen der mehr als zwanzig Gläubigerbanken um den fallierenden Konzern, unter ihnen der Großaktionär Deutsche Bank AG, drastischer Restrukturierungsanstrengungen des Unternehmens und Lohnverzicht der Belegschaft.

Entscheidende Gründe liegen, neben der Strukturkrise im Baugewerbe, im langjährigen schwer nachvollziehbaren Missmanagement und in überforderten und inkompetenten Akteuren der Corporate Governance.

Zur Disposition steht, wie in ähnlich gelagerten Fällen gravierender Leitungs- und Überwachungsdefizite, die Belegschaft. Sie umfasst 23.000 Mitarbeiter weltweit, darunter 10.000 in Deutschland. Ferner einen Teil der Zulieferer, die eng an den Konzern gebunden sind.

3.6.2.12 Klöckner-Humboldt-Deutz AG, Köln

Verluste des Handelshauses Klöckner & Co., Duisburg, die das Eigenkapital überdeckten, erzwangen einen Eigentümerwechsel und veränderten die Aktionärsstruktur von KHD.[31]

Im Jahr 1969 erwarb der Konzern eine Mehrheitsbeteiligung an der unter der Bergbaukrise stagnierenden Westfalia Dinnendahl-Gröppel AG, Bochum. Die Kaufentscheidung in Verbindung mit Managementfehlern führte zu einer Dauerkrise. Der Sanierungsbedarf wurde auch mit Übernahme der Kapitalanteile durch die Deutsche Bank AG im Jahre 1988 nicht behoben.

Im Geschäftsjahr 1995 verzeichnete Humboldt-Wedag, deren Anteil am Konzernumsatz von insgesamt 1,7 Mrd € etwa die Hälfte ausmachte, durch Bilanzfälschung einen Verlust von 0,5 Mrd €. Der Grund lag in unterlassenen Rückstellungen für Verluste aus schwebenden Geschäften. Seit 1993 hatte der Anlagenbauer bewusst keine Rückstellungen für verlustreiche Großobjekte gebildet. Zur Sanierung und Abwendung des Konkurses waren – wie schon früher – Stützungsmaßnahmen des Großaktionärs Deutsche Bank AG und anderer Gläubiger notwendig.

Der Vorstand der Humboldt-Wedag und einige Führungskräfte wurden abberufen; gegen sie wurde Strafantrag wegen des Verdachts auf Betrug und Untreue gestellt.

Bei der Hereinnahme weniger Großaufträge – unter Konkurrenzdruck und zu nicht kostendeckenden Preisen – können durch Plausibilitätsüberlegungen Rückschlüsse auf mögliche Verluste nach Auslieferung, Montage und Garantieerfüllung der Anlagen ermittelt und wertmäßig quantifiziert werden. Die Argumente der Konzernleitung sind somit unschlüssig und für sachverständige Dritte nicht nachvollziehbar.

3.6.2.13 Metallgesellschaft AG, Frankfurt am Main

Heterogenes Wachstum und unternehmerische Fehlentscheidungen führten zu Verlusten in einer Größenordnung von 2,6 Mrd €. Zur Konkursabwendung wurden erhebliche Teile des Konzernvermögens versilbert, Massenentlassungen durchgeführt und Rettungsaktionen der Banken, die zugleich Aktionäre, Mandatsträger im Aufsichtsrat und Kreditgeber waren, eingeleitet.

Der Aufsichtsratsvorsitzende, zugleich Vorstandsvorsitzender des Großaktionärs Dresdner Bank AG mit einem Anteil am Grundkapital von 12,6 %, und der diese Position seit 1988 ausübte, führte auf der Hauptversammlung 1991/92 aus: „Der Aufsichtsrat sei regelmäßig vom Vorstand über die wirtschaftliche Lage des Unternehmens und die zustimmungspflichtigen Geschäfte (auch die der Neuorientierung des Konzerns) unterrichtet worden und habe diese geprüft". Im März 1992 wurde

31 Siehe hierzu die Ausführungen zu Ziff. 10.3.5.5.

ein Vorstand des Großaktionärs Deutsche Bank AG mit einem Kapitalanteil von über 10 % in den Aufsichtsrat gewählt, der ein Jahr später den Vorsitz übernahm. Was sich im Dezember 1992 als Liquiditätsengpass im Kontext mit Öltermingeschäften an der New York Mercantile Exchange bezeichnet wurde, entwickelte sich zum Unternehmensskandal mit wachsenden Verlusten. In einer außerordentlichen Aufsichtsratssitzung wurde der Vorstandsvorsitzende und einige seiner Kollegen abgelöst. Sondersitzungen wurden einberufen und ein Sanierer bestellt.

Die durch das pathologische Wachstum ausgelösten Probleme in Verbindung mit den Folgen der sich seit 1991 abzeichnende Strukturkrise und rezessiven Wirtschaftsentwicklung sowie die Verluste aus Öltermingeschäften erforderten tiefgreifende Restrukturierungsprozesse.

Im Geschäftsjahr 1992/93 belief sich bei einem Konzernumsatz von 13,3 Mrd € der Verlust auf 1 Mrd € (= minus 7,7 % vom Umsatz). Im Geschäftsjahr 1993/94 wies der Konzern bei einem Jahresumsatz von 10,5 Mrd € einen Verlust von 1,3 Mrd € (= minus 12,8 %) aus.

Die Banken, unter ihnen die Großaktionäre Dresdner Bank AG und Deutsche Bank AG sanierten das heterogene Konglomerat. Die Konsolidierung umfasste neben Kosteneinsparungen und Auflösung der Ölterminkontrakte, erhebliche Desinvestitionen. Der Umsatz von 13,3 Mrd € in 1992/93 verringerte sich auf 8,1 Mrd € in 1995/96. Das entspricht einem Rückgang von 5,2 Mrd € oder 39,5 %. Die Belegschaftsstand wurde von 55.900 in 1992/93 um 32.700 Personen oder 58,5 % auf 23.200 reduziert.

Der Aufsichtsrat verlängerte den Vertrag des Vorstandsvorsitzenden um eine weitere Amtsperiode im Dezember 1993, also einen Monat vor dessen Abberufung wegen Unfähigkeit. Das gegen ihn eingeleitete Strafverfahren endete mit einem Vergleich und bestätigt, dass Schadensersatzansprüche gegen Vorstände, auch in Fällen von Missmanagement, kaum durchsetzbar sind.

Ein Blick in die Geschäftsberichte der Metallgesellschaft AG zeigt, dass der Aufsichtsrat vor und während der Krise, soweit es sich um Mandatsträger der Anteilseigner handelte, hochkarätig besetzt war. Von ihnen vertraten sechs als Vorstandsmitglieder von Großaktionären zugleich Eigeninteressen, zwei waren Vorstandsvorsitzende von Industriekonzernen und einer ehemaliger Vorstand der Metallgesellschaft. Gegen Aufsichtsräte wurden keine Regressansprüche gestellt.

Auch in den Folgejahren zeichnen sich im mg-Konzern Turbulenzen und Probleme ab.

3.6.2.14 Dr. Jürgen Schneider AG, Königstein

Die aus 150 Einzelfirmen bestehende Immobiliengruppe verursachte durch Kreditbetrug in Verbindung mit Urkundenfälschung und Steuerhinterziehung Schulden in einer Größenordnung von etwa 2,5 Milliarden €, die zum Konkurs führten.

Neben der Deutsche Bank AG, die als Kreditgeber eine exponierte Stellung einnahm, waren weitere über vierzig Banken involviert. Mit hoher krimineller Energie konnte die Schneidergruppe unter Verschleierung ihrer tatsächlichen wirtschaftlichen und finanziellen Misere bis 1994 nach einem Schneeballsystem die desolate wirtschaftliche Situation verschleiern und die für eine Weiterführung des Unternehmens erforderlichen Kredite der unterschiedlichen Bankinstitute in Anspruch nehmen.

Der Hauptverantwortliche und Vorstandsvorsitzende entzog sich vor der Konkurseröffnung zunächst der Justiz und Verurteilung durch Flucht.

Für die Klärung der Diskrepanzen zwischen Kreditunterlagen, Kaufverträge, Grundbuchaufzeichnungen, Wertermittlungen, Wirtschaftlichkeits- und Rentabilitätsberechnungen der wenigen Großobjekte hätten Plausibilitätsüberlegungen ausgereicht.

Die Gestaltung wirtschaftlichen Zusammenlebens ist
– wie vorstehende Beispiele aus der Praxis belegen –
geprägt durch Dummheit.
Ebenso wie das Universum
ist auch die menschliche Naivität unendlich.

3.6.2.15 Wesentliche Gründe für unternehmerische Fehlleistungen und Missmanagement

Outsider sind bei der Analyse und Beurteilung von Fehlleistungen der Überwachungs- und Leitungsorgane, Missmanagement, Manipulationen, strafrechtlichen Tatbeständen des Leitungsorgans, Begünstigungen, Vorteil-nahmen und persönlichen Bereicherungen in Kapitalgesellschaften auf Me-dienberichte, Unternehmensinformationen aus Geschäftsberichten, Quartalsberichten, Pressemitteilungen und sonstigen publizierten Quellen angewiesen.

Bei den komplizierten und komplexen, sich vielfach über Jahre erstreckenden Vorgängen werden gravierende Schwachstellen, Lücken und Mängel transparent. Bezogen auf die Beispiele konzentriert sich die Begründung der Ursachen auf markante Schwerpunkte.

- **Verflechtungen zwischen Anteilseignern, Überwachungs- und Leitungsorgan**. Probleme bei gravierenden unternehmerischen Fehlleistungen, insbesondere im Zusammenhang mit persönlichen Interessen und kriminellen Handlungen, ergeben sich bei Verflechtungen zwischen Kapital und den Akteuren der Corporate Governance.

  Mit Ausnahme der Beispiele der BASF AG und Bayer AG, besteht bei sämtlichen genannten Unternehmen ein Zusammenhang zwischen Anteilseignern und dem daraus resultierenden Einfluss auf das Überwachungsorgan, das den Vorstand bestellt (abberuft).

Das führt zu einer Schwächung – im Extremfall zum Versagen –des dualistischen Überwachungssystems mit entsprechenden Konsequenzen.

- **Ineffiziente Aufsichtsratsleistung**. In allen Unternehmen ist – in einem engeren oder weiteren Sinne – eine Schwäche bzw. Lücke oder ein Versagen des Überwachungsorgans in der ordnungsmäßigen Beratung, Beurteilung und/oder Überwachung des Vorstands feststellbar.

- **Inkompetente Vorstandsleistung**. In sämtlichen Fällen bestehen Leitungsfehler und Führungsschwächen der Geschäftsführung. Bei eindeutig kriminellen Handlungen von Vorständen zum Zwecke der persönlichen Bereicherung, wie bei Balsam AG, Bremer Vulkan Verbund AG, Flowtex GmbH und Schneider AG, verstößt das Organ bewusst gegen Strafgesetze. Das hat Auswirkungen auf das IKS und Risikomanagement-System; sie werden außer Funktion gesetzt. Bei der Bankgesellschaft Berlin AG, BMW AG, Daimler-Benz AG, DaimlerChrysler AG, P. Holzmann AG, KHD AG und Metallgesellschaft AG führten Fehlleistungen des Vorstands zu Kapitalvernichtung. Dabei sind die Auswirkungen des Verlustes der Börsenkapitalisierung, die sich im Börsenwert ausdrücken, einzubeziehen. Im Falle der gescheiterten Fusion zwischen Deutsche Bank AG und Dresdner Bank AG sind – außer den mit dem Verschmelzungsversuch entstandenen Kosten – Imageschäden zu verzeichnen. Bei der BASF AG (Vitaminsektor) und Bayer AG (Pharmabereich) sind vor allem durch unzureichende Dienstaufsicht des Vorstands erhebliche Verluste und Imageschäden entstanden. Bei derartigen Fehlleistungen strahlt der Einfluss des Vorstands aus auf die ihm zur Verfügung stehenden Steuerungs- und Führungsinstrumente, wie IKS und Risikomanagement-System sowie auf die Service-Center Controlling und Interne Revision.

- **IKS und Risikomanagement-System**. Bei Dispositionsfehlern und Fehlleistungen des Vorstands verliert der Wirkungsgrad des IKS und die Funktionsfähigkeit des Risikomanagement-Systems an Bedeutung. Das trifft gleichermaßen zu für Controlling und Interne Revision, die im Verhältnis zum Vorstand abhängig sind.

- **Abschlussprüfer**. In sämtlichen Fällen, auch in denen mit kriminellem Hintergrund, versahen Wirtschaftsprüfer die mit krisenhaften Symptomen belasteten Abschlüsse über mehrere Geschäftsjahre mit uneingeschränkten Bestätigungsvermerken. Sie stützten sich dabei auf die verschleierten bzw. gefälschten Vollständigkeitserklärungen des Vorstands.

- **Mitverschulden Dritter**. Verschulden an kriminellen Machenschaften und Kapitalvernichtung tragen in zahlreichen Fällen die Kreditinstitute, deren Kontroll- und Überwachungsinstrumente unzuverlässig arbeiteten.

4. Prüfungshandbuch, Organisationshilfe zur Erhöhung des Wirkungsgrades der Internen Revision

Zur Erreichung des an das unternehmensinterne Prüforgan delegierten Überwachungsziels leistet ein praxisorientiertes Prüfungshandbuch als Leitgedanke, Organisations-, Orientierungs- und Arbeitshilfe wertvolle Dienste.

4.1 Handbücher in der Wirtschaft

Handbücher sind eine nach vorgegebenen Kriterien geordnete Zusammenfassung relevanter Tatbestände für ein Aufgaben- bzw. Sachgebiet. Sie leisten eine unverzichtbare Hilfe bei der Lösung von Kommunikations- und Koordinierungsproblemen.

In der Praxis gibt es zahlreiche Varianten von Handbüchern bzw. Anweisungen, die sich hinsichtlich Zielsetzung, Inhalt, Umfang, Aufbau und Gliederung unterscheiden. Gemeinsam ist allen der Leitfadencharakter zur Vereinfachung von Entscheidungen bzw. zur Durchführung definierter Handlungen.

Beim Verkauf von Systemen, Verfahren, Anwendungen, Anlagen, Maschinen, Geräten, Apparaten, Fahrzeugen, Vorrichtungen, um nur einige Teilaspekte zu erwähnen, sind sie wesentlicher Bestandteil des Lieferumfangs. Sie unterstützen den Gebrauchswert der Produkte und erhöhen das Image des Herstellers bzw. Händlers.

In Unternehmen aller Industriezweige sichern Handbücher eine einheitliche, systematische und geordnete Arbeitsabwicklung in den einschlägigen Aufgabengebieten. Handbücher schaffen optimale Voraussetzung für einen reibungslosen und nachvollziehbaren Arbeitsablauf.

4.2 Gegenstand eines computergestützten Prüfungshandbuches

Manuals sollten den unternehmensspezifischen Bedürfnissen entsprechen und computergestützt erstellt werden. Einfluss auf Inhalt und Umfang haben Wirtschaftsbereich, Gegenstand des Unternehmens, Betriebsgröße, nationale oder transnationale Betätigung, Belegschaftsstand und die zu beachtenden Kontroll- und Sicherheitsaspekte. Wesentliche Bestandteile sind:

- Überwachungsstruktur unter dem Blickwinkel der Geschäftsleitung.
- Konkretisieren des Inhalts und der anzusprechenden Adressaten.
- Festlegen von Umfang und Änderungsdienst.
- Einsatz im Unternehmen.

4.2.1 Überwachungsstruktur unter Leitungsaspekten

Vor der Konzeption eines Prüfungshandbuches ist die konkrete Aufgabenstellung der Internen Revision (Konzernrevision) auf Grundlage der unternehmerischen Überwachungsstruktur zu definieren. Wie in Abbildung 11 dargestellt, ist die Überwachung ein interdependentes Tätigkeitsgebiet. Sie besteht aus gesetzlich vorgeschriebenen Prüfungen durch externe Überwachungsorgane, einem entsprechend der Unternehmensgröße und Komplexität dimensionierten und ausgebauten internen Kontrollsystems mit prozessintegrierten Kontrollinstanzen und einer prozessunabhängigen Internen Revision.

4.2.1.1 Externe Prüforgane und Berater

Es handelt sich um hoheitliche Prüfungen mit definierten Aufgabenstellungen und zum anderen um Pflichtprüfungen, die den Jahresabschluss von Einzelgesellschaften und Konzernen betreffen, und um Sonderfälle, wie beispielsweise Gründung und Umwandlung.

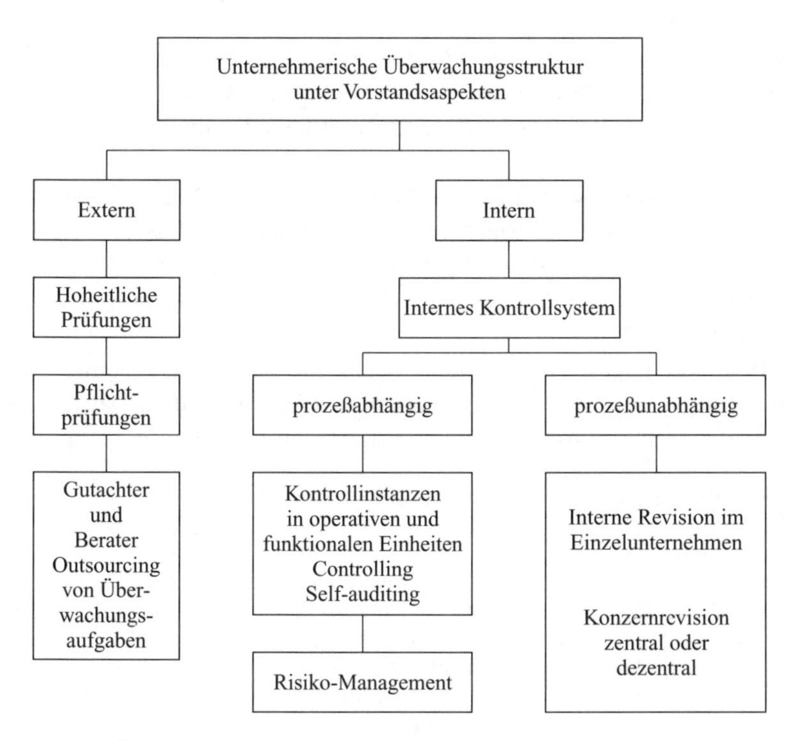

Abbildung 11: Überwachungsstruktur unter Leitungsaspekten

Für die Lösung von Spezialfragen werden Sonderprüfungen in Auftrag gegeben. Gutachtern und Beratern werden fallweise Dienstleistungsaufträge erteilt, darunter fällt auch das Outsourcen von unternehmerischen Überwachungsaufgaben.

- Hoheitliche Prüfungen

Sie umfassen das Gebiet der Steuern und Zölle. Zuständig hierfür sind die Außenprüfungsdienste der Finanzverwaltung in Übereinstimmung mit der Abgabenordnung. Ferner um Prüfungsinstanzen, die die Beachtung und Einhaltung erlassener Gesetze und Vorschriften sicherstellen, wie Sozialversicherungspflicht, Arbeits-, Umwelt- und Datenschutz sowie Kartellrecht.

Der Umfang der Betriebsprüfung[32] wird durch die Prüfungsordnung mit Betriebsvereinbarung bestimmt (§ 196 AO). Nach § 203 AO kann die Finanzbehörde auch abgekürzte Außenprüfungen bei der Lohn- und Umsatzsteuer durchführen.

Den Zollbehörden obliegen „Zollprüfungen“.[33] Als Prüforgane werden bei den Unternehmen die den Oberfinanzdirektionen angegliederten „Betriebsprüfungsdienste Zoll“ (BpZoll) tätig.

Prüfungen in Bereich der Sozialversicherungen betreffen das Instrument der staatlichen Sozialpolitik. Im einzelnen handelt es sich um Pflichtversicherungen: Kranken-, Unfall-, Renten-, Knappschafts-, Arbeitslosen- und Pflegeversicherung, u.s.w.

Fragen des Umweltschutzes gewinnen einen immer höheren Stellenwert.[34] Voraussetzung für die wirkungsvolle Wahrnehmung der Umweltschutzaufgaben in Unternehmen war die Einsetzung eines Umweltschutzbeauftragten durch den Gesetzgeber Mitte der 70er Jahre.

Unternehmen haben wirkungsvolle Vorkehrungen und Maßnahmen zu treffen, dass Verstöße gegen die vom Bund und von den Ländern erlassenen Gesetze zum Zwecke des Umweltschutzes verhindert werden. Zuständig für den Umweltschutz im Unternehmen ist das Management, wobei die originäre Verantwortung bei der Geschäftsführung liegt.

Seit 1978 unterliegt die Verarbeitung personenbezogener Daten mit den Schritten Speicherung, Übermittlung, Veränderung und Löschung dem Datenschutz. Danach ist es der Datenverarbeitung untersagt, geschützte Daten unbefugt zu einem

---

32 Betriebsprüfungshandbuch einschließlich Zollprüfung, Hrsg. Blumers, W. u.a., München 1989.

33 Betriebsprüfungshandbuch, a.a.O., Ziff. 1, Zollprüfung.

34 Adams, H. W. und Eiden, G., Hrsg., Die Organisation des betrieblichen Umweltschutzes, Frankfurt/Main 1991; Heinzelmann, R., Umweltschutz, Herausforderung und Chance, Frankfurt/Main 1991; Kube, E., Prävention von Wirtschaftskriminalität, unter besonderer Berücksichtigung der Umweltkriminalität, Möglichkeiten und Grenzen, Bericht des Kriminaltechnischen Instituts, Hrsg., Bundeskriminalamt Wiesbaden 1985; Pfriem, R., Hrsg., Ökologische Unternehmenspolitik, Frankfurt/Main 1986; Siemens AG, Hrsg., Umweltschutz – Versuch einer systematischen Darstellung, Berlin und München 1986.

anderen als dem zur Aufgabenerfüllung bestimmten Zweck zu verarbeiten, bekanntzugeben oder zugänglich zu machen.[35]

Nach § 28 BDSG haben Unternehmen, die personenbezogene Daten führen und mindestens fünf Mitarbeiter ständig beschäftigen, einen Beauftragten für den Datenschutz (DSB) zu bestellen, der unmittelbar der Geschäftsleitung untersteht.[36]

- Pflichtprüfungen

Aufgabe der Pflichtprüfung ist es, festzustellen, ob Gesellschaften im Bereich der privaten und öffentlichen Wirtschaft nach betriebswirtschaftlichen Gesichtspunkten geführt werden und zu bestätigen, dass sie die im öffentlichen Interesse erlassenen Vorschriften beachten.

Relevant für Kapitalgesellschaften ist die Prüfung des Jahres- und Konzernabschlusses.

Für Gründungen, Nachgründungen und Umwandlungen in eine andere Rechtsform sowie bei unzulässiger Bewertung bzw. Unvollständigkeit der Offenlegung schreibt der Gesetzgeber Sonderprüfungen vor.

- Freiwillige Prüfungen, Gutachten und Beratung

Zur Lösung spezieller Aufgabenstellungen nutzen Unternehmen die Sachkenntnis und Erfahrung externer Sachverständiger. Dabei handelt es sich um Wirtschaftsprüfer, vereidigte Buchprüfer sowie Steuer- und Unternehmensberater.

Dienstleistungsanbieter werden eingeschaltet, bei Fragestellungen, die unternehmensintern nicht optimal gelöst werden können oder deren Beantwortung neben größtmöglicher Unabhängigkeit und Objektivität Fachkompetenz und Expertenwissen voraussetzen. In dem Zusammenhang verlagert das Leitungsorgan auch unternehmerische Überwachungsaufgaben an Dritte (Outsourcing).

4.2.1.2 Internes Kontrollsystem und Interne Revision

Mit Hilfe des Instrumentariums, das aus prozessabhängigen Kontrollmaßnahmen und prozessunabhängigen unternehmensinternen Prüfungen besteht, leitet, koordiniert, steuert und überwacht die Geschäftsleitung das Unternehmen (Konzern). Da-

---

35 Muksch, H., Datenschutz und Datensicherheit in Klein- und Mittelbetrieben, Wiesbaden 1988; Ordemann, H. J. und Schomerus, R., Bundesdatenschutz. Gesetz zum Schutz vor Missbrauch personenbezogener Daten bei der Datenverarbeitung, 2. Aufl., München 1978; Simitis, S. u. a., Kommentar zum Bundesdatenschutz, Baden-Baden 1979; Schmitz, K., Datenschutztechniken, Wiesbaden 1988.

36 Ordnungsmäßigkeit, Funktionssicherheit und Prüfbarkeit, soweit sie die Rechnungslegung betreffen, wird Gegenstand der GoB bzw. GoD und GoS. Das BDSG gilt für alle betrieblichen Bereiche, die personenbezogene Daten verarbeiten, vor allem für die DV und die in ihr beschäftigten Personen.

bei ist zu berücksichtigen, dass auch das IKS, wie jede andere unternehmerische Funktion, dem Wirtschaftlichkeitsprinzip unterliegt.

Unter dem Einfluss der Leankonzepte, der konsequenten Prozessorientierung, der Konzentration der Wertschöpfung auf Kernaktivitäten und aus generellen Rationalisierungserwägungen ist davon auszugehen, dass eine Reihe von Unternehmen den Ausbau des IKS den gesetzlichen Minimalanforderungen angleichen werden.

- Prozessintegrierte Kontrollen

Entscheidende Impulse erhält das IKS durch die organisatorische Konzeption und die implementierten Computersysteme. Einfluss auf den Wirkungsgrad haben die von funktionalen und operativen Einheiten, beispielsweise Controlling und Sicherheitsmanagement, wahrgenommenen Kontrollaufgaben sowie die Dienstaufsicht der Vorgesetzten aller Hierarchiestufen.

Logische Konsequenz aus schlanken Organisationsstrukturen, Abbau von Hierarchiestufen, Aufhebung der Arbeitsteilung und Funktionstrennung sowie Übergang von der Misstrauens- auf die Vertrauensorganisation, ist die Selbstprüfung der Cost- und Service-Center (Self-Auditing).

- Prozessunabhängige Überwachung

Überwachungsorgan in Unternehmen ist die Interne Revision; in Konzernen die Konzernrevision.

4.2.2 Inhalt und Adressanten des Manuals

Aufgabe eines Prüfungshandbuches ist es, Voraussetzungen für einen reibungslosen und wirtschaftlichen Ablauf während sämtlicher Phasen einer Prüfung zu schaffen. Dabei gelten die generellen Revisionsregeln und -grundsätze für Firmen unterschiedlicher Industriezweige und Größenordnung.[37]

Ein Handbuch ist eine Organisationshilfe und Informationsquelle. Es enthält Verfahrens- und Verhaltensregeln für Revisionsmitarbeiter, gibt Auskunft über relevante abteilungsinterne und unternehmensbezogene Daten und Fakten, regelt das Auftreten und Vorgehen eines Prüfers bzw. Prüferteams am Prüfungsort und enthält verbindliche Anweisungen über Art und Inhalt der Berichterstattung sowie Erfolgskontrolle.

Ein Manual engt den Ermessensspielraum und die Eigeninitiative des Revisors bei der Durchführung der ihm in Eigenverantwortung übertragenen Aufgaben, fundierte Entscheidungen über Art und Umfang vorzunehmender Prüfungshandlungen

37 IIR, Hrsg., Muster-Revisionshandbuch. Ein Leitfaden für die Praxis, IIR-Schriftenreihe 22, Berlin 1994. Die 63 Seiten umfassende Schrift vermittelt einen rudimentären Überblick und dient als Orientierungshilfe. Sie enthält keine Hinweise auf Literaturquellen. Grundlage bilden die Grundsätze der Internen Revision, Hrsg. IIR, Frankfurt a.M. 1991.

zu treffen, nicht ein. Es gewährleistet jedoch, dass Feststellungen und Berichterstattung nach normierten, nachvollziehbaren Kriterien erfolgen.

Normen und Vorgaben des Handbuches vereinfachen die Verwaltungsarbeit innerhalb der Abteilung. Sie unterstützen die Dienstaufsicht des Top-Managements, des Revisionsleiters und der zuständigen Prüfungsbereichsleiter.

Ein nicht zu unterschätzender Faktor für die Beurteilung der Innenrevision durch Angehörige unterschiedlicher Hierarchiestufen im Unternehmen bzw. Konzern, für Abschlussprüfer und sonstige interessierte Stellen, ist die Einheitlichkeit der Revisionsfunktion. Homogenes, beurteilbares Vorgehen bei Prüfungen und objektive Berichterstattung bestimmen entscheidend Reaktionen und Kooperationsbereitschaft der Berichtsempfänger.[38]
Ein Handbuch sollte Auskunft über das Spektrum der unternehmensinternen Überwachung vermitteln. Deshalb ist es notwendig, vor seiner Konzipierung, Neufassung oder Umgestaltung folgende Fragen zu klären:

- Was und wie ausführlich sollte Gegenstand des Handbuches sein?
- Wie ist es zu gliedern und zu gestalten?
- Wer ist Zuständig für die Ausarbeitung und Aktualisierung?
- An welche Adressaten ist es zu verteilen?

Abbildung 12 enthält wesentliche Teilaspekte eines Prüfungshandbuches mit folgenden Schwerpunkten:.

- Vollmachten und Aufgabenstellung der Internen Revision

Dazu gehören Unterstellung der Abteilung unter das oberste Leitungsgremium, Rangstellung des Revisionsleiters und eine Dienstanweisung für die Innenrevision. Es handelt sich um Entscheidungen, die das Top-Management zu treffen hat.

- Aufbau und Ablauforganisation der Abteilung in Form eines Organigramms. Funktionsabläufe, zu beachtende Berufsgrundsätze, Stellenbeschreibungen, Fort- und Weiterbildungsmaßnahmen zur Sicherstellung der Prüfungsqualität sowie Hinweise über Entwicklungschancen bewährter Revisoren nach Beendigung ihrer aktiven Prüfungstätigkeit.
- Umfassende Abdeckung der Revisionsinhalte, wie Financial, Operational und Management Auditing unter Berücksichtigung von Lean Management und Business Reengineering. Setzen gezielter Prüfungsakzente in den Segmenten Ordnungsmäßigkeit, Funktionssicherheit und Wirtschaftlichkeit.

---

38 Hofmann, R., Revisions-Manual – Organisationsmittel und Rationalisierungsinstrument für die Innenrevision, in: RCC-H, 30. Nachl. 3/1991, Ziff. 1.13, S. 1–45; Müller-Pleuß, J.-H., Organisationshandbuch, in: HWO, 3. Aufl., Stuttgart 1992, Sp. 1506 ff.; Suppanz, K., So erstellen und verbessern sie ihr betriebliches Organisationshandbuch, München 1979; Treuhand-Kammer, Hrsg., Revisionshandbuch der Schweiz 1992, 2 Bde., Zürich 1993.

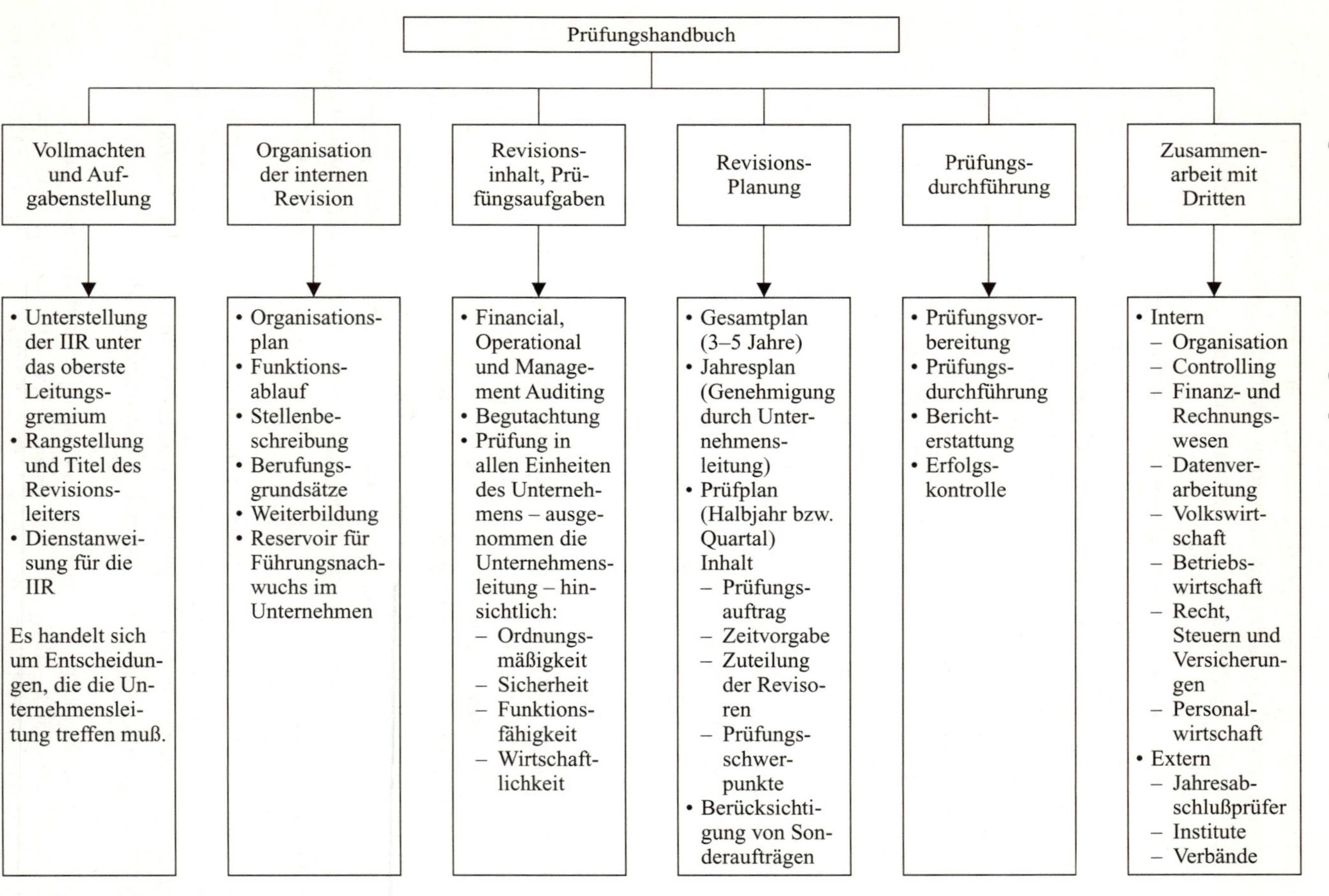

Abbildung 12: Inhalt eines Prüfungshandbuches

- Strategische und operative Revisionsplanung. Erstellen von Gesamt-, Jahres- und Prüfplänen.
- Prüfungsdurchführung, bestehend aus den Schritten Vorbereitung, Abwicklung, Berichterstattung und Erfolgskontrolle.
- Koordination und Kooperation mit unternehmensinternen Stellen, mit dem Abschlussprüfer, mit Revisionsabteilungen anderer Unternehmen, Instituten, Hoch- und Fachhochschulen sowie Verbänden.

Wegen der divergierenden Voraussetzungen in den Industriezweigen – und der erheblichen Unterschiede in den Unternehmen der verschiedenen Größenklassen – gibt es kein allgemein gültiges Schema für den Inhalt eines Handbuches. Es ist den unternehmensindividuellen Gegebenheiten anzupassen und setzt eine angemessene Unternehmens- und Abteilungsgröße voraus.

Bestimmt ist das Prüfungshandbuch zunächst für die Mitarbeiter der Internen Revision (Konzernrevision) und für die unternehmensinternen Stellen, mit denen die Innenrevision kooperiert und in einem Dialog und Erfahrungsaustausch steht. Dem Abschlussprüfer dient das Handbuch als Grundlage für die Beurteilung der Fachkompetenz, Qualifikation und Professionalität des unternehmensinternen Prüforganssowie für die Ausbau und die Wirksamkeit des IKS. Zugleich ist es eine Informationsquelle zur Abgrenzung konkurrierender Interessen der Prüforgane im Hinblick auf die Jahresabschlussprüfung und eine Basis für Koordinierungs- und Kooperationsüberlegungen.

Weitere Adressaten des Manuals sind der Vorstand, für den die delegierten Überwachungsaufgaben ausgeführt werden und die oberen Führungskräfte in deren Aufgabenbereich die Revision tätig wird.

Darüber hinaus sollte eine Zusammenfassung der relevanten Teile des Prüfungshandbuches den zu prüfenden Stellen zur Verfügung gestellt werden, damit sie sich über Organisation, Prüfungsinhalte, Revisionsplanung und Prüfungsdurchführung unternehmensindividuell und fachgerecht informieren können. Das erhöht zugleich die Akzeptanz der Innenrevision.

4.2.3 Umfang und Änderungsdienst

Der Umfang des Prüfungshandbuches, d.h. die Ausführlichkeit der Informationen und Anweisungen zu den einzelnen Gliederungspunkten, ist den konkreten Gegebenheiten anzupassen. Er wird ferner bestimmt durch die personelle Ausstattung des Service-Center Interne Revision und dessen Stellenwert im Unternehmen. Grundsätzlich ist darauf zu achten, dass die Ausführungen präzise, allgemeinverständlich und komprimiert formuliert sind.

Zu berücksichtigen ist auch, dass das Handbuch entsprechend den sich ändernden endogenen und exogenen Rahmenbedingungen flexibel und änderungsfreundlich konzipiert ist.

Bei den Möglichkeiten, die die Daten und Informationstechnik bietet, ist eine computergestützte Erstellung sinnvoll. Sie gewährleistet zugleich einen zeit- und kostengünstigen Ergänzungs- und Änderungsdienst.

In den Änderungsdienst sind sämtliche Revisionsmitarbeiter einzubeziehen. Änderungs- und Ergänzungsvorschläge, die sich aus dem Ergebnis der Prüfungsaktivitäten ergeben, sind der Stelle „Planung, Auswertung und Erfolgskontrolle" (siehe Organigramm) bei kleineren Revisionsabteilungen der Stelle, die für den Änderungsdienst zuständig ist, mitzuteilen.

4.2.4 Einsatz in der Praxis

Durch die Wirtschaftsentwicklung in Deutschland mit der Tendenz zu größeren Betriebseinheiten und multinationaler Betätigung, setzen Revisionsabteilungen und Konzernrevisionen seit den 70er Jahren verstärkt Handbücher ein.[39] Dies bestätigen die Erhebungen des Deutschen Instituts für Interne Revision e. V., Frankfurt a. M. Danach stieg der Anteil der Abteilungen, die Handbücher verwenden, von 57 % in 1973 auf über 70 % in 1996.[40]

39 In den USA werden seit den 50er Jahren Manuals von Prüforganen mit Erfolg eingesetzt. Prüfungsgesellschaften und Internal Audit Departments nutzen Handbücher, um nach normierten, nachvollziehbaren Kriterien arbeiten zu können.

30 IIR, Hrsg., Interne Revision in der Bundesrepublik Deutschland, Bericht über eine Fragebogenerhebung zum Stichtag 30. September 1973, Berlin 1974; IIR, Hrsg., Die Interne Revision in der Bundesrepublik Deutschland – 1990. Ergebnis einer Fragebogenerhebung zum Stichtag 31. Dezember 1990, in: ZIR 3a/1991; IIR, ARGE IR und SVIR, Hrsg., Die Interne Revision in Deutschland, in Österreich und in der Schweiz 1996. Ergebnis einer Fragebogenerhebung zum Stichtag 1. März 1996, in: Sonderheft „Interne Revision '96".

In Abbildung 13 sind die Werte der Erhebung des IIR zusammengefasst.

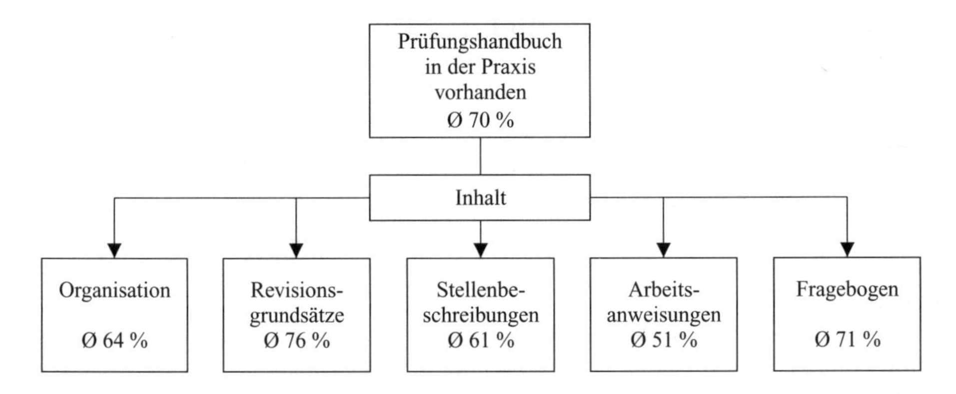

Abbildung 13: Prüfungshandbücher in der Praxis

Aus den Durchschnittswerten ist abzuleiten, dass die Rahmenbedingungen der Internen Revision gut dokumentiert sind. Lediglich Arbeitsanweisungen bzw. Methodik werden weniger ausgeprägt formuliert.

Bei Interpretation der Antworten ist zu berücksichtigen, dass in Abhängigkeit von Branche und Unternehmens- bzw. Abteilungsgröße Inhalt und Umfang des Manuals differieren. So verfügen beispielsweise Kreditinstitute und Versicherungen nahezu lückenlos über Revisionsgrundsätze. Dienstleistungs- und Versorgungsunternehmen etwa zu zwei Dritteln. Grundsätzlich steigt die Bereitschaft der schriftlichen Dokumentation in Form eines Handbuches mit zunehmender Unternehmensgröße.

5. Interne Revision, unternehmensinternes Prüforgan des Vorstands

Die Interne Revision unterstützt die Geschäftsführung. Im Rahmen ihres Überwachungsauftrags, der die gesamte Unternehmung umfasst, ist sie prozessunabhängig. Sie ist zugleich integraler Bestandteil des IKS. Parallel dazu werden Führungskräfte und Sachbearbeiter in den zu prüfenden bzw. zu beratenden Stellen bzw. Einheiten durch Feststellungen, Analysen, Bewertungen und Empfehlungen fachlich unterstützt.

Verantwortlich ist die Interne Revision gegenüber dem Leitungsorgan, dem sie Informationen über die Angemessenheit und den Wirkungsgrad des internen Kontrollsystems und Risikomanagements sowie die Qualität und Erfüllung der vorgegebenen Aufgaben und Ziele liefert.

Weltweit arbeiten Interne Revisionen erfolgreich unter landesspezifischen Rahmenbedingungen und in Firmen unterschiedlicher Größenordnung und Struktur.

In der Erhebung „Interne Revision 1996“ wurde die Frage gestellt, warum es in den Unternehmen eine Interne Revision gibt. Das Ergebnis ist in Abbildung 14 zusammengefasst.[41]

Entscheidend für die Einrichtung der Überwachungsfunktion sind der Rangordnung nach gegliedert: „Vermögensschutz“, „Führungsverantwortung und Informationsbedarf der Unternehmensleitung“ sowie „generelle Effizienzsteigerung“. Interessant ist der Tatbestand, dass in der Schweiz rechtliche Vorschriften geringere Bedeutung haben als beispielsweise in Deutschland und Österreich. Obwohl Großunternehmen und Konzerne ihre Innenrevision vor vielen Jahren einrichteten, ist die Tradition von untergeordneter Bedeutung.

5.1 Eingliederung in die Unternehmenshierarchie

Voraussetzung für eine wirkungsvolle Aufgabenerfüllung im Sinne der Geschäftsführung ist die Einordnung in die Unternehmenshierarchie.

Sichtbarer Ausdruck für die Rangstellung der Internen Revision ist

- der Titel des Abteilungsleiters und
- die Unterstellung unter das Leitungsgremium.

41 Erhebung „Interne Revision ’96“, a.a.O., S. 13.

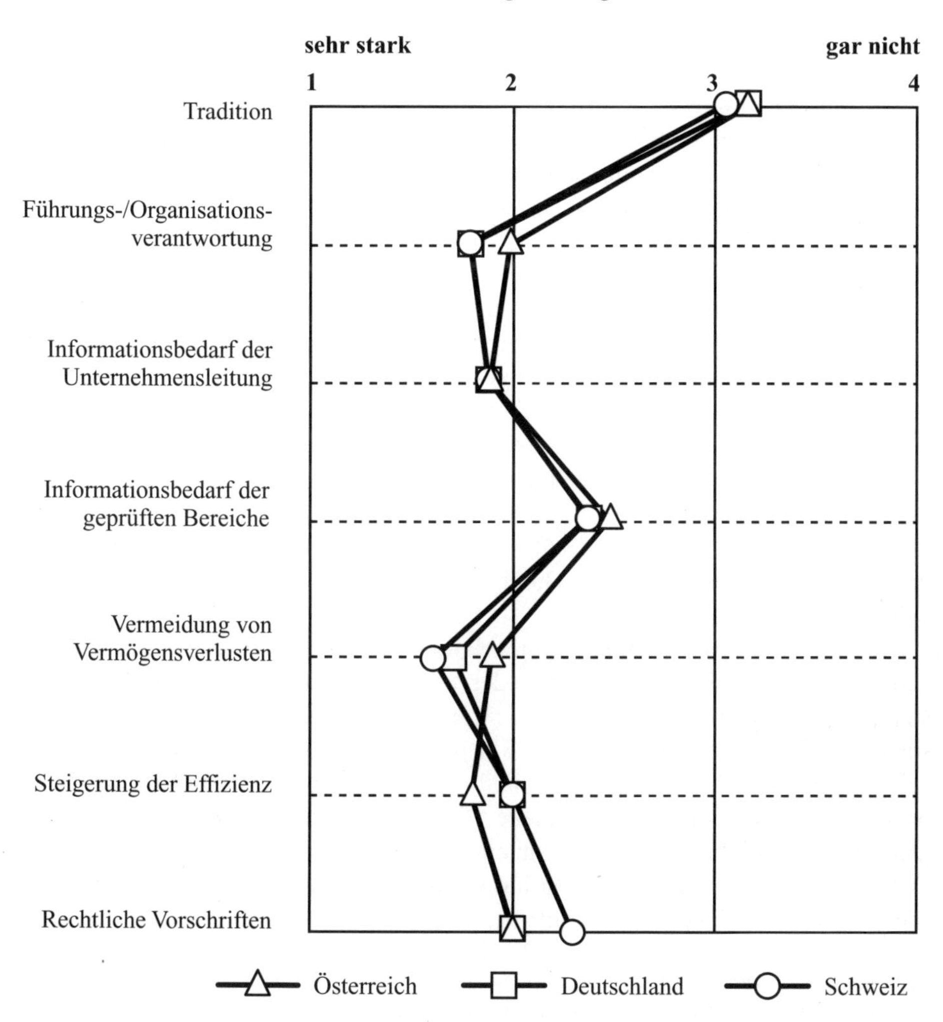

Abbildung 14: Gründe für die Einrichtung einer Internen Revision

5.1.1 Titel des Abteilungsleiters und Unterstellungsverhältnis

In einem Unternehmen vermittelt der Titel eines Abteilungsleiters Rückschlüsse auf seine Rangstellung im Management und über die mit der Position verbundenen Kompetenzen und Vollmachten.

Der Gedankenaustausch mit Führungskräften aller Managementebenen des Unternehmens und die Durchsetzung der delegierten Überwachungsinteressen gestaltet sich reibungsloser und effizienter, wenn der Revisionsleiter ein adäquater, kongenialer Gesprächspartner ist. Mehr als die Hälfte der Abteilungsleiter, das betrifft vor allem Großunternehmen, führen den Titel eines Direktors bzw. Abteilungsdirektors.[42]

In mittelständischen Gesellschaften mit flacher Organisationsstruktur ist der Revisionsleiter Prokurist.[43]

Nach der Erhebung „Interne Revision '96" gehören 60 % der Revisionsleiter zur ersten Führungsebene unterhalb der Unternehmensleitung. Ausgeprägt ist das im Finanz- und Versicherungsbereich. Weitere 29 % sind in der zweiten Führungsebene angesiedelt.

Als Instrumentarium der Leitung ist die Revision im Falle der Einheit von Eigentümer und Leitung dem Inhabern unmittelbar zugeordnet. In Kapitalgesellschaften in der Rechtsform der Aktiengesellschaft oder Gesellschaft mit beschränkter Haftung, in denen die Leitungsfunktionen von Managern ausgeübt wird, ist die Interne Revision dem Top-Management zu unterstellen.[44]

Aufschluss über die Unterstellung in der Praxis und die Entwicklung ab 1973 vermittelt Abbildung 15.

Die Ergebnisse von 1973, 1983 und 1990 betreffen Westdeutschland. Das Ergebnis 1996 umfasst neben der Bundesrepublik Deutschland, Österreich und die Schweiz.

Nach der 1996er Erhebung ist die Mehrheit der Revisionsleiter disziplinarisch dem Vorstandsvorsitzenden (37 %) oder einem Vorstandsmitglied (28 %) unterstellt; fachlich sind es insgesamt 44 %. Weitere 34 % unterstehen dem Gesamtvorstand. Somit unterstehen funktional 78 % der Revisionsleiter dem Leitungsorgan in unterschiedlichen Varianten. Der Anteil, der dem Gesamtvorstand untersteht, ist beeinflusst durch aufsichtsrechtliche Bestimmungen bei Kreditinstituten in Deutschland und durch die Gegebenheiten in Österreich.

Innerhalb der Länder bestehen aufgrund der Unternehmensverfassung Unterschiede. In der Schweiz nimmt oft der Verwaltungsratsvorsitzende die Vorgesetz-

---

42 Nach einer Erhebung des IIA zum Stand 1983 führen etwa die Hälfte der Revisionsleiter größerer Unternehmen den Titel Director oder Vice bzw. Assistant President. In Gesellschaften mittlerer Größenordnung führt der Abteilungsleiter den Titel Manager bzw. Corporate Manager. Siehe Survey of Internal Auditing: Trends and Practice, Hrsg. IIA, Altamonte Springs, Fl. 1984; Hofmann, R., Interne Revision in den USA – Untersuchungsergebnisse des Institute of Internal Auditors Inc. aus den Jahren 1979 und 1983, in: ZIR 1/1985, S. 1 ff.

43 In kleinen Revisionsabteilungen oder Revisionsfunktionen ist der Revisionsleiter oder Revisor vielfach Handlungsbevollmächtigter. Hofmann, R., Interne Revision in der Bundesrepublik Deutschland, in: ZIR 1/1984, S. 24 ff.

44 In Deutschland gibt es 4.000 Aktiengesellschaften und 600.000 Gesellschaften in der Rechtsform der GmbH. Während in Klein- und Mittelbetrieben, vor allem des tertiären Bereichs, der Eigentümer-Unternehmer dominiert, wird die Leitungsfunktion in großen Kapitalgesellschaften von Managern wahrgenommen. Hofmann, R., Kapitalgesellschaften auf dem Prüfstand, Unternehmensbeurteilung auf der Grundlage publizierter Quellen, Berlin 1992.

Unterstellung des Leiters der Internen Revision	**Fragebogenerhebungen**			
	1996 %	**1990 %**	**1983 %**	**1973 %**
Vorstandsvorsitzer				
disziplinarisch	37	44	35	27
fachlich	26	38	30	23
Vorstandsmitglied				
disziplinarisch	28	34	35	43
fachlich	18	26	29	36
Gesamtvorstand				
disziplinarisch	19	14	19	13
fachlich	34	27	31	24
Unterhalb der Vorstandsebene				
disziplinarisch	8	6	11	17
fachlich	11	7	10	17
Vorsitzender des Verwaltungsrats				
disziplinarisch	5			
fachlich	3			
Aufsichtsrat				
disziplinarisch	2			
fachlich	3			
Audit Committee				
disziplinarisch	1			
fachlich	2			
Leiter einer übergeordneten Revision				
disziplinarisch	0			
fachlich	3			

Abbildung 15: Unterstellung des Revisionsleiters

tenposition ein. In Österreich sind Revisionsleiter funktional in der Regel der gesamten Unternehmensleitung, disziplinarisch etwa zu gleichen Prozentsätzen diesem Gremium oder dem Vorstandsvorsitzenden unterstellt. In Deutschland ist die fachliche Unterstellungssituation wie folgt: Beim Vorstandsvorsitzenden (30 %), bei einem Mitglied des Vorstands (21 %) oder beim Gesamtvorstand (33 %). Bei der disziplinarischen Zuordnung ergeben sich für den Vorsitzenden (40 %), für Vorstandsmitglieder (31 %) und für den Gesamtvorstand (19 %).

Die disziplinarische und fachliche Unterstellung des Revisionsleiters unter das Audit Committee hat in den drei Ländern keinen hohen Stellenwert.

5.1.1.1 Vorstandsvorsitzender

Erleichtert wird die Arbeit der Internen Revision, wenn sie dem Vorsitzenden des Vorstands bzw. dem Sprecher der Geschäftsführung untersteht. Das ist auch der Grund, warum sich die disziplinarische Unterstellung von 27 % in 1973 auf 40 % im Jahre 1996 und die fachliche Zuordnung von 23 % auf 30 % erhöhte.[45]

Diese Lösung entspricht dem Grundgedanken des Lean Management und der Vereinfachung der Organisationsstruktur und bietet die Gewähr für eine optimale Aufgabenerfüllung mit einem Maximum an Prozessunabhängigkeit.

Bei dieser Konzeption kann die Interne Revision in allen Vorstandsressorts prüfen. Durch den direkten Kontakt zum Vorsitzer werden Umwege und damit Zeitverluste über hierarchische Ebenen, die bei einer anderen Unterstellungsform entstehen, vermieden.

Der Vorsitzer ist durch Gespräche mit dem Revisionsleiter bei sichtbar werdenden Schwachstellen und Lücken im internen Kontrollsystem des Unternehmens bzw. Konzerns in der Lage, die Zuverlässigkeit der Informationen aus den einzelnen Bereichen der Holding und den Beteiligungsaktivitäten zu beurteilen. Er kann der Internen Revision und sonstigen Abteilungen der Obergesellschaft – falls erforderlich – gezielte Fragestellungen und Sonderaufträge zur Fundierung unternehmerisch wichtiger Fragestellungen und Entscheidungen erteilen. Voraussetzung ist jedoch, dass der Vorsitzer ausreichend Zeit findet, sich mit den Belangen der Unternehmensüberwachung zu beschäftigen und nicht Teile dieser Aufgaben delegiert. Das würde ohne Zweifel den positiven Effekt, der mit einer direkten Unterstellung verbunden ist, negieren; in derartigen Fällen erhält er gefilterte Informationen.

Eine Unterstellung unter den Vorsitzer, dem in der Regel auch die Abteilung „Obere Führungskräfte" untersteht, bietet qualifizierten Revisionsmitarbeitern, die sich bewährt haben, Chancen, als Nachwuchskräfte gefördert und innerhalb des Konzerns mit Führungsaufgaben betraut zu werden. Dadurch werden Revisoren motiviert, ihr Erfahrungspotential im Interesse des Unternehmens einzusetzen und gute Revisionsergebnisse zu erbringen.

5.1.1.2 Vorstandsmitglied

Bei Unterstellung der Innenrevision unter ein Vorstandsmitglied handelt es sich um den Ressortleiter Finanzen. Diese Form der Zuordnung ist rückläufig, disziplinarisch von 43 % in 1990 auf 31 % in 1996 und fachlich von 36 % auf 21 %.[46]

---

45 Audit Departments in den USA sind, wie die Enquete des IIA aus 1983 zeigt, etwa zur Hälfte der Unternehmensleitung direkt unterstellt, und zwar durchschnittlich zu 17 % dem President, zu 18 % dem Chairman of the Board und zu 14 % dem Senior Vice President. (Quelle: Survey of Internal Auditin, a.a.O.)

Normalerweise ist der Finanzvorstand Wirtschaftswissenschaftler und aufgrund seiner Fachausbildung ein sachkundiger Gesprächspartner für Fragestellung, die die Unternehmensüberwachung betreffen.

Voraussetzung für eine umfassende Revisionsaktivität ist jedoch, dass der Vorgesetzte der Revision auch in seinem Ressort ein uneingeschränktes Prüfungsrecht einräumt und die Stabsabteilung nicht als Instrument für seine Intentionen einsetzt. Mitglieder der Leitungsgremien haben ein Gespür dafür, ob die dem Ressortvorstand disziplinarisch und fachlich unterstellte Interne Revision bzw. Konzernrevision prozessunabhängig und im Auftrag der Gesamtleitung tätig wird, oder ob der Vorgesetzte sie für die Durchsetzung eigener Interessen nutzt.

5.1.1.3 Gesamtvorstand

Kein Zweifel besteht darüber, dass die Abteilung im Auftrag des gesamten Vorstandes bzw. der Geschäftsführung tätig wird. Deshalb erscheint es logisch, sie diesem Gremium zu unterstellen.

Für Kreditinstitute fordert das Bundesaufsichtsamt für das Kreditwesen, Berlin, mit Schreiben an die Verbände vom 28. Mai 1976, dass die Verantwortung für die Einrichtung und den Ausbau einer funktionsfähigen Innenrevision der gesamten Geschäftsleitung obliegt, auch dann, wenn den einzelnen Geschäftsführern bestimmte Aufgabenbereiche innerhalb des Kreditinstituts unterstehen. Dieses Statement gilt im übrigen für Unternehmen aller Wirtschaftszweige.

Interessanterweise ist die Unterstellung, nachdem sie von 1973 auf 1983, sicherlich unter dem Einfluss der Anweisung des BAK, disziplinarisch von 13 % auf 19 % stieg, im Jahre 1996 wieder auf dem Niveau von 1990. Fachlich erhöhte sich die Unterstellung von 24 % in 1973 auf 33 % in 1996.

Ohne Zweifel ist bei einer Unterstellung unter die Gesamtleitung der Kontakt intensiv. Die Bedeutung, die die Geschäftsleitung der Revisionsfunktion beimisst, wird dokumentiert.

Diese Globallösung kann auch mit Nachteilen verbunden sein, weil Entscheidungen von Gremien in der Regel einer Abstimmung bedürfen. Missverständnisse sind zu bereinigen und Widerstände bzw. Vorbehalte zu überwinden. Bedeutung und Wert von Prüfungsfeststellungen werden unterschiedlich interpretiert, was auch für Änderungs- und Verbesserungsvorschläge zutreffen kann. Je mehr Personen an Ermessensentscheidungen beteiligt sind, um so schwieriger wird eine Konsensfindung.

46 Eine analoge Entwicklung besteht in den USA. Zum Stand 1983 war das Audit Department disziplinarisch zu 27 % und fachlich zu 21 % dem Finanzchef unterstellt. (Quelle: Survey of Internal Auditing, a.a.O.)

Ferner ist zu berücksichtigen, dass eine Unterstellung unter mehrere Vorgesetzte problematisch sein kann. Der Grundsatz, dass jede Abteilung von einem Vorgesetzten geleitet werden sollte wird durchbrochen.

5.1.1.4 Vorsitzender des Verwaltungsrats bzw. Aufsichtsrat

Diese Unterstellungsform ist charakteristisch für die Schweiz. Dem Vorsitzenden des Verwaltungsrats ist der Revisionsleiter disziplinarisch zu 5 % und fachlich zu 3 % unterstellt. Beim Aufsichtsrat sind die Relationen wie folgt: Disziplinarisch zu 2 % und fachlich zu 3 %.

5.1.1.5 Audit Committee

Vereinzelt sind Revisionsleiter in Deutschland, Österreich und in der Schweiz dem Audit Committee unterstellt; disziplinarisch mit 1 % und fachlich mit 2 %. Diese Unterstellungsform wäre für börsennotierte Unternehmen und große Kapitalgesellschaften optimal.[47]

In den USA wird, wie die Erhebungen des IIA bestätigen, das Audit Department mit steigender Tendenz dem Audit Committee unterstellt. Zum Stand 1960 lag die disziplinarische Unterstellung bei 6 % und die fachliche bei 15 %. Seit 1978 ist die Tendenz steigend; heute ist die Unterstellung üblich.

Corporate Audit Committees sind ständige Ausschüsse des Board of Directors. Als Folge gravierender Betrugsfälle Ende der 30er Jahre wurden sie von der SEC als ein selbstregulierendes Gremium in Unternehmen empfohlen, um die Arbeit des CPAs und des Internal Auditors zu objektivieren und aus der Abhängigkeit vom operativen Management zu lösen.

In Kanada bestehen Audit Committees seit 1974. In Großbritannien gibt es seit Mitte der 70er Jahre analoge Überlegungen zu ihrer Einrichtung.

Sämtliche an der US-Börse notierten Gesellschaften müssen seit dem 1. Juli 1978 ein Audit Committee einrichten. Dadurch erhöhte sich der Anteil der US-Gesellschaften, die über ein derartiges Gremium verfügen, von 15 % in 1960 auf 80 % in 1983. In großen und mittelgroßen amerikanischen Gesellschaften ist inzwischen ein Audit Committee institutionalisiert, dem das Audit Department fachlich zugeordnet ist.

In Abbildung 8 sind die wesentlichen Beurteilungskriterien und Merkmale des Audit Committee zusammengefasst.[48]

Durch Einschalten eines Committees werden Ansehen und Unabhängigkeit des Abschlussprüfers und der Innenrevision erhöht. Die Prüforgane können den Ausschussmitgliedern über die offizielle Berichterstattung hinausgehende Hintergrundinformationen zur Verfügung stellen und auf Schwachstellen bzw. Lücken im IKS

---

47 Siehe hier zu die Ausführungen zu Ziff. 3.5.1.

und Risikomanagement hinweisen. Dadurch wird zugleich ihre Stellung gegenüber dem Leitungsorgan gestärkt, was sich positiv auf ihre Überwachungsaufgabe auswirken würde.

- Motive für die Einrichtung von Audit Committees in den USA

Gründe für die Forderung nach Audit Committees waren Skandale und Betrugsfälle in der amerikanischen Wirtschaft. Ausgelöst durch den McKesson-Robbins-Fall 1938[49] empfahlen die Securities and Exchange Commission (SEC) und die New Yorker Stock Exchange (NYSE) in Unternehmen ein neutrales, selbstregulierendes Gremium einzurichten. Massive Korruptionsfälle Ende der 60er, Anfang der 70er Jahre führten dazu, dass die SEC und die NYSE in Zusammenarbeit mit der Dachorganisation der amerikanischen Abschlussprüfer (AICPA) die Notwendigkeit der Einführung unterstrichen. Heute haben sämtliche großen und mittelgroßen amerikanischen Gesellschaften ein Audit Committee.[50]

Die Ausschüsse tragen dazu bei, den durch Manipulationen und falsche bzw. unzureichende Berichterstattung entstandenen Vertrauensschwund abzubauen, dem gestiegenen Sicherheitsbewusstsein von Anlegern und Öffentlichkeit Rechnung zu tragen sowie die Konsequenzen aus den erweiterten Haftungsbestimmungen für Board-Mitglieder zu minimieren.

Nach angelsächsischer Gepflogenheit der Rechtsfindung gibt es keine fixierte Aufgabenstellung für Audit Committees. Daher wird die konkrete Gestaltungsform durch die Unternehmenssatzung vorgegeben. Wesentliche Aufgaben des Gremiums sind:

- Mitwirken bei der Wahl des Abschlussprüfers, festlegen von Prüfungsumfang und Höhe der Prüfungsgebühren

---

48 AICPA, Hrsg., Audit Committee, Report of the Special Committee on Audit Committees, New York 1979; Arthur Anderson & Co., Hrsg., Ideas for the Audit Committees Directors and Boards, New York 1984; Bacon, B.S., Corporate Directorship Practices: Audit Committees Now and in the Future, Baton Rouge 1980; Buckley, A.D., Hrsg., Survey on Audit Committees in the UK – A Summary of Findings, London 1978; Cooper & Leybrand, Hrsg., Audit Committees Guide, New York 1974, Hofmann, R., Interne Revision, Organisation und Aufgaben – Konzernrevision, Köln und Opladen 1972; Hofmann, R., Interne Revision – ein Überwachungsinstrument der Unternehmensleitung, in: RKW-Handbuch Führungstechnik und Organisation, 28. Nachl. 1992, S. 1–34; Kunitake, W.K., An Investigation of the Relationship between Establishment and Existence of Audit Committees and Selection of Auditors, Fayetville 1981.

49 Abschlussprüfer erteilten dem Unternehmen einen uneingeschränkten Bestätigungsvermerk, obwohl wesentliche Teile der im Jahresabschluss ausgewiesenen Forderungen und Vorräte nicht vorhanden waren. Als Folge dieser Fehlleistung erließ der AICPA Richtlinien zur ordnungsmäßigen Durchführung von Abschlussprüfungen.

50 In Kanada bestehen seit Mitte der 70er Jahre Audit Committees. Das trifft auch für Großbritannien zu.

- Meinungsaustausch mit Abschlussprüfer und Audit Department zum Zwecke der Objektivierung der Berichterstattung und der Qualität des Prüfungsergebnisses
- Mitgestaltung der Funktionsfähigkeit der Internal Control
- Einflussnahme auf Fragen der Unternehmensüberwachung und der externen Berichterstattung, insbesondere im Zusammenhang mit dem Jahresabschluss

Durch den Nachweis einer wirksamen Fremdkontrolle werden Arbeit, Ergebnisse und Informationen der Geschäftsleitung versachlicht. Das Vertrauen in die Unternehmenspublizität wird gestärkt.

- Möglichkeiten und Voraussetzungen der Einführung in deutschen börsennotierten Gesellschaften

In Kapitalgesellschaften besteht, wie unter Ziffer 2.3.2 ausgeführt, eine dualistische Unternehmensverfassung, die das Verhältnis zwischen Vorstand und Aufsichtsrat regelt.[51]

Initiiert durch das KonTraG 1998 und das geplante Transparenz- und Publizitätsgesetz wird in Deutschland die Möglichkeit der Einrichtung von Audit Committees zur Effizienzsteigerung des Überwachungsorgans verstärkt diskutiert.[52]

Theoretisch wäre die Einrichtung möglich, da der Aufsichtsrat nach § 111 AktG aus seiner Mitte Ausschüsse bestellt und ihnen definierte Prüfungsaufgaben überträgt.[53] Wie in Abbildung 7 skizziert, wäre das Audit Committee ein Unterausschuss des vom Aufsichtsrat gebildeten „Bilanz- und Prüfungsausschusses". Grundsätzlich können Unternehmen autonom über die Einführung eines Audit Committee entscheiden.

Obwohl in der Prüfungslehre seit Jahrzehnten über die Vorteile eines Committee nach US-Vorbild diskutiert wird, verfügt praktisch keine deutsche Gesellschaft über ein derartiges Gremium.

Wie dargestellt, liegen die Gründe für die Nichteinführung in Interessenkollisionen.

- Aufsichtsräte sind bestrebt, mit einem minimalen Aufwand an Zeit und Engagement ihrer gesetzlichen und satzungsgemäßen Überwachungspflicht nachzukommen. Bei der paritätischen Besetzung mitbestimmter Überwachungsgremien sperren sich Anteilseigner mit Einfluss, vertreten durch Personen ihres Vertrauens im Aufsichtsrat, gegen die intensivere Einbeziehung der Arbeitnehmervertreter (unter ihnen Gewerkschaftsfunktionäre) in sensitive Entscheidungsprozesse.

51 Siehe Bleicher, K., Der Aufsichtsrat im Wandel, a.a.O., S. 41ff.; Goerdeler, R., Das Audit Committee in den USA, in: ZfbF 1988, S. 277ff.; Haasen, U., Die Bedeutung des Audit Committees, in: ZfbF 1988, S. 377ff.

52 Siehe hierzu die Ausführungen zu den Ziff. 9.1.6 und 9.1.7.

53 Analoge Möglichkeiten bietet das GmbH-Recht mit den §§ 45 und 52 GmbHG.

- IKS, Controlling und Interne Revision sind Instrumente des Vorstands, die seinem Kompetenzbereich unterliegen. In der Praxis besteht kaum Interesse, dem Aufsichtsrat direkte Entscheidungsbefugnisse einzuräumen, damit dieser die Instrumente auch zur Überwachung des Vorstands nutzt.
- Vorstände und Aufsichtsräte vertreten die Anteilseignerinteressen. Aufgrund von Mehrfachmandaten sind sie in ihrem Unternehmen „Leitungsorgan“ und in den Unternehmen, in denen sie Aufsichtsratsmandate wahrnehmen, zugleich „Überwachungsorgan“.

Bei Einrichtung eines Audit Committee besteht das Risiko der Schwächung ihrer Vorstandsposition, teilweise als Vorstandsvorsitzende, bei gleichzeitiger, vielfach ungewollter, Stärkung der Stellung des Gesamtaufsichtsrats, in dem sie teilweise die Funktion des Aufsichtsratsvorsitzenden einnehmen.

Auch in den USA haben börsennotierte Gesellschaften, trotz ständiger Empfehlungen der SEC bzw. des Berufsstandes der CPAs und intensiven, über ein halbes Jahrhundert geführter Diskussionen, Audit Committees in größerem Umfang erst nach Erlass einer Verpflichtung eingeführt.

Es ist kaum anzunehmen, dass die Einstellung deutscher börsennotierter Unternehmen von der in den USA vertretenen divergiert. Bei der Regulierungsmentalität in Deutschland ist es notwendig, dass sich der Gesetzgeber einschaltet und durch Schaffung eines dem Audit Committee adäquaten Gremiums die bestehende Kontroll-Lücke in der Überwachung von Gesellschaften in der Rechtsform der Kapitalgesellschaften schließt.

5.1.1.6 Selbständige Revisionsgesellschaft

Um die Prozessunabhängigkeit zu dokumentieren, gliedern Großunternehmen, vor allem Industriekonzerne, ihre Konzernrevision aus der Obergesellschaft bzw. Holding aus und führen sie in der Rechtsform einer GmbH. Der Revisionsleiter ist Geschäftsführer und berichtet an den Vorstandsvorsitzer.

Eine Verselbständigung der Revisionsfunktion hat den Vorteil, dass zwischen dem unternehmensinternen Prüforgan und den zu prüfenden Unternehmensbereichen bei der Obergesellschaft und den Konzerngesellschaften größtmögliche Distanz und Neutralität besteht.

Zu berücksichtigen dabei ist, dass der Betrieb einer Revisionsgesellschaft mit höherem Aufwand verbunden ist, als die Führung einer Abteilung im Unternehmensverbund.[54]

---

54 Denkbar ist auch, Aufgaben der Internen Revision einer externen Revisionsgesellschaft oder an externe Revisionssachverständige zu übertragen (Outsourcing definierter Prüfungs- und Beratungsaufgaben).

Von den 546 befragten Unternehmen in der IIR-Studie 1990 werden fünf Interne Revisionen, das sind 1,3 % des Erhebungsumfangs, als Revisions-GmbH geführt.

5.2 Prozessunabhängigkeit, Voraussetzung für optimale Aufgabenerfüllung

Neben der Rangstellung des Revisionsleiters und der Eingliederung der Abteilung in die Hierarchie, ist die Prozessunabhängigkeit eine essentielle Voraussetzung für fachgerechte Erfüllung der Überwachungsaufgabe. Sie gewährleistet eine objektive und wertfreie Haltung gegenüber den zu Prüfenden. Grundsätzlich sollten Revisoren keine Linienaufgaben ausführen und über kein direktes Weisungsrecht verfügen. Beide Einschränkungen entsprechen anerkannten Revisionsgrundsätzen. Dabei ist zu berücksichtigen, dass Unabhängigkeit keine absolute, sondern eine relative Forderung ist. Die „Standards for Professional Practice of Internal Auditing" des IIA formulieren das wie folgt: „Internal Auditors should be independent of the activities they audit".

Die Charakteristiken enthält Abbildung 16.

Ldf. Nr.	Merkmal	Voraussetzung
1.	Zuordnung	Oberstes Leitungsgremium, Unternehmer bzw. Top-Management
2.	Funktion	Prozessunabhängigkeit und keine Linienaufgaben
3.	Kompetenz	Gesamtunternehmen, ausgeschlossen Unternehmensleitung als Auftraggeber
4.	Rechte	Uneingeschränktes aktives und passives Informationsrecht, kein direktes Weisungsrecht
5.	Ressourcen	Persönlich und fachlich geeignete Revisoren in angemessener Anzahl
6.	Aufgabenerfüllung	Revisionsplanung, Prüfungsdurchführung, Berichterstattung einschließlich Erfolgskontrolle unter Beachtung der Revisionsgrundsätze und des Berufsrechts

Abbildung 16: Wesentliche Merkmale der Prozessunabhängigkeit

5.2.1 Kompetenz

Zu den Prüfungsaufgaben der Internen Revision gehören sämtliche Unternehmensbereiche ohne Einschränkungen. Auftraggeber ist die Unternehmens- bzw. Konzernleitung, die den Aufgabenumfang festlegt.

Die vom Vorstand zu erlassende Dienstanweisung enthält den Zuständigkeitsbereich und Aufgabenumfang, siehe Abbildung 17.

Dienstanweisung

Betreff: Zuständigkeit und Aufgabenstellung der Zentralabteilung Konzernrevision im Rahmen der X-AG wird wie folgt festgelegt:

1. Zuständigkeit
   Die Konzernrevision unterstützt die Unternehmensleitung in der Wahrnehmung ihrer Überwachungsfunktion. Sie arbeitet im Auftrag des Vorstandes der X-AG.
   Ihr Aufgabengebiet umfasst den gesamten Konzern. Exekutivbefugnisse übt sie nicht aus. Entsprechend ihrer Aufgabenstellung verfügt die Konzernrevision über ein uneingeschränktes aktives und passives Informationsrecht.
2. Aufgabenstellung
   Die Konzernrevision führt in allen Unternehmensbereichen Prüfungen durch, die folgende Zielsetzungen zum Gegenstand haben:
   - Beachten der Vorstandsdirektiven, Richtlinien und Anweisungen,
   - Schutz des Unternehmensvermögens vor Verlusten und Schäden aller Art,
   - Funktionsfähigkeit und Wirksamkeit des internen Kontrollsystems,
   - Formelle und materielle Ordnungsmäßigkeit von Buchführung, Bilanzierung, Berichterstattung und Dokumentation,
   - Berücksichtigung der Wirtschaftlichkeits- und Rentabilitätsaspekte
3. Sonderfälle
   Erkannte oder vermutete Veruntreuungen sind im Interesse einer schnellen und umfassenden Aufklärung unverzüglich der Konzernrevision mitzuteilen.
   Von den Unternehmensbereichen und Beteiligungsgesellschaften können Prüfungsersuchen an die Konzernrevision gerichtet werden. Derartige Sonderprüfungen werden entsprechend der Dringlichkeit und den der Konzernrevision zur Verfügung stehenden Ressourcen durchgeführt.
4. Prüfungsaufträge
   Auftraggeber ist der Vorstand der X-AG. Grundlage der Prüfungen bildet der von der Konzernrevision vorgelegte und genehmigte Prüfungsplan.
5. Organisation
   Die Konzernrevision untersteht dem Vorsitzer des Vorstandes.
   Die bei Beteiligungsgesellschaften mit Mehrheitsbeteiligung bestehenden Internen Revisionen (Revisionsnebenstellen) sind der Geschäftsleitung dieser Gesellschaften disziplinarisch unterstellt. Funktionell bilden sie mit der Konzernrevision eine Einheit.
   Zur Sicherstellung eines einheitlichen Prüfungssystems innerhalb des Konzerns erfolgen Revisionsplanung, Prüfungsdurchführung, Berichterstattung, Erfolgkontrolle und Mitarbeiterauswahl in Abstimmung mit der Konzernrevision.
   Mitarbeiter der Konzernrevision führen mit Revisoren der Revisionsnebenstellen – wenn sinnvoll und wirtschaftlich – Teamprüfungen unter Federführung der Konzernrevision durch.

Abbildung 17: Dienstanweisung an die Konzernrevision

Zur Zeit bestehen Interne Revisionen bei folgenden Beteiligungsgesellschaften:
Europa
Gesellschaft 1
....
Gesellschaft n
Außereuropa
Gesellschaft 1
....
Gesellschaft n

6. Berichterstattung
   Nach Beendigung jeder Prüfung werden die Ergebnisse in einer Schlussbesprechung der geprüften Stelle bekanntgegeben und mit den Beteiligten erörtert. Prüfer und geprüfte Stellen haben das Schlussbesprechungsprotokoll zu unterschreiben.
   Die geprüfte Stelle und die zuständigen übergeordneten Stellen erhalten einen schriftlichen Prüfungsbereicht.

Unterschrift der Vorstandes

Verteiler

Abbildung 17: Dienstanweisung an die Konzernrevision (Forts.)

Vom Überwachungsumfang ausgenommen ist der Auftraggeber. Diese Einschränkung ist selbstverständlich und ergibt sich aus dem „Grundsatz der Prozessunabhängigkeit".

Im Konzern gehören zum Aufgabenbereich auch die Beteiligungsunternehmen, an denen die Obergesellschaft bzw. Holding mit Mehrheit beteiligt ist. Ob und inwieweit Prüfungen bei Beteiligungen oder Joint Ventures mit geringerem prozentualen Anteil durchgeführt werden können, richtet sich nach den vertraglichen Vereinbarungen. Im Sinne einer ordnungsmäßigen Unternehmensüberwachung ist vor Gründung bzw. bei Vertragsabschluss sicherzustellen, dass eine Prüfungsmöglichkeit durch die unternehmensinterne Revision besteht. Gegebenenfalls ist zu vereinbaren, dass

- gemeinsam mit der oder den Internen Revisionen des bzw. der Partner,
- alternierend durch die Interne Revision jeweils eines Partners oder
- durch die eigene Konzernrevision und anschließender Information der anderen Partner

Prüfungen in einem abgestimmten Rhythmus durchgeführt werden.

Joint-Audits, d.h. gemeinsame Prüfungen mit den Internen Revisionen der anderen Partner erfordern einen erheblichen Aufwand für Planung und Fixierung des Prüfungsprogramms bzw. der Prüfungsaktivitäten jedes einzelnen Partners. Dies wird, wenn es sich um Gesellschaften unterschiedlicher Nationalität handelt, durch

Abstimmungs- und Übersetzungsfragen bei der Berichtserstellung und der späteren Erfolgskontrolle zusätzlich erschwert.

Großunternehmen verfügen, wie aus Abbildung 5 ersichtlich, über ein komplexes Überwachungsinstrumentarium.

Deshalb ist es wichtig, dass der Vorstand der Obergesellschaft bzw. Holding den Überwachungsauftrag an die Konzernrevision für die ihm nachgeordneten Managementebenen präzisiert.

Das IKS und die Überwachung durch das unternehmensinterne Prüforgan greifen i.d.R. erst vom Middle-Management abwärts. Selbstverständlich werden die den Ressortvorständen und Bereichsleitern bzw. Geschäftsleitungen der Beteiligungsaktivitäten unterstellten funktionalen und operativen Einheiten durch die Innenrevision geprüft und damit „indirekt" auch das verantwortliche Vorstandsmitglied bzw. die Manager der zweiten Ebene als Vorgesetzte des Middle-Managements.

Die Unternehmensleitung sollte unmissverständlich festlegen, ob die Interne Revision befugt ist, bei den Top-Managern der zweiten hierarchischen Rangstufe „Geschäftsführerprüfungen" durchzuführen.

5.2.2 Rechte und Beschränkungen

Im Rahmen ihrer Aufgabenerfüllung hat die Interne Revision ein uneingeschränktes Informationsrecht.

Zu unterscheiden ist zwischen der aktiven und passiven Version. Ersteres wird in eigener Aktivität während der Prüfungsdurchführung ausgeübt, letzteres beruht auf der Informationspflicht der Informationsträger.

Das uneingeschränkte Recht auf Selbstinformation bedeutet, dass Prüfer Auskünfte einholen oder sich durch Einsichtnahme in Geschäftsunterlagen ein objektives Bild von den Sachverhalten bilden können. In Ausübung dieses Rechts hat ein Prüfer Zutritt zu allen betrieblichen Einrichtungen. Er ist befugt, mit jedem Mitarbeiter der zu prüfenden Stelle zur Klärung von Tatbeständen Gespräche zu führen.

Die Selbstinformation dient der Lokalisierung möglicher Schwachstellen und Lücken im internen Kontroll- und Risikomanagement-System. Ferner zur Festlegung erforderlicher Prüfungen und deren Prioritäten.

Darüber hinaus sollte die Interne Revision über wesentliche Ereignisse, Planungen und Entwicklungstendenzen der Gesellschaft, bei Konzernen auch der in- und ausländischen Beteiligungsaktivitäten, sowie über Anweisungen, Richtlinien und Vorschriften unterrichtet sein.

Zweckmäßig ist es, die Interne Revision auf den entsprechenden Verteilern der Informationssysteme zu berücksichtigen, damit sie regelmäßig über folgende Daten und Fakten unterrichtet wird:

- Analysen über Projekte bzw. deren Änderungen
- Dienst- und Fachanweisungen
- Rundschreiben und Richtlinien
- EDV-Informationen
- Statistiken
- Informationen des Controllers
- Jahresabschlüsse und Geschäftsberichte

Bei der Informationsbeschaffung ist davon auszugehen, dass nicht in allen Fällen mit einer laufenden Unterrichtung gerechnet werden kann. Routinemäßig sollten nur Unterlagen und Informationen angefordert werden, die mit Sicherheit für die Planung und Revisionstätigkeit benötigt werden. Dabei ist auf einen optimalen Informationsgrad zu achten. Ein Zuviel an Informationen führt zu einer Überbelastung mit Einzelheiten ohne Effekt.

Bei streng vertraulichen Daten und Fakten kann sich das uneingeschränkte Informationsrecht lediglich auf den Revisionsleiter beziehen.

Im Verlaufe einer Prüfung sollte ein Revisor berücksichtigen, dass

- jede Information für den Informanten die Preisgabe interner Daten bedeutet,
- Informationen nur dann von Wert sind, wenn sie der Erreichung des Prüfungszieles dienen,
- zu viele und nicht relevante Informationen die Transparenz der Arbeitsunterlagen gefährden, den Geprüften irritieren und die Arbeit des Prüfers, seines Vorgesetzten und der Berichtskritik erschweren.

Qualität und Brauchbarkeit von Auskünften und Unterlagen wird beeinflusst durch

- gezielte Anforderungen,
- klare, unmissverständliche Fragestellung und
- Zurückweisen unqualifizierter Informationen und Unterlagen.

5.2.3 Abteilungsressourcen

Um die Überwachungsaufgabe umfassend erfüllen zu können, benötigt die Interne Revision personelle Ressourcen, d.h. einen persönlich und fachlich qualifizierten Leiter und eine angemessene Anzahl versierter Prüfer mit entsprechender Fachausbildung und Berufserfahrung.

Der Revisionsleiter sollte Wirtschaftswissenschafter mit Hochschulabschluss sein oder über ein gleichwertiges Ausbildungsniveau verfügen. Seine umfassenden Kenntnisse und Erfahrungen sollten die Bereiche Finanz- und Rechnungswesen, Organisation, Controlling, Verwaltung, Technik, Informatik und Prüfungswesen umfassen.

Bei den Revisoren sollte es sich um selbständig arbeitende, verantwortliche und qualifizierte Fachkräfte mit ausreichender Berufserfahrung handeln.

5.2.4 Aufgabenerfüllung

Entscheidend für den Revisionserfolg ist die Aufgabenerfüllung unter Beachtung der Revisionstechnik und Berufsgrundsätze.

Wesentliche Ablaufphasen sind Revisionsplanung, Prüfungsdurchführung, Schlussbesprechung, Berichterstattung und Erfolgskontrolle (follow-up). Sie werden im Rahmen des Prüfungshandbuches ausführlich dargestellt und kommentiert.

5.3 Revisionsabteilung bzw. Revisionsfunktion in Übereinstimmung mit der Unternehmensgröße

Eine Orientierungshilfe für die Notwendigkeit der Einrichtung einer Innenrevision in Form einer Revisionsfunktion oder Abteilung vermitteln die Ausführungen zu den „Betriebsgrößen in Deutschland" unter den Gliederungspunkten 2.1 bis 2.1.5 des Handbuches.

- Die Erhebung des IIR kommt für die aus den Wirtschaftsbereichen Banken, Versicherungen und Vermögensverwaltung, Industrie, Dienstleistungen, Versorgungswirtschaft, Öffentliche Verwaltung sowie Handel in die Auswertung einbezogenen Gesellschaften zu dem Ergebnis, dass mehr als 40 % der Unternehmen, die eine Interne Revision unterhalten, konzernunabhängig sind.
- Bei einem Drittel handelt es sich um Konzernobergesellschaften bzw. Holdings.
- Etwa ein Viertel der Unternehmen sind Konzerngesellschaften bzw. Devisions.

Eine Revisionsfunktion setzt voraus, dass ein qualifizierter, prozessunabhängiger Revisor ausschließlich mit der Durchführung von Prüfungen beauftragt ist. Bei 11 % der in die 1996er-Erhebung einbezogenen Gesellschaften wird die Revision von einem Mitarbeiter wahrgenommen.

Bei der Beurteilung einer Revisionsfunktion, das trifft auch für die Abteilungen zu, ist zu unterscheiden zwischen „Prüfung", einer durch Revisoren wahrgenommenen Aufgabe, und „Kontrolle", einer durch die Organisation vorgegebenen, in den Ablauf integrierten oder durch Personen vorgenommenen Handlung. Abgrenzungskriterien enthält Abbildung 18. Unterschieden wird zwischen Zeithorizont, Personen, Methode und Adressaten der Feststellungen.

Wesentliche Abgrenzungskriterien zwischen Prüfung und Kontrolle sind der Abhängigkeitsgrad der involvierten Personen und die Adressaten der getroffenen Feststellungen.

Lfd. Nr.	Abgrenzungskriterium	Prüfung	Kontrolle
1.	Zeithorizont	Rückschauende Betrachtungsweise	Begleitende, repetitive Handlungen
2.	Personen	Prozessunabhängige Revisoren	Prozessabhängige Fachkräfte
3.	Methode	Plan- und Sonderprüfungen im Auftrag des Top-Managements	Zwangsläufige, programmierte, prozessbezogene Vorgänge bzw. Handlungen
4.	Adressaten der Feststellungen	Unternehmensleitung, geprüfte Einheiten und involvierte Stabsabteilungen bzw. -stellen	Verantwortliche Stellen, wie Bereichs-, Betriebs-, Projekt- und Kostenstellenleiter

Abbildung 18: Abgrenzung zwischen Prüfung und Kontrolle

Eine Revisionsabteilung erfordert einen fachlich und persönlich versierten Abteilungsleiter und mindestens einen qualifizierten Prüfer, die ausschließlich mit der Wahrnehmung der Überwachung im Auftrag der Leitung beauftragt sind.

Nach der Erhebung zum Stand 1996 besteht die Innenrevision in der Mehrheit der befragten Unternehmen seit mehr als zwanzig Jahren. Informationen ausgewählter Wirtschaftsbereiche enthält Abbildung 19.

Bereich	20 Jahre %	zwischen 10 + 20 %	zwischen 5 + 10 %
Mischkonzerne	69	11	9
Kreditinstitute	64	19	8
Industrie	60	13	10
Handel	54	17	14
Werte unter 50 % haben:			
Öffentliche Verwaltung	49	11	12
Versorgungsunternehmen	47	16	11
Versicherungen	45	30	20
Dienstleister	36	16	19

Abbildung 19: Innenrevision als organisatorische Einheit

Großunternehmen institutionalisieren die Überwachungsfunktion in der Tendenz früher als mittelständische Gesellschaften.

5.4 Orientierungshilfen für die Beurteilung der Angemessenheit einer interner Revision

Orientierungshilfen für die Angemessenheit der Abteilung und Zusammensetzung sind:

- Personalstärke
- Kennzahl „Prüfer je 1.000 im Unternehmen Beschäftigter“
- Zusammensetzung der Mitarbeiter

5.4.1 Größe der Revisionsteams

Die personelle Ausstattung wird beeinflusst durch Industriezweig und Tätigkeitsbereich. Aufschluss über Größe und Entwicklung im Zeitablauf von 1973 bis 1996 vermitteln die Zahlen der Abbildung 20.

Gemeinsame Erhebung		**Erhebung des IIR zum Stand**			
Mitarbeiter	**1996 %**	**1990 %**	**1983 %**	**1973 %**	**Mitarbeiter**
1–3	37	30	34	29	bis 2
4–5	18	30	30	28	3–5
6–9	19	19	16	21	6–10
10–19	14	12	11	14	11–20
über 20	12	6	7	7	21–50
		3	2	1	über 50
	100	100	100	100	

Abbildung 20: Durchschnittliche Abteilungsgröße

Die Erhebungen sowohl des IIR aus 1993, 1983 und 1990 für Deutschland als auch die aus 1996 für Deutschland, Österreich und der Schweiz durchgeführte, ergeben keine signifikanten Veränderungen in der Abteilungsgröße.[55]

Die 1996er-Erhebung bestätigt, dass die Teams hinsichtlich ihrer Personalausstattung divergieren. Über die Hälfte der einbezogenen Gesellschaften beschäftigen zwischen 1 bis 5 Personen; mehr als 20 werden in 12 % der Unternehmen eingesetzt. Abteilungsgrößen zwischen 21 bis 50 und mehr Revisoren sind charakteris-

55 Derartige Größenordnungen sind auch typisch für die USA. Wie die IIA-Erhebung zum Stand 1983 zeigt, setzen 35 % der Unternehmen neben dem Abteilungsleiter bis zu 2 Revisoren ein. Weitere 35 % zwischen 3 bis zu 8. Global Player beschäftigen in Audit Departments mehrere hundert Mitarbeiter.

tisch für die Grundstoff-, Produktionsgüter- und Investitionsgüterindustrie; ferner für Großbanken und Versicherungskonzerne.

Im Ländervergleich sind aufgrund der unterschiedlichen Wirtschaftsstruktur die Teams in Österreich kleiner als vergleichsweise in Deutschland und in der Schweiz.

Die Anzahl der in den Unternehmen eingesetzten Revisionsmitarbeiter orientiert sich unter Berücksichtigung von Mehrfachnennungen zu 59 % nach dem zur Verfügung gestellten Budget, zu 37 % nach Erfahrungswerten und zu 15 % nach sensitiven Prüffeldfestlegungen. In der Schweiz ist der Anteil nach einer risikoorientierten Festlegung mit 33 % wesentlich höher.

5.4.2 Praxisorientierte Revisionskennzahlen

Unternehmensgrößen- und branchenbezogene Revisionskennzahlen bilden eine Beurteilungsgröße für die erforderliche Personalstärke. Als Messwert für die Abteilungsgröße im Vergleich zu anderen Gesellschaften eignet sich die in Abbildung 21 verwendete Kennzahl „Prüfer je tausend im Unternehmen eingesetzter Mitarbeiter".

Erhebungsumfang	**Revisoren je 1.000 Beschäftigte der Unternehmen**		
	1990 %	**1983 %**	**1973 %**
Durchschnittswert	0,8	0,8	0,7
Unterteilung nach Beschäftigtengrößenklassen			
bis 1.000	7,7	5,2	4,8
1.001– 10.000	2,2	1,2	1,1
10.001– 50.000	0,6	0,6	} 0,6
50.001–100.000	0,5	0,4	
über 100.000	0,5	0,4	0,3

Abbildung 21: Kennzahl „Prüfer je 1.000 Beschäftigte" in deutschen Unternehmen

Der Durchschnittswert deutscher Unternehmen für 1990 liegt bei 0,8 Revisoren und entspricht der Kennzahl früherer Erhebungen. Charakteristisch ist, dass sie mit steigender Beschäftigtenzahl sinkt. Während für Gesellschaften in der Beschäftigtengrößenklasse bis zu 1.000 Mitarbeitern die Kennzahl 7,7 beträgt, verringert sie sich in Großunternehmen mit mehr als 100.000 Beschäftigten auf 0,5. Das ist sicher auch eine Folge des ausgebauten IKS und der Verlagerung der Revisionsakzente in Richtung System- und stichprobenweise Prüfungen.

Das Überwachungsbedürfnis der Unternehmen, ermittelt in der 1996er-Erhebung für Deutschland, Österreich und die Schweiz, verdeutlicht Abbildung 22.

Beschäftigte	Industrie	Handel	Dienstleistung	Finanz	Privatversicherung	Öffentliche Verwaltung	Versorgungsunternehmen	Mischkonzern
bis 500	3,85 10	– 1	8,00 19	19,74 186	7,98 6	14,26 8	7,58 21	5,13 3
501– 1.000	1,42 3	2,01 3	3,80 14	14,2 61	5,46 17	6,19 16	3,83 11	4,36 3
1.001– 3.000	1,30 17	2,39 10	1,80 21	12,65 33	4,74 19	3,14 16	2,81 35	3,12 6
3.001– 10.000	0,87 30	1,66 11	1,18 24	9,88 9	2,37 16	1,98 20	2,61 7	0,73 6
10.000– 50.000	0,62 36	0,73 6	0,64 8	6,14 6	2,20 5	1,64 14	0,55 2	0,67 11
50.000–100.000	0,48 4	0,91 2	0,54 2	–	–	– 1	–	0,40 2
über 100.000	0,55 7	–	– 1	–	–	–	–	0,37 3

Abbildung 22: Kennzahl „Prüfer je 1.000 Beschäftigte" (erste Zahl) und Anzahl der einbezogenen Unternehmen (zweite Zahl) für Deutschland, Österreich und Schweiz

Die Beschäftigtengrößenklassen der Wirtschaftsbereiche, beispielsweise in der Größenordnung bis 500 Mitarbeiter variieren zwischen maximal 19,74 Revisoren je tausend Beschäftigte im Finanzbereich und minimal 3,85 in der Industrie. Sensitive Wirtschaftsbereiche mit hohem Durchsatz von Finanzmitteln, wie Kreditinstitute, erfordern eine intensivere Überwachung als Unternehmen der Grundstoff-, Produktionsgüter- und Verbrauchsgüterindustrie.

Wie die Daten bestätigen, wird die Anzahl der Mitarbeiter der Internen Revision umso kleiner, je größer ein Unternehmen ist.[56]

Je weniger Kontrollmaßnahmen bzw. -instrumente in einem Unternehmen installiert sind, desto größer ist der Personalbestand der Innenrevision. Mit anderen Worten ausgedrückt: Ein voll ausgebautes IKS und Controlling verringert die Revisionskapazität. Ferner wird die Abteilungsgröße beeinflusst durch

56 Falls in der 1996er-Erhebung nur eine Nennung für die betreffende Beschäftigtengrößenklasse vorlag, wurden aus Gründen der Vertraulichkeit keine Zahlen ausgewiesen.

- den Grad der Dezentralisierung und das Ausmaß der Delegation von Befugnissen auf die Entscheidungsberechtigten,
- die Fehleranfälligkeit und -häufigkeit in den Bereichen, Abteilungen, Kostenstellen und Cost Center sowie
- das generelle Manipulationsrisiko.

Wie Abbildung 23 zeigt, erfasste die 1996er-Erhebung 807 Revisionsabteilungen mit insgesamt 8.419 Mitarbeitern.

	Total	**Frauen**	**Männer**
Leiter	807	75	732
Führungskräfte	1311	128	1183
Revisoren/Revisionsassistenten	5503	1105	4398
Andere Mitarbeiter	798	619	179
Total **%**	**8419** **100**	**1927** **23**	**6492** **77**

Abbildung 23: Revisionsmitarbeiter, untergliedert nach Aufgabenstellung und Geschlecht in Deutschland, Österreich und Schweiz

Ausgewiesen werden die Abteilungsleiter, die Führungskräfte (= 15,6 %), bestehend aus dem Stellvertreter, den Prüfungsbereichsleitern, Berichtskritikern usw., Revisoren und Revisionsassistenten (= 65,4 %) sowie den sonstigen Mitarbeitern des Schreibdienstes usw. (= 9,5 %).

Der Anteil der Mitarbeiterinnen beträgt durchschnittlich 23 % der Gesamtbelegschaft. Auf die einzelnen Funktionen bezogen sind es 9,2 % der Leitung, 9,8 % der Führungskräfte, 20 % der Revisoren bzw. Revisionsassistenten und 77,6 % der übrigen Mitarbeiter.

Damit ist die Revision in Deutschland und Österreich sowie in der Schweiz eine Männerdomäne. Wie die Relationen in US-Audit-Departments signalisieren, wird der Anteil weiblicher Mitarbeiterinnen in der Internen Revision in Zukunft steigen.

6. Organisation der Internen Revision

Wie jede Unternehmenseinheit, sollte auch die Interne Revision über eine ihrer Abteilungsgröße und Stellung entsprechende organisatorische Gliederung verfügen.[57]

Die Erhebung „Interne Revision ’96“ ergab, dass 40 % der Revisionen dezentral organisiert sind. Bei dieser Organisationsform wird – unter Berücksichtigung der Möglichkeit von Mehrfachnennungen – auf mehreren Ebenen geprüft, beispielsweise in der Obergesellschaft zu 72 %, in Geschäftsbereichen zu 42 % und in der Führungsgesellschaft zu 28 %.

Bei den meisten Gesellschaften ist die organisatorische Gestaltung funktionsorientiert. Größere Unternehmen bevorzugen strukturelle Gliederungen für Organisationseinheiten bzw. Produktbereiche.

In kleineren Firmen, vor allem in Österreich, hat die Innenrevision keine organisatorische Untergliederung. Die Situation innerhalb der unternehmensinternen Prüforgane basiert auf heterogenen Unternehmensgrößen, ableitbar aus Abbildung 20 und 22, sowie divergierenden Führungs- und Organisationsstrukturen.

Einfluss auf die Konzeption haben:

- Unternehmensgröße, Standorte und Belegschaft
- Industriezweig bzw. Wirtschaftsbereich
- Nationale oder globale Betätigung
- Führungs- und Organisationsstruktur
- Überwachungsintensität

6.1 Zentralisierung oder Dezentralisierung des unternehmensinternen Prüforgans

Eine Zentralisierung bietet sich an bei Unternehmen, die in einem definierten geographischen Gebiet arbeiten und nicht über viele Standorte verfügen. Wie die IIR-Erhebung 1990 zeigt, erfolgt bei 84 % der befragten Gesellschaften die Überwachung durch eine zentrale Innenrevision.

Transnational operierende Konzerne bevorzugen eine Dezentralisierung. Dabei befindet sich die Konzernrevision am Standort der Obergesellschaft bzw. Holding.

---

57 Hofmann, R., Organisation und Aufbau der Internen Revision, in: RCC-H, 20. Nachl., München 1988, S. 1–23; Hofmann, R., Organisation der Internen Revision, in: HWO, 3. Aufl., Stuttgart 1992, Sp. 1066; Hofmann, R., Stellenwert, Organisation und Aufgaben der Internen Revision im Rahmen der Unternehmensüberwachung, in: WISU 2/1994, S. 130 ff.

Sie ist für die Überwachung des Unternehmensverbandes zuständig. Größere Beteiligungsgesellschaften im In- und Ausland verfügen über eigene Interne Revisionen bzw. Revisionsnebenstellen.

Voraussetzung für eine effiziente Dezentralisierung ist, dass die Revisionsfunktion weltweit eine Einheit bildet.

- Mitarbeiterauswahl,
- Revisionsplanung,
- Prüfungsdurchführung,
- Berichterstattung und
- Erfolgskontrolle

sollten für den Konzern nach abgestimmten Kriterien erfolgen. Revisionsnebenstellen fachlich der Konzernrevision unterstehen.

Die Aufbauorganisation wird analog den vorstehenden Ausführungen am Beispiel einer

- Zentralen Internen Revision und einer
- Dezentral gegliederten Konzernrevision dargestellt.

6.1.1 Zentrale Internen Revision

Wie aus dem Organisationsplan (Abb. 24) ersichtlich, handelt es sich um eine Interne Revision eines Konzerns.

Die Abteilung ist nach operativen und funktionalen Gesichtspunkten gegliedert. Schwerpunkt der Tätigkeit liegt bei der Obergesellschaft. Fünf Unterabteilungen decken das Prüfungsgebiet wie folgt ab:

- Prüfungsbereich „A“

Zuständig für Prüfungen in den Abteilungen EDV, Organisation, Controlling, Recht, Versicherungen und Steuern.

- Prüfungsbereich „B“

Verantwortlich für das Finanz- und Rechnungswesen sowie das Personal- und Sozialwesen.

- Prüfungsbereich „C“

Prüft die Bereiche Materialwirtschaft, Logistik und Sonderaufgaben.

- Prüfungsbereich „D“

Umfasst Produktion, Technik sowie Forschung und Entwicklung.

- Prüfungsbereich „E“

Umschließt als Prüfungsgebiete Absatz, Märkte und Messen sowie Öffentlichkeitsarbeit.

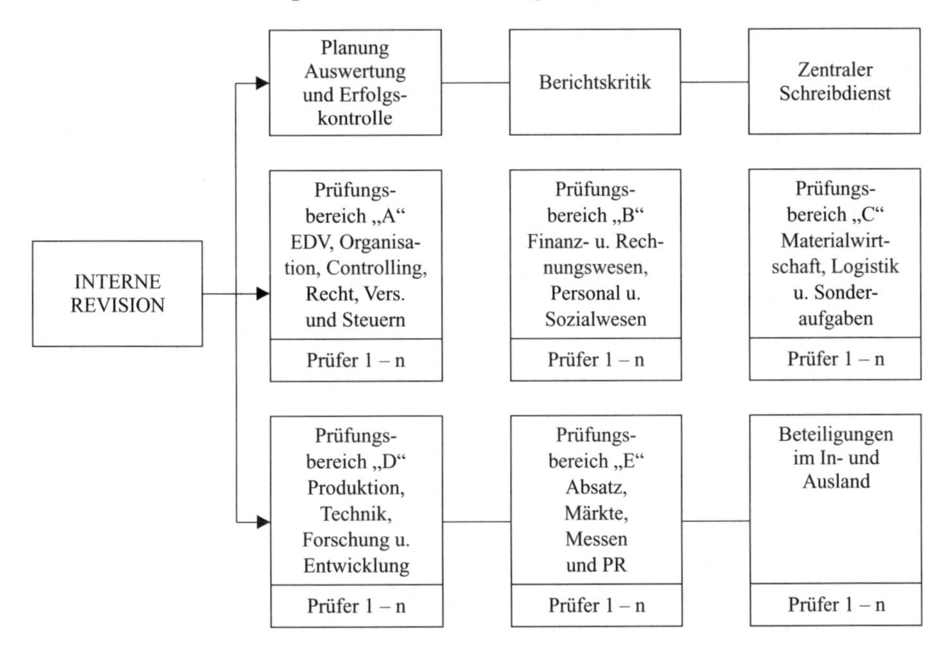

Abbildung 24: Organisationsplan einer zentral gegliederten Internen Revision

- Prüfungsbereich „Beteiligungen"

Die Unterabteilung prüft die zum Konzern gehörenden Beteiligungsgesellschaften im In- und Ausland.

Den Prüfungsbereichen sind definierte Prüfer zugeordnet. Diese Unterstellung hat den Vorteil, dass sich die Revisoren fundierte und detaillierte Kenntnisse in den zu prüfenden Sachgebieten aneignen. Bei längerem Einsatz in einem Prüfungsbereich besteht die Gefahr, dass Prüfer – ebenso wie Sachbearbeiter – „betriebsblind" werden und pathologische Entwicklungstendenzen nicht objektiv beurteilen. Der „kritische Blick" kann getrübt werden, vor allem, wenn sie mehrmals hintereinander Sachgebiete prüfen und sich mit eigenen Verbesserungs- bzw. Änderungsvorschlägen auseinandersetzen müssen. Das kann ihre Prozessunabhängigkeit beeinflussen.

Um negativen Tendenzen entgegenzuwirken, sind Prüfer innerhalb der Prüfungsbereiche auszutauschen.

Darüber hinaus beschränkt eine feste Zuordnung der Prüfer zu den Prüfungsbereichen – insbesondere bei kleinem Mitarbeiterstand – die Flexibilität.

Der funktionale Abteilungsbereich besteht aus den Stellen

- Planung, Auswertung und Erfolgskontrolle sowie
- Berichtskritik einschließlich Schreibdienst.

Die Interne Revision prüft grundsätzlich Beteiligungsgesellschaften, an denen die Obergesellschaft direkt oder indirekt mit der Mehrheit beteiligt ist; bei geringerem Beteiligungsanteil, sofern entsprechende Vereinbarungen vorliegen.

Prüfungsgebiet und Prüfungsumfang richten sich nach Größe und Struktur der Tochterunternehmen und danach, ob der Jahresabschluss durch einen Abschlussprüfer geprüft wird, und uneingeschränkte Testate vorliegen.

Im Beteiligungsbereich kann die Interne Revision – falls die Leitung der Obergesellschaft dies wünscht – Geschäftsführerprüfungen durchführen.

Die mit Prüfungen in Übersee verbundenen, zum Teil hohen Reisekosten führen normalerweise zu längeren Prüfungsintervallen. Je nach Größe der Gesellschaft werden Schwerpunkt- oder Gesamtprüfungen durchgeführt, die einer sorgfältigen Planung und Vorbereitung bedürfen.

6.1.2 Dezentrale Gliederung

Der im vorigen Abschnitt erläuterte Organisationsplan ist in Abbildung 25 modifiziert und in eine dezentral gegliederte Konzernrevision eines multinational operierenden Unternehmens transformiert.

Die Unterteilung in operative und funktionale Stellen ist unverändert.

Im Gegensatz zu Abbildung 24 sind die Prüfer nicht den Prüfungsbereichen zugeordnet, sondern in einem Pool zusammengefasst. Dieser Maßnahme liegt die Überlegung zugrunde, dass jeder Revisor – nach einer angemessenen Einarbeitungszeit – universell, d.h. für alle Arten von Aufträgen und in allen Prüfungsbereichen einsatzfähig sein sollte. Das schließt nicht aus, dass Mitarbeiter mit Spezialkenntnissen bevorzugt selektierte Prüfungsaufgaben übertragen werden.

Diese organisatorische Gestaltung gibt den Mitarbeitern die Möglichkeit, sich ein umfassendes Wissen über Arbeitsgebiete und Beteiligungsaktivitäten im In- und Ausland anzueignen.

Entsprechend dem Arbeitsumfang werden bei einem Prüfobjekt ein oder mehrere Revisoren eingesetzt. Bei Einsatz mehrerer Prüfer liegt die Teamleitung bei einem dafür bestimmten Prüfer. Um die Qualifikation, Verantwortung, Motivation, Leistung und Einsatzfreudigkeit der Revisoren zu erhöhen, ist es vorteilhaft, Teamleitungen zu wechseln.

Der Prüfereinsatz sollte nach sachlichen Erfordernissen und in Übereinstimmung mit der Revisionsplanung erfolgen. Damit ist zugleich die Frage nach der Unterstellung der Prüfer definiert. Sie ist jeweils auf die Zeit ihres Einsatzes in dem betreffenden Prüfungsbereich beschränkt.

Diese Form des Einsatzes ermöglicht eine hohe Flexibilität und verhindert Störungen im Arbeitsablauf durch Sonderprüfungen. Dadurch wird erreicht, dass jeder Prüfer in einer Zeitspanne von drei bis vier Jahren mit zahlreichen Revisionsaufgaben vertraut wird.

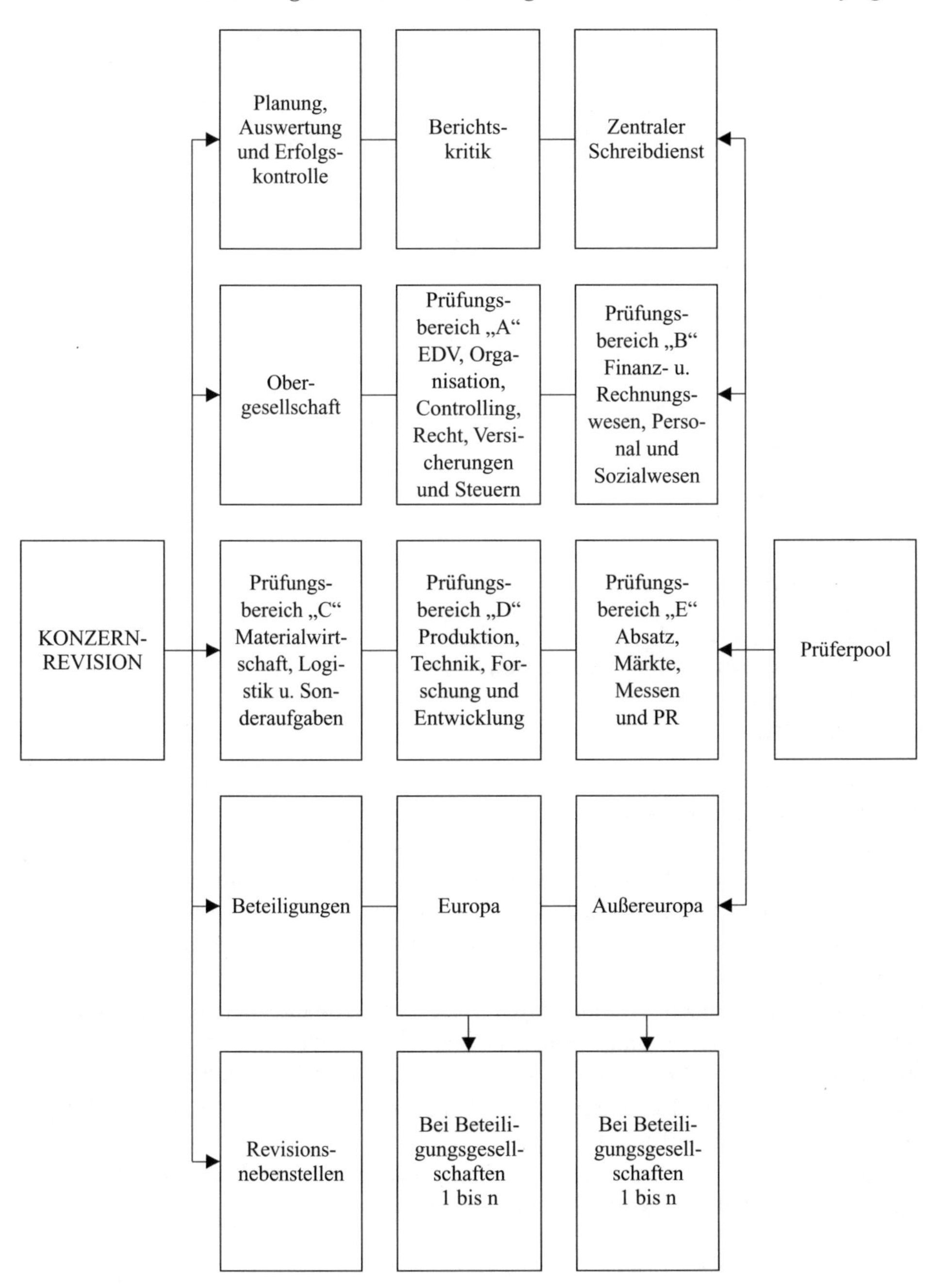

Abbildung 25: Organisationsplan einer dezentral gegliederten Konzernrevision

Große Beteiligungsgesellschaften im In- und Ausland verfügen über eine eigene Interne Revision. Die Revisionsnebenstellen bilden mit der Konzernrevision eine Funktionseinheit. Wichtige Prüfungen im Beteiligungsbereich führt die Konzernrevision mit Prüfern der jeweiligen Revisionsnebenstelle durch. Die Federführung sollte grundsätzlich bei der Konzernrevision liegen.

6.2 Abteilungsstruktur

Abbildung 26 vermittelt eine ablauforganisatorische Vorstellung von der Aufgabenerteilung durch die Unternehmensleitung bis zur Berichtsverteilung an die Adressanten.

In Übereinstimmung mit dem Funktionsablauf werden die Aufgaben der Stelleninhaber skizziert.

6.2.1 Revisionsleiter(in)

Wesentliche Aufgaben sind:

- Prüfungsplanung
- Disposition, Motivation und Führung
- Koordination
- Dienstaufsicht

Entsprechend seiner Aufgabenstellung bestimmt die Leitung wann und welche Prüfungen durchzuführen sind.

Vordringliche Aufgabe ist die Konzeption eines langfristigen und umfassenden Revisionsprogramms. Aus dem Gesamtplan wird in Abstimmung mit den personellen Ressourcen, (Prüferkapazität) und unter Berücksichtigung von Prioritäten ein Jahresplan entwickelt, der vom Vorgesetzten der Konzernrevision pauschal genehmigt wird.

Aus dem Jahresplan wird ein zu realisierender Halbjahresplan erstellt, unterteilt nach Prüfungsbereichen und Prüfungsaufträgen. Für jedes Prüfobjekt wird die zur Verfügung stehende Zeit für Prüfungsvorbereitung, Prüfungsdurchführung und Berichterstattung fixiert. Den Objekten werden Prüfer zugeordnet; bei Teamprüfungen wird der Teamleiter bestimmt.

Der Revisionsleiter überwacht die Prüfungsaktivitäten und schaltet sich – falls erforderlich – in Prüfungen und Schlussbesprechungen ein.

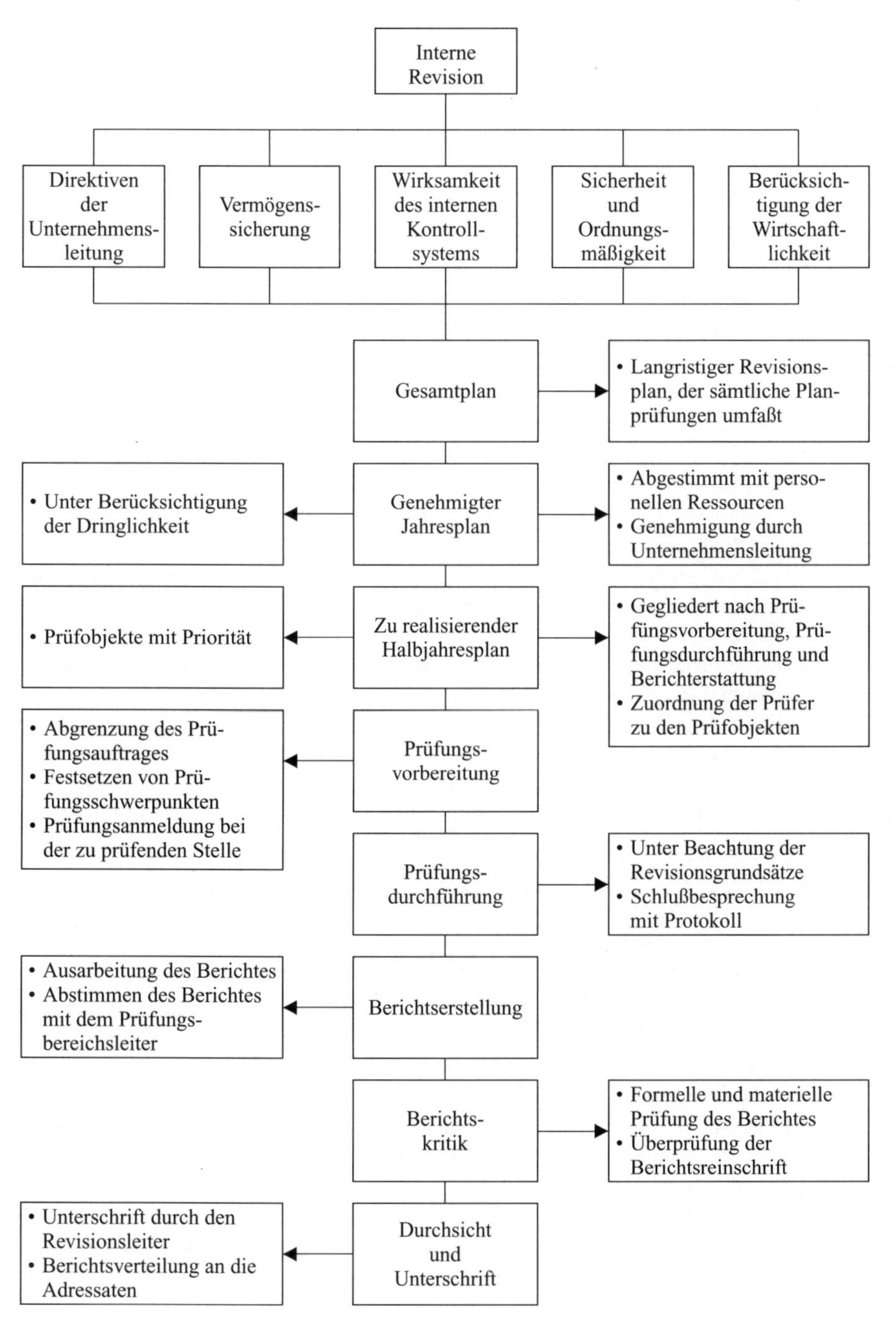

Abbildung 26: Arbeitsablauf in einer Internen Revision

X-AG	**Stellenbeschreibung Nr. 1**
Name des Stelleninhabers: .... Vorstandsressort: Vorsitzer des Vorstandes Bereich: Konzernrevision	
I.	Allgemeine Angaben
1.	Bezeichnung der Stelle: Leiter der Konzernrevision
2.	Zeichnungsvollmacht: Prokura
3.	Rangstellung: Direktor
4.	Unterstellung: Vorsitzer des Vorstandes
5.	Überstellung: Konzernrevision und Revisionsnebenstellen im Beteiligungsbereich
6.	Vertretung des Stelleninhabers: Leiter des Prüfungsbereichs „A“
II.	Angaben zur Stelle
1.	Zweck und Ziel der Stelle Die Konzernrevision unterstützt die Konzernleitung in der Wahrnehmung der unternehmerischen Überwachungsfunktion. Sie arbeitet im Auftrag des Vorstandes der Obergesellschaft. Exekutivbefugnisse übt sie nicht aus. Entsprechend ihrer Aufgabenstellung verfügt die Stabsabteilung über ein uneingeschränktes aktives und passives Informationsrecht. Der Aufgabenbereich der Konzernrevision umfasst die Obergesellschaft und den gesamten Beteiligungsbereich. Die bei Beteiligungsgesellschaften im In- und Ausland bestehenden Internen Revisionen bilden mit der Konzernrevision eine Funktionseinheit. Funktional unterstehen sie dem Leiter der Konzernrevision. Die Prüfungen der Konzernrevision haben folgende wesentlichen Aufgabenstellungen:
1.1	Einhalten der erlassenen Anweisungen, Richtlinien und Vorschriften
1.2	Beurteilen der Organisation im Hinblick auf die Funktionsfähigkeit und Wirksamkeit des internen Kontrollsystems.
1.3	Sicherstellen der formellen und materiellen Ordnungsmäßigkeit von Buchführung, Bilanzierung, Berichterstattung und Dokumentation.
1.4	Berücksichtigen der Wirtschaftlichkeits- und Rentabilitätsgesichtspunkte.
1.5	Beachten der Sicherheitsmaßnahmen zum Schutze des Unternehmensvermögens vor Verlusten aller Art.
1.6	Umsetzen des generellen Prüfungsauftrages in ein umfassendes und leistungsfähiges Revisionsprogramm bei Sicherstellung einer zuverlässigen, objektiven und zeitnahen Berichterstattung.
1.7	Die Aufgabenerfüllung wird anhand der Verwertbarkeit der in den Revisionsberichten getroffenen Prüfungsfeststellungen sowie den daraus abgeleiteten Änderungs- bzw. Verbesserungsvorschlägen beurteilt.

Abbildung 27: Stellenbeschreibung für den Leiter einer Konzernrevision

X-AG	Stellenbeschreibung Nr. 1
1.8	Unterstellt sind dem Stelleninhaber folgende organisatorische Einheiten:
1.8.1	Leiter der Stelle „Planung, Auswertung und Erfolgskontrolle“
1.8.2	Leiter der Stelle „Berichtskritik“
1.8.3	Leiter der Prüfungsbereiche „A“ bis „E“ der Obergesellschaft
1.8.4	Leiter der Internen Revisionen 1 bis n der Beteiligungsgesellschaften
2.	Aufgaben, Befugnisse und Verantwortlichkeit
2.1	Planung
2.1.1	Leitet aus der delegierten Überwachungsfunktion einen auf die Bedürfnisse des Konzerns abgestimmten Gesamtplan, der alle Prüfungsaktivitäten umfasst, ab.
2.1.2	Erstellt einen Jahresplan, der die Prüfungsschwerpunkte angemessen berücksichtigt. Der vom Vorstand zu genehmigende Jahresplan bildet die Grundlage für die Festsetzung der Planprüfungen.
2.1.3	Schlägt dem Vorstand Sonderprüfungen vor.
2.1.4	Vorgehen bei den einzelnen Prüfungsobjekten:
2.1.4.1	Festsetzen der Planprüfungen in Übereinstimmung mit dem genehmigten Jahresplan und unter Berücksichtigung von Sonderprüfungen.
2.1.4.2	Erstellen von Richtlinien und Verfahren für Prüfungsdurchführung, Berichterstattung und Erfolgskontrolle.
2.1.5	Unterhält Kontakt zum Vorstand und zu den Leitern der funktionalen und operativen Einheiten der Obergesellschaft sowie zu den Vorständen bzw. Geschäftsführern der Beteiligungsgesellschaften des Konzerns in Fragen, die sein Aufgabengebiet betreffen.
2.1.6	Sorgt für eine wirkungsvolle Wahrnehmung der Überwachungsfunktion durch:
2.1.6.1	Systematische Auswertung der Prüfungsergebnisse. In diesem Zusammenhang sind die WP-Berichte über die Jahresabschlussprüfungen und die sonstigen Informationen unternehmensinterner Stellen angemessen zu berücksichtigen.
2.1.6.2	Übernahme von Sonderaufträgen des Vorstandes der Obergesellschaft sowie revisionsrelevanter Anregungen von revisionsinternen und externen Stellen.
2.1.7	Legt die interne Organisation der Konzernrevision fest und regelt die Stellenbesetzung und abteilungsinterne Zeichnungsbefugnis.
2.1.8	Veranlasst die Abstimmung von Planung und Prüfung in Übereinstimmung mit den vorhandenen Ressourcen.
2.1.9	Unterhält und fördert die Kooperation zwischen seiner Abteilung und dem bzw. den Jahresabschlussprüfern im Konzern.
2.2	Operative Tätigkeit und Kontrolle Die Konzernrevision hat – neben dem uneingeschränkten aktiven und passiven Informationsrecht – Zugang zu allen Betriebseinrichtungen des Konzerns.

Abbildung 27: Stellenbeschreibung für den Leiter einer Konzernrevision (Forts.)

X-AG	Stellenbeschreibung Nr. 1
2.2.1	Entscheidet über das Vorgehen bei Prüfungen und sonstigen Aufgaben, wie Beratung und Begutachtung, die die Abteilung im auftrage des Vorstandes durchführt, sowie über die Auswertung der Prüfungsfeststellungen oder die Beendigung einer Prüfung.
2.2.2	Beauftragt – falls erforderlich – Prüfungsbereichsleiter der Obergesellschaften, Leiter der Revisionsnebenstellen des Konzerns bzw. Prüfer der Konzernrevision mit der Leitung von Sonderprüfungen und Spezialaufgaben.
2.2.3	Leitet Vor- und Schlussbesprechungen umfangreicher und materiell bedeutsamer Revisionsaufträge und schaltet sich in wichtige Prüfungen ein.
2.2.4	Überwacht die Durchführung des Prüfungsprogramms. Kontrolliert den Arbeitsablauf in den einzelnen Prüfungsbereichen bzw. Stellen der Konzernrevision.
2.2.5	Sorgt für eine objektive, effiziente und zeitnahe Berichterstattung.
2.2.6	Gewährleistet, dass bei festgestellten Mängeln und Lücken im internen Kontrollsystem korrekte und wirksame Maßnahmen zur Behebung der Beanstandungen vorgeschlagen werden und überwacht die Durchführung der Korrekturmaßnahmen durch die zuständige Fachabteilung und die Stabsabteilung Organisation.
2.2.7	Informiert den Vorstand der Obergesellschaft über wesentliche Feststellungen und Ergebnisse.
2.2.8	Überwacht die Richtigkeit der Prüfungsbereichte in formeller und materieller Hinsicht sowie die Einhaltung der Revisionsrichtlinien und die Beachtung der Revisionsgrundsätze.
2.2.9	Sichert den Informationsfluss und -stand in seinem Aufgabengebiet durch Abhalten regelmäßiger Abteilungsbesprechungen.
3.	Verwaltung der Ressourcen
3.1	Personelle Ressourcen
3.1.1	Gewährleistet einen den charakterlichen und fachlichen Anforderungen entsprechende Auswahl der Revisionsmitarbeiter.
3.1.2	Führt Vorstellungsgespräche mit Bewerbern und sorgt für eine optimale Auswahl der einzustellenden Revisionsmitarbeiter.
3.1.4	Fördert die stetige und qualifizierte Weiterbildung seiner Mitarbeiter und leitet entsprechende Maßnahmen ein.
3.1.5	Führt Mitarbeiter- und Beurteilungsgespräche und stellt eine leistungsgerechte Beurteilung sicher.
3.1.6	Intensiviert das Leistungsbewusstsein und die Kreativität der ihm unterstellten Mitarbeiter und fördert ihre Bereitschaft zur Teamarbeit.
3.2	Sachliche Ressourcen
3.2.1	Verwaltet die Abteilung nach wirtschaftlichen Gesichtspunkten.

Abbildung 27: Stellenbeschreibung für den Leiter einer Konzernrevision (Forts.)

X-AG	Stellenbeschreibung Nr. 1
3.2.2	Erhöht den Wirkungsgrad der Konzernrevision durch Anpassung der Prüfungsmethoden an die neuesten betriebswirtschaftlichen Erkenntnisse. Zu diesem Zweck sind die Erfahrungen aus dem Kontakt mit Internen Revisionsabteilungen bzw. Konzernrevisionen vergleichbarer Unternehmen des Industriezweiges, mit Jahresabschlussprüfern und den Fachinstituten der externen und internen Prüforgane auszuwerten.
3.3	Richtlinien Legt die Richtlinien der Konzernrevision fest und sorgt für deren Einhaltung und Weiterentwicklung.

Abbildung 27: Stellenbeschreibung für den Leiter einer Konzernrevision (Forts.)

Er unterhält Verbindung zur Geschäftsleitung und den Führungskräften des Konzerns, pflegt bzw. koordiniert die Zusammenarbeit mit dem oder den Jahresabschlussprüfer(n). Einzelheiten enthält die Stellenbeschreibung; siehe Abb. 27.

6.2.2 Prüfungsbereichsleiter(in)

Die Prüfungsbereichsleiter unterstützen und beraten den Revisionsleiter. Sie führen ihr Aufgabengebiet selbständig und in Eigenverantwortung. Ihnen obliegt die Dienstaufsicht über die ihnen unterstellten Revisoren. Einzelheiten enthält die Stellenbeschreibung; siehe Abb. 28.

X-AG	Stellenbeschreibung Nr. 2	
Name des Stelleninhabers: Vorstandsressort: Bereich:	.... Vorsitzer des Vorstandes Konzernrevision	
I.	Allgemeine Angaben	
1.	Bezeichnung der Stelle:	Leiter des Prüfungsbereichs „A“
2.	Zeichnungsvollmacht:	Prokura
3.	Rangstellung:	stellv. Abteilungsleiter
4.	Unterstellung:	Leiter der Konzernrevision
5.	Überstellung:	Leiter der Stellen „EDV“ und „Organisation, Controlling, Recht, Versicherung, Steuern“
6.	Vertretung des Stelleninhabers: Leiter der Unterabteilung „EDV“	
II.	Angaben zur Stelle	
1.	Zweck und Ziel der Stelle	

Abbildung 28: Stellenbeschreibung für den Leiter eines Prüfungsbereiches

X-AG	**Stellenbeschreibung Nr. 2**
1.1	Der Prüfbereich „A“ der Konzernrevision führt bei der Obergesellschaft und den in- und ausländischen Beteiligungsgesellschaften Prüfungen in den Unternehmensbereichen EDV, Organisation, Controlling, Recht und Versicherungen durch.
1.2	Soweit Beteiligungsgesellschaften Revisionsnebenstellen unterhalten, führen Revisoren des Prüfungsbereichs „A“ in Zusammenarbeit mit den Revisoren der Nebenstellen Teamprüfungen durch. In derartigen Fällen liegt die Federführung beim Prüfungsbereich „A“.
1.3	Berät und unterstützt die einzelnen Prüfungsbereiche der Konzernrevision bei der Inanspruchnahme von Prüfsoftware und in allen Fragen, die die elektronische Datenverarbeitung betreffen.
1.4	Die Stelle hat keine Exekutivbefugnisse. Sie verfügt – entsprechend ihrer Aufgabenstellung – über ein uneingeschränktes aktives und passives Informationsrecht.
1.5	Umsetzen der Plan- und Sonderprüfungen in Prüfungsaktivitäten bei Sicherstellung einer zuverlässigen, objektiven und zeitnahen Berichterstattung.
1.6	Die Aufgabenerfüllung wird anhand der Verwertbarkeit der in den Revisionsberichten getroffenen Prüfungsfeststellung sowie den daraus abgeleiteten Änderungs- bzw. Verbesserungsvorschlägen beurteilt.
2.	Aufgaben, Befugnisse und Verantwortlichkeiten
2.1	Planung
2.1.1	Unterstützt den Revisionsleiter bei der Erstellung des Jahresplanes und macht konkrete Vorschläge für zu berücksichtigende Prüfungsschwerpunkte. Dies betrifft insbesondere die im Konzern installierten und zu implementierenden EDV-Systeme und -Subsysteme.
2.1.2	Unterbreitet dem REvisionsleiter Vorschläge für Sonderprüfungen.
2.1.3	Hilft dem Revisionsleiter bei der Erstellung bzw. Anpassung von Richtlinien und Verfahren für Prüfungsdurchführungen, Berichterstattung und Erfolgskontrolle.
2.1.4	Sorgt für die Abstimmung von Planung und Prüfung in Übereinstimmung mit den ihm zur Verfügung stehenden Ressourcen.
2.1.5	Plant in Übereinstimmung mit den ihm unterstellten Unterabteilungsleitern und in Kooperation mit der Stelle „Planung, Auswertung und Erfolgskontrolle“ die:
2.1.5.1	Berufliche aus- und Weiterbildung der mit EDV-Prüfung betrauten Revisoren.
2.1.5.2	Allgemeine Unterweisung sämtlicher Revisoren und Revisionsassistenten der Konzernrevision in Fragen und Entwicklungstendenzen der Computertechnik.
2.1.5.3	Anzahl, Zusammensetzung und Einsatz der Revisoren für die in seinem Prüfungsbereich durchzuführenden Prüfungen.
2.1.5.4	Optimale Ausnutzung der Revisionskapazität seines Prüfungsbereichs.
2.2	Operative Tätigkeit und Kontrolle
2.2.1	Die Revisoren des Prüfungsbereichs „A“ haben – neben dem uneingeschränkten Informationsrecht – Zugang zu allen Betriebseinrichtungen des Konzerns.
2.2.2	Sorgt zusammen mit den Unterabteilungsleitern für:

Abbildung 28: Stellenbeschreibung für den Leiter eines Prüfungsbereiches (Forts.)

X-AG	Stellenbeschreibung Nr. 2
2.2.2.1	Einholung und Auswertung von Informationen revisionsinterner Stellen.
2.2.2.2	Sorgt für die Sicherheit und ständige Betriebsbereitschaft der Revisions-Hard- und -Software.
2.2.2.3	Eiunstz rationeller Prüfsoftware.
2.2.2.4	Aufnahme von Prüfungsvorschlägen in die aktuelle Planung.
2.2.2.5	Beschaffung notwendiger Fachliteratur, soweit sie seinen Prüfungsbereich betrifft.
2.2.3	Vertritt die Belange des Prüfungsbereichs „A“ und hat ein Zustimmungsrecht bei der:
2.2.3.1	Aufstellung des Revisionsprogramms.
2.2.3.2	Abstimmung der Planung der Revisionsaufgaben mit dem Prüferpotential.
2.2.4	Sichert eine sorgfältige Vorbereitung der Prüfungen in den ihm unterstellten Unterabteilungen im Hinblick auf die Abgrenzung des Auftrages und die Festlegung von Schwerpunkten und Besonderheiten.
3.1.3	Fördert seine Mitarbeiter durch Beratung bzw. Vorlage von Ausbildungsvorschlägen und -möglichkeiten bei mRevisionsleiter und gibt Hinweise für ihre leistungsgerechte Beurteilung.
3.1.4	Intensiviert das Leistungsbewusstsein der ihm unterstellten Mitarbeiter und ihre Bereitschaft zur Teamarbeit.
3.1.5	Überwacht die Ausbildung von Revisionsassistenten.
3.2	Sachliche Ressourcen
3.2.1	Sorgt in seinem Aufgabenbereich für den Aufbau und die Erhaltung einer leistungsfähigen Verwaltungskapazität.
3.2.2	Setzt die ihm zur Verfügung stehenden Sachmittel rationell ein.
3.3	Richtlinie Gibt Anregungen für den Änderungsdienst der Revisionsrichtlinien und des Prüfungshandbuches. Mitarbeit an der Aktualisierung der Prüfungsmethoden, vor allem im Hinblick auf die Entwicklung in den Sektoren EDV, Organisation und Controlling.

Abbildung 28: Stellenbeschreibung für den Leiter eines Prüfungsbereiches (Forts.)

6.2.3 Mitarbeiter(in) Planung, Auswertung und Erfolgskontrolle

Die Stelle „Planung, Auswertung und Erfolgskontrolle“ unterstützt den Revisionsleiter und die Prüfungsbereichsleiter bei der Vorbereitung und Durchführung von Plan- und Sonderprüfungen.

Sie wertet die Prüfungsberichte hinsichtlich der Prüfungsfeststellungen aus, gibt Hinweise für die Erfolgskontrolle und analysiert die Tätigkeitsnachweise der Prüfer.

Die so gewonnenen Daten bilden eine Grundlage für die Beurteilung

- des Zeitaufwandes für die einzelnen Prüfobjekte,
- der Leistung jedes Prüfers und
- des Personalbedarfs künftiger Prüfungen.

Weitere Aufgaben dieser Stelle sind:

- Führen des Archivs
- Auswerten der Fachliteratur
- Hilfe bei der Vorbereitung von Prüfungen.

Vgl. hierzu die Stellenbeschreibung (Abb. 29).

X-AG	**Stellenbeschreibung Nr. 3**	
Name des Stelleninhabers: Vorstandsressort: Bereich:	.... Vorsitzer des Vorstandes Konzernrevision	
I.	Allgemeine Angaben	
1.	Bezeichnung der Stelle:	Planung, Auswertung und Erfolgskontrolle
2.	Zeichnungsvollmacht:	Handlungsvollmacht
3.	Rangstellung:	Handlungsbevollmächtigter
4.	Unterstellung:	Leiter der Konzernrevision
5.	Überstellung:	Mitarbeiter der Stelle Planung, Auswertung und Erfolgskontrolle
6.	Vertretung des Stelleninhabers: Leiter der Stelle Berichtskritik	
II.	Angaben zur Stelle	
1.	Zweck und Ziel der Stelle Die stelle „Planung, Auswertung und Erfolgskontrolle" ist zuständig für die Auswertung der Prüfungsberichte der Konzernrevision und der sonstigen Anregungen im Hinblick auf eine aktuelle Prüfungsplanung, Koordinierung der Revisionspläne der einzelnen Prüfungsbereiche der Obergesellschaft und der Revisionsebenstellen im In- und Ausland. Die stelle ist ferner zuständig für die Überwachung der von der Konzernrevision vorgeschlagenen Änderungen bzw. Verbesserungen sowie für die Überwachung und Pflege der revisionsinternen Dokumentation.	
1.1	Berät und unterstützt den Revisionsleiter bei der Erstellung der Gesamt-, Jahres- und Halbjahresplanung sowie bei der Erfolgskontrolle.	

Abbildung 29: Stellenbeschreibung für die Stelle „Planung, Auswertung und Erfolgskontrolle"

X-AG	Stellenbeschreibung Nr. 3
1.2	Die Aufgabenerfüllung wird anhand der Verwertbarkeit und Aussagefähigkeit der Planung, der Berichtsauswertung und der Wirksamkeit der Erfolgskontrolle beurteilt.
2.	Aufgaben, Befugnisse und Verantwortlichkeiten
2.1	Planung
2.1.1	Unterstützt den Revisionsleiter und die Prüfungsbereichtsleiter bei der Erstellung des Jahresplanes und unterbreitet konkrete Vorschläge für zu berücksichtigende Prüfungsschwerpunkte.
2.1.2	Macht dem Revisionsleiter Vorschläge für Sonderprüfungen.
2.1.3	Hilft dem Revisionsleiter bei der Erstellung bzw. Anpassung der Revisionsrichtlinien und Prüfungsverfahren für Prüfungsdurchführung, Berichterstattung und Erfolgskontrolle.
2.1.4	Unterstützt die Prüfungsbereichsleiter bei der Vorbereitung und Durchführung der Planung der Revisionen ihres Bereichs durch Zurverfügungstellung planungsrelevanter Daten und Anregungen.
2.1.5	Sammelt und systematisiert sämtliche für die Planung und Auswertung wichtigen Daten der Prüfungsberichte.
2.1.6	Unterstützt die Prüfungsbereichsleiter bei der optimalen Nutzung der ihnen zugewiesenen Revisionskapazität.
2.2	Operative Tätigkeit und Kontrolle
2.2.1	Wertet Revisionsberichte und Informationen computergestützt aus und stellt die Daten und Fakten den Interessenten in aufbereiteter, übersichtlicher Form zur Verfügung.
2.2.2	Koordiniert die Jahres- und Halbjahrespläne der einzelnen Prüfungsbereiche der Obergesellschaft und der Revisionsebenstellen und fasst sie zu Gesamtplänen zusammen.
2.2.3	Überwacht die Termine für die Vorlage der Prüfungspläne bei der Revisionsleitung und – nach Abschluss der Planungsphase – die Weiterleitung des Gesamtplanes an den Vorsitzer des Vorstandes und die jeweiligen Teilpläne an die zuständigen Ressortvorstände, in deren Kompetenzbereich die Planprüfungen fallen.
2.2.4	Registriert die Tätigkeitsberichte der Revisoren, geordnet nach Prüfungsbereichen und wertet sie im Hinblick auf Einhaltung bzw. Abweichungen vom geplanten Zeitbedarf für Prüfungsvorbereitung, Prüfungsdurchführung und Berichterstattung aus.
2.2.5	Überwacht und pflegt die Dokumentation der Konzernrevision sowie die Fachbibliothek.
2.2.6	Leitet Vorschläge für die Beschaffung von Fachliteratur an den Revisionsleiter.
3.	Verwaltung der Ressourcen

Abbildung 29: Stellenbeschreibung für die Stelle „Planung, Auswertung und Erfolgskontrolle“ (Forts.)

X-AG	Stellenbeschreibung Nr. 3
3.1	Personelle Ressourcen
3.1.1	Setzt seine Mitarbeiter zweckentsprechend ein und gibt Hinweise für ihre leistungsgerechte Beurteilung.
3.2	Sachliche Ressourcen
3.2.1	Sorgt in seinem aufgabenbereich für den Aufbau und die Erhaltung einer leistungsfähigen Verwaltungskapazität.
3.2.2	Setzt die ihm zur Verfügung stehenden Sachmittel rationell ein.
3.3	Richtlinien Gibt Richtlinien für den Änderungsdienst der Revisionsrichtlinien und des Prüfungshandbuches. Mitarbeit an der Aktualisierung der Prüfungsmethoden.

Abbildung 29: Stellenbeschreibung für die Stelle „Planung, Auswertung und Erfolgskontrolle“ (Forts.)

6.2.4 Revisor(in)

Träger der Revisionsarbeit sind die Prüfer. Ihre fachliche Kompetenz und Einsatzbereitschaft bestimmen maßgeblich den Revisionserfolg.

Wesentliche Aufgaben eines Prüfers sind:

- Prüfungsanmeldung bei der zu prüfenden Stelle
- Selbständige und eigenverantwortliche Durchführung des Prütobjektes
- Schlussbesprechung mit Protokoll bei der geprüften Stelle
- Erstellen des Prüfungsberichtes nach Abstimmung mit dem Prüfungsbereichsleiter.

Die Aufgaben der Prüfer sind in der Stellenbeschreibung (Abb. 30) präzisiert.

X-AG	**Stellenbeschreibung Nr. 4**	
Name des Stelleninhabers: Vorstandsressort: Bereich:	.... Vorsitzer des Vorstandes Konzernrevision	
I.	Allgemeine Angaben	
1.	Bezeichnung der Stelle:	Prüfer der Konzernrevision
2.	Zeichnungsvollmacht:	keine
3.	Rangstellung:	keine
4.	Unterstellung:	Leiter des jeweiligen Prüfungsbereichs gemäß Prüfungsplan
5.	Überstellung:	Als Teamleiter Prüfer bzw. Assistenten für den konkreten Prüfungsauftrag
6.	Vertretung des Stelleninhabers: entfällt	
II.	Angaben zur Stelle	
1.	Zweck und Ziel der Stelle Durchführung von Plan- und Sonderprüfungen entsprechend der vorgegebenen Aufgabenstellung.	
1.1	Beachtet die Revisionsrichtlinien und Revisionsgrundsätze.	
1.2	Die Stelle hat keine Exekutivbefugnisse. Sie verfügt – entsprechend ihrer Aufgabenstellung – über ein uneingeschränktes aktives und passives Informationsrecht.	
1.3	Koordiniert als Teamleiter die Mitarbeit der Revisoren und Revisionsassistenten im Rahmen des konkreten Prüfungsobjektes.	
1.4	Die Aufgabenerfüllung wird anhand der Ergebnisse und der Aussagefähigkeit des Prüfungsberichtes beurteilt.	
2.	Aufgaben, Befugnisse und Verantwortlichkeit	
2.1	Planung	
2.1.1	Plant in Abstimmung mit dem Prüfungsbereichsleiter das optimale Vorgehen im Rahmen des konkreten Prüfungsauftrages.	
2.1.2	Koordiniert als Teamleiter bei einer Prüfung die Teilaktivitäten der Teammitglieder. Analoge Überlegungen treffen zu für die Schlussbesprechung und Berichterstattung.	
2.2	Operative Tätigkeit und Kontrolle	
2.2.1	Mitwirken beim Entwickeln von Kriterien und Richtlinien für die Betriebssicherheit Computer-gestützter System sowie für den Datenschutz.	
2.2.2	Mithilfe beim Entwickeln von Richtlinien zur Nachprüfbarkeit maschinell abgewickelter Vorgänge, insbesondere für die Angemessenheit programmierter Kontrollen, um die Ordnungsmäßigkeit und Sicherheit der Rechnungslegung, Berichterstattung und Dokumentation zu gewährleisten.	

Abbildung 30: Stellenbeschreibung für Prüfer

X-AG	Stellenbeschreibung Nr. 4
2.2.3	Ausarbeiten von Methoden, Prüfungsfragebogen und Programmen, um bei Prüfungen der Sachgebiete, Systemanalyse, Programmierung und maschinelle Abwicklung die Übereinstimmung mit bestehenden Normen feststellen zu können.
2.2.4	Macht als Prüfer bzw. Teamleiter dem Prüfungsbereichsleiter Vorschläge für das:
2.2.4.1	Einholen und auswerten relevanter Informationen.
2.2.4.2	Einschalten in unternehmensinterne Verteiler, soweit es sich um die Wahrnehmung des passiven Informationsrechts der Konzernrevision handelt.
2.2.4.3	Aktualisieren der Archivierung und Dokumentation wichtiger Informationen für die Revisionsarbeit.
2.2.5	Unterstützt den Prüfungsbereichsleiter bei der Vorbereitung der Prüfung im Hinblick auf die Festlegung von Prüfungsschwerpunkten und Besonderheiten.
2.2.6	Sammelt Informationen bei unternehmensinternen Stellen und wertet sie zur Vorbereitung der Prüfung aus.
2.2.6.1	Nimmt an Vorbesprechungen, die das konkrete Prüfungsobjekt betreffen, teil.
2.2.6.2	Nimmt Kontakt mit dem Leiter der zu prüfenden Stelle auf.
2.2.6.3	Erledigt den Prüfungsauftrag in formeller und materieller Hinsicht egenverantwortlich und selbständig.
2.2.6.4	Führt protokollierte Zwischen- und Schlussbesprechungen mit dem Leiter der geprüften Stelle.
2.2.7	Erstattet nach Beendigung einer Prüfung dem Prüfungsbereichsleiter und Revisionsleiter mündlich einen Kurzbericht unter Hinweis auf wichtige Prüfungsfeststellungen.
2.2.8	Erstellt den Prüfungsbericht im Einvernehmen mit dem Prüfungsbereichsleiter.
3.	Richtlinien Gibt Anregungen für den Änderungsdienst der Revisionsrichtlinien und des Prüfungshandbuches. Mitarbeit an der Aktualisierung der Prüfungsmethoden.

Abbildung 30: Stellenbeschreibung für Prüfer (Forts.)

6.2.5 Berichtskritiker(in)

Sicherzustellen ist, dass die Berichte und sonstigen Ausarbeitungen der Konzernrevision systematischen, einheitlichen, formell und materiell ordnungsmäßigen Gesichtspunkten entsprechen.

Ferner ist die Stelle zuständig für den systematischen Ablauf vom Erhalt der Konzepte bis zur Verteilung der Berichte an die Adressaten. Vgl. hierzu die Stellenbeschreibung (Abb. 31).

X-AG	**Stellenbeschreibung Nr. 5**
Name des Stelleninhabers: Vorstandsressort: Bereich:	.... Vorsitzer des Vorstandes Konzernrevision
I.	Allgemeine Angaben
1.	Bezeichnung der Stelle: Berichtskritik
2.	Zeichnungsvollmacht: Handlungsvollmacht
3.	Rangstellung: Handlungsbevollmächtigter
4.	Unterstellung: Leiter der Konzernrevision
5.	Vertretung des Stelleninhabers: Leiter der Stelle Planung, Auswertung und Erfolgskontrolle
II.	Angaben zur Stelle
1.	Zweck und Ziel der Stelle Die Stelle „Berichtskritik" ist zuständig für die formelle und materielle Überprüfung der Prüfungsberichte und der sonstigen schriftlichen Informationen der Konzernrevision. Sie ist ferner zuständig für die Reinschrift der Berichte und sonstigen Schriftsätze und für die Verteilung an die entsprechenden Adressaten.
1.1	Berät und unterstützt die Revisionsleiter in allen die Berichtsabfassung betreffenden Fragen.
1.2	Unterbreiter dem Revisionsleiter Vorschläge für den Berichtsverteiler.
1.3	Die Aufgabenerfüllung der Stelle wird anhand der Exaktheit und Aussagefähigkeit der Berichte und sonstigen Informationen, die die Konzernrevision aufgrund ihrer Prüfungstätigkeit, ihrer Beratung und Begutachtung an Dritter weiterleitet, beurteilt.
2.	Aufgaben, Befugnisse und Verantwortlichkeiten
2.1	Planung
2.1.1	Überprüft die Berichtstexte und Anlagen in formeller und materieller Hinsicht unter Einhaltung der Revisionsrichtlinien und in Abstimmung mit den Prüfungsbereichsleitern und Prüfern.
2.1.2	Informiert den Revisionsleiter im Falle von Abstimmungsschwierigkeiten mit den Bereichsleitern über sachlich relevante Probleme bzw. Fragestellungen, die im Zusammenhang mit der Berichtsabfassung stehen.
2.1.3	Sichert Übereinstimmung der endgültigen Fassung der Prüfungsberichte und sonstigen Ausarbeitungen mit dem Berichtsentwurf und den Arbeitsunterlagen.
2.1.4	Gewährleistet die unverzügliche Weiterleitung der geprüften und registrierten Manuskripte an den Schreibdienst, besorgt die Unterschrift durch die Revisionsleitung auf dem Berichtsoriginal.
2.1.5	Veranlasst die termingerechte Verteilung der Berichte und sonstigen Schriftsätze an die im Verteiler genannten Adressaten.
2.2	Operative Tätigkeit und Kontrolle

Abbildung 31: Stellenbeschreibung für die Stelle „Berichtskritik"

X-AG	Stellenbeschreibung Nr. 5
2.2.1	Sorgt für den reibungslosen Arbeitsablauf in der Stelle Berichtskritik und beim Zentralen Schreibdienst.
3.	Verwaltung der Ressourcen
3.1	Personelle Ressourcen
3.1.1	Setzt seine Mitarbeiter zweckentsprechend ein und gibt Hinweise für ihre leistungsgerechte Beurteilung.
3.2	Sachliche Ressourcen
3.2.1	Sorgt in seinem Aufgabenbereich für den Aufbau und die Erhaltung einer leistungsfähigen Verwaltungskapazität.
3.2.2	Setzt die ihm zur Verfügung stehenden Sachmittel rationell ein.
3.3	Richtlinien Gibt Anregungen für den Änderungsdienst der Revisionsrichtlinien und des Prüfungshandbuches. Mitarbeit an der Aktualisierung der Prüfungsmethoden und in allen Fragen, die die Berichtserstellung betreffen.

Abbildung 31: Stellenbeschreibung für die Stelle „Berichtskritik" (Forts.)

6.2.6 Konzernrevision und Interne Revisionen im Beteiligungsbereich

Die bei großen Tochtergesellschaften im In- und Ausland bestehenden Internen Revisionen sind – unter Berücksichtigung ihrer Größe und der Struktur der Gesellschaft – wie die Konzernrevision zu organisieren.

6.3 Stellenbeschreibungen

Für sämtliche im Organisationsplan enthaltenen Stellen sind detaillierte Beschreibungen zu erstellen.[58]

Im einzelnen ist festzulegen:

- Verantwortung und Zuständigkeit
- Unter- und Überstellung
- Zweck und Ziel der Stelle
- Aufgaben, Befugnisse und Verantwortlichkeiten in bezug auf Planung, operative Tätigkeit und Kontrolle
- Verwaltung der personellen und sachlichen Ressourcen sowie
- Richtlinienkompetenz

58 Thom, N., Stelle, Stellenbildung und -besetzung, in: HWO, 3. Aufl., Stuttgart 1992.

Dabei ist zu beachten, dass die an den Arbeitsplatz zu stellenden Anforderungen mit den fachlichen Qualifikationen und der Persönlichkeitsstruktur des Stelleninhabers übereinstimmen. Bei sensitiven Aufgabengebieten, wie beispielsweise der Wahrnehmung von Überwachungsfunktionen, ist – neben der fachlichen Kompetenz – das Schwergewicht auf charakterliche Eigenschaften, wie Integrität, Objektivität, Vertrauenswürdigkeit, Zuverlässigkeit und Verschwiegenheit, um nur die wichtigsten Merkmale hervorzuheben, zu legen. Der Stelleninhaber ist darüber zu informieren, nach welchen Kriterien seine Aufgabenerfüllung beurteilt wird.

6.3.1 Inhalt und Bedeutung

Stellenbeschreibungen sichern einen reibungslosen Arbeitsablauf. Sie sind ein Mittel der Delegation von Verantwortung an:

- Revisionsleiter
- Leiter der Prüfungsbereiche bei der Obergesellschaft und den Revisionsnebenstellen im In- und Ausland
- Leiter der Stelle Planung, Auswertung und Erfolgskontrolle
- Leiter der Stelle Berichtskritik
- Prüfer der Konzernrevision.

Stellenbeschreibungen garantieren eine optimale Durchführung der von der Konzernleitung delegierten Überwachungsfunktion. Sie dienen der „Unternehmensführung im Mitarbeiterverhältnis" und sorgen für einen systematischen, koordinierten Abteilungsaufbau.

Dem Stelleninhaber wird durch seine Beschreibung mitgeteilt, welche Aufgaben er zu erfüllen hat und wie sein Ermessensspielraum gegenüber Vorgesetzten, konkurrierenden Stellen in der Abteilung und gegenüber seinen Kollegen abgegrenzt ist.

Die Verantwortung liegt beim Vorgesetzten des Stelleninhabers. Im Rahmen seiner Führungs- und Überwachungspflichten hat er seine Mitarbeiter

- mit der erforderlichen Sorgfalt auszuwählen oder – falls er auf die Mitarbeiterauswahl keinen Einfluss nehmen kann – seinen Vorgesetzten darauf hinzuweisen, falls die Stelle nicht fachgerecht besetzt ist,
- systematisch einzuarbeiten und laufend über Sachverhalte und Tatbestände zu informieren, die ihr Aufgabengebiet betreffen,
- zu motivieren, wirtschaftlich einzusetzen, ihnen Ziele für ihre Aufgabenerfüllung vorzugeben und Schwerpunkte zu setzen.
- Der Stelleninhaber muss die Dienstaufsicht für die ihm unterstellten Mitarbeiter ordnungsgemäß wahrnehmen.

Stellenbeschreibungen sind sachbezogen und nicht auf einen bestimmten Mitarbeiter oder einen Personenkreis und deren Fähigkeiten und Qualifikationen abgestellt. Der Stelleninhaber kann wechseln, ohne dass dadurch die mit der Stelle verbundenen Aufgaben beeinflusst werden. Sie helfen die Kontinuität des Betriebsgeschehens sicherzustellen, machen den organisatorischen Aufbau der Abteilung transparent und ermöglichen eine schnelle, gezielte und umfassende Einarbeitung eines neuen Stelleninhabers.

Für die vom Stelleninhaber zu entwickelnden Aktivitäten werden in den Beschreibungen folgende Begriffe verwendet:

- Berät, schlägt vor:

Erarbeitung von Entscheidungshilfen, Alternativen oder gutachterliche Stellungnahme. Der Stelleninhaber trägt die Verantwortung für die sachliche, objektive und rechtzeitige Beratung.

- Führt durch:

Durchführen der zugewiesenen Aufgaben bis zum erfolgreichen Abschluss; gegebenenfalls Überwachung der Erfolgskontrolle.

- Entscheidet, legt fest, ordnet an:

Federführung bei der Erarbeitung entscheidungsrelevanter Daten, Informationen, Vorschläge und Entscheidungen unterstellter bzw. nicht unterstellter Mitarbeiter. Erlassen von Ausführungsbestimmungen, Tragen der Verantwortung für die sachliche, ordnungsgemäße und fristgerechte Entscheidung.

- Entwickelt, erarbeitet, erstellt, schlägt vor:

Zusammentragen und Auswerten erforderlicher Daten, Fakten und Argumente. Übernahme der Verantwortung für Vollständigkeit, sachliche Richtigkeit und fristgerechte Erstellung.

- Fördert, gewährleistet, sorgt für, unterhält, veranlasst, beauftragt, entscheidet:
  - Bei unterstellten Einheiten:
    Formulierung der Aufgabenstellung unter Entfaltung von Eigeninitiative. Überwachen der effizienten und fristgerechten Durchführung dieser Aufgaben im Rahmen der Führungsverantwortung.
  - Bei nicht unterstellten Einheiten:
    Anregen der Tätigkeiten unter gleichzeitiger Koordinierung der Aufgaben.

- Kontrolliert, überwacht, leitet, stellt sicher:

Überprüfen von Aufgabenerfüllung und Erfolg der Arbeit der Mitarbeiter. Übernahme der Führungsverantwortung für die Einhaltung der Richtlinien und die Zielerreichung.

- Initiative:

Feststellen von Fehlern und Abweichungen vom vorgegebenen Soll. Erarbeiten von Verbesserungs- und Änderungsvorschlägen unter gleichzeitiger Anregung der Entscheidung der zuständigen Einheit.

- Zustimmung:

Es handelt sich um ein Erfordernis der Wirksamkeit von Entscheidungen einer anderen organisatorischen Einheit. Im Falle der Verweigerung erfolgt eine Sperrung. Es besteht jedoch die Pflicht, die divergierenden Auffassungen zu begründen und einen konstruktiven Gegenvorschlag auszuarbeiten. In diesem Falle verlagert sich die Entscheidung auf die nächste Führungsebene.[59]

6.3.2 Einzelbeschreibungen für die Stellen

Nachstehend werden die Beschreibungen für die im Organigramm aufgeführten Funktionen skizziert.

6.3.2.1 Abteilungsleiter(in)

Aus der Stellenbeschreibung des Revisionsleiters, siehe Abbildung 27, sind Zeichnungsbefugnis, Unter- und Überstellungsverhältnis sowie die Frage seiner Stellvertretung ersichtlich.

Der Stellvertreter – das trifft auch für die anderen Beschreibungen zu – übernimmt die Aufgaben des Vertretenen in Eigenverantwortung unter Beibehaltung seines Aufgabengebietes. Der Stelleninhaber hat seinen Stellvertreter zu informieren. Der Stellvertreter hat die Vertretung in Übereinstimmung mit der Zielsetzung der Stelle auszuüben. Nach Ablauf der Vertretungszeit hat der Stellvertreter den Stelleninhaber über wesentliche Vorkommnisse zu unterrichten und ihm die entsprechenden Unterlagen zu übergeben.

Stellvertretung ist eine vorübergehende Aufgabe. Der Stellvertreter sollte sich vorwiegend Aufgaben mit hoher Priorität zuwenden und möglichst keine grundsätzlichen Entscheidungen treffen, die den Stelleninhaber binden.

6.3.2.2 Prüfungsbereichsleiter(in)

Die Stellenbeschreibung betrifft den Prüfungsbereich „A" der Obergesellschaft, siehe Abbildung 28. Prüfungsbereichsleiter unterstützen den Revisionsleiter in der Wahrnehmung der delegierten Überwachungsfunktion.

---

59 Nach der IIR-Erhebung 1990 verfügen über 60 % der Revisionen über Stellenbeschreibungen.

Für die Prüfungsbereiche „B“ bis „E“ und für die Leiter der Revisionsnebenstellen sind die Beschreibungen, abgestimmt auf ihre konkrete Aufgabenstellung, in etwa vergleichbar.

Fachlich unterstehen den Prüfungsbereichsleitern die Revisoren aus dem Prüferpool, und zwar jeweils für die Zeitspanne, in der sie in ihrem Sektor definierte Plan- bzw. Sonderprüfungen bzw. andere Aufgaben durchführen.

6.3.2.3 Stelle Planung, Auswertung und Erfolgskontrolle

Revisionsplanung, Auswertung der Prüfungsberichte und sonstigen Vermerke der Konzernrevision sowie die Kontrolle der Realisierung von Änderungs- bzw. Verbesserungsvorschlägen haben einen hohen Stellenwert.

Zweck, Ziele, Aufgaben, Befugnisse und Verantwortlichkeiten des Leiters dieser Stelle enthält die in Abbildung 29 dargestellte Beschreibung.

6.3.2.4 Revisor(in)

Die Durchführung definierter Plan- und Sonderprüfungen obliegt den Prüfern.

Bei dem integrierten Computereinsatz sind fundierte Prüfungen ohne ausreichende Kenntnisse nicht möglich.

Revisionsleitung und Prüfungsbereichsleiter legen den zeitlichen Rahmen für die Prüfungsvorbereitung, Prüfungsdurchführung und Berichterstattung fest. Sie bestimmen den Umfang und die Schwerpunkte der Prüfung. Unabhängig davon sind Eigeninitiative, Kreativität und Arbeitsintensität des Revisors entscheidende Voraussetzungen für den Prüfungserfolg.

Die Aufgaben eines Prüfers sind in Abbildung 30 präzisiert.

6.3.2.5 Stelle Berichtskritik

Die Berichtskritik unterstützt den Revisionsleiter und die Prüfungsbereichsleiter bei der Abfassung der Prüfungsberichte.

Aussage- und Überzeugungskraft der Berichte sind entscheidend für den Revisionserfolg. Abbildung 31 enthält die Beschreibung der Stelle.

7. Anforderungsprofil für Revisionsmitarbeiter

Revisoren sollten über eine Fachausbildung mit Hochschul- bzw. Fachhochschulabschluss verfügen und den persönlichen und charakterlichen Ansprüchen entsprechen, die mit der Aufgabenstellung verbunden sind.

Weitere Anforderungskriterien entwickeln sich mit dem Revisionseinsatz (on the job) durch Prüfungserfahrung und Maßnahmen im Rahmen der Fort- und Weiterbildung sowie der Personalförderung.[60]

Der Anforderungskatalog (Abbildung 32) umfasst sach- und personenbezogene Beurteilungskriterien. Wie Stellenausschreibungen in Fachzeitschriften belegen, werden an Revisionsmitarbeiter, die Überwachungsaufgaben für die Geschäftsleitung ausführen, qualifizierte Anforderungen gestellt.

7.1 Sachbezogene Voraussetzungen

Untergliedert sind sie in Fach- sowie Unternehmenskenntnisse und Anwendungstechniken.

- Fachwissen

Voraussetzungen sind neben einem Hochschul- bzw. Fachhochschulabschluss Kenntnisse in Betriebswirtschaft, Organisation, Informatik, Recht, Management- und Prüfungslehre. Dabei werden die konkreten Anforderungen durch Wirtschaftsbereich und unternehmensspezifische Gegebenheiten bestimmt. Durchführung anspruchsvoller Prüfungen erfordern Kenntnisse in den genannten Sachgebieten und deren Schnittstellen.

Zur Beurteilung der Fachkenntnisse und Berufserfahrung und des Kenntnisstandes auf dem Gebiet des Prüfungswesens gibt Abbildung 33 eine Bewertungshilfe.

Die Intensität der Beherrschung des Prüfungswesens ist in drei Qualifikationsstufen untergliedert, die Auskunft über Wissen, Können und Erkennen geben.

„Revisionsassistenten" sollten den Anforderungen der Stufe I entsprechen. Sie sollten das Revisionsgebiet in den Grundzügen kennen um nach Anleitung und unter Aufsicht zielbewusst zu arbeiten.

„Prüfer", die umfassend eingesetzt werden, sollten die Voraussetzungen der Stufe II voll und der Stufe III teilweise erfüllen. Sie müssen das Prüfungswesen be-

---

60 IIR, Hrsg., „Mitarbeiterentwicklung in der Internen Revision". Inhalt der Broschüre ist ein Konzept zur Gewinnung neuer Mitarbeiter sowie zur Entwicklung von Mitarbeitern zu Führungskräften für die Revision und andere Fachbereiche.

1.	**Sachbezogene Voraussetzungen**
1.1	*Fach- und Unternehmenskenntnisse*
1.1.1	Fachwissen
1.1.2	Unternehmenskenntnisse
1.1.3	DV- und Systemkenntnisse
1.1.4	Fremdsprachenkenntnisse
1.2	*Anwendungstechniken*
1.2.1	Prüfungs- und Beratungstechniken
1.2.2	Verhandlungstechniken
1.2.3	Präsentationstechniken
2.	**Personenbezogene Voraussetzungen**
2.1	*Analyse- und Denkvermögen*
2.1.1	Auffassungsgabe
2.1.2	Analytische Fähigkeiten
2.1.3	Zielorientiertes Denken
2.1.4	Kreativität
2.2	*Persönliche Anforderungen*
2.2.1	Sorgfalt und Lernbereitschaft
2.2.2	Objektivität
2.2.3	Initiative und Durchsetzungsvermögen
2.2.4	Mobilität
2.3	*Bereitschaft zur Zusammenarbeit*
2.3.1	Überzeugungsfähigkeit
2.3.2	Ausdrucks- und Darstellungsvermögen
2.3.3	Kooperationsbereitschaft
2.3.4	Sicheres und verbindliches Auftreten
2.4	*Führungsverhalten*
2.4.1	Informationsbereitschaft
2.4.2	Delegationsfähigkeit

Abbildung 32: Anforderungsprofil für Revisionsmitarbeiter

Stufe	Wissen	Können	Erkennen
I	*Überblick* Systematischer Einblick	*Fähigkeit* Zur Prüfungsdurchführung erforderliches Können	*Bewusstsein* Grundlage des Erkennens
II	*Kenntnis* Umfassendes Wissen	*Fertigkeit* Durch Prüfungen erworbenes Können	*Einsicht* Fähigkeit, Prüfungen umfassend durchzuführen
III	*Vertrautheit* Vertiefte Kenntnisse und verfügbares praktisches Wissen	*Beherrschung* Perfektes Können	*Verständnis* Fundierte, abgewogene Urteilsfähigkeit

Abbildung 33: Verfügbares Revisionswissen

herrschen und Aufträge mit zunehmendem Schwierigkeitsgrad selbständig und eigenverantwortlich abwickeln können.

„Qualifizierte Revisoren“ und „Prüfungsbereichsleiter“ müssen das Revisionswesen als Experten (Stufe III) beherrschen.

Wichtige Beurteilungskriterien vermittelt der Berufsweg, der Rückschlüsse auf Einsatzbereitschaft, Stetigkeit und fachliche Qualifikation erlaubt.

- Unternehmenskenntnisse

Prüfungsdurchführung, das Erarbeiten von Verbesserungsvorschlägen und zukunftsorientierten Gestaltungsalternativen sowie betriebswirtschaftliche Beratung erfordern umfassende Unternehmenskenntnisse. Das betrifft die Führungs- und Organisationsstrukturen, das unternehmensinterne Kontrollsystem und Risikomanagement.

- Daten- und Informationsverarbeitung

Bei dem integrierten und vernetzten Computereinsatz in sämtlichen Unternehmensbereichen sind EDV- und Systemkenntnisse eine unabdingbare Voraussetzung. Im einzelnen handelt es sich um folgende Komplexe:

- Grundbegriffe und Bestandteile des DV-Systems
- Systemanalyse
- Betriebssystem, Einsatz von Hard- und Software
- Terminals und Kommunikationsschnittstellen
- Dateiauswertungs-, Text- und Graphikprogramme

Die Ausarbeitung des Arbeitskreises „Revision bei elektronischer Datenverarbeitung“ des IIR[61] stellt ein Profil vor, das Anforderungen an Kenntnisse und Fähigkeiten für Prüffelder enthält (siehe Abbildung 34).

Die Tabelle gibt Aufschluss über die notwendigen Kenntnisse in elf Fachgebieten für dreizehn ausgewählte Prüffelder. Dabei bedeuten die angegebenen Bewertungsziffern „0“ = nicht relevant, „1“ = Grundkenntnisse, „2“ = gute Kenntnisse und „3“ = Expertenwissen.

- Fremdsprachenkenntnisse

Für die Prüfung ausländischer Tochterunternehmen und Joint Ventures sind Sprachkenntnisse Voraussetzung. Gefordert werden gute Kenntnisse in einer Weltsprache und Grundkenntnisse in einer weiteren, je nach Interessenlage der Gesellschaft.

61 IIR, Hrsg., Arbeitskreis „Revision bei elektronischer Datenverarbeitung“, 4. Aufl., Berlin 1982.

	Kenntnisse und Fähigkeiten	1.	2.	3.	4.	5.	6.	7.	8.	9.	10.	11.
1.	Prüfungsfeld	Betriebswirtschaft	Organisation	Prüfungserfahrung	Hard-/Software-Funktionen	Hard-/Software-Markterfahrung	DV-Spezialkenntnisse	Verfahrenüberblick	Operating	Sicherungsmethoden	Programmierung	Prüfsoftware
2.	Einführung	1	2	2	1	0	2	3	1	2	0	1
3.	Planung	2	3	2	1	1	1	3	0	2	1	0
4.	Detailanalyse	2	3	2	2	1	2	3	0	3	1	0
5.	Sollkonzept	3	3	2	2	2	2	3	1	3	1	0
6.	Programmierung	1	1	1	3	1	3	1	1	2	3	2
7.	Test	2	2	2	1	0	2	2	1	2	2	2
8.	Dokumentation	1	2	1	1	0	1	1	1	2	1	0
9.	Organisation	1	3	2	2	2	2	2	1	3	1	1
10.	Rechenzentrum	1	3	3	3	2	2	2	3	3	1	1
11.	Schnittstellen	2	3	2	2	0	1	3	1	1	1	0
12.	Datensicherheit	1	3	2	3	1	2	3	2	3	2	2
13.	Kosten/Leistungsverrechnung	3	2	2	2	1	1	2	1	1	1	1
14.	Computergestützte Prüfung	2	3	3	2	1	2	3	2	1	2	3

Abbildung 34: Kenntnisse bzw. Fähigkeiten eines Revisors im EDV-Bereich

- Prüfungs- und Beratungstechniken

Der Einsatz entsprechender Erhebungs-, Kontroll-, Analyse- und Darstellungstechniken sowie des Projektmanagements[62] unterstützen den Revisionserfolg. Einzelphasen hierbei sind Definition der Aufgabenstellung, Problemabgrenzung, Projektziel sowie logisches Vorgehen und optimale Projektkommunikation.

- Verhandlungs- und Präsentationstechniken

Zwischen Geprüften und Revisoren sollten partnerschaftliche Beziehungen bestehen und bei divergierenden Auffassungen eine gegenseitige Respektierung.

62 Haberfellner, R., Projektmanagement, in: HWO, 3. Aufl., Stuttgart 1992, Sp. 2090 ff.; Rinze, P., Projektmanagement, Düsseldorf 1985.

Schlüssige Argumente, Überzeugungskraft und Kooperation sind entscheidende Voraussetzungen. Dazu sollten Revisoren Inverview-, Konferenz- und Präsentationstechniken beherrschen.

- Personenbezogene Voraussetzungen betreffen:
- Auffassungsgabe und Analysefähigkeit
- Kreativität und zielorientiertes Denken
- Sorgfalt, Objektivität und Lernbereitschaft
- Initiative, Durchsetzungsvermögen und Mobilität
- Ausdrucks- und Darstellungsvermögen sowie Überzeugungskraft
- Sicheres, verbindliches Auftreten und Kooperations- und Informationsbereitschaft
- Delegationsfähigkeit

Zu den einzelnen Punkten sei ergänzend bemerkt:

- Auffassungsgabe und Analysefähigkeit

Innerhalb der zeitlich begrenzten Prüfungszeit müssen komplexe und komplizierte Sachverhalte kritisch analysiert, fachlich durchdrungen und fristgerecht abgeschlossen werden.

- Kreativität und zielorientiertes Denken

Das Erkennen von Mängeln, Schwachstellen, Fehlern und Manipulationen sowie die Ausarbeitung gestalterischer Aussagen über Systemverbesserungen erfordern Ideenreichtum und Innovationspotential. Dabei ist zielorientiert vorzugehen. Bei Verbesserungsvorschlägen sind Kosten-/Nutzengesichtspunkte zu beachten.

- Sorgfalt, Objektivität und Lernbereitschaft

Voraussetzung für fundierte Feststellungen und solide Ergebnisse sind Sorgfalt, Präzision und Objektivität.

Änderungen der inner- und außerbetrieblichen Rahmenbedingungen sind ohne die Bereitschaft zur permanenten Erweiterung und Vertiefung der Kenntnisse und gegebenenfalls auch zur Anpassung der Verhaltensweisen an neue Rahmenbedingungen nicht möglich.

- Initiative, Durchsetzungsvermögen und Mobilität

Durch seine exponierte Stellung und des dabei zu entwickelnden Engagements steht ein Revisor im Blickpunkt von Sachbearbeitern und Führungskräften der zu prüfenden Einheiten. Um Meinungsverschiedenheiten zu klären und Widerstände abzubauen, sollte er über Durchsetzungsvermögen und Biss verfügen. Revisionsarbeit in transnationalen Unternehmen bedingt wechselnde Prüfungsorte, teilweise über längere Zeiträume. Voraussetzung sind Flexibilität und Mobilität.

- Ausdrucks- und Darstellungsvermögen sowie Überzeugungskraft

Sprachliche Begabung und psychologisches Einfühlungsvermögen erleichtern die Prüfarbeit und helfen Spannungen zu minimieren. Auch komplexe Tatbestände sind präzise und allgemeinverständlich (mündlich, schriftlich und graphisch) darzustellen. Vor allem Manager erwarten prägnante Informationen.

Äußerungen über Fehler, Schwachstellen und Lücken werden von den involvierten Sachbearbeitern und Führungskräften kritisch aufgenommen. Da Revisoren keine direkte Anweisungsbefugnis haben, wird die Akzeptanz von Änderungsnotwendigkeiten durch Verhandlungsgeschick und Überzeugungsfähigkeit erleichtert.

- Auftreten und Kompromissbereitschaft

Revisoren vertreten die Interne Revision. Sie beeinflussen durch ihre Arbeit und ihr Verhalten Image und Professionalität der Abteilung.

Entscheidend sind sicheres, verbindliches Auftreten, Verschwiegenheit, Takt, Menschenkenntnis und Einfühlungsvermögen in die Mentalität der Gesprächspartner.

Zur Durchsetzung der Ziele ist eine mit den Revisionsgrundsätzen vereinbare Kompromissbereitschaft notwendig.

- Informationsbereitschaft und Delegationsfähigkeit

Revision lebt von aktuellen Informationen. Abteilungsleiter, Prüfungsbereichsleiter und Revisoren müssen zu einem offenen Gedanken- und Informationsaustausch bereit sein.

Die Delegationsfähigkeit ist eine Voraussetzung für Revisionsleiter, Prüfungsbereichsleiter und Teamleiter.

7.2 Personenbezogene Voraussetzungen

Abbildung 35 gibt Auskunft über persönliche Daten von Revisionsleitern, Prüfungsbereichsleitern und Revisoren in der Wirtschaft.

- Revisionsleiter(innen)

An Abteilungsleiter werden, wie aus Inseraten ableitbar, definierte Anforderungen bezüglich Ausbildung, Qualifikation, Berufserfahrung und Persönlichkeitsprofil gestellt. Bei neu einzustellenden Leitern werden ein Hochschul- bzw. Fachhochschulabschluss und einschlägige Berufserfahrung vorausgesetzt. Nach der Erhebung 1996 verfügen 47 % der Abteilungsleiter über einen Hochschul- und 13 % über einen Fachhochschulabschluss. Vielfach wird eine Promotion gefordert. Hoch ist der Anteil in den Wirtschaftsbereichen Bergbau (= 100 %), Investitionsgüter (= 95 %), Grundstoffe und Produktionsgüter (= 89 %) und Verkehr und Nachrichten (= 85 %).[63]

63 Nach der IIA-Erhebung 1983 verfügen in den USA 75 % der Auditors über einen Hochschulabschluss.

Lfd. Nr.	Merkmal	Revisions-leiter %	Prüfungsbe-reichsleiter %	Revisor %
1.	Vorbildung			
1.1	Hochschulabschluss	47	37	24
1.2	Fachhochschulabschluss	13	21	24
1.3	Sonstige Fachausbildung	40	42	52
		100	100	100
2.	Praktische Erfahrung			
2.1	Tätigkeit im Unternehmen	59	49	61
2.2	Interne Revision anderer Unternehmen	15	11	6
2.3	Tätigkeit in anderen Unternehmen	9	19	16
2.4	Wirtschaftsprüfung bzw. Steuerberatung	8	9	3
2.5	Ohne Vorpraxis bzw. Sonstige	9	12	14
		100	100	100
3.	Lebensalter			
3.1	über 50	38	46	23
3.2	41–50	31	21	18
3.3	31–40	29	13	20
3.4	bis 30	2	20	39
		100	100	100

Abbildung 35: Vorbildung, Berufserfahrung und Lebensalter der Revisionsmitarbeiter

38 % der Revisionsleiter sind – entsprechend der vorausgesetzten Berufs- und Lebenserfahrung – über 50 und weitere 31 % zwischen 41 und 50 Jahre alt. Mit zunehmender Unternehmensgröße steigt das Durchschnittsalter der Abteilungsleiter. Dabei ist festzustellen, dass ein Teil der Stelleninhaber erst wenige Jahre im Amt sind, nachdem 59 % von ihnen ihre berufliche Entwicklung im Unternehmen (Konzern) genommen haben. Daraus leitet sich ab, dass Personen mit Unternehmensbezug bevorzugt werden.

- Prüfungsbereichsleiter(innen)

Größere Innenrevisionen segmentieren die Abteilung und setzen Prüfungsbereichsleiter ein.

37 % der Stelleninhaber verfügen über einen Hochschul- und 21 % über einen Fachhochschulabschluss. Die Werte sind niedriger als bei den Abteilungsleitern. Innerhalb der Wirtschaftsbereiche ergeben sich Divergenzen. Beim Hochschulabschluss liegen die Werte zwischen 15 % bei Kreditinstituten und 100 % im Bergbau.

46 % der Führungskräfte nach der Leitung haben das fünfzigste Lebensjahr überschritten. Das Lebensalter weiterer 21 % liegt zwischen 41 und 50 Jahre. Von ihnen waren 49 % früher in anderen Unternehmensbereichen tätig.

Bevorzugt werden, ebenso wie bei den Revisionsleitern, Männer und Frauen mit Berufserfahrung.

- Revisor(innen)

Bei ihnen liegt der Anteil mit Hochschul- bzw. Hochschulabschluss bei jeweils 24 %. Die Prozentwerte sind niedriger als bei den Prüfungsbereichsleitern. Zwischen den drei Ebenen ergibt sich hinsichtlich der Vorbildung ein Gefälle.

Interessant ist die Tatsache, dass über die Hälfte der Revisoren sich aus Berufen rekrutieren, für die eine akademische Ausbildung nicht obligatorisch ist. Die meisten des Berufsstandes sind Quereinsteiger, die vor Eintritt in die Innenrevision eine mehrjährige, vorwiegend kaufmännische Tätigkeit (= 52 %) ausübten. Weitere Tätigkeitsfelder sind das Prüfungswesen (= 9 %) und die Informatik (= 9 %).

14 % der Revisionsmitarbeiter sind Direkteinsteiger, die als Berufsanfänger nach Abschluss des Studiums eingestellt wurden.

Revisoren und Revisionsassistenten sind tendenziell jünger. 59 % von ihnen sind unter 40 Jahre alt. Der Anteil der Mitarbeiter, die das fünfte Lebensjahrzehnt überschritten haben, liegt bei 23 %. Prüfer müssen über ausreichende Kenntnisse der Daten- und Informationsverarbeitung verfügen.[64]

7.3 Fundierung der Einstellungsentscheidung für Revisionsmitarbeiter

Einstellungsentscheidungen bilden die Initialzündung für erfolgreiche Prüfung und Beratung. Eine Revision ist so gut, wie ihre Mitarbeiter.

Ein beachtlicher Teil der Arbeitszeit des Revisionsleiters und der Prüfungsbereichsleiter wird für Führung, Einweisung, Motivierung und Dienstaufsicht absorbiert. Bei nicht ausreichend qualifizierten und engagierten Mitarbeitern, steht der dafür erforderliche administrative Aufwand in keiner angemessenen Relation zum produktiven Effekt.

Bei Neueinstellungen durch Inserate oder innerbetriebliche Stellenausschreibungen ist sicherzustellen, dass aus dem Kreis potentieller Kandidaten der „Sieger" engagiert wird.[65]

---

64 Hofmann, R., Wachsende Bedeutung der EDV-Revision in der Unternehmensüberwachung, in: ST 1992, S. 802 ff.

65 Hofmann, R., Fundierung der Einstellungsentscheidungen von Mitarbeitern für die Interne Revision, in: RCC-H, 31. Nachl., München 1991, S. 1–12; Hofmann, R., Unternehmensüberwachung, Ziff. 5.6 „Gewinnung neuer Mitarbeiter", S. 114 ff. Ferner: Petr, J. und McQuaig, D., How to Interview and Hire Productive People, Hollywood 1988.

Für jede zu besetzende Planstelle ist ein Anforderungskatalog zu entwickeln, der nicht nur den augenblicklichen Einsatz der zu engagierenden Fachkraft, sondern einen mittelfristigen Zeitraum von etwa fünf Jahren berücksichtigt.

Das Soll-Profil eines neu oder auf dem Wege einer innerbetrieblichen Stellenausschreibung einzustellenden bzw. zu übernehmenden Mitarbeiters ergibt sich aus

- der Stellenbeschreibung und
- den fachlichen und persönlichen Anforderungskriterien.

Für die Interne Revision und für das Unternehmen ist die Einstellung eines Mitarbeiters eine langfristig wirkende Personalinvestition, die in noch stärkerem Maße als Sachinvestitionen nach kritischen, objektiven und wirtschaftlichen Kriterien zu entscheiden ist.

Unternehmen sollten neben der selbstverständlichen fachlichen Eignung hohe Ansprüche an Prüfungskompetenz, Qualifikationstiefe bzw. -breite, Moral, Berufsethik, Loyalität und Integrität stellen. Mit zunehmender Distanz beim Einsatz von Revisoren zwischen der Obergesellschaft und den Beteiligungen bzw. Joint Ventures gewinnen die persönlichen Faktoren eines Mitarbeiters wegen der zwangsweise nachlassenden Kontrollintensität und Dienstaufsicht an Bedeutung.

7.4 Fort- und Weiterbildungsmaßnahmen

Die Qualifikation eines Revisors wird weniger durch die Erstausbildung geprägt. In der schnellebigen Zeit mit gravierenden Änderungen bietet selbst ein vor Jahren abgeschlossenes Studium mit Prädikatsexamen keine Gewähr für einen nachhaltigen beruflichen Erfolg. Gefragt ist eigeninitiatives Handeln und die Bereitschaft Wissenslücken zu schließen und Entwicklungsprozesse zu adaptieren.

Eine systematische Fort- und Weiterbildung ist Garant des Prüfungserfolgs und der Prüfungsqualität. Das bestätigt die Erhebung zum Stand 1996, die in Abbildung 36 dargestellt ist.

In der Rangliste steht der Informationsdurchlauf im Unternehmen an erster Position. Auch Seminare der innerbetrieblichen Ausbildung und Veranstaltungen der Revisionsinstitute. In der Schweiz hat die Weiterbildung einen höheren Stellenwert als vergleichsweise in Deutschland oder Österreich.

Nach Ansicht der Befragten haben Weiterbildungsmaßnahmen im Rahmen des eigenen Fachgebiets der Revision und Kontrolle, der Unternehmens- und Fachspezifika sowie der Daten- und Informationsverarbeitung besondere Bedeutung. In der Schweiz sowie im Konzernverbund, wo Revisoren international tätig sind, werden Weiterbildungsbedürfnisse in sprachlicher Hinsicht für wichtig eingeschätzt, während sie in regional oder lokal arbeitenden mittelständischen Unternehmen und öffentlichen Verwaltungen niedriger bewertet werden.

Einige Hinweise zu Fort- und Weiterbildungsmaßnahmen:

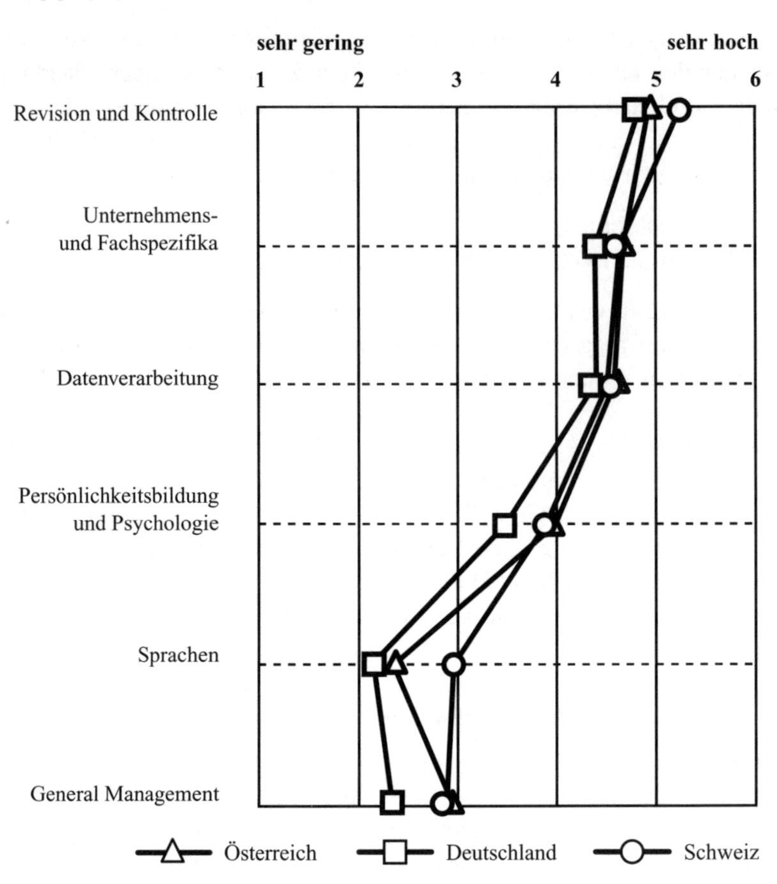

Abbildung 36: Stellenwert von Fort- und Weiterbildung

Zur Stärkung der Fachkompetenz und Erhöhung der Professionalität sind Fort- und Weiterbildungsmaßnahmen obligatorisch. Revisoren haben sich kontinuierlich über die Entwicklung von Revisionsgrundsätzen, Prüfungsverfahren und -techniken zu informieren. Instruktiv ist die Teilnahme an Veranstaltungen, Besuch von Konferenzen, Seminaren, Hochschulkursen, unternehmensinternen Schulungsprogrammen sowie Teilnahme an Forschungsprojekten.

7.4.1 Trainig „On the job"

Der Schwerpunkt der Weiterbildung vollzieht sich über die Revisionstätigkeit. Erfolge sind erreichbar, wenn Revisoren universell für Prüfungen in den unterschiedlichen Unternehmensbereichen eingesetzt werden. Mit jedem abgeschlossenen

Auftrag wachsen Betriebserfahrung und Revisionskenntnisse. Auf diesem Wege erhält ein Mitarbeiter Einblick in die Organisationsstruktur, lernt unterschiedliche Prüfungsgebiete kennen und wird mit dem Revisionsrüstzeug und dem Einsatz von Prüfsoftware und Expertensystemen vertraut.

Parallel mit der Ausbildung on the job ist es empfehlenswert, neu eingestellte Mitarbeiter zum Informationsdurchlauf in ausgewählten Abteilungen des Unternehmens oder bei Beteiligungsgesellschaften einzusetzen, beispielsweise in DV und Informatik, in der Organisation, im Controlling, in der Logistik und im Finanz- und Rechnungswesen.

Nach der IIR-Erhebung 1990 erfolgt ein Informationsdurchlauf im Unternehmen zu 34 % regelmäßig und zu 41 % fallweise.

7.4.2 Informationen und Abteilungsbesprechungen

Eine Fort- und Weiterbildungsmaßnahme sind Abteilungsbesprechungen, auf denen die Mitarbeiter mit den Entwicklungstendenzen im Unternehmen und in der Prüfungstechnik unterrichtet werden. Derartige Besprechungen werden in fixierten Intervallen oder bei Vorliegen besonderer Anlässe durchgeführt. Termine sollten so festgelegt werden, dass viele Mitarbeiter an den Besprechungen teilnehmen können.

Besprechungspunkte sind beispielsweise:

- Entwicklungstendenzen im Unternehmen bzw. Konzern (u.a. organisatorische Entwicklungen, Daten- und Informationssysteme, wirtschaftliche Entwicklungstendenzen bzw. Innovationen, Beteiligungserwerb)
- Schwerpunkte der Überwachungsaktivitäten
- Relevante Prüfungsfeststellungen und daraus zu ziehende Konsequenzen für spätere Prüfungen
- Revisionstechnik
- Entwicklung neuer Prüfungsverfahren
- Einsatz von Prüfsoftware und Expertensystemen
- Installation von Frühwarnsystemen
- Kooperation mit konkurrierenden Stellen
- Zusammenarbeit mit dem Abschlussprüfer
- Fragen des Berufsstandes
- Entwicklungen des Prüfungswesens generell

Vorträge über aktuelle Themenstellungen und Kurzreferate sind wertvolle Ergänzungen derartiger Zusammenkünfte.

Abteilungsbesprechungen erhöhen das Zusammengehörigkeitsgefühl und stärken die Abteilungsmoral. Sie sind ein Mittel der Motivation und fördern die Teamarbeit.

7.4.3 Seminare und Veranstaltungen

Es handelt sich um den Besuch von Fachseminaren, Kursen Fachtagungen, Kongressen und sonstigen Veranstaltungen, die betrieblich und außerhalb des Unternehmens durchgeführt werden.

Von den Unternehmen werden zu 34 % regelmäßig und zu 48 % von Fall zu Fall unternehmensinterne Seminare veranstaltet. Bei Vortragsveranstaltungen handelt es sich beispielsweise zu 17 % regelmäßig und zu 45 % fallweise um abteilungsinterne Tagungen. Veranstaltungen anderer Fachbereiche werden von Revisionsmitarbeitern zu 6 % regelmäßig und zu 63 % fallweise besucht.

Bei außerbetrieblichen Fachseminaren und Veranstaltungen erfolgt eine Teilnahme zu 18 % regelmäßig und zu 72 % fallweise.

Bei den Ausbildungsbereichen handelt es sich um:

- Revisions- und Kontrolltechniken
(40 % regelmäßig und 53 % fallweise)
- Daten- und Informationsverarbeitung
(25 % regelmäßig und 63 % fallweise)
- Fremdsprachen
(7 % regelmäßig und 25 % fallweise)

Die im einzelnen dafür geplante Zeit wurde durch die IIR-Erhebung 1990 wie folgt ermittelt:

Art der Veranstaltung	Bezogen auf die Arbeitszeit in %		
	bis zu 5 %	6–10 %	11–20 %
Kaufmännische Revision	78 %	18 %	4 %
Technische Revision	83 %	14 %	3 %
DV-Revision	65 %	25 %	10 %

Das Fort- und Weiterbildungsprogramm richtet sich nach den unternehmensspezifischen Gegebenheiten.

Wichtig ist, dass der Wissenszuwachs derartiger Veranstaltungen der Abteilung zugängig gemacht wird. Zweckmäßig ist es, wenn Teilnehmer ihre Erkenntnisse schriftlich fixieren und hierüber in Abteilungsbesprechungen referieren.

7.4.4 Auswerten und Dokumentation der Fachliteratur

Um die Abteilung mit neuen Erkenntnissen und Entwicklungstendenzen vertraut zu machen, sollte die Fachliteratur in den einschlägigen Fachzeitschriften systematisch ausgewertet werden. Einzuschließen sind Kommentare zu den prüfungsspezifischen Rechtsgebieten und Handbücher, soweit sie prüfungsrelevante Disziplinen betreffen.

Eine gewissenhafte und qualifizierte Berufsausübung setzt voraus, erworbenes Fachwissen in Übereinstimmung mit den Erkenntnissen der Wirtschaftswissenschaften, insbesondere der Betriebswirtschaftslehre und Technik, zu erweitern, um den fachlichen Anforderungen im Rahmen von Prüfungen, Gutachten und Beratungen entsprechen zu können.

Sinnvoll ist es, die Literaturauswertung und Dokumentation computergestützt durchzuführen.

7.5 Interne Revision, Reservoir für Führungsnachwuchs im Unternehmen

Die durchschnittliche Abteilungszugehörigkeit von sechs Jahren in Deutschland signalisiert, dass eine Tätigkeit als Revisor eine Zwischenphase im beruflichen Werdegang darstellt.[66]

Zur Realisierung einer effizienten Überwachungsfunktion benötigt die Interne Revision qualifizierte und engagierte Mitarbeiter, die bereit sind, sich neuen beruflichen Herausforderungen zu stellen. Ohne Zweifel ist Revisionstätigkeit abwechslungsreich und vielseitig mit dem Zwang permanenter Umstellung auf neue Gegebenheiten. Der universelle Einsatz als Prüfer in allen Unternehmensbereichen, im Konzern zusätzlich bei in- und ausländischen Beteiligungsgesellschaften, bietet die Möglichkeit, Managementprobleme, Fertigungsverfahren, technische Aufgabenstellungen, unterschiedliche Organisationsstrukturen, Marketingprobleme usw. kennenzulernen.

Ein Prüfer ist durch seine Sonderstellung gezwungen, sich durch Fachkenntnisse, gepaart mit psychologischem Einfühlungsvermögen, Geltung, Gehör und Respekt zu verschaffen. Dabei muss er – um nachhaltige Erfolge zu haben – die Geprüften überzeugen. Während seiner Arbeit hat er Kontakt mit Sachbearbeitern und Führungskräften aller hierarchischen Rangstufen.

Diese wenigen Hinweise verdeutlichen, dass eine Tätigkeit in der Internen Revision keine Lebensaufgabe sein sollte. Nach minimal drei- bis vierjähriger und maximal sechs- bis siebenjähriger Abteilungszugehörigkeit sollte ein Revisor für andere, seinen Fähigkeiten adäquate Aufgaben im Unternehmen eingesetzt werden. Bei einem zu langen Revisionseinsatz können sich Routine, Phlegma, Betriebsblindheit, nachlassendes Interesse und vor allem fehlender Biss einstellen.

---

66 In US-Gesellschaften ist es üblich, Mitarbeiter der Audit Departments in anderen Unternehmensbereichen einzusetzen (job rotation). Vorzugsweise handelt es sich um die Bereiche Finanz- und Rechnungswesen, Controlling, Marketing sowie um Führungspositionen im Beteiligungsbereich.

Durch eine gezielte Personalpolitik ist sicherzustellen, dass qualifizierte Revisionsmitarbeiter – das trifft natürlich auch für andere Stabsfunktionen und Aufgabenstellungen im Unternehmen zu – die sich vorbehaltlos und mit der Bereitschaft, überdurchschnittliche Leistungen zu erbringen, eingesetzt und weitergebildet haben, bei der Besetzung von Nachwuchs- und Führungsaufgaben bevorzugt werden.

Wenn das Service-Center zugleich ein Ausbildungsstätte ist, wird es der Internen Revision bzw. Konzernrevision leichter fallen, qualifizierte Mitarbeiter mit Führungspotential und hoher Berufsmoral zu finden. Dann ist die Revisionsfunktion für kreative Mitarbeiter attraktiv und erfüllt zugleich eine wichtige unternehmerische Aufgabe der Nachwuchsschulung. Im Unternehmen, insbesondere in multinational operierenden Konzernen, besteht ständig ein Bedarf an dynamischen und fachlich versierten Nachwuchskräften, die ihre Erfahrungen in der Internen Revision abgerundet haben.

Um den geeignetsten Kandidaten für eine zu besetzende Position im Unternehmen bestimmen zu können, sind die Leistungen der Revisoren – in Abstimmung mit der Personalabteilung – in zeitlichen Intervallen objektiv zu bewerten. In Beurteilungsgesprächen sollte der Revisionsleiter die Stärken und Schwächen des Mitarbeiters herauszustellen und durch konstruktive Hinweise die fachliche und persönliche Entwicklung fördern.

Die Ergebnisse der Gespräche sind zu dokumentieren und Bestandteil der Personalakte.

8. Berufsstand und Berufsgrundsätze

Im Verlaufe der wirtschaftlichen Entwicklung organisierten sich externe Prüforgane relativ früh. Das belegen Daten aus Großbritannien, Deutschland und den USA.[67]

- United Kingdom

1173 wurde die Revision der königlichen Guthaben durch das Finanzministerium festgelegt. In der Zeit von 1861 bis 1880 wurden Revisionsgesellschaften und Revisionsinstitute in Edinburgh, Glasgow und London gegründet.[68]

- Deutschland

Die Gründung von Treuhandgesellschaften erfolgte im Jahre 1880. 1896 entstand der Verband der Berliner Bücherrevisoren, der 1919 zum Verband Deutscher Bücherrevisoren erweitert wurde. Treuhandgesellschaften bildeten 1930 die Arbeitsgemeinschaft für das Treuhandwesen.[69]

- USA

Unter dem Einfluss britischer Accountants entstanden 1883 die ersten Revisionsfirmen in New York und Boston. Die American Association of Public Accountants (AAPA) wurde 1887 gegründet und 1916 in American Institute of Accountants (AIA) umbenannt. 1921 erfolgte die Gründung der American Society of CPAs. Beide Institute fusionierten 1936 zum American Institute of CPAs (AICPA).[70]

Im Vergleich dazu schlossen sich Innenrevisoren relativ spät zusammen, obwohl Unternehmen bereits im vorigen Jahrhundert Revisionsabteilungen unterhielten.[71] Und zwar:

---

67 Revision (Überwachung) entspricht einem elementaren Bedürfnis. Jede Entwicklungsphase entwickelte entsprechend den zur Diskussion stehenden Ressourcen spezifische Aufzeichnungs-, Kontroll- und Überwachungsmethoden. Die ältesten nachgewiesenen archäologischen Funde in Form von Tontafeln mit Kontrollmerkmalen stammen von den Sumerern aus der Zeit um 3000 v. Chr. Entscheidende Revisionsimpulse brachte die Entwicklung der Buchhaltung. Bekannt sind Aufzeichnungen aus Italien (1250 Handelsbücher und 1340 Aufzeichnungen in Genua in Form der doppelten Buchhaltung). In Deutschland finden sich um 1300 in Nürnberg Aufzeichnungen in Form von Handelsbüchern. Die erste gedruckte Darstellung über die doppelte Buchhaltung erschien 1494 von Luca Paciolo.

68 Forrester, D.A.R. und Fraser, I.A.M., Wirtschaftsprüfung im United Kingdom, Irland und Commonwealth, in: HWRev., 2. Aufl., Stuttgart 1992, Sp. 2321 ff.

69 Brönner, H., Geschichte der Revision, in: HWRev., 2. Aufl., Stuttgart 1992, Sp. 663 ff.

70 Schoenfeld, H.M.W., Wirtschaftsprüfung, USA, in: HWRev., 2. Aufl., Stuttgart 1992, SP. 2330 ff.

71 Die Firma Fried. Krupp Gußstahlfabrik in Essen erließ 1875 eine Geschäftsordnung für ihre unternehmensinterne Revision.

- 1941 in dem in USA gegründeten Institute of Internal Auditors Inc. (IIA).[72]
- In Deutschland vertritt das 1958 gegründete Deutsche Institut für Interne Revision e. V. (IIR) den Berufsstand der internen Revisoren.[73]

Das ist darauf zurückzuführen, dass Interne Revision als systematisch und intensiv betriebenes Spezialgebiet der Betriebswirtschaftslehre sich erst gegen Mitte dieses Jahrhunderts entwickelte[74]

8.1 Revisionsinstitute

Gegenstand dieses Gliederungspunktes sind das amerikanische und deutsche Revisionsinstitut. Vorgestellt werden ferner die in der European Confederation of Institutes of Internal Auditors (ECIIA) zusammengeschlossenen Revisionsinstitute.

8.1.1 USA

Der größte Berufsstand der Internal Auditors ist das IIA Inc., eine internationale Vereinigung, die in 180 Chaptern, Revisionsclubs und nationalen Instituten mehr als 60.000 Mitglieder vertritt. Davon entfallen ein Drittel auf Länder außerhalb der USA und Kanada.

Organisatorisch ist das Institut in Abteilungen untergliedert, die folgende Aufgabenstellung wahrnehmen:

- Member Services

(Beziehungen zu den Mitgliedern weltweit)

- Education

(Seminare, Konferenzen, Tagungen usw.)

- Research and Development

(Revisionsforschung, Entwicklung von Revisionsstandards, Veröffentlichungen und computergestützte Prüfungsverfahren sowie Expertensysteme)

72 Hofmann, R., Institute of Internal Auditors – Bedeutung für den Berufsstand und Publikationen, in: ZIR 1988, S. 49ff.

73 Hofmann, R., Das Institut für Interne Revision e. V. in der Bundesrepublik Deutschland, in: RCC-H, 11. Nachl., Ziff. 4.1, München 1985, S. 1–11; Hohloch, W., Interne Revision, Berufsverbände, in: HWRev., 2. Aufl., Stuttgart 1992, SP. 684ff.

74 In den 50er Jahren war der Begriff „Interne Revision" in den einschlägigen wirtschaftlichen Nachschlagewerken nicht enthalten. Auch die Jahresabschlussprüfer ignorierten die Existenz der unternehmensinternen Revision. So ist beispielsweise im Taschenbuch für den Betriebswirt 1954 und im Wirtschaftsprüfer-Handbuch 1954 das Stichwort „Interne Revision" nicht aufgeführt. Selbst im Wirtschaftsprüfer-Handbuch 1992, Bd. I, beschränken sich die Ausführungen zur Internen Revision lediglich auf ein kurzes Statement.

- Communication

(Zeitschrift „The Internal Auditor", Hausdruckerei, Öffentlichkeitsarbeit)

- Certification

(Examen sowie Aus- und Weiterbildungsprogramme)

- Quality Assurance

(Überwachung der Prüfung von Internal Audit Departments, die sich dem Qualitätsstandardprogramm angeschlossen haben und durch unabhängige Prüfer geprüft werden.)

- Finance

(Rechnungswesen, Versicherungen, Verwaltung, EDV)

Für seine Mitglieder bestehen verbindliche Vorschriften, u.a. über:[75]

- Statement of Responsibilities for Internal Auditors (Verlautbarung zu den Aufgaben der Internen Revision)
- Code of Ethics (Grundsätze der Berufsethik)
- Standards for the Professional Practice of Internal Auditing (Grundsätze für die berufliche Praxis der Internen Revision)
- Statements on Internal Auditing Standards (Verlautbarungen zu den Grundsätzen der Internen Revision)
- Professional Standards Practice Release (Veröffentlichung zum berufsspezifischen Einsatz der Standards)

Die vom IIA erlassenen Richtlinien haben auch für den Berufsstand der CPAs Bedeutung. Sie ermöglichen eine Beurteilung der internen Revisoren und damit auch der Internal Control der Gesellschaften.

Die Professional Standards des IIA schreiben eine Fort- und Weiterbildung zur Aufrechterhaltung und Erweiterung des Wissensstandes der Internal Auditors vor. Das in diesem Zusammenhang entwickelte „Continuing Professional Development Program" (CPD) schreibt folgende weiterbildende Maßnahmen vor:

- Teilnahme an Revisionsveranstaltungen und Seminaren
- Ausbildungsfunktionen
- Veröffentlichen auf dem Gebiet des Prüfungswesens
- Vorträge auf Revisionsveranstaltungen

75 IIA, Hrsg., Standards for the Professional Practice of Internal Auditing, Altamonte Springs, Fl. 1997. Siehe hierzu IIR, Hrsg., Grundsätze für die berufliche Praxis der Internen Revision, Frankfurt/Main 1998.

Das IIA arbeitet nach dem Leitspruch: „Progress Through Sharing". Die Basis hierzu sind ein berufliches Rüstzeug, fachliche Weiterbildung, Berufspflichten und professionelle Standards.

Das Institut veröffentlicht Mitteilung an die Mitglieder und die Zeitschrift „The Internal Auditor".

8.1.2 Deutschland

Das IIR, eine gemeinnütziger Verein zur wissenschaftlichen und praktischen Förderung der Internen Revision, vertritt über 1.000 Mitglieder, von denen 40 % fördernde (Unternehmen, Wirtschaftsverbände und betriebswirtschaftliche Institute bzw. Vereine) und 60 % ordentliche (Personen) Mitglieder sind.

Satzungsgemäße Aufgaben des IIR sind:

- Informationen über und wissenschaftliche Forschung auf dem Gebiet der Internen Revision
- Entwicklung von Revisionsgrundsätzen und Revisionsmethoden
- Fort- und Weiterbildung interner Revisoren(innen)
- Pflege von Kontakten und Beziehungen zur Praxis und Wissenschaft

Schwerpunkte der Institutsarbeit bilden:[76]

- Arbeitskreise

Revisionsleiter und Revisoren erarbeiten in Arbeitskreisen Arbeitsanweisungen, Prüfungsfragebogen und Checklisten sowie sonstige Expertisen über das Fachgebiet. Die Arbeiten werden durch das Institut veröffentlicht.

- Erfahrungsaustausch

In Intervallen führt das IIR Erfahrungsaustauschtage durch. Gegenstand sind aktuelle Fragen und Probleme der Innenrevision.

- Fort- und Weiterbildung

Angeboten wird ein Seminarprogramm.

- Jahrestagungen und Kongresse

Sie informieren über Aufgaben, Bedeutung und Stellenwert der Internen Revision.

- Forschungsprojekte

Es handelt sich um institutsinterne und geförderte fremde Forschungsvorhaben, die die Entwicklung der Internen Revision zum Gegenstand haben.

---

76 IIR, Hrsg., Das Deutsche Institut für Interne Revision e.V. (Informationsbroschüre), Frankfurt/Main o.J.

- Nationale und internationale Zusammenarbeit mit internen und externen Revisionsinstituten
- Veröffentlichungen

Zeitschrift für Interne Revision (ZIR) und IIR-Schriftenreihe.

Das IIR unterhält – neben zahlreichen Kontakten zu Instituten – eine fachliche Zusammenarbeit mit der Arbeitsgemeinschaft Interne Revision (ARGE IR) in Österreich und dem Schweizerischen Verband für Interne Revision (SVRI). Darüber hinaus ist das IIR Mitglied des Institute of Internal Auditors (IIA) und der European Confederation of Institutes of Internal Auditing (ECIIA).

Ab 1998 besteht die Möglichkeit, das vom IIA entwickelte CIA-Examen beim IIR in deutscher Sprache abzulegen und den Titel zu erwerben.[77] Die Kandidaten haben sich durch Unterschrift zu verpflichten, dass sie den „IIA Code of Ethics" akzeptieren.

8.1.3 Europa (ECIIA)

Im Jahre 1982 wurde die Interessengemeinschaft „European Confederation of Instituts of Internal Auditing" von nationalen Instituten bzw. Chapters des IIA Inc., wie United Kingdom, Benelux, Skandinavien und Israel, gegründet. Das IIR und die ARGE IR schlossen sich der ECIIA relativ früh an.

Zum derzeitigen Stand sind die in Abbildung 37 zusammengefassten Revisionsinstitute aus sechsundzwanzig Ländern Mitglied der ECIIA, die mit dem IIA kooperiert.[78]

Die Mitglieder der im ECIIA zusammengeschlossenen Revisionsinstitute haben die Möglichkeit, das CIA-Examen abzulegen.

---

77 IIA, Hrsg., Die Ausbildung zum Certified Internal Auditor (Informationsborschüre), Frankfurt/Main o.J.

78 Literaturhinweise zu Instituten einzelner europäischer Länder: Breycha, I. und Tilly, C. Wirtschaftsprüfung in Dänemark, in: HWRev., 2. Aufl., Stuttgart 1992, Sp. 2210 ff.; Breycha, I. und Sigurdsson, K., Wirtschaftsprüfung in Norwegen, in: HWRev., 2. Aufl., Stuttgart 1992, Sp. 2284 ff.; Breycha, O. und Schwerin v., K., Wirtschaftsprüfung in Schweden, in: HWRev., 2. Aufl., Stuttgart 1992, Sp. 2299 ff.; Guggisberger, W., Gründung des Schweizerischen Verbandes für Interne Revision, in: ST 9/1980, S. 46 ff.; Helbling, C., Wirtschaftsprüfung in der Schweiz, in: HWRev., 2. Aufl., Stuttgart 1992, Sp. 2304 ff.; Hofmann, R. Interne Revision in Österreich – Untersuchungsergebnisse der Arbeitsgemeinschaft Interne Revision aus den Jahren 1973 und 1983, in: ZIR 3/1984, S. 129 ff.; Hofmann, R., Berufsorganisation und Qualifikation externer und interner Prüforgane sowie verwandter Berufe in Europa und in den USA, in: DB 1989, S. 637 ff.

Lfd. Nr.	Land	Institut	Stadt
1	Austria	Arbeitsgemeinschaft Interne Revision (ARGE IR)	Wien
2	Belgium	Institute of Internal Auditors – Belgium	Antwerpen
3	Croatia	Croatian Association of Accountants and Financial Experts – Section of Internal Auditors	Zagreb
4	Czech Republic	Czech Institute of Internal Auditors	Prag
5	Denmark	Institute of Internal Auditors – Denmark	Kopenhagen
6	Finnland	Institute of Internal Auditors – Finland	Helsinki
7	France	Institut Francais de l'Audit et du Contrôle Internes (IFACI)	Paris
8	Germany	Deutsches Institut für Interne Revision e.V. (IIR)	Frankfurt/Main
9	Greece	Hellenic Institute of Internal Auditors	Athen
10	Hungary	Institute of Internal Auditors – Hungary	Budapest
11	Israel	Institute of Internal Auditors – Israel	Tel-Aviv
12	Italy	Associazione Italiana Internal Auditors	Mailand
13	Luxembourg	Institut des Auditeurs-Conseil Internes (IACI)	Luxembourg
14	Morocco	Institute of Internal Auditors – Morocco (AMACI)	Casablanca
15	Netherlands	Institute of Internal Auditors – Netherlands	Amsterdam
16	Norway	Institute of Internal Auditors – Norway	Oslo
17	Poland	Institute of Internal Auditors – Poland	Warschau
18	Portugal	Instituto Portugues de Auditores Internos (IPAI)	Lissabon
19	Slovak Republic	Slovak Institute of Internal Auditors	Bratislava
20	Slovenia	Slovenski Institut zu Revizijo	Ljubljana
21	Spain	Instituto de Auditores Internos de España	Madrid
22	Sweden	Internrevisorernas Förening	Stockholm
23	Switzerland	Schweizersicher Verband für Interne Revision (SVIR)	Zürich
24	Tunisia	Institute of Internal Auditors – Tunesia (ATAI)	Tunis
25	Turkey	Institute of Internal Auditing – Turkey	Istanbul
26	United Kingdom	Institute of Internal Auditors – United Kingdom & Ireland	London

Abbildung 37: Mitglieder des ECIIA

8.2 Vergleichbare Berufsstände

Verglichen werden Prüforgane; in Deutschland der Berufsstand der Wirtschaftsprüfer und vereidigten Buchprüfer und in den USA Certified Public Acconntant. Stellvertretend für die Interne Revision ist der Certified Internal Auditor in die Betrachtung einbezogen.

Instruktive Daten der Berufsstände enthält Abbildung 38.

Gegenübergestellt sind im einzelnen:

- Examen und Erfolgsquote
- Zulassungsvoraussetzungen und Prüfungsfächer
- Prüfungsumfang und Prüfungsinstanz
- Bestellung und Berufsrecht
- Fort- und Weiterbildung

8.2.1 Deutschland

Der mit Einführung der gesetzlich vorgeschriebenen Jahresabschlussprüfung 1931 geschaffene Berufsstand der Abschlussprüfer umfasst weit über 8.000 öffentlich bestellte und zur eigenverantwortlichen Berufsausübung verpflichtete WP, die durch das Institut der Wirtschaftsprüfer in Deutschland e.V. (IdW) vertreten werden. Das IdW ist aus dem Institut für das Revisions- und Treuhandwesen hervorgegangen und erhielt 1954 seine derzeitige Bezeichnung.[79]

Aufgabenstellung des IdW sind:

- Fachliche Förderung der Berufsangehörigen
- Grundsätze für die unabhängige, eigenverantwortliche und fachgerechte Berufsausübung sowie Sicherstellung deren Einhaltung
- Gutachterliche Stellungnahmen zu Berufsfragen
- Information der Mitglieder

Das WP-Examen ist nach § 1 WPO eine auf die Berufsarbeit abgestellte Verständnisprüfung. Entsprechend dieser Aufgabenstellung sind die Zulassungsvoraussetzungen, Art und Auswahl des Prüfungsstoffes und Prüfungsverfahrens.

Zulassungsvoraussetzungen sind nach § 8 WPO ein abgeschlossenes betriebswirtschaftliches, juristisches, technisches oder landwirtschaftliches Studium. Falls diese Voraussetzung nicht gegeben ist, muss eine mindestens zehnjährige Tätigkeit als Mitarbeiter einer WP bzw. WPG nachgewiesen werden. Bei einem Fachhochschulstudienabschluss können höchstens vier Jahre des Studiums angerechnet wer-

79 Ordentliche Mitglieder des IdW können WP und WPG sein. Ferner ehemalige WP, vBP, WPG sowie die gesetzlichen Vertreter von WPG, die nicht WP sind. Die Mitgliedschaft ist freiwillig. Über 90 % der Angehörigen des Berufsstandes sind Mitglieder.

Lfd. Nr.	Berufsstand	WP	vBP	CPA	CIA
1.	Institut	IdW/WPK	IdW/BVB	AICPA	IIA
2.	Examen • seit • Erfolgsquote	 1931 60 %	 1986 65 %	 1916 25 %	 1974 40 %
3.	Voraus-setzungen	• Hochschulstudium • 10 Jahre bei WP • 5 Jahre Tätigkeit, davon 4 bei WP	• 5 Jahre als StB oder RA • 3 Jahre Prüfungstätigkeit	• Mindestalter 24 Jahre • Bachelor • praktische Tätigkeit (1 bis zu 6 Jahren – je nach Bundesstaat)	• Referenzen • Ehrenkodex IIA • Bachelor • praktische Tätigkeit von 2 Jahren
4.	Prüfungsfächer	• Prüfungswesen • BWL und VWL • Wirtschaftsrecht • Steuern	• Prüfungswesen • BWL • Wirtschafts-recht (GmbH) • Berufsrecht (WP)	• Prüfungswesen • Rechnungswesen • Steuern • Recht	• Grundsätze IR • Grundsätze des Managements • Rechnungs-wesen und Finanzen • VWL
5.	Prüfungs-umfang	7 Aufsichtsarbeiten von jeweils 4 bis 6 Stunden Bei StB entfallen die 2 Steuerklausuren	4 Aufsichtsarbeiten von jeweils 4 bis 6 Stunden (Vollprüfung)	5 Aufsichtsarbeiten von insgesamt 17,5 Stunden	4 Aufsichts-arbeiten von insgesamt 14 Stunden
6.	Prüfungs-instanz	Oberste Landesbehörde		AICPA	IIA
7.	Bestellung	Oberste Landesbehörde (Titel an Berufsausübung gebunden)		(Titel auch ohne Berufsausübung)	
8.	Berufsrecht	Berufseide und Berufsrecht		Rules of Conduct	Code of Ethics
9.	Fort- und Weiterbildung	Voraussetzung zur Erhaltung des Berufsstandards			

Abbildung 38: Vergleichsdaten ausgewählter Berufsstände

den. Ferner wird eine fünfjährige Tätigkeit im Wirtschaftsleben gefordert, von denen wenigstens vier Jahre als Prüfungstätigkeit abgeleistet sein müssen.

Das WP-Examen mit den Zulassungsvoraussetzungen und dem umfangreichen Stoffgebiet besteht nach § 5 PrüfOWP aus einem schriftlichen und mündlichen

Teil. Die schriftliche Prüfung (Vollprüfung) besteht aus 7 vier- bis sechsstündigen Aufsichtsarbeiten (2 aus dem Gebiet des Prüfungswesens, 2 über Betriebs- und Volkswirtschaft, 1 aus dem Wirtschaftsrecht und 2 aus dem Steuerrecht). Bewerber, die StB sind, können das WP-Examen in verkürzter Form ablegen. Bei ihnen entfallen die Aufsichtsarbeiten im Steuerrecht.

Die mündliche Prüfung dauert eine Stunde. Sie beginnt mit einem Kurzvortrag von etwa 10 Minuten über die Berufsarbeit des WP. Im Anschluss daran folgen weitere Prüfungsfragen.

Zugelassene Bewerber legen die WP-Prüfung vor dem Prüfungsausschuss ab, der von der obersten Landesbehörde eingerichtet wird. Dem Prüfungsausschuss gehören 8 Mitglieder an, die von der obersten Landesbehörde i.d.R. für die Dauer von 3 Jahren berufen werden. Die Erfolgsquote liegt bei durchschnittlich 60 %.

Nach bestandener Prüfung wird der Bewerber auf Antrag von der zuständigen obersten Landesbehörde des Landes, in dem er seine berufliche Niederlassung oder seine berufliche Tätigkeit ausüben will, durch Aushändigung einer Urkunde als WP öffentlich bestellt. Zuvor hat er den Berufseid zu leisten. Damit unterliegt er dem Berufsgesetz.[80]

Zur Sicherstellung des Berufsstandards ist ständige Fort- und Weiterbildung erforderlich.

Wirtschaftsprüfer entwickelten sich aus dem Berufsstand der Bücherrevisoren.[81]

Durch das BiRiLiG 1985 wurde 1986 der Beruf des vereidigten Buchprüfers wieder eröffnet mit einer Prüfungsberechtigung für mittelgroße GmbH gemäß § 267 Abs. 3 HGB.

Zulassungsvoraussetzungen sind eine fünfjährige Tätigkeit als StB oder RA und eine dreijährige Prüfungstätigkeit.

Die Vollprüfung besteht aus 4 Aufsichtsarbeiten von jeweils vier bis sechs Stunden aus den Prüfungsgebieten Prüfungswesen, Betriebswirtschaftslehre, Wirtschaftsrecht der GmbH und Berufsrecht der WP. Im Anschluss daran folgt eine mündliche Prüfung.

---

80 Buchner, W., Wirtschaftsprüfer, Beruf und Berufsstand, Herne, Berlin 1985; Hulle van, K., Wirtschaftsprüfung, EG, in: HWRev., 2. Aufl., Stuttgart 1992, Sp. 2226ff.; Kaminski, H., Wirtschaftsprüfung, Deutschland, in: HWRev., 2. Aufl., Stuttgart 1992, Sp. 2214ff.; WPK, Hrsg., Der Wirtschaftsprüferberuf. Eine Information für den Berufsnachwuchs, Düsseldorf 1988.

81 Nach Einführung der Pflichtprüfung hatten lediglich WP das Recht, Jahresabschlüsse von AG zu prüfen. Dadurch entwickelte sich die Anzahl der vBP rückläufig, von 1.683 in 1945 auf 79 in 1986. Aus diesem Grund wurde der Zugang zum Berufsstand geschlossen. Im Wege einer 1969 auslaufenden Übergangsregelung hatten vBP die Möglichkeit, auf dem Wege einer einfachen Prüfung zum WP bestellt zu werden.

Zugelassene Bewerber legen die Prüfung vor dem Prüfungsausschuss ab, der von der zuständigen obersten Landesbehörde eingerichtet wird. Die Erfolgsquote liegt bei durchschnittlich 65 %.[82]

Nach bestandener Prüfung erfolgt das beim WP beschriebene Verfahren.

Die Anforderungen an die fachliche Qualifikation sind beim vBP geringer als beim WP.

Für den Berufsstand gelten die Fachgutachten des IdW als Verfahrensgrundsätze, nach denen vBP Jahresabschlussprüfungen durchzuführen und darüber zu entscheiden haben.

8.2.2 USA

Bedeutung und Einfluss des AICPA werden durch mehr als eine Viertel Millionen Mitglieder dokumentiert. Über die Hälfte sind im Prüferberuf tätig. Die Mitgliedschaft ist, ebenso wie beim IdW, freiwillig. Ergänzend sei erwähnt, dass die tatsächliche Anzahl der CPAs in den USA die 300.000-Grenze weit überschritten hat.

Seit dem Jahr 1916 wird das CPA-Examen durchgeführt. Die Zulassungsvoraussetzungen werden von den State Boards of Accounting festgelegt und sind unterschiedlich. Das vorgeschriebene Mindestalter differiert (von 18 bis zu 24 Jahren). Ebenso heterogen ist die geforderte Ausbildung. Überwiegend wird ein akademischer Batchelor-Grad vorausgesetzt. Die erforderlich praktische Tätigkeit variiert von einem bis zu sechs Jahren.

Gefordert werden 5 Aufsichtsarbeiten von insgesamt 17,5 Stunden. Sie umfassen die Prüfungsgebiete Prüfungswesen, Rechnungswesen, Steuern und Recht. Der Titel ist nicht an die Berufsausübung gebunden.

CPAs unterliegen den Rules of Conduct. Die Fort- und Weiterbildung hat einen hohen Stellenwert. Jährlich sind 40 Stunden oder 120 Stunden im Dreijahresrhythmus nachzuweisen. Eine Vernachlässigung der Weiterbildung kann zum Entzug der Lizenz führen.[83]

Die geringe Erfolgsquote von durchschnittlich 25 % ist sicherlich eine Folge der uneinheitlichen Zulassungsvoraussetzungen. Danach können Hochschulabsolventen mit einem Minimum an Berufserfahrung das CPA-Examen ablegen. Gute Chancen für ein erfolgreiches Bestehen haben Kandidaten, die nach Vorliegen der Zulassungsvoraussetzungen und ohne Zeit- und theoretischen Wissensverlust sich für das Examen anmelden.

---

82 Prüfungsordnung der vereidigten Buchprüfer vom 16. Juni 1989, BGBl. I, S. 904.

83 Cansey, Duties and Liabilities of Public Accountants, Homewood, Ill. 1980; Havermann, H., Wirtschaftsprüfung in den USA, in: Rechnungslegung, Prüfung, Wirtschaftsrecht und Steuern in den USA, Wiesbaden 1989, S. 123ff.

Auch das bedeutendste Institut der Internen Revision mit um 60.000 Mitgliedern weltweit befindet sich in den USA.

Mit Einführung des CIA-Examens in 1974 und dem Code of Ethics in 1978 passte das IIA die fachlichen Voraussetzungen der Internal Auditors den Certified Public Accountants an.

Die Zulassungsvoraussetzungen sowohl zum CIA- als auch zum CPA-Examen setzen ein relativ junges Mindestalter, eine analog definierte fachliche Qualifikation und ein Minimum an Berufserfahrung voraus. Der Konzeption nach sind beide akademisch orientierte Prüfungen.

Bewerber, die das CIA-Examen ablegen wollen, müssen ihre charakterliche Befähigung nachweisen und sich schriftlich zum Ehrenkodex des IIA verpflichten. Voraussetzung ist ferner ein Batchelor-Grad einer Universität oder eines Kollegs in den USA bzw. Kanada und eine zweijährige praktische Tätigkeit.

Gefordert werden 4 Aufsichtsarbeiten von insgesamt 14 Stunden in den Fächern Grundsätze der Internen Revision und des Managements, Rechnungswesen und Finanzen sowie Volkswirtschaftslehre. Die Entscheidung über die Zulassung und Prüfungsdurchführung liegen beim IIA.

Die Erfolgsquote des Examens liegt bei durchschnittlich 40 %.[84]

8.2.3 Qualifikationsvergleich zwischen den Berufsständen

Das WP-Examen mit den selektiven Zulassungsvoraussetzungen und dem umfangreichen Stoffgebiet ist eine anspruchsvolle Berufsprüfung. Der 1931 geschaffene Berufsstand der WP, die gesetzlich vorgeschriebene Abschlussprüfung und die relativ geringe Anzahl der Berufsangehörigen, führte zu einem hohen Professionalisierungsstandard. Das trifft auch, mit Modifikationen, für den Berufsstand der vBP zu, die Mitglied der WPK mit allen Rechten und Pflichten sind (§ 128 WPO).[85]

Die Voraussetzungen für die Erstellung des Jahresabschlusses und seine Prüfung sind in Deutschland gesetzlich kodifiziert.

Den Anstoß zur Einrichtung qualifizierter Kontrollmechanismen in den USA gaben das Federal Reserve Board im Jahre 1917 und die Weltwirtschaftskrise, ausgelöst durch den Zusammenbruch der New Yorker Börse im Oktober 1929. Entscheidenden Anteil an der Entwicklung der Überwachung hat das AICPA.

Wegen fehlender gesetzlicher Regelungen zur Rechnungslegung und Jahresabschlussprüfung in den Vereinigten Staaten entwickelte das AICPA für den Berufs-

84 Bei Einführung des CIA-Examens erhielten 7.000 qualifizierte Internal Auditors den Titel ohne Prüfung. Dies führte zu einer schnellen Akzeptanz des CIA in der amerikanischen und kanadischen Wirtschaft.

85 Die Anforderungen an die fachliche Qualifikation sind beim vBP niedriger als beim WP. Das kommt in der Beschränkung der Abschlussprüfung auf mittelgroße GmbH zum Ausdruck.

stand der CPAs eigenständige Richtlinien und Berufsgrundsätze.[86] Seit 1933 nimmt die SEC als Organ der Bundesregierung Einfluss auf die „Generally accepted auditing standards“ (GAAS), für deren Anpassung an sich ändernde Voraussetzungen das AICPA zuständig ist.

Ein beachtlicher Unterschied zwischen den Berufsständen WP und CPA liegt darin, dass in den USA Universitätsabsolventen ohne ausreichende praktische Berufs- und Prüfungserfahrung das Examen ablegen können, während in Deutschland umfassende Prüfungserfahrung Zulassungsvoraussetzung ist.

In Amerika kann die Lizenz mit Anfang 20 erworben werden, während in Deutschland dieses Ziel nicht vor Anfang des 30. Lebensjahres realisierbar ist. Meist sind die Kandidaten älter.

WP sind nicht vergleichbar mit CPAs, allenfalls mit den Partnern von US-Prüfungsgesellschaften. Um Partner zu werden, benötigt ein CPA eine zehn- bis zwölfjährige Berufserfahrung.

Während ein WP – von Ausnahmen abgesehen – nicht in die „freie Wirtschaft“ wechselt und seinen Titel aufgibt, ist die Fluktuation im amerikanischen Berufsstand unterhalb der Partnerebene die Regel. Das erklärt sich aus dem Tatbestand, dass ein CPA auch bei Ausübung einer berufsfremden Tätigkeit seinen Titel behält.

Wie Abbildung 38 verdeutlicht, sind CIAs mit CPAs aufgrund der Vorbildung, der Zulassungsvoraussetzungen und des Examensumfang vergleichbar. Diese Annäherung wird auch dadurch erreicht, dass das Audit Committee für die Koordinierung und Objektivierung der Aufgaben beider Prüforgane zuständig ist.

Mit Einführung des CIA-Examens und den intensiven Bemühungen des IIA werden an amerikanischen Hochschulen Lehrstühle für Interne Revision eingerichtet, die dieses Spezialgebiet im Rahmen der Fachrichtung Betriebswirtschaft als Pflichtfach führen.[87]

Ein Indiz für die Akzeptanz des CIA-Berufsstandes und das positive Image ist die Tatsache, dass amerikanische Regierungsstellen bemüht sind, die Internal Audit Departments in die Rechenschaftslegung und finanzielle Berichterstattung der Unternehmen zu integrieren.[88]

---

86 Hofmann, R., Prüforgane in den USA und in der Bundesrepublik Deutschland sowie sich wandelnde Zuständigkeiten der Internal Auditors in den Vereinigten Staaten im Zusammenhang mit der externen Berichterstattung der Unternehmen, in: ZIR 2 u. 4/1990, S. 98 ff. u. S. 209 ff.; Sonnemann, E., auch Hrsg., Institutionelle Grundlagen der externen Rechnungslegung in den USA, in: Rechnungslegung, Prüfung, Wirtschaftsrecht und Steuern in den USA, Wiesbaden 1989, S. 1 ff.

87 Im amerikanischen Universitätsbereich wird Interne Revision an mehr als 40 Fakultäten als Spezialgebiet angeboten, wobei in den USA – im Gegensatz zu Deutschland – die Lehrer praxisorientiert ist. Die Zahl der Studenten, die sich für das CIA-Examen entscheiden, weist eine steigende Tendenz auf. Ergänzend sei bemerkt, dass Fachleute des Prüfungs- und Rechnungswesens bestrebt sind, beide Titel (CPA und CIA) zu erwerben.

88 Wyden, R., US-Congress looks at Internal Auditors, in: IA 10/1987, S. 4 ff.

8.2.4 Image der Internen Revision

Das Image eines Berufsstandes steht, wie die internen Revisoren in den USA und in der Schweiz dokumentieren, in einem interdependenten Zusammenhang mit der Fachqualifikation. Deren Beurteilbarkeit durch Unternehmen, Wirtschaft und Öffentlichkeit wird objektiviert durch ein Berufsexamen mit definierten Zulassungsvoraussetzungen und Prüfungsanforderungen.[89]

Für Deutschland wurde das auf amerikanische Verhältnisse abgestimmte CIA-Examen den landesspezifischen Gegebenheiten angepasst. Die Zulassungsvoraussetzung (analog zu USA und Kanada) ist grundsätzlich ein Fachhochschul- oder Hochschulabschluss. Vorausgesetzt wird eine mindestens zweijährige Berufserfahrung in der Internen Revision bzw. Praxis in Prüfungs- oder Assessmentfunktionen einschließlich externer Prüfungen, Quality Assurance, Internal Control System (IKS) sowie EDV-Prüfung. Das Examen kann auch vor der entsprechenden Berufserfahrung abgelegt werden. In derartigen Fällen wird das CIA-Zertifikat bei Nachweis der Berufspraxis verliehen.

Im Gegensatz zu den USA und Kanada werden Berufsbild, Professionalität und Image der Internen Revisoren in Deutschland von den Hochschulen, der Wirtschaft und Öffentlichkeit kaum zur Kenntnis genommen.

An einer Reihe wirtschaftswissenschaftlicher Fakultäten von Universitäten und Fachhochschulen besteht zwar die Möglichkeit, im Rahmen der speziellen Betriebswirtschaftslehre das Prüfungswesen als Wahlfach zu belegen. Inwieweit das Spezialgebiet gelehrt wird, hängt von der personellen Ausstattung, der Prüfungsordnung und den Studienplänen ab.[90] Obwohl Lehrstühle in Mainz und Frankfurt am Main bereits Anfang der 50er Jahre Vorlesungen in Interner Revision angeboten haben und eine Reihe weiterer Hochschulen Spezialvorlesungen anbieten, hat sich an der grundsätzlichen Situation wenig geändert.

Examenskandidaten des Studienfachs Revisions- und Treuhandwesen äußern selten als Berufswunsch die Interne Revision. Die Mehrzahl tendiert in Richtung Wirtschaftsprüfung und Steuerberatung.[91]

---

89 Das bestätigen auch die Bemühungen der Berufsstände der Bilanzbuchhalter, Organisatoren und Controller, die ihre berufliche Qualifikation durch eine IHK-Prüfung nachweisen. (Bilanzbuchhalter seit 1927, Organisatoren seit 1970 und Controller seit 1990)

90 SF-DGfB, Hrsg., Anforderungsprofil für Hochschulausbildung des Prüfungswesens, Fachkommission für Ausbildungsfragen im Bereich Prüfungswesen der Schmalenbach-Gesellschaft/Deutsche Gesellschaft für Betriebswirtschaft e.V., in: ZfbF 1985, S. 154 ff.

91 Das Wahlfach „Revisions- und Treuhandwesen“ hat unterschiedliche Schwerpunkte, beispielsweise:
–Pflichtprüfungen durch WP und vBP
–Steuer- und Zollprüfung
–Öffentliche Prüfung (Rechnungshöfe)
–Interne Revision.
Der Schwerpunkt der Vorlesungsaktivitäten liegt im Bereich der Jahresabschlussprüfung.

Ein entscheidender Grund für diese Haltung ist in der Tat das Fehlen Berufsbildes „interner Revisor" und die dadurch bedingte Intransparenz.

Mittelfristig und in the long run werden sich die Defizite durch das einheitliche CIA-Examen, verbindliche Berufsgrundsätze, Erhöhung des Professionalisierungsniveaus und Verbesserung des Image interner Revisoren abbauen und das Ansehen des Berufsstandes in Wirtschaft und Öffentlichkeit erhöhen. Wie beim Controlling werden dann auch die Hochschulen das Spezialgebiet Interne Revision in ihre Studienpläne aufnehmen.

8.3 Berufsgrundsätze für Prüfer

Prüfung, Begutachtung und Beratung indizieren bei Auftraggebern, in der Wirtschaft und Öffentlichkeit ein besonderes Vertrauen. Sie stellen hohe Anforderungen an das Verhalten der Sachverständigen, sowohl im beruflichen als auch im privaten Bereich. Dabei handelt es sich um

- berufswürdiges Verhalten,
- Unbefangenheit und Unabhängigkeit,
- Gewissenhaftigkeit sowie
- Verschwiegenheit.

8.3.1 Berufsmäßiges Verhalten

Berufsangehörige haben sich objektiv und seriös zu verhalten. Sie dürfen keiner mit der Aufgabenerfüllung unvereinbaren Tätigkeiten nachgehen. Selbstverständlich ist, dass sie in geordneten privaten und finanziellen Verhältnissen leben.[92]

Vielfach enthalten die mit ihnen abgeschlossenen Verträge konkrete Vorschriften über das vom Auftraggeber vorgegebene berufliche Verhalten, insbesondere im Hinblick auf Vertraulichkeit und Geheimhaltung.

8.3.2 Unbefangenheit und Prozessunabhängigkeit

Ziel jeder Prüfung ist die Abgabe eines fachlich fundierten Urteils. Voraussetzungen hierzu sind Unbefangenheit und Prozessunabhängigkeit.

Zur Wahrung der Unbefangenheit ist darauf zu achten, dass Prüfer nicht beim Zustandekommen eines Prüfobjektes involviert waren, das später Gegenstand eines Auftrages ist. Dadurch könnten Feststellungen und Urteil beeinflusst werden. So

92 Thümmel, M., Berufswürdiges Verhalten, in: HWRev., 2. Aufl., Stuttgart 1992, Sp. 200 ff.

darf ein Jahresabschlussprüfer nicht aktiv an der Erstellung des von ihm zu prüfenden und zu testierenden Abschlusses beteiligt gewesen sein.

Ein interner Revisor darf beispielsweise nicht an einer Linienaufgabe mitwirken, die er später zu prüfen hat.

Zwischen einem Geprüften und dem Prüfer darf keine verwandtschaftliche Beziehung oder finanzielle Abhängigkeit bestehen, weil dies zur Befangenheit führen könnte.

Beratungen über ein Prüfobjekt sind jedoch mit der Aufgabenstellung vertretbar. In der Praxis sind vielfach Prüfungsauftrag und anschließende Beratung gekoppelt. Problematisch kann es sein, wenn sich im Verlaufe einer später durch den Berater durchzuführenden Prüfung herausstellt, dass die unterbreiteten Vorschläge schon zum damaligen Zeitpunkt unzweckmäßig oder falsch waren.

Im Einzelfall ist die Frage der Unabhängigkeit oft schwer zu beurteilen. Die Grenzen sind in der Praxis fließend. Unabhängigkeit ist keine absoluter, sondern ein relativer Begriff.[93]

8.3.3 Gewissenhaftigkeit

Gewissenhaftigkeit ist nicht nur ein fachethischer Berufsgrundsatz, sondern eine elementare Forderung für alle Lebensbereiche. Eine gewissenhafte Berufsausübung liegt nicht vor, wenn gegen Gesetze, Vorschriften, Bestimmungen oder Ordnungsmäßigkeitsgrundsätze verstoßen wird.

Gewissenhaft ist ohne Zweifel mehr als sorgfältig. Im Rahmen gewissenhafter Aufgabenerfüllung sind die anerkannten Grundsätze ordnungsmäßiger Auftragserfüllung und Berichterstattung zu beachten. So hat beispielsweise ein WP oder vBP gesetzliche und fachliche Regeln zu beachten. U.a. die vom IdW erlassenen Fachgutachten 1 bis 3/1988. Nichtbeachtung wäre ein eklatanter Verstoß gegen den Berufsgrundsatz der Gewissenhaftigkeit.

Ein Prüfer ist verpflichtet, den Auftraggeber auf die Konsequenzen ungesetzlicher Maßnahmen und Handlungen hinzuweisen.[94]

8.3.4 Verschwiegenheit

Zwischen Auftraggeber, Geprüftem und Prüfer besteht ein Vertrauensverhältnis.[95] Daten und Fakten, die während der Auftragserfüllung bekannt bzw. anvertraut wer-

93 Sieben, G. u.a., Unabhängigkeit und Unbefangenheit, in: HWRev., 2. Aufl., Stuttgart 1992, Sp. 1973 ff.

94 Siegloch, H., Gewissenhaftigkeit, in: HWRev., 2. Aufl., Stuttgart 1992, Sp. 713 ff.

95 Klein, W., Unparteilichkeit, in: HWRev., 2. Aufl., Stuttgart 1992, Sp. 1996 ff.; Siegloch, J., Verschwiegenheit, in: HWRev., 2. aufl., Stuttgart 1992, Sp. 2108 ff.

den, dürfen weder Unbefugten gegenüber offengelegt noch persönlich verwertet werden. Sie unterliegen der Geheimhaltungspflicht. Eine Verletzung der Verschwiegenheitspflicht kann standes-, straf- und/oder zivilrechtliche Konsequenzen nach sich ziehen. Strafrechtliche Folgen sind in § 203 StGB fixiert.[96] Danach wird die unbefugte Offenlegung eines fremden Geheimnisses mit Freiheitsstrafe oder mit einer Geldstrafe belegt. Im Zivilrecht kann die Verletzung zu Haftungsansprüchen aus unerlaubter Handlung führen, wenn ein Schutzrecht verletzt worden ist.

Die Geheimhaltungspflicht kann durch Zeugnis- und Auskunftspflicht bei Zivil- und Strafprozessen aufgehoben werden. Im Einzelfall ist konkret zu klären, ob ein Prüfer oder Berater zur Auskunft oder zum Zeugnis verpflichtet oder ob die Geheimhaltungspflicht vorrangig ist. Eine Offenlegung unterliegt jedoch dem Gebot der Verhältnismäßigkeit, d.h. es ist soviel offenzulegen, wie es der Zweck verlangt.

Eine eindeutige Ausnahme von der Schweigepflicht ist gegeben bei Straftaten, wenn die Offenlegung vorrangig ist.[97]

8.3.5 Berufsgerichtsbarkeit für Prüforgane

In den Ländern der westlichen Welt mit qualifizierten Prüferberufen gilt das Gebot des berufswürdigen Verhaltens. Unter dem Einfluss des in angelsächsischen Ländern verwendeten Begriffs „Professional Ethics“ wird in Deutschland vom „Berufsethos“ gesprochen. Treffender ist die Bezeichnung „Berufsgrundsätze“.

Im Verlaufe der Zeit entwickelten sich unter Berücksichtigung der Berufsgrundsätze eine Berufsgerichtsbarkeit. Verstöße gegen berufsethische Grundsätze haben jedoch bei externen und unternehmensinternen Prüforganen unterschiedliche Konsequenzen.

8.3.5.1 Externe Prüfer

In den USA gelten für die Berufsausübung der CPAs, die Mitglieder des AICPA sind, die „Rules of Conduct.

Im United Kingdom unterliegen Accountants, die Mitglieder des

- Institute of Chartered Acconntants in England und Wales,
- Institute of Chartered Accountants of Scotland,
- Institute of Chartered Accountants in Ireland sowie
- Association of Certified Accountants sind,

---

96 Nach § 203 StGB unterliegen folgende Berufe der Schweigepflicht: Ärzte, Apotheker, Berufspsychologen, Rechts- und Patentanwälte, Notare, Verteidiger, Wirtschaftsprüfer, vereidigte Buchprüfer und Steuerberater.

97 Anzeigepflichtig sind nach § 138 StGB: Hoch- und Landesverrat, Geld- oder Wertpapierfälschungen, Menschenhandel, Mord, Raub und Erpressung.

dem „Code of Ethics". Ferner den „Statements of Professional Independence" aus dem Jahre 1970 sowie den „Auditing Standards and Guidelines" aus 1980.

In Frankreich gilt für die Mitglieder der „Compagnie Nationale des Commissaires aux Comptes" der „Code des devoirs et intéréts professionnels". Mitglieder des „Ordre des Experts et des Comptables Agrees" müssen die „Code des devoirs professionnels" beachten.

Für Mitglieder der Schweizer Treuhand- und Revisionskammer (externe und interne Prüfer) gilt deren „Berufsordnung".

In Österreich gilt für die Mitglieder der „Kammer der Wirtschaftstreuhänder" die „Wirtschaftstreuhänder-Berufsordnung" sowie die „Wirtschaftstreuhänder-Disziplinarordnung".

In Deutschland sind WP, das betrifft auch vBP, zu hoher ethischer Berufsauffassung verpflichtet.[98]

In der WPO, § 43, sind die zur Berufsausübung auferlegten Pflichten wie folgt definiert: „Der Wirtschaftsprüfer hat seinen Beruf unabhängig, gewissenhaft, verschwiegen und eigenverantwortlich auszuüben".

Die allgemeine Auffassung des Berufsstandes zu Fragen des berufswürdigen Verhaltens enthalten gemäß § 57 Abs 2 Ziff. 5 WPO die von der WPK erlassenen „Richtlinien für die Berufsausübung der WP und vBP".[99]

8.3.5.2 Interne Revisoren

Unter Berücksichtigung des Tatbestands, dass der Berufsethik ein bedeutender Stellenwert beigemessen wird, verabschiedete das Institute of Internal Auditors Ende 1968 den „Code of Ethics" als verbindliche Berufsgrundsätze für die Mitglieder.[100] Abbildung 39 enthält die Grundsätze in der Originalfassung und als Übersetzung des Verfassers.

---

98 Der Berufseid, den ein WP bei der öffentlichen Bestellung gemäß § 17 WPO zu leisten hat, lautet: „Ich schwöre ..., dass ich die Pflichten des Wirtschaftsprüfers verantwortungsbewusst und sorgfältig erfüllen, insbesondere Verschwiegenheit bewahren und Prüfungsberichte und Gutachten gewissenhaft und unparteilich erstatten werde ...". Siehe IdW, Hrsg., WP-Handbuch 1985/86, Düsseldorf.

99 Hofmann, R., Bedeutung und Stellenwert eines Verhaltens- bzw. Berufskodex für Interne Revisoren, in: ZIR 2/1989, S. 65 ff.; WPK, Hrsg., Berufsgerichtliche Entscheidungen sowie Rügen in Wirtschaftsprüfersachen, Bd. I, Düsseldorf 1975.

100 IIA, Hrsg., Ethics and the Internal Auditor, Alatamonte Springs, Fl., 1983; IIA, Hrsg., Professional Internal Auditing Standards Volume, Altamonte Springs, Fl. 1985.

	Code of Ethics des IIA	
	Originaltext	Übersetzung des Verfassers
(1)	Members shall have an obligation to exercise honesty, objectivity and diligence in the performance of their duties and responsibilities.	Mitglieder sind verpflichtet, ihre Überwachungsfunktion gewissenhaft, objektiv und sorgfältig auszuüben.
(2)	Members, in holding the trust of their employers, shall exhibit loyality in all matters pertaining to the affairs of their employer of to whomever they may be rendering a service. However, members shall not knowingly be a part to any illegal or improper activity.	Mitglieder, die das Vertrauen der Unternehmensleitung genießen, müssen sich in dienstlichen Belangen ihren Auftraggebern gegenüber loyal verhalten. Sie dürfen sich nicht in unrechtmäßige oder rechtswidrige Manipulationen verwickeln lassen.
(3)	Members shall refrain from entering into any activity which may be in conflict with the interest of their employers of which would prejudice their ability to carry out objectively their duties and responsibilities.	Mitglieder müssen Handlungen unterlassen, die sich in Interessenkollision zu ihren Auftraggebern bringen können oder die geeignet sind, ihre objektive und verantwortungsvolle Arbeit zu beeinträchtigen.
(4)	Members shall not accept a fee or a gift from any employers, a client, a customer, or a business associate of their employer without the knowledge and consent of their senior management.	Mitglieder dürfen keine Vergütungen oder Geschenke von Belegschaftsmitgliedern, Kunden, Abnehmern oder deren Geschäftsfreunden ohne Kenntnis und Billigung ihrer Leitung annehmen.
(5)	Members shall be prudent in the use of information acquired in the course of their duties. They shall not use confidential information for any personal gain nor in the manner which would be detrimental to the welfare of their employer.	Mitglieder haben während ihrer Aufgabenerfüllung erlangte Geschäftskenntnisse sorgfältig zu hüten. Vertrauliche Informationen dürfen nicht zu persönlichen Vorteilen oder zum Nachteil des Unternehmens verwendet werden.
(6)	Members in expressing an opinion, shalluse all reasonalbe care to obtain sufficiant factual evidence to warrant such expression. In their reporting, members shall reveal such material facts known to them, which, if not revealed could either distort, the report of the results of operations under view or conceal unlawful practiuce.	Mitglieder sollten Feststellungen sorgfältig treffen und begründen. Wichtige Tatbestände, insbesondere ungesetzliche Maßnahmen, sind offenzulegen.
(7)	Members shall continually strive for improvement in the proficiency and effectiveness of their service.	Mitglieder müssen ständig an einer Verbesserung ihrer beruflichen Qualifikation und Leistungsfähigkeit arbeiten.

Abbildung 39: Code of Ethics des Institute of Internal Auditors Inc., USA

Code of Ethics des IIA		
	Originaltext	Übersetzung des Verfassers
(8)	Members shall abide by the bylaws and uphold the objectives of the Institute of Internal Auditors, Inc. In the practice of their profession, they shall be ever mindful of their obligation to maintain the high standard of competence, morality, and dignity which the Institute of Internal Auditors, Inc., and its members have established.	Mitglieder müssen Satzungen und Ziele des Institute of Internal Auditors, Inc., beachten. Ihre fachliche Kompetenz und Moral hat den hohen Anforderungen des Institute of Internal Auditors, Inc., und seiner Mitglieder zu entsprechen.

Abbildung 39: Code of Ethics des Institute of Internal Auditors Inc., USA (Forts.)

Der „Code of Ethics“ enthält folgende Schwerpunkte:

- Satz 1 = Gewissenhaftigkeit
- Satz 2 = Loyalität
- Satz 3 = Interessenkonflikte
- Satz 4 = Unabhängigkeit
- Satz 5 = Vertraulichkeit
- Satz 6 = Berufliche Kompetenz
- Satz 7 = Fachliche Qualifikation
- Satz 8 = Berufsmoral

Vorstehende Berufsgrundsätze gelten einheitlich für die Mitglieder weltweit. Ebenfalls für sämtliche Inhaber eines CIA-Zertifikats der betreffenden Revisionsinstitute.

Während externe Prüforgane eine Berufsgerichtsbarkeit unterhalten, die Verstöße gegen die Berufsgrundsätze aufgreifen und ahnden, gibt der Code of Ethics des IIA lediglich Verhaltensregeln. Welche Konsequenzen sich bei Nichtbeachtung der Grundsätze für interne Revisoren ergeben, ist generell nicht beantwortbar, weil hierüber keine gesicherten Informationen vorliegen.[101]

101 Es handelt sich um folgende Fragen: Wird ein Revisor bei festgestellten und nachgewiesenen Verstößen verwarnt (z.B. Eintragung in seiner Personalakte)? In gravierenden Fällen aus dem IIA ausgeschlossen bzw. vom Unternehmen entlassen? Erheben das IIA oder das Unternehmen Zivilklage? Wird bei nachgewiesenen Straftaten ein Strafantrag gestellt? Haben die Berufsgrundsätze lediglich eine Alibifunktion? Aufschluss über die Einstellung interner Revisoren zu diesem Fragenkomplex gibt eine Untersuchung des IIA. Siehe Dittenhofer, M.A. und Klemm, R.J., Ethics and the Internal Auditor, Altamonte Springs, Fl. 1983, S. 1 ff. Von rd. 1.200 versandten Fragebogen wurden 28 % beantwortet und ausgewertet. Als Ergebnis wurde ein kritisches Bewusstsein bei Verstößen gegen berufsethische Grundsätze festgestellt.

Verantwortlich für die berufliche Kompetenz ist der Leiter der Internen Revision und jeder einzelne Revisor. Bei Stellenbesetzungen sind die fachlichen Voraussetzungen Qualifikation, Ausbildung und Berufsethik angemessen zu berücksichtigen. Dabei müssen die Mitarbeiter als Team über das erforderliche Wissen und Können verfügen, um ihre Überwachungs- und Beratungsaufgaben im Unternehmen (Konzern) ordnungsgemäß und wirkungsvoll erfüllen zu können. Für Revisoren mit CIA-Examen ist der Code of Ethics des IIA, der Verhaltensnormen festlegt und eine Grundlage für deren Durchsetzung schafft, verbindlich.

Ein praxisorientiertes Prüfungshandbuch sollte unternehmensindividuelle Verhaltensgrundsätze für die Revisionsmitarbeiter enthalten und sie zur Einhaltung verpflichten.

9. Entwicklungstendenzen im Kontext mit der Unternehmensüberwachung

Unternehmen werden mit endogenen und exogenen Entwicklungen konfrontiert, die Anpassungsmaßmahmen erzwingen. Entscheidende Impulse kommen aus:

- Gesetzgebung,
- Organisations- und Führungsstrukturen
- Mechanisierung, Automatisierung und Computerisierung
- Leankonzepten und Prozessorientierung
- Reengineering und Restrukturierung
- Globalisierung

9.1 Gesetzgebung für Aktiengesellschaften

Der Gesetzgeber misst der Aktiengesellschaft im Rahmen der wirtschaftlichen Betätigung hinsichtlich der Rechtssicherheit eine besondere Bedeutung bei. Das wird deutlich durch die Kodifizierung im Aktien- und Handelsrecht.

Gründe für die Modifikationen und Anpassungen in unternehmensrelevanten Bereichen, wie Rechnungslegung, Bewertung, Bilanzierung, Prüfung und Rechenschaftslegung waren Fehlleistungen des Leitungs- und Überwachungsorgans. Ferner die Konzentration von Vermögenswerten und wirtschaftlicher Macht, die Manipulationen und Fehlentwicklungen begünstigen.

9.1.1 Preussisches Gesetz 1831 und Aktiengesetz 1884

Abgestimmt auf Eisenbahngesellschaften in der Rechtsform der AG galt das Preussische Gesetz von 1831, das keine Strafbestimmungen enthielt.[102]

Sich häufende Fälle von Bilanzverschleierung, Bilanzfälschung und betrügerischen Manipulationen führten 1862 bis 1865 zu Strafbestimmungen. Zum Schutz der Öffentlichkeit wurde das Gesetz von 1870 erlassen mit Bestimmungen gegen Bilanzdelikte.[103]

Die Aktiennovelle von 1884 und das HGB 1897 enthielten detaillierte Strafbestimmungen für die Rechtsformen der AG und KGaA.[104]

---

102 Gesetz über die Aktiengesellschaften vom 9. November 1843, Gesetzessammlung für die Königlich Preussischen Staaten 1843, Nr. 31.

103 Gesetz vom 11. Juni 1870, RGBl des Norddeutschen Bundes 1870, Nr. 21, S. 375.

104 Gesetz vom 18. Juli 1884, RGBl Nr. 22, S. 123; Handelsgesetzbuch vom 10. Mai 1897, RGBl Nr. 23, S. 219.

9.1.2 Aktiennovelle 1931 und Aktiengesetz 1937

Im Zusammenhang mit der Weltwirtschaftskrise 1929 wurde die Frankfurter Allgemeine Versicherung zahlungsunfähig. Im Höhepunkt der Krise ging 1931 die Norddeutsche Wollkämmerei und Kammgarnspinnerei AG (Nordwolle) in Konkurs. Folge hiervon war der Zusammenbruch der DANAT-Bank. Das Szenario war der Auslöser für den Erlass des Gesetzes über Aktienrecht, Bankenaufsicht und Steueramnestie von 1931.[105] Eingeführt wurde die Pflichtprüfung des Jahresabschlusses unter gleichzeitiger Schaffung des Berufsstandes der Wirtschaftsprüfer.

Das Aktiengesetz 1937 verselbständigte das Aktienrecht, das vordem Bestandteil des HGB war.[106] Unter dem Einfluss des damaligen „Führerprinzips" wurde die Stellung des Vorstands im Verhältnis zu den Anteilseignern gestärkt.

9.1.3 Aktienrechtsreform 1959 und Aktiengesetz 1965

Mit der Aktienrechtsreform 1959 wurde die Verpflichtung zum Ausweis des Umsatzerlöses in der Erfolgsrechnung und das Schutzprinzip für Gläubiger und Aktionäre eingeführt.[107]

Ein weiterer Schritt zum Schutz von Öffentlichkeit, Kreditgebern und Anteilseignern war das Aktiengesetz von 1965. Definiert wurde in § 158 Abs. 1 der Umsatzausweis für Produktions- und Handelsunternehmen.[108]

Vorgeschrieben wurde mit §§ 329 ff. der Konzernabschluss. Danach waren Lieferungen und Leistungen innerhalb eines Konzerns nach einheitlichen Kriterien abzurechnen.

9.1.4 Publizitätsgesetz 1969 und Bilanzrichtliniengesetz 1985

Durch das Gesetz über Rechnungslegung bestimmter Unternehmen und Konzerne (PublG) 1969 wurde die Aussagefähigkeit des Jahresabschlusses verbessert. Unternehmen, deren Bilanzsumme (125 Mio DM = 62,5 Mio €), Umsatzerlöse (250 Mio DM = 125 Mio €) und Belegschaft (250 Mitarbeiter) überstiegen, wurden zur Rechenschaftslegung verpflichtet.

Harmonisiert wurde das Gesellschaftsrecht innerhalb der Europäischen Wirtschaftsgemeinschaft durch die 4. (Mindestvorschriften), 7. (Konzernbilanz) und 8. (Prüfer) EG-Richtlinie. Die 4. EG-Richtlinie wurde 1978, die 7. im Jahre 1983 er-

---

105 VO des Reichspräsidenten über Aktienrecht, Bankenaufsicht und Steueramnestie vom 19. September 1931, RGBl I, Nr. 63, S. 492.

106 Gesetz über Aktiengesellschaften und Kommanditgesellschaften auf Aktien vom 30. Januar 1937, RGBl I, Nr. 15, S. 107.

107 Gesetz über die Kapitalerhöhung aus Gesellschaftmitteln und über die Gewinn- und Verlustrechnung vom 23. Dezember 1959, BGBl I, Nr. 55, S. 789.

108 Aktiengesetz vom 6. September 1965, BGBl I, Nr. 48, S. 1089.

lassen.[109] Das Gesetzgebungsverfahren, das sämtliche Umsetzungsaufträge aus der 4., 7. und 8. EG-Richtlinie umfasst, als „Bilanzrichtlinien-Gesetz“ bezeichnet, wurde 1985 verabschiedet.[110]

Schwerpunkt bildete die Kodifikation im Dritten Buch HGB 1985, das die Vorschriften über den Jahresabschluss enthält. Einbezogen wurden große und mittelgroße GmbH. Sie müssen ihre Abschlüsse prüfen, testieren lassen und offenlegen.

Wiedereröffnet wurde der Berufsstand der vereidigten Buchprüfer mit einer Prüfungsberechtigung für mittelgroße GmbH gemäß § 267 Abs. 2 HGB.

9.1.5 Gesetz zur Kontrolle und Transparenz im Unternehmensbereich (KonTraG) 1998

Anlass der Gesetzesinitiative waren gravierende Fälle von Missmanagement, Manipulationen und Unternehmenszusammenbrüche börsennotierter Gesellschaften (siehe die Ausführungen zu Ziff. 3.6.2 ff.). Als Folge der sich häufenden Negativbeispiele wuchs die Kritik an der Corporate Governance in Deutschland.

Mit dem KonTraG 1998[111] schloss der Gesetzgeber Lücken und Schwachstellen im Überwachungssystem von Kapitalgesellschaften.

Im Zusammenhang damit wurden zahlreiche Paragraphen des Aktiengesetzes geändert, neu eingeführt bzw. aufgehoben.[112] Gegenstand der Korrekturen sind:

- Effizienzsteigerung des Aufsichtsrats als Überwachungsorgan des Vorstands.
- Ausbau des unternehmensinternen Kontrollsystems.
- Verstärken des Risikomanagements und Einrichten geeigneter Frühwarnsysteme.
- Intensivieren der Zusammenarbeit zwischen Aufsichtsrat und Jahresabschlussprüfer sowie Bestellen des Abschlussprüfers durch das Überwachungsorgan.
- Verbessern der Qualität der Pflichtprüfung.
- Stärken der Kontrollfunktion der Hauptversammlung durch qualifiziertere Berichterstattung des Aufsichtsrats.

9.1.6 Kapitalaufnahmeerleichterungsgesetz (KapAEG) 1998

Mit dem KapAEG[113] eröffnet der Gesetzgeber in einer Übergangsregelung deutschen Mutterunternehmen die Möglichkeit, einen Konzernabschluss nach den Nor-

---

109 4. EG-Richtlinie, veröffentlicht am 14. August 1978; 7. EG-Richtlinie, veröffentlicht am 13. Juni 1983.

110 BiRiLiG, veröffentlicht am 24. Dezember 1985.

111 KonTraG vom 27. April 1998, veröffentlicht im BGBl I 786.

112 Siehe Wirtschaftsgesetze. C.H. Becksche Verlagsbuchhandlung, München, Stand Dezember 1998, 30. Aktiengesetz, Änderung des Gesetzestextes, Lfd. Nr. 29, S. 8 und 9.

113 Kap AEG vom 20. April 1998, veröffentlicht im BGBl I, S. 707.

men der International Accounting Standards (IAS) oder der in den USA angewandten Generally Accepted Accounting Principles (US-GAAP) zu erstellen.[114]

Der dies regelnde § 292 a HGB tritt gemäß Art. 5 KapAEG mit Wirkung vom 31. Dezember 2004 außer Kraft. Die Bestimmung ist letztmalig anwendbar auf das Geschäftsjahr, das spätestens zu diesem Zeitpunkt endet.

9.1.7 Transparenz- und Publizitätsgesetz (Entwurf 2001)

Mit den geplanten Bestimmungen beabsichtigt der Gesetzgeber Defizite des deutschen Systems der Unternehmensführung und -kontrolle zu beheben. Darüber hinaus soll der sich durch Globalisierung und Internationalisierung der Kapitalmärkte vollziehende Wandel in der Unternehmens- und Marktstruktur berücksichtigt werden.

Die Änderungen basieren auf den Ergebnissen der im Mai 2000 eingesetzten Regierungskommission „Corporate Governance – Unternehmensführung – Unternehmenskontrolle und Modernisierung des Aktienrechts". Außerdem hat das Bundesjustizministerium im September 2001 die Kommission „Deutscher Kodex Corporate Governance" eingesetzt, deren Verhaltensregeln bis Frühjahr 2002 erwartet und in der Gesetzesänderung berücksichtigt werden.

Regelungen, die zu Änderungen im HGB und AktG führen, sind:

- Bessere Informationsversorgung des Aufsichtsrats und Follow up-Berichterstattung des Vorstands.
- Erweiterte Publizitätsanforderungen für börsennotierte Gesellschaften.
- Informationen über die Arbeit in den Aufsichtsratsausschüssen.
- Fokussierung einiger Bestimmungen über Gegenstand und Umfang der Abschlussprüfung und des Prüfungsberichts.
- Mitwirken des Aufsichtsrats bei der Prüfung und Finalisierung des Konzernabschlusses.
- Entsprechungserklärung von Vorstand und Aufsichtsrat zur Einhaltung des Corporate Governance Kodex für Deutschland.

9.2 Berücksichtigung von Straftaten durch den Gesetzgeber

Durch die dynamische Wirtschaftsentwicklung, Internationalisierung und Globalisierung steigen Komplexität, Unübersichtlichkeit und Anonymität. Das begünstigt Gesetzeslücken, die Wirtschaftssubjekte zu kriminellen Machenschaften und zum Nachteil Dritter nutzen. Als Konsequenz hat der Gesetzgeber charakteristische Deliktgruppen in das Strafgesetzbuch überführt.[115]

---

114 Siehe die Ausführungen zu Ziff. 10.2.2.2 (IASC) und 10.2.2.3 (US-GAAP).

9.2.1 Wirtschaftskriminalität

Durch das 1. Gesetz zur Bekämpfung der Wirtschaftskriminalität 1976 wurden Tatbestände, insbesondere Bankrottdelikte, die zuvor außerhalb des StGB angesiedelt waren, in das Strafgesetzbuch (§§ 238 ff.) aufgenommen. Ferner Vorschriften für den Subventions- und Kreditbetrug (§§ 264, 365 StGB) sowie den Wuchertatbestand (§ 302 a StGB).[116] Zugleich wurde der Forderung der EG aus dem Jahre 1973 nach einem einheitlichen supranationalen Recht erfüllt.[117] Aufbauend auf den Vorarbeiten der zitierten Sachverständigenkommission wurde 1986 das 2. Gesetz zur Bekämpfung der Wirtschaftskriminalität erlassen.[118]

Gegenstand der Gesetzesinitiative sind die Kriminalität mit Eurocheques und Eurochequekarten (§§ 6 Nr. 7, 138 Abs. 1 Nr. 4, 152 a, 266 b StGB) sowie der Kapitalbetrug (§ 264 a StGB) mit entsprechenden Modifikationen des Börsengesetzes (§§ 88, 89 BörsenG).

Wirtschaftskriminalität (Economic Crime), seit 1984 in der Kriminalstatistik als Strafbestandsgruppe gesondert ausgewiesen, ist ein heterogenes Deliktgebiet, das trick- und erfindungsreiche Kriminelle ständig um neue Facetten erweitern.

Gemäß § 74 c Abs. 1 Nr. 1 bis 6 GVG wird Wirtschaftskriminalität wie folgt definiert: „Delikte, die im Rahmen tatsächlicher oder vorgetäuschter wirtschaftlicher Betätigung begangen werden und über die Schädigung von einzelnen hinaus das Wirtschaftsleben beeinträchtigen oder die Allgemeinheit schädigen können und/oder deren Aufklärung besondere kaufmännische Kenntnisse erfordert.

Wirtschaftsstraftaten sind charakterisiert durch hohe Schadenssummen je Einzelfall. Ihre Aufklärung erfordert umfassende, zeitraubende kriminalistische Analyse und Beweisführung. Daraus erklärt sich die überaus hohe Dunkelziffer. Lediglich ein geringer Prozentsatz der verschleierten und geschickt getarnten Straftaten wird bekannt.

Die jährlichen Schäden sind schwer quantifizierbar. Schätzungen unter Einbeziehung des Dunkelfeldes für Deutschland variieren und tendieren bis zu dreistelligen Milliardenbeträgen je Jahr.

9.2.2 Computerkriminalität

Schwerpunkt des 2. WiKG bilden die strafrechtliche Erfassung der Computerkriminalität (§§ 202, 202a, 269, 271, 273, 303a bis c StGB).

---

115 Der 49. Juristentag 1972 forderte eine Überprüfung des Wirtschafts- und Steuerstrafrechts. Das führte zur Einsetzung einer Sachverständigenkommission, die im Kommissionsbericht zur „Bekämpfung der Wirtschaftskriminalität" ihren Niederschlag fand. Hrsg. Bundesministerium der Justiz 1976.

116 1. WiKG vom 29. Juni 1976, veröffentlicht im BGBl I, S. 2034.

117 Aktionsprogramm der Europäischen Wirtschaftsgemeinschaft vom 19. Juli 1973.

118 2. WiKG vom 15. Mai 1986, veröffentlicht im BGBl I, S. 721.

Computerkriminalität (Computer Crime), seit 1987 aus besondere Straftatbestandsgruppe in der Kriminalstatistik ausgewiesen, ist ein wachsendes Deliktgebiet. Computer, in Form von universellen Systemen, Prozessrechnern, Terminals, Personal Computern, Laptops und Notebooks, sind unentbehrliche Arbeitsinstrumente. Die Zahl der gespeicherten Daten und Informationen ist unüberschaubar. Gleichzeitig wird das Erkennen von Organisationslücken, Schwachstellen und Fehlern schwieriger. Aus den universellen Einsatzmöglichkeiten und der Komplexität der Daten- und Informationsverarbeitung erklären sich die Risiken und die Möglichkeiten krimineller Manipulation.

9.2.3 Umweltkriminalität

Mit dem 18. Strafänderungsgesetz 1980 „Gesetz zur Bekämpfung der Umweltkriminalität" hat der Gesetzgeber definierte Umweltdelikte im 28. Abschnitt, §§ 234 ff. des Strafgesetzbuches eingestellt.[119]

Umweltkriminalität (Environmental Offences), seit 1975 in der Kriminalstatistik gesondert ausgewiesen, steigt als Folge der Industrialisierung, Globalisierung, Bevölkerungswachstum, Individuell- und Massenverkehr sowie Konsum (Wegwerfgesellschaft). Die Zahl der bekannt werdenden Fälle wird vom Kontroll- und Anzeigeverhalten bestimmt. Das Dunkelfeld ist erheblich.

9.2.4 Aufspüren von Gewinnen aus Straftaten[120]

Aus wirtschaftskrimineller Betätigung fließen illegale Geldströme. Dadurch ist das Organisierte Verbrechen gezwungen, Geld aus Straftaten zu „waschen", um sie wieder in den Wirtschaftskreislauf zu integrieren.

Durch das 1993 in Kraft getretene Gesetz werden Geldinstitute (§ 1 GWG) zu internen Sicherheitsmaßnahmen (§§ 14, 14 GWG), zu Identifizierungen (§§ 2 – 7 GWG), Feststellungen (§ 8 GWG) und zur Erstattung von Verdachtsanzeigen (§ 12 GWG) verpflichtet.[121]

119 18. Str.Änd.G vom 28. März 1980, veröffentlicht im BGBl I, S. 373.

120 Gesetz über das Aufspüren von Gewinnen aus schweren Straftaten vom 25. Oktober 1993, veröffentlicht im BBGl I, S. 1770.

121 Hofmann R., Unterschlagungsprophylaxe und Unterschlagungsprüfung. Leitfaden zur Verhütung und Aufdeckung unrechtmäßiger Bereicherungen in Unternehmen, 2. Aufl., Berlin 1997.

9.3 Evolutorische Änderungsprozesse in der Wirtschaft

Daten- bzw. Informationstechnologie, Globalisierung, Wettbewerbsdruck, Unternehmenswachstum und Konzentration in Verbindung mit den dadurch initiierten Innovationsschüben revolutionieren Administration und Technik. Der technische Fortschritt in sämtlichen Unternehmensbereichen erfordert aus Wirtschaftlichkeitsüberlegungen in immer kürzeren Intervallen Anpassungsprozesse.

9.3.1 Rechnungslegung

Vom Gesetzgeber ist kein bestimmtes Buchführungssystem vorgeschrieben. Die in der Praxis eingesetzten Verfahren bestehen aus einer Kombination von

- Maschinenbuchführung,
- Offene-Posten-Buchführung und
- Speicherbüchführung.

Unternehmen aller Größenordnungen und Industriezweige setzen mit steigender Tendenz computergestützte Systeme unterschiedlicher Varianten ein.

Aufgabe der Innenrevision, integraler Bestandteil des IKS, ist es, sicherzustellen, dass neben Wirtschaftlichkeitsüberlegungen die Grundsätze der Ordnungsmäßigkeit und Funktionssicherheit beachtet werden.[122]

Die computergestützte Vernetzung des Betriebsgeschehens führt zu

- einer Dezentralisierung administrativer Aufgaben und Funktionen sowie zu
- arbeitsplatz-, abteilungs-, bereichs- und unternehmensübergreifenden Arbeitsabläufen (Prozessorientierung).

Durch den Einsatz komplexer und komplizierter Daten- und Informationsverarbeitunssysteme erhöht sich das Risiko von Ausfällen, Betriebsunterbrechungen, technisch bedingten Fehlern und Manipulationen. Das hat Konsequenzen auf die Rechnungslegung und beeinflusst letztlich Monats-, Quartals- und Jahresabschluss.

9.3.2 Führungs- und Organisationsstrukturen

Führungsformen und Organisationsstrukturen der Betriebe entwickelten sich im Verlaufe der industriellen Revolution Mitte des vorigen Jahrhunderts, wobei die In-

122 Nach § 145 Abs. 1 AO muss die Buchführung so beschaffen sein, dass sie einem sachverständigen Dritten innerhalb angemessener Frist einen Überblick über die Geschäftsvorfälle und die Vermögenslage des Unternehmens vermitteln kann. Buchführungsvorschriften enthalten ferner: § 146 Abs. 1 AO (Buchführung und Aufzeichnungen), § 5 Abs. 1 EStG (Betriebsvermögen), § 60 Abs. 2 EStDV (Gewinnermittlung) und § 4 Abs. 1 bzw. 5 EStG (Einkommensteuer-Erklärung und Bilanz).

itialzündung zur Arbeitsteilung von Adam Smith und Frederick Winslow Taylor ausging.[123] Charakteristisches Merkmal dieser sich in mittelständischen Betrieben entwickelnden Organisationsform ist die Zuordnung von Aufgaben, Entscheidungs- und Weisungsbefugnissen nach Zweckmäßigkeitsgesichtspunkten bzw. Funktionen an Angehörige der zweiten und dritten Rangstufe.

Mit wachsenden Betriebsgrößen entstand eine vertikale und horizontale Differenzierung der funktionalen Gliederung. Noch um 1960 waren mehr als 80 % der deutschen Unternehmen nach funktionalen Kriterien gegliedert. Große Unternehmenseinheiten, zunehmende Diversifizierung, multinationale Betätigung, Mechanisierung und Automatisierung verursachten Koordinierungs- und Informationsaufwand. Das erhöhte das Konfliktpotential, senkte den Wirkungsgrad und führte zu einer Überbelastung der Funktionsmanager.

Eine Lösung aus diesem Dilemma war die in den USA entwickelte Divisionalisierung durch Umstellung auf die Sparten- bzw. Bereichsorganisation, die auch zunehmend von deutschen Unternehmen übernommen wurde.[124] Bereits um 1970 lag der Anteil der funktional organisierten Großunternehmen und Konzerne unter 40 %, mit stark abnehmender Tendenz.

Computertechnik, On-line- und systemvernetzte, benutzerfreundliche Dialogverarbeitung ermöglichen die Bewältigung komplexer und komplizierter Problemlösungen und führen zu integrierten Prozessketten. Dadurch, dass Teilfunktionen zusammengefasst werden, entfallen die Zwänge der Arbeitsteilung und Funktionstrennung.[125]

Bei der Wahrnehmung der Überwachungsfunktion sollte die Interne Revision diese Entwicklung unterstützen und, soweit aus Wirtschaftlichkeits- und Sicherheitsaspekten vertretbar, organisatorische Änderungen vorschlagen. Darüber hinaus sollte die Interne Revision synchron bei relevanten Systementwicklungen (vom Projekt bis zur Implementierung) beratend eingeschaltet werden.[126]

---

123 Smith, A., An Inquiry into Nature and Causes of the Wealth of Nations, London 1776; Taylor, F.W., The Principles of Scientific Management, New York 1911; Fayol, J.H., Administration industrielle et générale, Paris 1916.

124 Frese, E., Grundlagen der Organisation, 4. Aufl., Wiesbaden 1988; Grochla, E., Grundlagen der organisatorischen Gestaltung, Stuttgart 1982; Lehmann, H., Organisationslehre, betriebswirtschaftliche, in: HWO, 3. Aufl., Stuttgart 1992, Sp. 1537 ff.; Schmidt, G., Methode und Technik der Organisation, 9. Aufl., Gießen 1990; Voßbein, R. Organisation, 2. Aufl., München 1989; Wittlage, H., Methoden und Techniken praktischer Organisationsarbeit, 2. Aufl., Herne, Berlin 1986.

125 Hübner, H., Integrations- und Informationstechnologie im Unternehmen, München 1979; Scheer, A.W., CIM – der computergesteuerte Industriebetrieb, 4. Aufl., Berlin 1990.

126 Hofmann, R., Ist die Forderung nach Funktionstrennung und Vier-Augen-Prinzip heute noch sinnvoll?, in: ZIR 3/1992, S. 215 ff.

9.3.3 Rationalisierung und Computerisierung

Mechanisierung und Automatisierung in Fertigung und Verwaltung sind Weiterentwicklungen eines sich seit Jahrzehnten beschleunigenden Prozesses. Der Unterschied zwischen beiden Begriffen besteht darin, dass bei der Mechanisierung Arbeitsvorgänge, wie Maschinenbedienung, Materialzu- und -abfuhr, Überwachung des Arbeitsablaufs, Qualitätskontrolle, Aussondern von Ausschuss usw., manuell verrichtet werden müssen, während diese Funktionen bei der Automatisierung elektronisch, hydraulisch, pneumatisch oder elektrisch ausgeführt werden. Ziel der Automatisierung ist es, die menschliche Arbeitskraft so durch Maschinen, Apparaturen und Einrichtungen zu ersetzen, dass ein direktes Eingreifen in Verfahren und Prozesse nicht mehr notwendig ist. Eingeschlossen sind sich wiederholende intellektuelle Tätigkeiten und administrative Routinearbeiten.

- Fertigung
  Nach dem handwerklichen Prinzip erfolgte die Herstellung in der Form, dass Arbeitsvorgänge hintereinander verrichtet wurden.

  Die Mechanisierung führte zur Arbeitsteilung, indem der Gesamtprozess in Einzelphasen gegliedert und auf dafür konstruierten Werkzeugmaschinen und Automaten hergestellt wurden. Ein geordneter Arbeitsablauf wurde durch Zwischenlager sichergestellt.

  Fließband und Taktverfahren ermöglichten eine weitere Rationalisierung der Fertigung durch Eliminierung der Zwischenlager und Mechanisierung des Materialtransports.

  Den letzten Schritt in dieser Entwicklungskette bilden vollautomatische Produktions- und Montageverfahren, die ein komplettes Erzeugnis herstellen, Durchlaufzeiten optimieren und Zwischenlager eliminieren.

- Verwaltung
  Durch Einsatz von Buch-Schreibmaschinen (USA 1903), Büro- und Lochkartentechnik (Entwicklungsstufen: Deutschland = 1910, Frankreich = 1920 und USA = 1924), Rechenanlagen (Zuse = 1936) und der ersten Computergeneration, z.B. IBM 650 u.a. (USA = 1946) wurden Verwaltungsaufgaben schematisiert, koordiniert und mechanisiert.

  Die Entwicklung weiterer Computergenerationen in immer kürzeren Zeitabständen, wie der zweiten, z.B. IBM 1400, Siemens 2002 u.a. (1957), der dritten, z.B. IBM 360, Siemens 4004, UNIVAC 9000 u.a. (1964), der vierten (1975) und der fünften, bestehend aus komplizierten Systemen und Subsystemen (1981) ermöglichten die Automatisierung im administrativen (technischen) Bereich und führten zu integriert arbeitenden Daten- und Informationsverarbeitungssystemen in sämtlichen Unternehmensbereichen.

Die skizzierte Entwicklung hat Konsequenzen für die Interne Revision und beeinflusst deren Prüfungsdurchführung. Mit steigendem Automatisierungsniveau erhöhen sich Integration und Komplexität.

9.3.4 Leankonzepte, Prozessorientierung, Reengineering und Restrukturierung

Nach Studien des Massachusetts Institute of Technology (MIT) über die internationale Automobilindustrie wurde das Ergebnis Ende 1990 in einem Buch zusammengefasst, das die Unternehmensstrategie und Unternehmensphilosophie entscheidend beeinflusst.[127]

Lean Management ist ein komplexes System, das mit einem Minimum an Ressourcen kundenorientierte Erzeugnisse von hoher Qualität kostengünstig bereitstellt. Es betrifft Betriebe der Serienfertigung und des Dienstleistungssektors.[128]

Im Zentrum der schlanken Fabrik stehen Top-Management und Mitarbeiter als partnerschaftliche Einheit. Schwerpunkte dabei bilden die in Abbildung 40 aufgeführten Elemente des Lean-Konzeptes.

- Center Organisation
  Das Unternehmen ist in dezentrale, überschaubare Gruppen gegliedert, denen definierte Aufgaben übertragen sind. Dadurch werden die sich aus Arbeitsteilung und Funktionstrennung ergebenden Nachteile beseitigt. Im Rahmen der Zielsetzung und der Versorgung mit Grundfunktionen, wie Organisation, Planung, Entwicklung, Beschaffung, Logistik, Daten- und Informationstechnik, Verwaltung, Marketing, Vertrieb und Öffentlichkeitsarbeit, arbeiten die Cost-Center autonom, d.h. sie nutzen die sich durch Entbürokratisierung eröffnenden

---

127 Womack, J.P., Jones, D.T. und Roos, D., The Machine that changed the World (Study of the International Motor Vehicle Program, Massachusetts Institute of Technology (MIT)), USA, New York 1990; Deutsch: Die zweite Revolution in der Automobilindustrie, Konsequenzen aus der weltweiten Studie des MIT, Frankfurt/Main 1991. In Japan wird Lean Production als Toyota-Produktionssystem bezeichnet.

128 Bösenberg, D. und Metzen, H., Lean Management, Vorsprung durch schlanke Konzepte, 3. Aufl., Landsberg/Lech 1993; Harmon, R.L. und Peterson, L.D., Die neue Fabrik – einfacher, flexibler, produktiver. Hundert Fälle erfolgreicher Veränderungen, Frankfurt/Main 1990; Pfeiffer, W. und Weiß, E., Lean Management. Grundlagen der Führung und Organisation industrieller Unternehmen, Berlin 1992; Shingo, Sh., Das Erfolgsgeheimnis der Toyota-Produktion, Landsberg/Lech 1992; Wildemann, H., Lean Management, Strategien zur Erreichung wettbewerbsfähiger Unternehmen, Frankfurt/Main 1993.

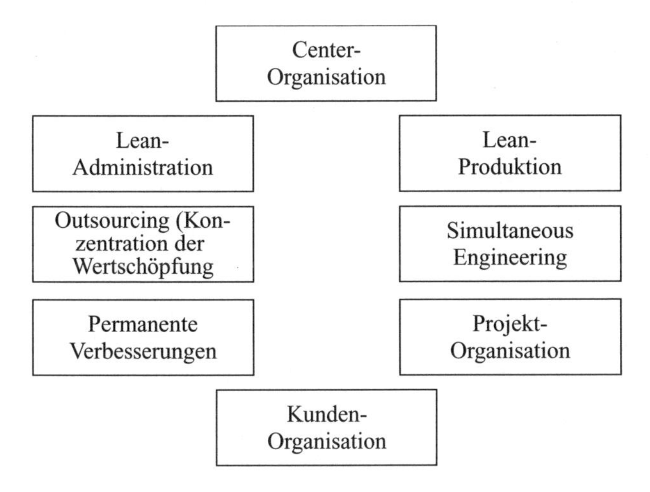

Abbildung 40: Leankonzepte

Freiräume für marktliche (kundenorientierte), technologische, kostensenkende und ergebnisverbessernde Innovationen.[129]

- Kundenorientierung
  Unternehmensleistungen orientieren sich an Kundenbedürfnissen und Marktgegebenheiten. Es handelt sich um einen allgemein verbindlichen Leitsatz (es dürfen nicht die Erzeugnisse in Form von Reklamationen zurückkommen, sondern die Kunden – Stammkundschaft).

  In Japan hat Kanban, d.h. produktionsinterne Kundenorientierung hohen Stellenwert. In die Entwicklungsstrategien sind Kunden integriert; sie bestimmen entscheidend die Unternehmensleistung.

- Lean Management
  In einer schlanken Unternehmung werden die Hierarchiestufen auf wenige Ebenen zurückgeführt. Bei flacher Führungspyramide werden Aufgaben auf die operative Basis (Ausführungsebene) delegiert.

  Das Top-Management sollte das intellektuelle Potential der Mitarbeiter mobilisieren. Eine flächendeckende Umsetzung und Zusammenführung der Potentiale

129 In gruppenorientierten Betriebsstrukturen ist die Gruppe die kleinste Einheit, der definierte Aufgaben übertragen sind. Die Gruppe insgesamt, nicht der einzelne Mitarbeiter, ist für die Zielerreichung verantwortlich. Die Koordination liegt beim Gruppenleiter. Rivalität und Harmonie der Gruppen innerhalb des Unternehmens und der daraus resultierende Einfluss auf Leistung und Ergebnis sind der Erfolgsschlüssel. Siehe hierzu Shimizu, T., Organisationslehre, japanische, in: HWO, 3. Aufl., Stuttgart, 1992, Sp. 1554 ff.

aus den funktionalen und operativen Unternehmensbereichen in die Cost-Center erfordert ein schlagkräftiges Planungs- und Steuerungsinstrumentarium. Verbunden damit ist die Freisetzung von Mitarbeitern in einem größeren Ausmaß.

- Outsourcing
  Der Begriff ist abgeleitet aus „Outside Resource Using“ und bedeutet, dass definierte Ressourcen aus dem eigenen Unternehmen in die Verantwortung Dritter übertragen werden.[130]

  Auslösende Faktoren der „Konzentration der Wertschöpfung auf die Kernaktivitäten“ sind zunehmender Fixkostendruck, nicht ausreichende Deckungsbeiträge, sinkende Wirtschaftlichkeit und unbefriedigende Rentabilität.

  Single-Sourcing beinhaltet eine Zusammenarbeit mit einer angemessenen Zahl ausgewählter Lieferanten auf gemeinsamer Geschäftsgrundlage, d.h. eine Integration von der Entwicklung bis zur Fertigung mit Produktverantwortung.

  Global-Sourcing bedeutet Bezüge von Lieferanten aus dem kostengünstiger produzierenden Ausland, ein Phänomen, das zunehmend an Bedeutung gewinnen wird.

- Permanente Verbesserungen
  Vorbild für kontinuierliche Verbesserungen in kleinen Schritten ist „Kaizen“, nach der Mitarbeiter zur ständigen Verbesserung der Produkt- und Prozessqualität aufgefordert sind.[131]

- Qualitätszirkel ermöglichen den Mitarbeitern – ohne Außendruck auf die Gruppe – sich zu beteiligen. Leitbild ist die Bereitschaft, auf der Basis des Erreichten, ständig weitere Verbesserungen anzustreben. Hierzu sind erforderlich:

  - Fort- und Weiterbildung
  - Disziplinierung und Übernahme von Verantwortung
  - Unternehmerisches Denken
  - Partnerschaftliche Zusammenarbeit (Teamgeist)
  - Kreativität und Flexibilität

- Lean Produktion
  Es ist eine Herausforderung für das Produktmanagement zur Realisierung einer bedarfsgesteuerten und kundenorientierten Fertigung. Dazu sind in Deutschland die über Jahrzehnte gewachsenen Machtstrukturen aufzubrechen und die imple-

---

130 Kühler-Frost, W., Hrsg., Outsourcing. Eine strategische Allianz besonderen Typs, Berlin 1993.

131 Kaizen ist eine Moral und Disziplin bestimmende Philosophie für eine fortwährende Verbesserung in „kleinen Schritten“ unter Einbeziehung der gesamten Belegschaft. Vgl. hierzu: Imai, M., Kaizen – The Key to Japans Competetive Success, New York 1986.

mentierten Planungs- und Steuerungssysteme umzugestalten. Gebraucht werden vor allem für die dezentralen Einheiten unternehmerisch denkende, motivierte Mitarbeiter mit Teamgeist.

Lean Produktion ermöglicht:

- Rationellen Ressourceneinsatz
- Kundenorientierte Fertigung
- Permanente Qualitätsverbesserung und Senkung der Ausschussquote
- Längere Maschinennutzung durch flexiblere Arbeitszeiten
- Kurze Rüstzeiten
- Vorbeugende Instandhaltung
- Senkung der Ausfallzeiten

• Simultaneous Engineering
Sinn ist eine schnelle, effiziente Entwicklung erfolgreicher Erzeugnisse. Erfolgreich praktiziert wird Lean Engineering von japanischen Automobilherstellern. Sie bringen ihre Modelle schneller zur Serienreife als amerikanische und europäische Hersteller.

Kerngedanken sind:

- Verkürzung der Entwicklungszeit als entscheidender Wettbewerbsfaktor
- Parallele statt sequentiale Aufgabenerledigung
- Kooperation mit Lieferanten und Nutzung deren Entwicklungsressourcen
- Konzentration auf Kernaktivitäten

• Projektorganisation
Parallel zu der unter Simultaneous Engineering skizzierten Projektorganisation sind Funktionalprojekte zur optimalen Nutzung der Fertigungstiefe, Logistik, Materialwirtschaft usw. sowie Bereichsprojekte für die einzelnen Cost-Center zu realisieren.

Wesentliche Arbeitsprinzipien des Lean Management sind in Abbildung 41 zusammengefasst.

Die Umstellung eines Unternehmens auf Lean Organisation und Lean Produktion ist ein langfristiger Prozess. Wie vorstehende komprimierte Ausführungen verdeutlichen, ist Lean Management keine in sich geschlossene Methode, sondern ein komplexes, interdependentes Aufgabenbündel. Aufgabe der Internen Revision ist es, dem Top-Management durch ex-ante Beratung und ex-post-Prüfungen in allen relevanten Unternehmensbereichen Führungs- und Entscheidungshilfen zur Verfügung zu stellen.[132]

---

132 Hofmann, R. und Hofmann, I., Personal- und Materialeinsatz – Optimierung durch Leankonzepte und Prozessorientierung, Bochum 1996.

1.	Gruppe bzw. Team • Ganzheitliches Denken • Problemlösungen
2.	Eigenverantwortung • Eigenkontrolle erhöhte Motivation • Einschränkung der Funktionstrennung
3.	Feedback • Steuern und Korrigieren des eigenen Erfolgs
4.	Kundenorientierung • Aktive Einbeziehung des Kunden • Kundenzufriedenheit hat Priorität
5.	Wertschöpfung • Konzentration auf das Wesentliche • Outsourcing
6.	Standardisierung • Standards als Arbeitshilfe
7.	Permanente Verbesserungen • Innovation und Kreativität sind logische Schritte in der Verbesserungskette
8.	Sofortige Fehlerabstellung • Störfaktoren und • Fehler an der Wurzel abstellen
9.	Vorausdenken und -planen • Qualität ist kein Zufall, sondern • das Ergebnis von Planung
10.	Kleine Schritte • auf sicherer Basis

Abbildung 41: Arbeitsprinzipien des Lean-Management

- Reengineering
  Während die meisten Geschäftsleitungen sich noch nicht mit der Philosophie des Lean Management auseinandergesetzt haben, kommt aus den USA ein neuer Vorschlag in Form einer Radikalkur für Unternehmen.[133]

Business Process Reengineering ist eine Abkehr von traditionellen Verhaltensweisen, eine Suche nach innovativen Lösungen unter Berücksichtigung der Marktanforderungen unter Einsatz moderner Technologien.

133 Hammer, M. und Champy, J., Business Reengineering. Die Radikalkur für das Unternehmen. So erneuern Sie Ihre Firma, 2. Aufl., Frankfurt/Main, New York 1994.

Die Konzeption beinhaltet:

- Organisatorischen und operative Grundsätze
- Kundenorientiertes Denken und Agieren
- Wettbewerbsfähigkeit, Effizienz und Ertragskraft

9.4 Anpassen der Revisionsinhalte an veränderte Rahmenbedingungen

Anforderungen an die Interne Revision werden anspruchsvoller. Das bestätigen die in den USA in Anpassung an veränderte Rahmenbedingungen entwickelten und in Abbildung 42 skizzierten Revisionsinhalte.[134]

<table>
<tr><th>Revisionsinhalt</th><th>Financial Auditing</th><th>Operational Auditing</th><th>Management Auditing</th></tr>
<tr><td>Unternehmensbereich</td><td>Finanz- und Rechnungswesen</td><td colspan="2">Gesamtunternehmen</td></tr>
<tr><td rowspan="2">Zielsetzung</td><td>• GoB
• Ordnungsmässigkeit</td><td>• Aufbau- und Ablauforganisation
• Systemberatung</td><td rowspan="2">• Unterstützung der Geschäftspolitik
• Zurverfügungstellung von Entscheidungshilfen
• Begutachtung
• Beratung</td></tr>
<tr><td colspan="2">• Funktionsfähigkeit
• Sicherheit
• Wirtschaftlichkeit
• Unterschlagungsprophylaxe</td></tr>
<tr><td>Schwerpunkt</td><td colspan="3">• Internes Kontrollsystem
• implementierte Systeme und Subsysteme</td></tr>
<tr><td>Zeithorizont</td><td>•vergangenheitsorientiert</td><td colspan="2">• zukunftsorientiert</td></tr>
<tr><td>Durchführung</td><td colspan="3">• computergestützte Prüfungen und Einsatz von Expertensystemen
• Einsatz mathematischer Stichprobenverfahren</td></tr>
<tr><td>Ergebnis</td><td colspan="3">• Verbesserungsvorschläge zur Optimierung von Funktionsfähigkeit, Sicherheit und Wirtschaftlichkeit
• Sicherstellen, dass die Anweisungen der Unternehmensleitung beachtet und die Zielvorgaben realisiert werden</td></tr>
</table>

Abbildung 42: Unterscheidungskriterien und Gemeinsamkeiten der Revisionsinhalte

134 IIA, Hrsg., Professional Internal Auditing Standards Volume, Altamonte Springs, Fl. 1985.

9.4.1 Financial Auditing

Traditioneller Aufgabenbereich der Revision ist das Finanz- und Rechnungswesen. Schwerpunkte bilden Fragen der Ordnungsmäßigkeit, Funktionsfähigkeit, Sicherheit und Wirtschaftlichkeit.

Intensiviert wurden Prüfungen durch die industrielle Revolution und die damit im Zusammenhang stehende Konzentration von Vermögenswerten und Kapital. In Deutschland kamen entscheidende Impulse durch die Gesetzgebung. Im 19. Jahrhundert wurden als Folge von gravierenden Bilanzfälschungen und Bilanzverschleierung die ersten Bilanzierungsvorschriften erlassen.[135]

Die Bedeutung des Finanz- und Rechnungswesens liegt in der Ende des 19. Jahrhunderts einsetzenden Mechanisierung administrativer Aufgaben. Entscheidende Impulse kommen seit Ende der 40er Jahre aus dem Fortschritt auf dem Gebiet der elektronischen Datenverarbeitung. In immer kürzeren Abständen werden neue Computergenerationen entwickelt, die einen integrierten Einsatz ermöglichen. Dadurch werden unternehmerische Aufgaben – auch im Finanz- und Rechnungswesen – komplexer und komplizierter.

Aus den vorstehend genannten Gründen weiteten sich die Aufgaben der Internen Revision im Bereich des Financial Auditing aus. Ausschlaggebend ist die Erkenntnis, dass wesentliche Entscheidungen der Unternehmensleitung auf Zahlen und Daten des Finanz- und Rechnungswesens basieren.[136]

Wenn auch die Impulse für Umsatzausweitung und Erhöhung der Ertragskraft vorwiegend aus anderen Unternehmensbereichen kommen, so hat das Finanz- und Rechnungswesen nach wie vor im Unternehmen eine Schlüsselstellung.

---

135 Durch die Aktiennovelle von 1870 trug der Gesetzgeber generell dem Schutz der Öffentlichkeit und der Kapitalgeber gegen Bilanzmanipulationen Rechnung. Mit Gründung des Deutschen Reichs wurde 1871 das HGB zum Reichsgesetz.
In der Aktiennovelle von 1884 und im HGB 1897 wurden als Folge umfangreicher Gründungsschwindel und unlauterer Manipulationen zahlreicher Unternehmen, vor allem in den Jahren 1871 bis 1873, die Strafbestimmungen für die AG und KGaA verschärft. Die Novelle von 1931 brachte eine weitere Verschärfung der Strafbestimmungen bei Bilanzdelikten.
Durch die Aktienrechtsreform 1959 wurden die Aussagefähigkeit der Gewinn- und Verlustrechnung sowie die Publizität verbessert. Einen weiteren Schritt auf dem Wege des Schutzes von Aktionären und Öffentlichkeit brachte das AktG 1965, das Bestimmungen für den Konzernabschluss enthielt. Fortgeführt wurde der Entwicklungsprozess 1969 durch das PubG und 1985 durch das BiRiLiG mit einer entsprechenden Kodifikation im Dritten Buch des HGB 1985. Durch das BiRiLiG und die Zusammenfassung der Buchführungsvorschriften im ersten Abschnitt des Dritten Buches des HGB 1985 wurde das bisher geltende Recht fortgeführt und die Bedeutung der GoB, die in Ansätzen Gegenstand der Denkschrift zum HGB-Entwurf 1886 war, aufgewertet.

136 Hofmann, R., Prüfung des Finanz- und Rechnungswesens, eine wichtige Aufgabe der Internen Revision, in: ZIR 1-4/1981, S. 14 ff., S. 104 ff., S. 183 ff. und S. 218 ff.

Kritisch sind Vermögenswerte zu überwachen, die

- leicht verloren gehen oder bei denen
- die Gefahr von Manipulation besteht.

„Financial Auditing" ist ein Revisionsinhalt, den das IIA wir folgt definiert: „Es ist eine vergangenheitsorientierte unabhängige Beurteilung der Aussagefähigkeit, Zuverlässigkeit und Ordnungsmäßigkeit der Aufzeichnungen des Finanz- und Rechnungswesens unter Berücksichtigung der Funktionsfähigkeit des internen Kontrollsystems und der Zielvorgaben des Top-Managements.

Obwohl Daten und Fakten des Finanz- und Rechnungswesens die Untersuchungsgrundlage bilden, sind die operativen Tatbestände und Vorhaben der eigentliche Prüfungsgegenstand."[137]

Die Überwachungsfunktion durch die Interne Revision wird nur dann wirkungsvoll ausgeübt, wenn ergebnisorientierte Prüfungen im Bereich des Finanz- und Rechnungswesens angemessen berücksichtigt werden. Beispielsweise:

- Soll-Ist-Vergleiche
- Beachten von Richtlinien, Anweisungen und Vorschriften
- Beurteilen der Organisationsstrukturen und Arbeitsabläufe
- Einsetzen sinnvoller Arbeitsmethoden

9.4.2 Operational Auditing

Operational Auditing ist eine Weiterentwicklung der Prüfungsaufgaben im Bereich des Finanz- und Rechnungswesens, die eine vergangenheitsorientierte, unabhängige Beurteilung der Angemessenheit und Richtigkeit der finanziellen Informationen sowie der Zuverlässigkeit des internen Kontrollsystems zum Gegenstand haben, zu den anderen Funktionsbereichen des Unternehmens.

Gegenstand von Prüfungen ist eine Beurteilung der Zweckmäßigkeit und des Wirkungsgrades der Organisationsstrukturen, des internen Kontrollsystems, der Verfahren im kaufmännischen und technischen Sektor sowie der implementierten Systeme und Subsysteme.

Das Management erwartet von der Internen Revision Anregungen für Verbesserungen zur Erhöhung der Rentabilität und Wirtschaftlichkeit.

---

137 Die Originalfassung des IIA ist wie folgt: „A financial audit ist a historically oriented, independent evaluation performed by the internal auditor or the external auditor for the purpose of attesting to the fairness, accuracy, reliability of the financial data; providing protection for the entity assets; and evaluating the adequacy and accimplishment of the system (internal control) designed to provide for the aforementioned fairness and protection.
Financial date, while not being the only source of evidence, are the primary evidential source.
The evaluation is performed o a planned basis rather than a request."

Die Aufgabenerfüllung setzt eine Kooperation zwischen Interner Revision, Organisation, Informatik und Controlling voraus.

Die Definition des IIA für Operational Auditing ist wie folgt: „Es ist eine zukunftsorientierte, unabhängige und systematische Beurteilung betrieblicher Tätigkeiten durch die Interne Revision zur Erhöhung der Wirtschaftlichkeit, Unterstützung der Zielerreichung und Beachtung der Anweisungen der Unternehmensleitung.

Grundlage für die Urteilsfindung bilden Aufzeichnungen des Finanz- und Rechnungswesens.

Aufgabe der Revision ist es, Fehler, Lücken und Schwachstellen im internen Kontrollsystem, Inplausibilitäten und Unregelmäßigkeiten festzustellen sowie Empfehlungen für die Abstellung und Verbesserung vorzuschlagen.“[138]

Ziel verfahrensorientierter Prüfungen ist die Beurteilung des unternehmerischen Ordnungsgefüges, des Wirkungsgrades der Steuer- und Kontrollmechanismen und der Effizienz der Betriebsführung.

Das Augenmerk von Verfahrensprüfungen richtet sich weniger auf die Aufzeigung von Soll-/Ist-Abweichungen; Kernpunkt bilden vielmehr deren Ursachen. Ziele des Operational Auditing sind Systemverbesserungen bei einzelnen Prüfobjekten, in Teilbereichen oder im Unternehmen insgesamt.

Obwohl Operational Auditing das Unternehmen als Ganzes umspannt, sollte die Innenrevision sich auf Schwerpunkte unter Berücksichtigung ihrer fachlichen Kompetenz und limitierten personellen Ressourcen beschränken. Die Grenzen liegen da, wo ihr Beitrag zu Systemverbesserungen erschöpft ist und sie in Aufgaben und Kompetenzbereiche Dritter, beispielsweise der Organisation, der Daten- und Informationsverarbeitung, des Controlling usw. tätig wird.

138 Die Originalfassung des IIA ist wie folgt: „An operational audit is a future-oriented, independent, and systematic evaluation performed by the internal auditor for management of the organizational activities and controlled by top-, middle-, and lower-level management for the purpose of improving organizational provitability and increasing the attainment of the other organizational objectives; achievement of program purposes, social objectives, and employee development.

Areas in which efficiency and effectiveness may be improved are identified and recommendations made that are designated to enable realization of the improvement. The measures of effectiveness include both an evaluation of compliance with prescribed entity operational policies and of the adequacy of them.

Financial data may be a source of evidence, but the primary source ist the operational policies as related to the organizational objectives. Included are an evaluation of the management control system in terms of existence, compliacne, and adequacy and the management decision-making process in terms of existende, compliance, and relevance to the attainment of organizational objects.“

9.4.3 Management Auditing

Als Folge der integrierten Computertechnologie und des Einsatzes intelligenter Planungs-, Informations- und Steuerungssysteme erweiterte das IIA den Revisionsinhalt des Operational zum Management Auditing.[139]

Das IIA definiert Management Auditing wie folgt: „Eine Managementprüfung ist eine zukunftsorientierte, unabhängige und systematische Beurteilung betrieblicher Führungsaufgaben durch die Interne Revision zum Zwecke der Verbesserung der Organisationseffizienz und der Durchsetzung der Anweisungen des Top-Managements.

Obwohl Aufzeichnungen des Finanz- und Rechnungswesens die Grundlage bilden, liegt der Schwerpunkt in der Einhaltung der vorgegebenen Geschäftspolitik, der Führungsanweisungen und des internen Kontrollsystems.

Gegenstand der Berichterstattung sind fundierte Feststellungen und Empfehlungen.“[140]

Führungsorientierte Prüfungen im Sinne des Top-Managements dienen der

- Unterstützung der Geschäftspolitik,
- Zurverfügungstellung von Entscheidungshilfen und
- Begutachtung und Beratung.

Dabei liegt der Schwerpunkt in der systematischen Beurteilung der Leistung von Führungskräften der zweiten und dritten Ebene im Rahmen der Erfüllung der Unternehmensziele. Derartige Prüfungen erfordern von den mit der Durchführung beauftragten Revisoren Fachkompetenz, Einfühlungsvermögen und unternehmerischem Denken.

---

139 Vgl. hierzu: Baggett, W.O., A Management Approach in Operational Auditng, in: IA, Februar 1982, S. 44 ff.; Gruber, T.J., The Operational Audit – An Integrated Approach, in: IA August 1983, S. 39 ff.; Hyde, G.E., A Management Auditing Methodology, in: IA Dezember 1982, S. 19 ff.

140 Management Auditing wird vom IIA wie folgt definiert: „A Management audit ist a future-oriented, independent, and systematic evaluation of the activities of all levels of management performed by the internal auditor for the purpose to improving organizational profitybility and increasing the attainment of the other organizational objectives through improvement in the performance of the management function; achievement of program purposes, social objectives, and employee development.
Financial data are some of the sources of evidence. The primary source of evidence are the operational policies and the management decisions as related to the organizational objectives.
Included are an evaluation of thc management control system in terms of existence, compliance, and adequacy; the management decision-making process in terms of existence, compliance, and relevance to the attainment of organizational objectives; the management decision itself in relation to the organizational objectives; and the quality of management. The resultant audit report both identifies problems and recommends solutions.“

9.4.4 Unterscheidungskriterien und Gemeinsamkeiten zwischen den Revisionsinhalten

Während Financial Auditing vorzugsweise vergangenheitsorientiert ist, sind die Aspekte beim Operational und Management Auditing zukunftsorientiert. Dabei ist nicht zu übersehen, dass Prüfen generell eine nachvollziehende Betrachtungsweise darstellt. Ein Sachverhalt ist nur bei Vorliegen dokumentierter Soll-Konzeptionen prüf- und beurteilbar. Ausgeprägt ist die Zukunftsorientierung bei gutachterlicher und beratender Tätigkeit.

Durchführung und Ergebnis der Revisionsinhalte stehen, wie in Abbildung 42 dargestellt, unter der Maxime des Management Auditing.[141]

9.5 Begutachtung und Beratung im Bereich IKS und Risikomanagement

Durch ihre Prüfungstätigkeit gewinnt die Interne Revision einen umfassenden Einblick in alle Unternehmensbereiche. Die Mitarbeiter verfügen über betriebswirtschaftliche Sachkenntnisse und Erfahrungen. Sie kennen die Organisation, die implementierten Systeme und Subsysteme und die Arbeitsabläufe in den operativen und funktionalen Einheiten. Aufgrund von Prüfungsfeststellungen sind sie über die Stärken und Schwächen des internen Kontrollsystems informiert.

Eine Inanspruchnahme dieses Fach- und Wissenspotentials für gutachterliche und beratende Aufgaben durch die Unternehmensleitung bietet sich an.

Prüfung, Begutachtung und Beratung unterscheiden sich bezüglich der Intensität des Kontaktes zum Auftraggeber. Abgrenzungskriterien zwischen Gutachten und Beratung enthält Abbildung 43.

Lfd. Nr.	Merkmal	Gutachten	Beratung
1.	Personenkreis	Unternehmensintern: Fachkräfte Extern: Sachverständige	
2.	Voraussetzung	Fachqualifikation, Erfahrung, Objektivität	
3.	Entscheidungskriterium	Fachkompetenz und Wirtschaftlichkeitsüberlegungen	
4.	Aufgabenstellung	Sachklärung	Verfahrensanregung
5.	Vertrauensverhältnis zum Auftraggeber	lose	ausgeprägt
6.	Tätigkeitsumfang	einmalig	zeitweilig

Abbildung 43: Abgrenzung zwischen Gutachten und Beratung

141 Hofmann, R., Management Auditing als Herausforderung für die Interne Revision, in: ST 4/1992, S. 170 ff.

Die Aufgaben können auch wahrgenommen werden durch:

- Unternehmensinterne Fachkräfte aus Stabs- oder Linienabteilungen.
- Externe Sachverständige, wie Wirtschaftsprüfer, vereidigte Buchprüfer, Steuerberater oder Unternehmensberater.

Bei der Entscheidung, ob Fachkräfte aus dem Unternehmen oder externe Sachverständige mit der Durchführung bestimmter Aufgabenstellungen zu betrauen sind, ist folgender Tatbestand zu berücksichtigen. Obwohl externe Gutachter und Berater nicht über die unternehmensindividuellen Details informiert sind und eine gewisse Einarbeitungszeit benötigen, sind sie auf Grund ihrer umfassenden und fundierten Fachkenntnisse aus der Abwicklung artverwandter Fragestellungen in Firmen verschiedener Industriezweige in der Lage, unabhängiger und effizienter die Probleme zu lösen.

Voraussetzung sind:

- Formulierung des Auftrages
- Festlegen der Befugnisse und Kompetenzen im Rahmen der Aufgabenstellung
- Umreissen des zeitlichen Rahmens für die Aufgabenerfüllung

Abgrenzungskriterien sind:

- Vertrauensverhältnis zum Auftraggeber. Bei Prüfung und Begutachtung sind die Voraussetzungen weniger personengebunden. Es dominieren fachliche Aspekte. Beratung setzt ein ausgeprägtes Vertrauensverhältnis voraus.

- Umfang des Tätigwerdens. Prüfung und Begutachtung sind i.d.R. objektbezogene Aktivitäten. Sie können die Vorstufe einer Beratung sein. Beratung kann einmalig oder für einen bestimmten Zeitraum erteilt werden.[142]

9.5.1 Begutachtung

Begutachtung ist eine Sachverhaltsdarstellung bzw. Sachklärung eines Tatbestandes oder Vorgangs durch einen unabhängigen Sachverständigen.

Die Grenzen zwischen Prüfen und Begutachten sind fließend. Generell gilt der Leitsatz: Je stärker ein Sachverhalt in einen organisatorisch vorgegebenen Rahmen eingebettet ist, umso eher genügt zur Beurteilung der Ordnungsmäßigkeit, Sicher-

142 Siehe hierzu: Betriebswirtschaftliche Beratung – Theorie und Praxis, Sonderheft der BFuP 6/1987; Emmerich, G., Die Beratung auf der Grundlage der Abschlussprüfung, in: WPg 1988, S. 637 ff.; Goede, H. und Seeger, H. G., Auswahl und Einsatz von Beratern, in: HWO, 3. Aufl., Stuttgart 1992, Sp. 318 ff.; Szyperski, N. und Klaile, B., Die Nachfrage nach externen Unternehmensberatern, Köln 1983; Vogel, G., Erwartungen an die Beratung durch den Wirtschaftsprüfer, in: WPg 1988, S. 633 ff.; WP-Handbucher 1985/86 und 1992, Düsseldorf 1985 und 1992.

heit und Wirtschaftlichkeit eine Prüfung. Je weniger Regeln bzw. Normen vorhanden sind, desto mehr bedarf es zur Klärung eines Tatbestandes oder Vorganges einer Begutachtung.

Der Schwerpunkt eines Gutachtens liegt in der Sachklärung. Erforderlich sind fundierte Fachkenntnisse, gepaart mit praktischer und theoretischer Erfahrung aus der Lösung ähnlich gelagerter Fälle, möglichst in einer Vielzahl von Unternehmen unterschiedlicher Industriezweige.

Interne Revision, Abschlussprüfer, die Prüfungsgesellschaft oder Sachverständige übernehmen für erstellte Gutachten eine Mitverantwortung. Bei einer späteren Prüfung ist gegebenenfalls die eigene Stellungnahme bzw. Empfehlung Gegenstand der Prüfung, d.h. das Prüforgan muss sich selbst überprüfen. Dies kann zu Interessenkollisionen führen und die Unabhängigkeit, Unparteilichkeit und Objektivität einengen bzw. gefährden.

9.5.2 Beratung

Beratung ist eine Verfahrensempfehlung auf der Grundlage von Fachkenntnissen und gesicherten praktischen Erfahrungen.

Vielfach ist mit einer Prüfung eine Beratung gekoppelt, beispielsweise wenn Fehler, Lücken bzw. Schwachstellen im internen Kontrollsystem, Unwirtschaftlichkeiten usw. festgestellt worden sind und entsprechende Vorschläge zu ihrer Abstellung unterbreitet wurden.

Dies trifft sowohl für die Interne Revision als auch für die Abschlussprüfung zu. Von Abschlussprüfern wird häufig im Zusammenhang mit einer Jahresabschlussprüfung eine Beratung auf dem Gebiet des Finanz- und Rechnungswesens der installierten Computersysteme oder des internen Kontrollsystems ausgeübt.

Beratung ist in der Tat ein vielschichtiger Bereich mit differenzierten Fragestellungen, die über komplexe unternehmerische Gestaltungsfragen bis zu betrieblichen Einzelaspekten reichen. Beratung generell ist bei der zunehmenden Komplexität und Interdependenz unternehmerischer Fragestellungen eine Voraussetzung für erfolgreiche Unternehmenspolitik. Dabei werden Effekt, Intensität und Akzeptanz der Beratung durch das Vertrauensverhältnis bestimmt. Grundsätzlich liegt es im Ermessen des Auftraggebers, bei seinen in Eigenverantwortung zu treffenden Entscheidungen, die Empfehlungen des Beraters zu berücksichtigen.

Prüfer, sowohl interne als auch externe, unterbreiten als Folge ihrer Feststellungen Änderungs- und Verbesserungsvorschläge und werden somit in Verbindung mit ihrer Aufgabenerfüllung beratend tätig. Obwohl kein unmittelbarer Zusammenhang zwischen Revision bzw. Prüfung und Beratung besteht, liegt es – wie vorstehend erwähnt – nahe, sie auf Grund ihrer Kenntnisse der betrieblichen Sachverhalte aus durchgeführten Prüfungen auch für Beratungen einzuschalten.

Im Zuge von Beratungen durch die Interne Revision bzw. Abschlussprüfer kann sich die Frage ergeben, ob hierdurch nicht eine Beeinflussung bzw. Beeinträchtigung der erforderlichen Neutralität, Unbefangenheit und Unparteilichkeit erwächst. Beispielsweise wenn der Gegenstand der Beratung (oder des Gutachtens) später zum Prüfungsobjekt wird.

Unproblematisch für Wirtschaftsprüfer ist die Übernahme gutachterlicher Tätigkeit im Rahmen von Unternehmensbewertungen, die Durchführung von Steuer- und Rechtsberatungen sowie die Erledigung von Aufträgen im Zusammenhang mit wirtschaftlichen Fragestellungen. Die Besorgnis der Befangenheit besteht jedoch, wenn ein Tatbestand zu beurteilen ist, an dessen Zustandekommen ein Wirtschaftsprüfer maßgeblich mitgewirkt hat. So besteht beispielsweise eine Unvereinbarkeit von Prüfung und gleichzeitiger Mitwirkung bei der Führung der Bücher. Die Grenzen der Beratertätigkeit werden durch das Gebot der Prozessunabhängigkeit, Unvoreingenommenheit, Unbefangenheit, Objektivität und Sachkunde gezogen.

Vorstehende Überlegungen gelten sinngemäß für die Interne Revision.

Komplexe Entscheidungsprobleme werden in der Regel einem Projektteam aus Fachleuten unterschiedlicher Ressorts übertragen. Die Teilnehmer werden mit den erforderlichen Vollmachten und Kompetenzen ausgestattet und müssen das Problem in vorgegebener Zeit lösen. Diese Vorgehensweise ist typisch für Großunternehmen, die über ein entsprechendes qualifiziertes Mitarbeiterpotential verfügen. Selbst in diesen Unternehmensgrößen werden die Mitglieder des Teams oft durch Routine und Tagesarbeit so stark in Anspruch genommen, dass sie nicht in der Lage sind, die Aufgabenstellung fristgerecht zu lösen.

Bei Einschalten der Innenrevision für Beratungen des Top-Managements wird sich die Beraterfunktion i. d. R. auf den Abteilungsleiter beschränken.

In der Praxis bilden üblicherweise Wirtschaftlichkeits- und Geheimhaltungsüberlegungen die Basis für eine Entscheidungsbildung, wer mit der Beratung beauftragt werden soll.

10. Prüfungsschwerpunkte

Bei der Vielzahl prüfungsrelevanter Sachverhalte und Vorgänge im Unternehmen (Konzern) sollte die Interne Revision aus dem Gesamtkatalog der zuprüfenden Objekte Schwerpunkte bilden, beispielweise:

- IKS, unternehmens- und prüfobjektbezogen
- Grundsätze der Ordnungsmäßigkeit
- Daten- und Informationsverarbeitung
- Risikomanagement und Gefährdungspotential
- Lean-Management, Reengineering und Restrukturierung
- Umweltschutz
- Vermögenssicherung

10.1 Internes Kontrollsystem einschließlich Risikomanagement

Ordnungsmäßigkeit, Funktionssicherheit und Wirtschaftlichkeit der betrieblichen Aufzeichnungen, Abläufe und Auswertungen regelt das IKS bestimmt durch prozessbegleitende oder nachgelagerte Kontrollen, die eine Übereinstimmung zwischen Soll und Ist vergleichen und Abweichungen aufdecken, korrigieren bzw. minimieren.

In Anlehnung an die Begriffsbestimmung des amerikanischen Berufsstandes der Abschlussprüfer umfasst „das interne Kontrollsystem sowohl den Organisationsplan als auch sämtliche aufeinander abgestimmten Methoden und Maßnahmen in einem Unternehmen, die dazu dienen, sein Vermögen zu sichern, die Genauigkeit und Zuverlässigkeit der Abrechnungsdaten zu gewährleisten und die Einhaltung der vorgeschriebenen Geschäftspolitik zu unterstützen“.[143]

143 Das American Institute of Accountants (AIA), heute AICPA, definierte Ende der 40er Jahre den Begriff wie folgt: „Internal control comprises the plan of organization and all of the co-ordinate methods and measures adopted within a business to safeguard its assets, check the accuracy and reliability of the accounting data, promote operational efficiency, and encourage adherence to prescribed managerial policies.“
Vorstehende Definition enthält die folgenden vier wesentlichen Bestandteile:
(1) Vermögensschutz, ausgedrückt durch: „Safeguard its assets“
(2) Ordnungsmäßigkeit der Rechnungslegung, ausgedrückt durch: „Check the accuracy and reliability of the accounting data“
(3) Zuverlässigkeit der Arbeitsabläufe, ausgedrückt durch: „Promote operational efficiency“

Deutschland hat der Berufsstand der Wirtschaftsprüfer im Kontext mit der Jahresabschlussprüfung die Bedeutung des internen Kontrollsystems herausgestellt.[144]

Das IKS als Kontrollinstrument der Geschäftsleitung unterstützt und sichert:

- Ordnungsgemäße Geschäftsführung
- Einhalten der vorgegebener Ziele
- Zuverlässigkeit und Vollständigkeit der Aufzeichnungen und Prozesse
- Zeitgerechte Rechnungslegung
- Objektive Berichterstattung
- Aufdecken von Fehlern und Unregelmäßigkeiten
- Schutz des Unternehmensvermögens

10.1.1 Bestandteile, Wirkungsgrad und Wirtschaftlichkeitsüberlegungen

Bestandteile des IKS sind:

- Organisationspläne
  Organigramme für das Gesamtunternehmen und die organisatorischen Einheiten vermitteln eine Vorstellung von der betrieblichen Struktur, den Kompetenzbereichen, Unterstellungs- und Überstellungsverhältnissen sowie Informationsbeziehungen.

- Arbeitsabläufe
  Funktionsdiagramme veranschaulichen die Reihenfolge von Arbeitsabläufen und Kontrollen.

- Aufgabeninhalte
  Stellenbeschreibungen geben Auskunft über Ziele und Aufgaben des Stelleninhabers und die Kommunikationsbeziehungen zu Schnittstellen.

---

(4) Einhaltung der Geschäftspolitik, ausgedrückt durch: „Encourage adherence to prescribed managerial policies“
Siehe hierzu: AIA, Hrsg., Committee on Auditing Procedure, Internal Control: Elements of a Coordinated System and its Importance to Management and the Independent Public Accountant. New York 1942; AICPA, Hrsg., Committee on Auditing Standards, Reporting on Internal Control. Statement on Auditing Standards No. 30, New York 1980, sowie frühere Veröffentlichungen zum Fragenkomplex „Internal Control“.

144 IdW, Hrsg., WPH 1985/86, Bd. I, 9. Aufl., Düsseldorf 1985; IdW, Hrsg., Grundsätze ordnungsmäßiger Durchführung von Abschlussprüfungen. FG 1/1988, in: WPg 1989, S. 9 ff.; IdW, Hrsg., WPH 1992, Bd. I, 10. Aufl., Düsseldorf 1992.

- Richtlinien
  Dienstanweisungen enthalten Vorschriften über betriebliche Vorgänge und Arbeitsplätze.

- Handbücher
  Sie vermitteln Arbeits- und Entscheidungshilfen.

- Formulargestaltung
  Ein einheitliches und bedarfsgerechtes Formular- und Belegwesen regelt den Prozessabläufe.

- Sicherheitsaspekte
  Kontrollvorrichtungen betreffen sensitive Betriebseinheiten und Vorgänge, wie Lager, Zugangskontrollen, Zugriffsschutz, Betriebsüberwachungssysteme, Sicherheit der EDV und der Systeme. Sie schützen Vermögenswerte und know-how-Potential vor unbefugtem Zugriff und Verlust.

- Dienstaufsicht
  Nur bei verantwortungsvoller Wahrnehmung erfüllt ein Vorgesetzter die ihm übertragenen Kompetenzen und Vollmachten.

Die Grundsätze der internen Kontrolle umschließen das gesamte Unternehmen ohne Einschränkungen.

Durch Restrukturierung, integrierten und vernetzten Computereinsatz sind betriebliche Vorgänge und Abläufe Änderungen unterworfen. Zwischen der Wirklichkeit und der Adaption des Kontrollinstrumentariums an veränderte Gegebenheiten liegt ein time lag.

Jedes implementierte System fördert die Dezentralisierung.

Das interne Kontrollsystem unterliegt dem Wirtschaftlichkeitsprinzip. Zu beachten ist die Reaktion zwischen den Kosten des Kontrollinstrumentariums und möglichen Risiken durch Fehler und Manipulationen.

Abbildung 44 veranschaulicht die Wirkungen zwischen

- Risiko von Fehlern bzw. Manipulationen und Kontrollkosten sowie
- Aufdecken von Fehlern und Kontrollintensität.

Sicherheitsbewusstsein und Kontrollintensität unterliegen im Zeitablauf Schwankungen. Falls sich über längere Zeit keine Beanstandungen ergeben, erlahmt das Kontrollbewusstsein. Wird ein gravierender Fehler oder eine Unterschlagung aufgedeckt, steigt es. Die Ursachen werden analysiert und Schwachstellen bzw. Lücken im Kontrollsystem geschlossen. Anpassungs- bzw. Verbesserungsmaßnahmen erhöhen Sicherheitsstandard und Effizienz des Kontrollsystems. Nach einer gewissen Zeit erlahmt das Sicherheitsbewusstsein, bis ein neues Ereignis eintritt und sich der Vorgang wiederholt.

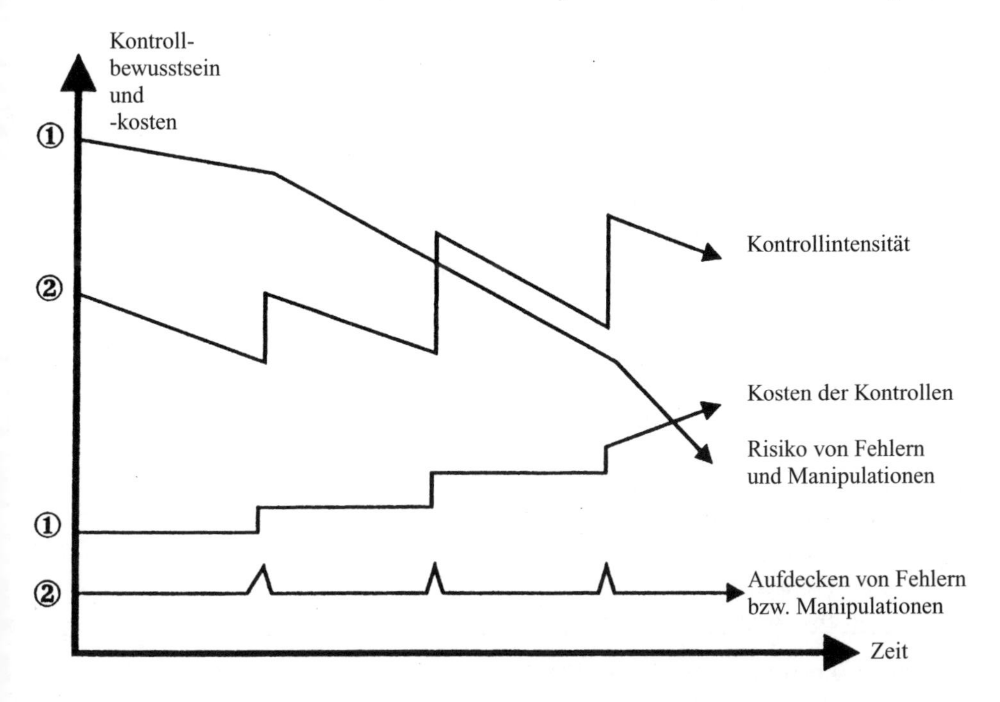

Abbildung 44: Wechselwirkungen zwischen Kontrollbewusstsein und Kosten

Mit abnehmender Unternehmensgröße sinkt die Möglichkeit, ein wirksames Überwachungsinstrumentarium zu installieren.

In derartigen Fällen sind die Grundsätze der internen Kontrolle durch verstärkte und regelmäßige (tägliche, wöchentliche bzw. monatliche) und fallweise Kontrollen der Unternehmensleitung im Rahmen der Geschäftsvorfälle bzw. Arbeitsabläufe wahrzunehmen.

10.1.2 Interne Revision und IKS

Die Überwachung des unternehmensinternen Kontrollinstrumentariums obliegt der Internen Revision. Die originäre Verantwortung für die Einrichtung und Unterhaltung hat die Geschäftsleitung.

Die Aufgabenstellung der Innenrevision bezüglich Prüfung und Beurteilung des IKS veranschaulicht Abbildung 45.

Im Rahmen jeder Prüfung sind Ordnungsmäßigkeit, Funktionssicherheit und Wirtschaftlichkeit des objektspezifischen IKS zu beurteilen. Durch Verbesserungsvorschläge werden festgestellte Schwachstellen und Lücken im IKS geschlossen.

Lfd. Nr.	**Interne Revision und IKS**
1.	Integraler Bestandteil des IKS
2.	Beurteilen der • Ordnungsmäßigkeit • Funktionssicherheit • Wirtschaftlichkeit des IKS im Zusammenhang mit Prüfungen
3.	Vorschläge zur • Abstellung von Schwachstellen • Schließen von Lücken im IKS
4.	• Sicherstellen der Verbesserungsvorschläge • Aktualisierung des IKS
5.	• Systemprüfungen (ex-post) • Systemberatung (ex-ante)
6.	Risikominimierung durch • Prüfungen • Beratungen

Abbildung 45: Interne Revision und IKS

Realisierung der Vorschläge ist Aufgabe der zuständigen Abteilung in Zusammenarbeit mit den Anwendern. Der Internen Revision obliegt die Erfolgskontrolle. Sie hat sicherzustellen, dass die Verbesserungsvorschläge realisiert und das IKS aktualisiert werden.

Darüber hinaus führt sie Systemprüfungen und Systemberatungen durch.

In kleinen und mittelständischen Betrieben ohne Revisionsfunktion liegt die Verantwortung für die Funktionsfähigkeit des IKS bei den Führungskräften.

10.1.3 Abschlussprüfer und IKS

Schwerpunkt im Rahmen der Jahresabschlussprüfung ist die Beurteilung des IKS. Das Fachgutachten 1/1988 nimmt dazu wie folgt Stellung: „Die Prüfung und Beurteilung des internen Kontrollsystems, insbesondere soweit es der Sicherung einer ordnungsmäßigen Rechnungslegung dient, bietet dem Abschlussprüfer die Möglichkeit, Art und Umfang seiner Prüfungshandlungen in zweckmäßiger Weise festzulegen. Er muss unter den gegebenen Verhältnissen sachgerecht entscheiden, welcher Stellenwert und welches Gewicht der Prüfung des internen Kontrollsystems im Rahmen der Jahresabschlussprüfung beizulegen sind und seine Prüfungshandlungen danach ausrichten; mit der Größe des zu prüfenden Unternehmens und fort-

Lfd. Nr.	**Jahresabschlussprüfer und IKS**
1.	Beurteilung der • Ordnungsmäßigkeit • Funktionssicherheit des IKS als Grundlage für die Durchführung der Abschlussprüfung
2.	Beurteilen des • Wirkungsgrades der Innenrevision als Grundlage für • Kenntnisnahme der Revisionsergebnisse • Zusammenarbeit im Rahmen der Pflichtprüfung
3.	• Systemprüfungen (ex-post) soweit sie den Jahresabschluss betreffen
4.	• Ordnungsmäßigkeit • Funktionssicherheit des IKS bilden die Grundlage für • Umfang • Intensität der Jahresabschlussprüfung

Abbildung 46: Abschlussprüfer und IKS

schreitender Automatisierung des Rechnungswesens wächst die Bedeutung der Prüfung des internen Kontrollsystems als sachgemäßer und vorrangiger Prüfungshandlung.“

Abschlussprüfer überzeugen sich vom Wirkungsgrad des unternehmensinternen Prüforgans als Grundlage für eine Kooperation und die Kenntnisnahme seiner Prüfungsergebnisse.

Abbildung 46 enthält die wesentlichen Punkte der Aufgabenstellung des Abschlussprüfers.

10.1.4 Organisation (Informatik) und IKS

Die Organisation unterstützt die Geschäftsleitung. Sie ist mit der Durchführung von Organisationsaufgaben betraut.

Sie gibt entscheidende Impulse für den reibungslosen und wirtschaftlichen Ablauf des betrieblichen Geschehens und für die Funktionsfähigkeit des IKS. Abbildung 47 enthält die Aufgabenstellung der Organisation.

Schwerpunkte bilden die Aufbau-, Ablauf- und Schnittstellenorganisation. Durch den integrierten Computereinsatzes gewinnt die Software in Form von Systemen und Subsystemen sowie Unterstützung der EDV und Fachabteilungen (Anwender) bei der Übernahme betrieblicher DV-gestützter Aufgaben bzw. das Mit-

Lfd. Nr.	**Organisation und IKS**
1.	Organisationspläne für • Gesamtunternehmen • Bereiche und Einheiten
2.	Dienstanweisungen • Stellenbeschreibungen • Funktionsabläufe
3.	Kompetenz für • Handbücher • Richtlinien • Anweisungen
4.	• Beleg- und Formulargestaltung • Dokumentation • Ablageort
5.	EDV-Software • System • Subsysteme
6.	Anweisungen für • zu implementierende Kontrollen

Abbildung 47: Organisation und IKS

wirken bei computergestützten Informations- und Textverarbeitungssystemen an Bedeutung.

In Untemehmen ohne „zentrale Organisationsabteilung" werden die Aufgaben von der Datenverarbeitung in Kombination mit den Anwendern übernommen.

10.1.5 Controlling und IKS

Aufgabe des Controllers, der – ebenso wie die Interne Revision – delegierte Managementaufgaben ausführt, ist es, mit seinen Informationen und Maßnahmen das Unternehmen – entsprechend der Zielvorstellung der Unternehmensleitung – auf „Kurs" zu halten. Durch ein funktionsfähiges Steuerungsinstrumentarium und Koordination der divergierenden Interessen der einzelnen Unternehmensbereiche ist sicherzustellen, dass die Zielgrößen erreicht werden.

Abbildung 48 zeigt Bestandteile des internen Kontrollsystems im Bereich des Controlling.

Aufgabe der zukunftsorientierten Steuerung und Kontrolle ist es, rechtzeitig technische, wirtschaftliche, administrative und soziale Veränderungen zu erkennen und geeignete und wirksame Maßnahmen einzuleiten, um Risikofaktoren zu minimieren.

Lfd. Nr.	Controlling und IKS
1.	Operative Unternehmensplanung • Gesamtplanung • Einzelpläne für Bereiche und Abteilungen
2.	• Implementieren von Frühwarnsystemen • Durchführen von Analysen
3.	Unternehmensberichterstattung • Managementinformationssysteme • Bereichsinformationssysteme • Abteilungsinformationssysteme • Kostenstelleninformationssysteme
4.	Steuerung über • Budgets • Kosten • Erlöse • usw.
5.	• Kontrolle • Korrektur • Feedback

Abbildung 48: Controlling und IKS

Kontrollen müssen, je nach Schwachstellen, Engpass und Bedeutung, täglich, wöchentlich, monatlich usw. erfolgen. Budgets, Standards und Schlüsselkennzahlen helfen, die Arbeit zu vereinfachen und zu objektivieren.

Die Bedeutung derartiger „Frühwarnsysteme" variiert je nach Sortiment, Marktstellung, Unternehmensgröße, Fertigungsstruktur, Standort, Umweltfaktoren, Finanzierungsvoraussetzungen und Ertragssituation.

Bei Abweichungen, die die Toleranzgrenzen überschreiten, werden die Störfaktoren bzw. Fehlerquellen analysiert und durch das Informationssystem Zieländerungen signalisiert. Der Controller überwacht Vollzug und Wirkung der Korrekturen.

Aufgabe des Controlles im Rahmen des Risikomanagements ist es, eine Konzeption zu entwickeln und Frühwarninformationen an die Managementebenen zur Verfügung zu stellen, um wirkungsvolle und schnelle Reaktionen sicherzustellen.

Eine schematische Darstellung der Steuerungs- und Korrekturmechanismen von der Zielsetzung bis zur Durchführung und Kontrolle enthält Abbildung 49.[145]

Fußnote 145 s. Seite 192

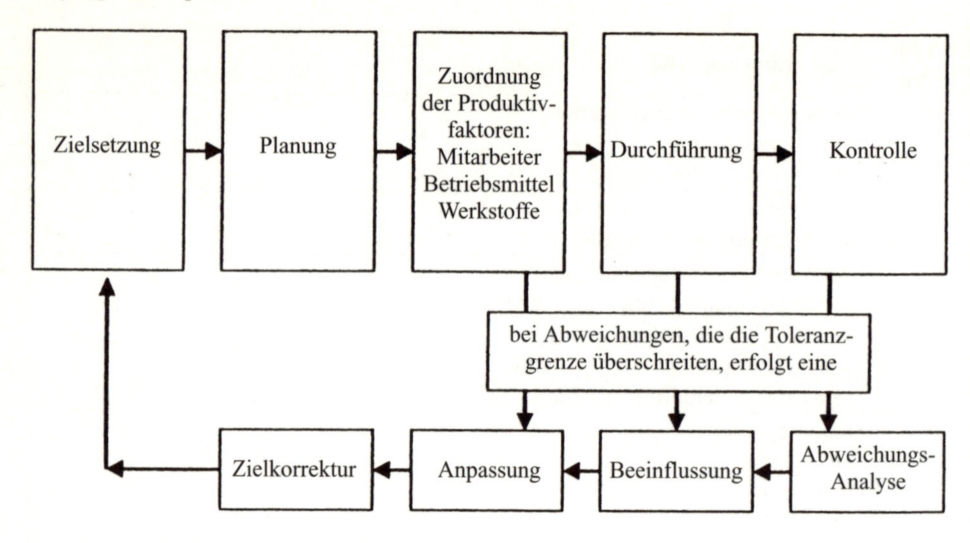

Abbildung 49: Steuerungs- und Korrekturmechanismen

10.1.6 Prüfobjektspezifisches IKS

Die Beurteilung der Funktionsfähigkeit des IKS ist ein entscheidender Einflussfaktor für die Prüfungsdurchführung. Der Stellenwert steigt mit dem Transaktionsvolumen bzw. der Sensibilität des Werte- und Datenflusses.

Darüber hinaus ist das IKS ein wichtiges Element in computergestützten Daten- und Informationsverarbeitungssystemen.

Die objektbezogene Prüfung des IKS ist eine auf den Prüfungsauftrag bezogene Verfahrensprüfung mit den Einzelphasen

- Aufnahme,
- Beurteilung und gegebenenfalls
- Verbesserung.

145 AICPA, Hrsg., Special Advisory Committee on Internal Control, Report on Internal Accounting Control, New York 1979; AICPA, Hrsg., Statement on Auditing Standards No. 1. The Auditors Study and Evaluation of Internal Control, New York 1982; Anthony, R.N. u.a., Management Control Systems, 5. Aufl., Homewood, Ill. 1984; Hofmann, R., Unternehmensüberwachung, 2. Aufl., Berlin 1993; Johnson, K.P. und Jaenicke, H.R., Evaluating Internal Control – Concepts, Guidelines, Procedures, Documentation, New York 1980; Mautz, R. u.a., Internal Control in US-Corporation. Financial Executive Research Foundation, New York 1980.

(1) Aufnahme
Sie bildet die Grundlage für die Gewinnung eines fundierten Kenntnisstandes. Feststellungen werden gewonnen durch:

- Interviews
  Auskünfte kompetenter Fachkräfte des Prüfobjektes (Ressort-, Bereichs-, Abteilungsleiter und sonstige Stelleninhaber). Eine Hilfe bieten unternehmensinterne oder externe Checklisten zum IKS. Sie vermitteln Informationen über Anforderungen, Erwartungen und die Soll-Konzeption.

- Aktenstudium
  Auswertung von Richtlinien, Anweisungen, Vorschriften und Handbüchern der betreffenden Organisation. Ferner Berichte und Analysen, aus denen Maßnahmen, Rahmenbedingungen und Entwicklungstendenzen transparent werden.

- Analysen
  Grundlage bilden dokumentierte Feststellungen des Revisors. Sie betreffen Vorgänge, Tatbestände und Abläufe.

(2) Beurteilung
Kriterien sind Funktionsfähigkeit, Sicherheit und Wirtschaftlichkeit.

Fehler entstehen durch unzureichende oder unqualifizierte Kontrollen.

Kontrollmaßnahmen sind so zu dimensionieren, dass der Nutzen aus einer Senkung des Fehlerrisikos höher ist als die dafür aufzuwendenden Kosten. Während Kosten zuverlässig schätzbar sind, ist es in der Praxis schwierig, den Nutzen zu quantifizieren.

In die Überlegungen sind einzubeziehen:

- Informationsgrundlagen
  Es handelt sich um Zahlen und Fakten aus Belegen, Aufzeichnungen, Auswertungen, Statistiken, Bildschirm-Anzeigen usw. Um systematische Kontrollen durchführen zu können, müssen Beurteilungskriterien systemgerecht geordnet und zugriffsbereit sein.

- Fehlerminimierung und -behebung
  Hohen Stellenwert haben den Arbeitsgängen vorgelagerte, fehlerverhindernde Kontrollen. Nachgelagerte Kontrollen müssen Fehler identifizieren und Korrekturen erzwingen. Einfluss auf das IKS haben Führungs- und Organisationsstruktur, Firmentradition, Betriebsgröße sowie Qualifikation und Verhalten der Mitarbeiter.

  Bei ausreichenden Kontrollen kann der Revisor deren Wirksamkeit durch mathematische Stichproben verifizieren. Bestehen Fehlermöglichkeiten ohne adäquate Kontrollen, liegt eine Schwachstelle bzw. Lücke vor, die intensivere Prüfungshandlungen erfordern.

(3) Korrekturen
Schwachstellen und Lücken sind durch Verbesserungsvorschläge zu schließen. Durch Erfolgskontrolle ist sicherzustellen, dass eine Abstellung in angemessener Zeit erfolgt.

10.2 Buchführung, Bilanz, Abschluss und Berichterstattung

Sie bilden Schwerpunkte im Bereich des Financial Auditing. Einbezogen sind:

- GoB
- Konzernrechnungslegung
- GoD, GoS, GoDs und GoM

10.2.1 Grundsätze ordnungsmäßiger Buchführung

Die im Zusammenhang mit Prüfungen und Beratungen zu beachtenden Grundsätze werden durch die Organisation der Buchführung vorgegeben. Zu unterscheiden ist zwischen:

- Übertragungsbuchführung (ältere Buchführungsformen)
- Durchschreibebuchführung und
- Elektronischer Datenverarbeitung (verschiedene Varianten)

Bei der Übertragungsbuchführung, die durch die Durchschreibebuchführung abgelöst worden ist, lag der Schwerpunkt der Prüfungen beim Nachvollziehen der Übertragungsschritte.

Die Durchschreibebuchführung ist dadurch charakterisiert, dass Konto und Grundbuch in einem Arbeitsgang beschriftet werden. Prüfungsschwerpunkte sind Vollständigkeit, Übereinstimmung zwischen Buchungsbeleg, Grund- und Hauptbuch, Übersichtlichkeit und Nachvollziehbarkeit. Organisationsanweisungen regeln die Abwicklung.

Abgelöst wurde die konventionelle EDV-Buchführung durch integriert arbeitende Systeme und Subsysteme. Mit Novellierung der AO und der §§ 38ff. HGB wird seit Anfang 1977 die Speicherbuchführung als ordnungsgemäß anerkannt.

Zwischen der Übertragungsbuchführung und der modernen Speicherbuchführung, die auf die individuellen Erfordernisse des Unternehmens abgestimmt ist, liegt eine beachtliche Entwicklung. Unabhängig von der Buchungsform müssen die Aufzeichnungen jeder Buchhaltung – gemäß § 239 Abs. 2 HGB, § 146 Abs. 1 Satz 1 AO – vollständig, richtig, geordnet, zeitgerecht und nachvollziehbar sein.

Die von Unternehmen angewandte Buchführungsform und die dabei zu beachtenden Grundsätze ordnungsmäßiger Buchführung bestimmen die Prüfungstechnik.

Bei maschinell arbeitenden Buchführungsformen sind folgende Fragen zu klären:

- Welche Rechenoperationen werden computergestützt ausgeführt?
- Bestehen Sicherungen gegen Fehler?
- Erfolgt eine Bearbeitung nach dem Durchschreibeprinzip oder wird die Systematik durch Übertragungsvorgänge unterbrochen?
- Erfolgt eine Grundbuchschreibung oder wird unmittelbar von Belegen bzw. Belegzusammenstellungen gebucht?
- Werden Buchungssymbole verwendet und sind sie prüfbar?
- Über welche Kontroll- und Abstimmöglichkeiten verfügt das System?
- Werden Abstimmungen durchgeführt, in welchen Intervallen und mit welchem Erfolg?
- Wie ist das Abstimmergebnis und wird es ordnungsgemäß dokumentiert?
- Wie werden Abstimmdifferenzen behandelt?
- Wie und wie lange werden die Buchungsunterlagen aufbewahrt?

Die Grundsätze ordnungsmäßiger Buchführung und Bilanzierung (GoB) wurden entsprechend den veränderten Rahmenbedingungen erweitert bzw. ergänzt durch:

- Grundsätze ordnungsmäßiger Datenverarbeitung (GoD)
- Grundsätze ordnungsmäßiger Speicherbuchführung (GoS)
- Grundsätze ordnungsmäßigen Datenschutzes (GoDS)
- Grundsätze ordnungsmäßiger Mikroverfilmung (GoM).

Abbildung 50 veranschaulicht die Weiterentwicklung der Grundsätze ordnungsmäßiger Buchhaltung.

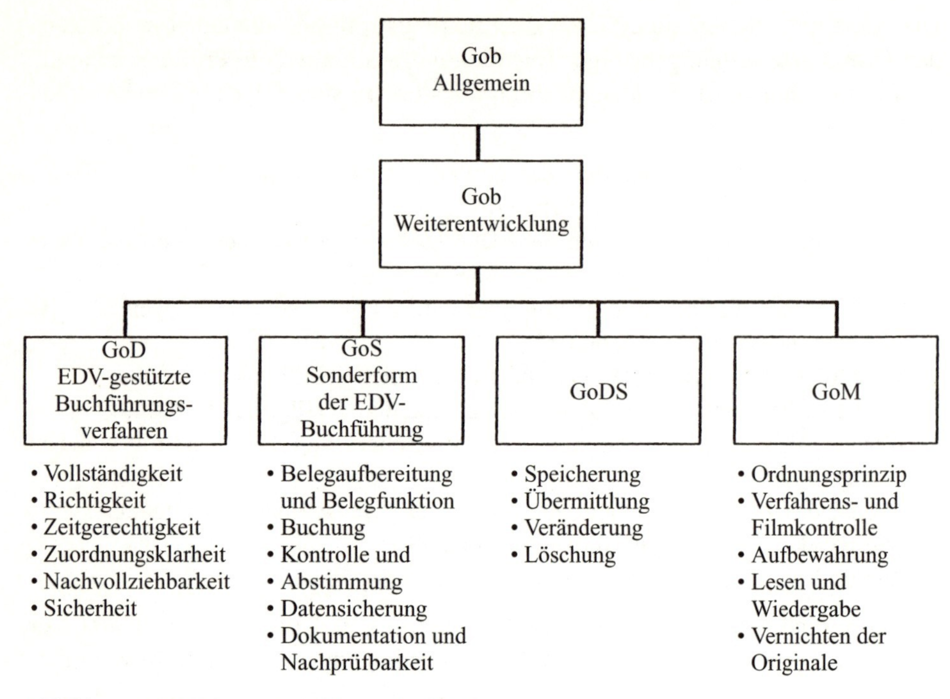

Abbildung 50: Weiterentwicklung der GoB

Die Diskussion um die GoB ist so alt wie das Handelsgesetzbuch.[146]

Ausgangspunkt für die Diskussion in der Fachwissenschaft und Prüfungslehre über die Gewinnung der GoB war ein Beitrag Schmalenbachs aus dem Jahre 1933.[147]

---

146 In der Denkschrift des HGB-Entwurfs von 1886 wurde die GoB wie folgt umschrieben: „Nach den Gepflogenheiten ordentlicher Kaufleute ist zu beurteilen, wie die Bücher geführt werden müssen".
Bereits das Preussische Landrecht (1794) kennt den Begriff „ordentliche Bücher" (§ 1468). Das DAHGB (1861) benutzt im Zusammenhang mit den Buchhaltungsvorschriften die Beifügung „ordnungsmäßig" und „ordnungsgemäß". Das 1900 in Kraft getretene Handelsgesetzbuch 1897 verwendet den Ausdruck „Grundsätze ordnungsmäßiger Buchführung" (§ 38).
Mit den Aktienrechtsreformen der Jahre 1931, 1937, 1959 und 1965 fixierte der Gesetzgeber die GoB, soweit es im Interesse der Öffentlichkeit notwendig erschien.
Durch das Gesetz zur Durchführung der 4., 7. und 8. EG-Richtlinie (BiRiLiG) vom 15. Dezember 1985 wurden im Dritten Buch HGB die für Kaufleute geltenden Buchführungsvorschriften zusammengefasst.

147 Schmalenbach, E., Grundsätze ordentlicher Bilanzierung, in: ZfhF 1933, S. 225 ff. Als Ausgangsgrundlage der GoB wählte Schmalenbach „die Ansichten ordentlicher und ehrenwerter Kaufleute".

Für den Berufsstand der Abschlussprüfer sind die vom IdW erlassenen Richtlinien verbindlich. Sie werden auch von der Wirtschaft übernommen.

Wie in Abbildung 51 dargestellt, umfassen die GoB

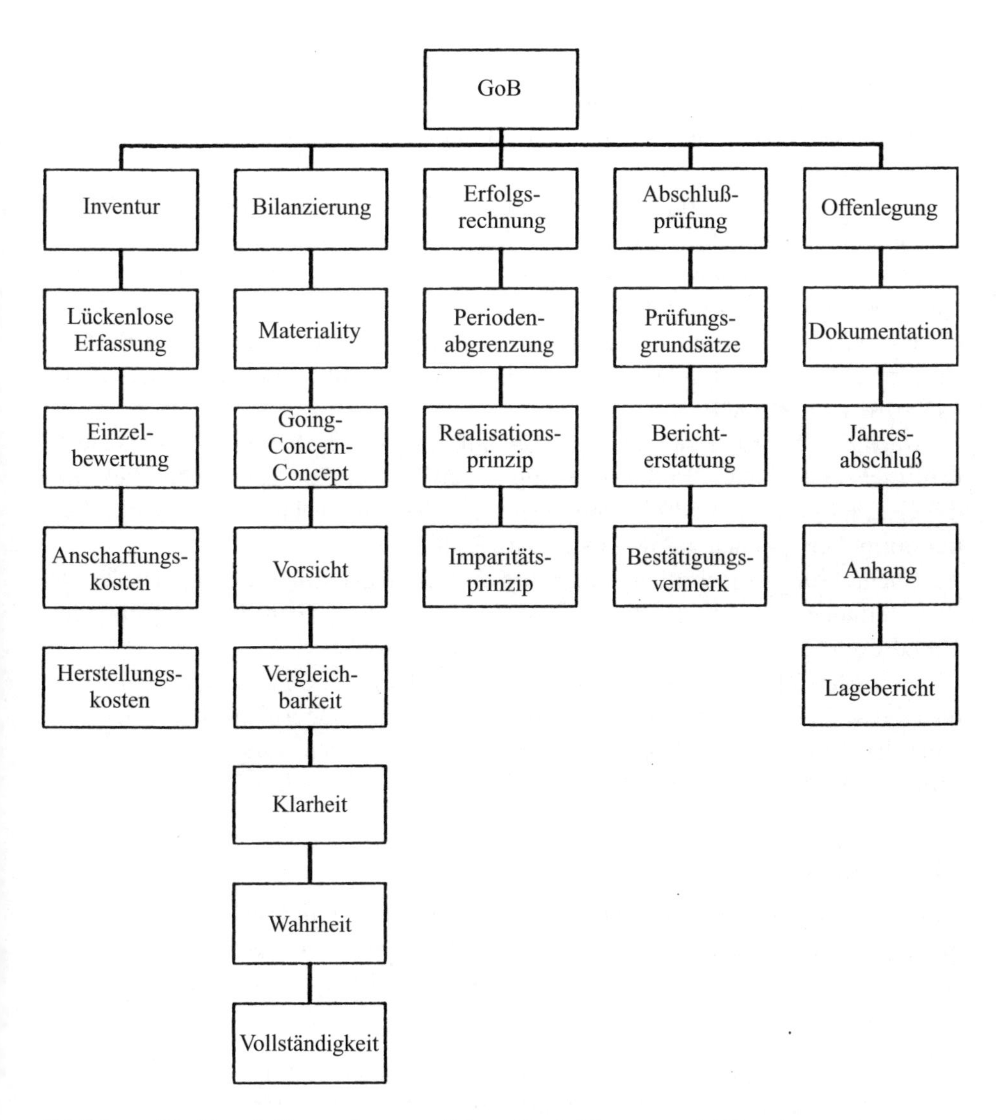

Abbildung 51: Grundsätze ordnungsmäßiger Buchführung und Bilanzierung

- Inventur,
- Bilanzierung,
- Erfolgsrechnung,
- Abschlussprüfung und
- Offenlegung.

Im Rahmen der Generalklausel des § 238 Abs. 1 HGB ist „jeder Kaufmann verpflichtet, Bücher zu führen und in diesen seine Handelsgeschäfte und die Lage seines Vermögens nach den Grundsätzen ordnungsmäßiger Buchführung ersichtlich zu machen".[148]

Das Steuerrecht übernimmt in § 5 Abs. 1 EStG den handelsrechtlichen Begriff der GoB (Maßgeblichkeit der Handels- für die Steuerbilanz).

Die Abgabenordnung (§ 140) schreibt vor, dass derjenige, der nach anderen Gesetzen als den Steuergesetzen Bücher und Aufzeichnungen zu führen hat, die für die Besteuerung von Bedeutung sind, diese Verpflichtungen auch für die Besteuerung zu erfüllen hat. Um welche anderen Gesetze es sich handelt, konkretisiert § 141 Abs. 1 Satz 2 AO.

Nach § 145 Abs. 1 AO muss die Buchführung so beschaffen sein, dass sie einem sachverständigen Dritten innerhalb angemessener Zeit einen Überblick über die Geschäftsvorfälle und die Vermögenslage des Unternehmens vermittelt. Ähnlich formuliert es auch § 238 Abs. 1 Satz 2 HGB.

Buchführungsvorschriften enthält ferner § 5 Abs. 1 EStG. Danach ist das Betriebsvermögen am Ende eines Geschäftsjahres nach den handelsrechtlichen Grundsätzen ordnungsmäßiger Buchführung auszuweisen.

§ 60 Abs. 2 EStDV bestimmt, dass bei Ermittlung des Gewinns nach § 4 Abs. 1 oder Abs. 5 EStG der Einkommensteuer-Erklärung eine Bilanz beizufügen ist. Falls der Abschluss Ansätze oder Erträge enthält, die den Vorschriften nicht entsprechen, sind sie durch Zusätze zu ergänzen (§ 60 Abs. 3 EStDV).

10.2.1.1 Inventur

Die Forderung nach einer ordnungsgemäßen Inventur ergibt sich aus der Überlegung, dass trotz lückenloser Dokumentation durch Schwund, Irrtum, Fehler, Diebstahl usw. am Bilanzstichtag die Salden der Bestandskonten mit den vorhandenen Beständen nicht übereinstimmen.

---

148 Hofmann, R., Grundsätze ordnungsmäßiger Buchführung und ihre Anpassung an sich ändernde Gegebenheiten, in: Der kaufmännische Geschäftsführer, 45. Nachl. 11/1991, S. 1–28; Hofmann, R., Kapitalgesellschaften auf dem Prüfstand, Ziff. 8 ff., Berlin 1992; Peter, K. u. a., Ordnungsmäßigkeit der Buchführung nach dem Bilanzrichtlinien-Gesetz und Buchführungs- und Aufzeichnungspflichten nach Handels- und Steuerrecht, 8. Aufl., Herne, Berlin 1987; Schildbach, T., Der handelsrechtliche Jahresabschluss, 2. Aufl., Herne, Berlin 1991.

- Erfassung
  Zur Sicherstellung der Übereinstimmung zwischen Soll und Ist hat ein Kaufmann gemäß § 240 Abs. 2 HGB zum Schluss eines jeden Geschäftsjahres sein Vermögen aufzunehmen, und zwar nach Art, Menge und Wert.

  Nach Abschnitt 30 Abs. 1 Satz 3 EStG kann die Inventur auch in Form der permanenten Inventur (§ 241 Abs. 2 HGB) erfolgen. Sie kann auch flexibel gestaltet werden (§ 241 Abs. 2 HGB), und zwar drei Monate vor oder zwei Monate nach Ende des Geschäftsjahres.

  Zulässig ist ferner eine Stichprobeninventur (§ 241 Abs. 1 HGB) mit Hilfe anerkannter mathematisch-statistischer Methoden.

  Eine ordnungsgemäß funktionierende, computergestützte Materialbuchhaltung vereinfacht die Inventur. Integriert arbeitende Systeme sind in der Lage, nach Klärung bestehender Mengendifferenzen die Bewertung in Übereinstimmung mit dem Programm durchzuführen.

- Bewertung
  Für die Positionen des Inventars sind die Werte unter Beachtung der gesetzlichen Vorschriften anzusetzen. Geprägt sind die Wertansätze durch das Vorsichtsprinzip.

  Der Grundsatz der Einzelbewertung für Vermögensgegenstände und Schulden ist zu beachten (§ 252 Abs. 1 Nr. 3 HGB sowie § 6 Abs. 1 EStG).

- Anschaffungskosten
  Bei abnutzbaren Anlagegütern dürfen die Wertansätze die Anschaffungskosten nicht übersteigen. In § 255 Abs. 1 HGB werden die Anschaffungskosten, die die obere Wertgrenze bilden, wie folgt definiert: „Anschaffungskosten sind die Aufwendungen, die geleistet werden, um einen Vermögensgegenstand zu erwerben und ihn in einen betriebsbereiten Zustand zu versetzen, soweit sie dem Vermögensgegenstand einzeln zugeordnet werden können".

- Herstellungskosten
  „Herstellungskosten" bestimmt § 255 Abs. 2 HGB wie folgt: Es „sind die Aufwendungen, die durch den Verbrauch von Gütern und die Inanspruchnahme von Diensten für die Herstellung eines Vermögensgegenstandes, seine Erweiterung oder für ein über seinen ursprünglichen Zustand hinausgehende wesentliche Verbesserung entstehen. Dazu gehören die Materialkosten, die Fertigungskosten und die Sonderkosten der Fertigung." Ferner angemessene Teile der Materialgemeinkosten und Fertigungsgemeinkosten; nicht hingegen Vertriebskosten. Die steuerlichen Bewertungsgrundsätze enthält Abschnitt 33 Abs. 7 EStG.

10.2.1.2 Bilanzierung

Bilanzierungsgrundsätze sind Teil der GoB. Ein Jahresabschluss ist das Ergebnis von Buchführung, Inventur und Bewertung. Wesentliche Aufgaben sind die Rechenschaftslegung und Dokumentation.

Zu beachtten sind:

- Materiality
  Ein aus der angelsächsischen Rechnungslegung übernommener Grundsatz der Wesentlichkeit. Er besagt, dass bei der Erstellung des Jahresabschlusses alle Tatbestände zu berücksichtigen sind, die für eine Beurteilung der Vermögens- und Ertragslage eines Unternehmens wesentlich sein können.

- Going-Concern-Concept
  Bei Erstellung des Jahresabschlusses „ist von der Fortführung der Unternehmenstätigkeit auszugehen, sofern dem nicht tatsächliche oder rechtliche Gegebenheiten gegenüberstehen“ (§ 252 Abs. 1 Nr. 2 HGB)

- Vorsicht
  Im Vorsichtsprinzip dominiert der Gläubigerschutz.

- Vergleichbarkeit
  Es handelt sich um die Bilanzkontinuität (Bewertungs- und Wertstetigkeit).

  Durch das BiRiLiG 1985 wurde der Grundsatz der materiellen Bilanzkontinuität aufgewertet. Unter formalen Gesichtspunkten ist der Grundsatz der Bilanzidentität wichtig.

- Klarheit
  Der Grundsatz der Klarheit (Bilanztransparenz) ergibt sich aus § 243 Abs. 2 HGB, wonach der Jahresabschluss „klar und übersichtlich“ aufzustellen ist. Ein Abschluss muss für einen sachverständigen Dritten verständlich sein und eine sicheren Einblick in die Ertrags- und Vermögenslage gewährleisten.

- Wahrheit und Richtigkeit
  Es handelt sich um den Grundsatz der Willkürfreiheit. Wahrheit ist ein relativer Begriff und in der Bilanz unerreichbar. Gefordert wird eine weitgehende Übereinstimmung mit der Realität. Nach § 264 Abs. 2 Satz 1 HGB hat der Jahresabschluss „ein den tatsächlichen Verhältnissen entsprechendes Bild der Ertrags- und Vermögenslage“ (true and fair view) zu vermitteln

- Vollständigkeit
  Gemäß § 264 Abs. 1 HGB hat der Jahresabschluss „sämtliche Vermögensgegenstände, Schulden, Rechnungsabgrenzungsposten, Aufwendungen und Erträge zu enthalten, soweit gesetzlich nichts anderes bestimmt ist“ (Vollständigkeit). „Posten der Aktivseite dürfen nicht mit Posten der Passivseite, Aufwendungen nicht

mit Erträgen, Grundstücksrechte nicht mit Grundstückslasten verrechnet werden" (Verrechnungsverbot, § 246 Abs. 2 HGB).

10.2.1.3 Erfolgsrechnung

Der Bilanzierende hat nach § 275 HGB ein Verfahrenswahlrecht zwischen dem Gesamtkostenverfahren (Produktionskostenverfahren) und dem international gebräuchlichen Umsatzkostenverfahren.

- Periodenabgrenzung
  Der Jahresabschluss bildet eine Zäsur im betrieblichen Geschehen einer Unternehmung von der Gründung bis zur Liquidation (§ 240 Abs. 1 und § 264 Abs. 1 HGB). Er unterteilt die Totalperiode in Teilperioden (Geschäftsjahre) und ermittelt den Jahreserfolg. Analoge Überlegungen treffen zu für die monatliche, quartalsweise und halbjährlich erstellte Bilanz und Erfolgsrechnung.

  Durch den Jahresabschluss soll der Gewinn des Geschäftsjahres ermittelt werden (§ 242 Abs. 2 HGB und § 40 EStG). Der Grundsatz der Periodenabgrenzung ist formuliert in § 252 Abs. 1 Nr. 2 HGB.

- Realisationsprinzip
  Geschäfte sind bis zum Zeitpunkt der Realisierung mit den Anschaffungs- oder Herstellungskosten zu bewerten. Gewinne sind nur zu berücksichtigen, wenn sie am Bilanzstichtag vom Markt durch einen Umsatzakt oder durch eine von Unternehmen bewirkte Leistung akzeptiert (abgenommen) worden sind und das Risiko voll auf den Geschäftspartner (Besteller) übergegangen ist.

- Imparitätsprinzip
  Negative Erfolgskomponenten sind in der Periode, in der sie entstehen erfolgswirksam zu verbuchen.

  Im Handelsrecht gilt das „Niederstwertprinzip". Nach § 253 Abs. 2 HGB sind dauernde Wertminderungen bei Gegenständen des Anlagevermögens durch außerplanmäßige Abschreibungen zu berücksichtigen. Bei Vermögenswerten des Umlaufvermögens ist der niedrigere Zeitwert anzusetzen (§ 253 Abs. 3 HGB). Für drohende Verluste aus schwebenden Geschäften sind Rückstellungen zu bilden (§ 249 Abs. 1 Satz 1 HGB).

10.2.1.4 Abschlussprüfung

Die GoB umfassen die Normen, die das Verhalten und Vorgehen von Abschlussprüfern steuern. Bestandteile sind in Gesetzen mit Rechtsnormcharakter enthalten, andere wurden durch den Berufsstand der Wirtschaftsprüfer entwickelt. Sie sind von Abschlussprüfern zu beachten, damit dem gesetzlichen Auftrag (Pflichtprüfung) und den Anforderungen der WPO entsprochen wird.

- Prüfungsgrundsätze
  Die Grundsätze (FG 1 bis 3 des IdW) richten sich an Abschlussprüfer (WP und vBP). Aufgabe und Umfang der Abschlussprüfung sind in § 318 HGB geregelt.

  Vorschriften über die Auswahl der Abschlussprüfer enthält § 319 HGB. Über das Ergebnis ihrer Prüfung ist schriftlich zu berichten (§ 321 HGB und § 6 Abs. 1 PublG).

- Berichterstattung
  Im FG 2/1988 des IdW sind die allgemeinen Berichtsgrundsätze zusammengefasst.

  Aus dem Bericht muss hervorgehen, ob und inwieweit es sich bei den Feststellungen um eigene Ergebnisse oder um Prüfungsfeststellungen Dritter handelt.

- Bestätigungsvermerk
  Im FG 3/1988 des IdW sind die Grundsätze für die Erteilung von Bestätigungsvermerken bei Abschlussprüfungen festgelegt. Der Wortlaut ist in § 322 Abs. 1 HGB zwingend vorgeschrieben.

10.2.1.5 Offenlegung des Jahresabschlusses und Konsequenzen bei Bilanzverstößen

- Dokumentation
  Der Jahresabschluss hat eine Dokumentationsfunktion.

- Jahresabschluss
  Kapitalgesellschaften unterliegen der Publizitätspflicht (§ 325 Abs. 1 HGB). Für kleine und mittelgroße Gesellschaften bestehen Erleichterungen im Umfang in der Offenlegung. Große Kapitalgesellschaften müssen offenlegen: Jahresabschluss und Anhang, Bestätigungsvermerk des Abschlussprüfers, Lagebericht, Bericht des Aufsichtsrates, Ergebnisverwendungsvorschlag und Aufteilung des Anteilsbesitzes.

- Anhang
  Gemäß § 264 Abs. 1 HGB ist der Jahresabschluss um einen Anhang zu erweitern. Er erfüllt eine Interpretations-, Korrektur-, Entlastungs- und Ergänzungsfunktion, indem er Auskünfte über Bilanzierungs- und Bewertungsmethode, Hinweise auf Abweichungen gegenüber Vorjahren, Informationen über Bilanz- und Erfolgsrechnung sowie nicht bilanzierungsfähige Sachverhalte vermittelt.

- Lagebericht
  Ergänzt wird der Jahresabschluss durch den Lagebericht (§ 289 HGB).

  Er soll Vorgänge von besonderer Bedeutung, die nach Ende des Geschäftsjahres eingetreten sind, enthalten und die künftige Entwicklung der Gesellschaft aufzeigen.

Abbildung 52 zeigt die Folgen bei Verstößen gegen die GoB.
Es handelt sich um Mängel des Jahresabschlusses.

- Formelle Verstöße: Fehler bei Belegnachweisen und Aufbewahrungsfristen, Nichtbeachten der Bilanzierungsvorschriften, Unterlassen zeitnaher Berichterstattung, Verstöße gegen Prüfungs- und Veröffentlichungspflichten.
- Materielle Verstöße: Systemfehler in der Buchführung, Bewertungsfehler, Ausweisfehler.

Tatbestand	**Konsequenzen**	**Gesetzliche Grundlagen**
Unrichtige Darstellung	strafbar	§ 331 HGB
Verstöße gegen Form, Inhalt und Bewertung	Ordnungswidrigkeit	§ 334 HGB
Verstöße gegen Aufstellungspflicht	Zwangsgeld	§ 335 HGB
Bei Aktiengesellschaften		
Verstöße gegen Gläubigerschutzinteressen	Nichtigkeit	§ 256, I AktG
Verstöße gegen Klarheit und Übersichtlichkeit		§ 256, IV AktG
Verstöße gegen die Bewertung		§ 256, V AktG
Unvollständigkeit von Angaben	Sonderprüfung	§ 258 AktG

Abbildung 52: Folgen von Finanzierungsverstößen

10.2.2 Grundlage von Konzernabschlüssen

Mit dem Kapitalaufnahmeerleichterungsgesetz vom 20. April 1998 besteht für deutschen Obergesellschaften bzw. Holdings die Möglichkeit, den Konzernabschluss nach international anerkannten Normen, zu erstellen.

Für die Rechnungslegung und Berichterstattung stehen, wie aus Abbildung 53 ersichtlich, drei Varianten zur Auswahl:

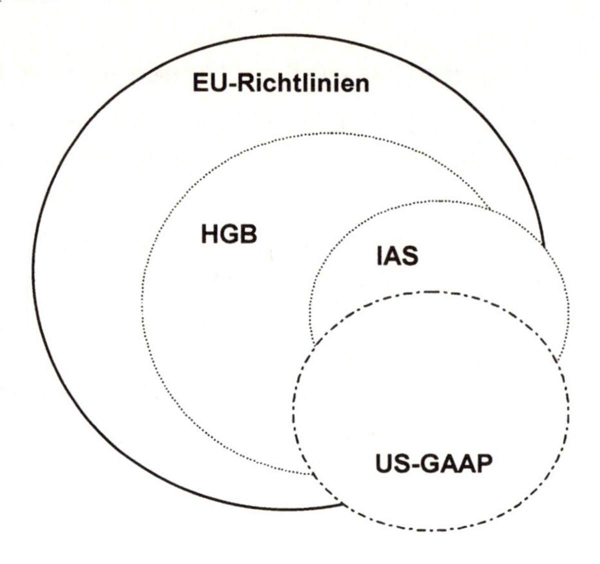

Abbildung 53: Konzernrechnungslegungsstandards

- EU-Richtlinien (Bilanzrichtliniengesetz 1985), HGB und AktG
- International Accounting Standards (IAS)
- Generally Accepted Accounting Principles (US-GAAP)

Die Globalisierung der Märkte veranlasst transnationale Unternehmen zu einem Übergang auf internationale Rechnungslegungsstandards. Der entscheidende Grund liegt in dem von den Konzernen gewünschten Listing und in der größeren Akzeptanz am Kapitalmarkt sowie an den internationalen Börsenplätzen, vor allem in den USA.

Eine Konzernberichterstattung nach IAS bzw. US-GAAP unterstützt die Unternehmenspublizität unter dem Aspekt des konsequenten Wertmanagements.

10.2.2.1 Abschluss nach EU-Richtlinie und HGB

Die auf die Interessen der Mitgliedsländer zugeschnittene EU-Richtlinie ist eine Kompromisslösung mit zahlreichen Wahlrechten und Gestaltungsmöglichkeiten.

In Deutschland gilt der Grundsatz „der Maßgeblichkeit der Handels- für die Steuerbilanz". Dies hat zur Folge, dass Handelsbilanzen entscheidend durch steuerliche Aspekte geprägt sind.

10.2.2.2 Abschluss nach IASC

Von der Konzeption betrachtet, ist das 1973 in London von Abschlussprüfern gegründete IAS ein internationaler Standard, wobei das IASC über keine Möglichkeit zur Durchsetzung der IAS verfügt. Es ist auf die freiwillige Anwendung durch Unternehmen angewiesen. Positiv wirkt die Kooperation mit der International Organization of Securities Commissions (IOSCO).

Die Entwicklung von Grundlagenpapieren ist ein komplizierter Prozess, der zur Zeit rund 40 IAS-Standards umfasst. Inhaltlich haben sie eine starke Affinität zu den US-GAAP.

10.2.2.3 Abschluss nach US-GAAP

Die Rechnungslegungsstandards der USA sind die Generally Accepted Accounting Principles. Sie gelten formal für mehr als 1.500 börsennotierte Corporations und sind auf die Informationsbedürfnisse von Anlegern und Investoren abgestimmt. Darüber hinaus finden sie Eingang in amerikanische Kreditverträge zur Festlegung und Abgrenzung der Rechte und Pflichten von Unternehmen und Kreditgebern.

1973 delegierte die für die Normgebung zuständige Securities and Exchange Commission (SEC) ihre Kompetenzen an das Financial Accounting Standards Board (FASB).[149]

Inzwischen sind die Verlautbarungen des FASB in mehr als einhundert Statements zusammengefasst.[150]

10.2.2.4 Unterschiede in der Konzernrechnungslegung

Ein entscheidender Grund für die Sonderregelung des deutschen Gesetzgebers war die Überlegung, dass Konzernabschlüsse im wesentlichen eine Informationsfunktion haben. Dadurch werden Eingriffe in das Recht des Jahresabschlusses, soweit sie die Ermittlung des Jahreserfolgs und die Beachtung des Maßgeblichkeitsprinzips betreffen, vermieden. Ferner bleiben gesellschaftsrechtliche Bestimmungen, beispielsweise §§ 57, 58 AktG, und Normen zur steuerlichen Gewinnermittlung von

149 Daten zur Entwicklung der US-GAAP: (1) Der Berufsstand der Abschlussprüfer (AICPA) veröffentlichte in 1918 eine Empfehlung zur Rechnungslegungspraxis. (2) NYSE und AICPA beschlossen 1930 die Rechnungslegung börsennotierter Corporations zu verbessern. (3) Gründung der SEC in 1934. (4) Beginn der Accounting Series Releases (ASR) in 1938. (5) Gründung des Accounting Principles Board (APB) in 1958. (6) Gründung des FASB in 1973. (7) Herausgabe des Statement of Financial Accounting Concepts No 1 in 1978.

150 Beispielsweise in: Statements of Financial Accounting Standards (SFASB), Statements of Financial Accounting Concepts (SFAC), Interpretations von SFAC und Technical Bulletins zu Stellungnahmen der FASB.

Nr.	Auswahlkriterien	Rechnungslegungsstandard		
		HGB	IAS	US-GAAP
1	Zielsetzung	Gläubigerschutz. Information durch Anhang und Lagebericht	Schutz der Investoren durch vergleichbare, entscheidungsrelevante und zuverlässige Informationen	
2	Immaterielle Vermögensgegenstände (in eigerner Regie erstellt)	Aktivierungsverbot für Anlagegegenstände	Aktivierungsverbot, falls Ansatzvoraussetzungen erfüllt sind. Sonderregelung für F+E-Aufwendugen	
3	Finanzanlagen	Bewertung zu Anschaffungskosten, Außertplanmässige Afa bei Folgebewertung	Zugang zu Anschaffungskosten. Folgebewertung zum Zeitwert (fair value)	
4	Auftragsfertigung	Gewinnrealisierung erst nach Auftragserfüllung	Möglichkeit der Realisierung von Teilgewinen nach zuverlässiger Schätzung des Auftragsfortschritts	
5	Pensionsrückstellungen	Keine Berücksichtigung der Gehalts- und Rentendynamik. Zinssatz 3 - 6 %	Berücksichtigung der Gehalts- und Rentendynamik. Marktzins.	
6	Latente Steuern	Aktivierungswahlrecht für aktive latente Steuern im Einzelabschluss. Pflicht im Konzernabschluss. Verbot für aktive latente Steuern auf Verlustvorträge.	Grundsätzlich Aktivierungspflicht für aktive lantente Steuern. Ansatz zum Net Realizable Value	
7	Finanzinstrumente	Ausweis uneinheitlich.	Grundsätzlich Marktbewertung. (fair value accounting)	

Abbildung 54: Unterschiede zwischen den Rechnungslegungsstandards

internationalen Bilanzierungsregeln unbeeinflusst. In Abbildung 54 sind die Unterschiede zwischen den Rechnungslegungsstandards skizziert.

Jedes der Rechnungslegungssysteme hat, entsprechend der mit dem Jahresabschluss verbundenen Zielvorstellung, Vor- bzw. Nachteile. Global operierende Gesellschaften, die internationale Vergleichbarkeit in ihrer Berichterstattung anstreben, müssen sich für eines der Systeme entscheiden. Eine Präferenz ist aufgrund der Konzernabschlüsse der in die Untersuchung einbezogenen Konzerne nicht feststellbar.

Ein Übergang auf internationale Rechnungslegungsstandards bewirkt aufgrund der unterschiedlichen Zweckbestimmung der Systeme sowohl beim Eigenkapital als auch beim Ergebnis günstigere Ausgangsgrößen als beim HGB-Abschluss.[151]

151 Siehe Hofmann, R. und Hofmann, I., Globalisierung. Challenge für die Akteure der Corporate Governance, 2. Aufl., Bochum 2002, insbesondere die Ausführungen zu Ziff. 10.1.5, S. 191 ff.

Abschließend sei bemerkt, dass sich Jahresabschluss und Publizität in einem Wandel befinden von den traditionellen auf Kapitalgesellschaften orientierten Anforderungen der Rechnungslegung, Berichterstattung, Unternehmenssteuerung und Prüfung auf die veränderten Rahmenbedingungen des globalen Kapitalmarktes.

Die zur Diskussion stehenden Varianten für den Konzernabschluss sind für Outsider schwer beurteilbar. Für die Zulassung an der New Yorker Börse ist ein US-GAAP-Abschluss vorgeschrieben. Das Regelwerk hat, wie im Fall ENRON und die den Abschluss prüfende renommierte Prüfungsgesellschaft – sicherlich kein Einzelfall – signalisiert, mit den Möglichkeiten der Auslagerung von Schulden und Verlusten (special purpose enteties) auf Gesellschaften, die nicht Gegenstand des Konzernabschlusses sind, gravierende Konsequenzen auf Aussagefähigkeit, Solvenz und Seriosität des präsentierten Abschlusses.

Die EU-Kommission sieht in dem Entwurf von Februar 2001 für kapitalmarktorientierte Unternehmen ab 2005 einen IAS-Abschluss vor. Eine Schwierigkeit besteht darin, die Akzeptanz der IAS-Rechnungslegung in den USA zu erreichen. Das ist wichtig für Gesellschaften, die die US-GAAP-Bilanzierung für die externe Berichterstattung und interne Unternehmenssteuerung gewählt haben, und an einer erneuten Umstellung nicht interessiert sind. Ein weiteres zu lösendes Problem in Deutschland ist die Einbeziehung der Einzelabschlüsse in ein einheitliches Regelwerk.

10.2.3 Grundsätze ordnungsmäßiger Datenverarbeitung (GoD) und Speicherbuchführung (GoS)

Bei computergestützten Buchführungssystemen sind die GoB zu erfüllen.[152]

Die GoD sind das Ergebnis der Auslegung und Umsetzung der GoB für computergestützte Systeme. Hierzu wurden Anwendungssysteme für Datenverarbeitungsanlagen entwickelt, bei denen die allgemeinen Grundsätze der formellen Ordnungsmäßigkeit, wie

- Vollständigkeit
  Ausführliche Verfahrensdokumentation, Führen der erforderlichen Bücher und Aufzeichnungen, lückenlose und vollständige Erfassung, Verarbeitung und Ausgabe der Geschäftsvorfälle.

- Richtigkeit
  Zugangskontrollen zum Computer (Passwordregelungen). Formell und materiell

152 FAMA, Zur Auslegung der Grundsätze ordnungsmäßiger Buchführung beim Einsatz von EDV-Anlagen im Rechnungswesen, in: WPg 1975, S. 555 ff. Schuppenhauer, R., Grundsätze für eine ordnungsmäßige Datenverarbeitung (GoDV), Handbuch der EDV-Revision. 4. Aufl., Düsseldorf 1992.

richtige Verarbeitung der Daten, auch im Massenverkehr. Einbau von Abstimmungen, Prüfroutinen und Plausibilitätskontrollen.

- Zeitgerechtigkeit
  Laufende, chronologische Buchungsabwicklung.

- Zuordnungsklarheit
  Verwendung einer lebenden Sprache, aussagefähige Kontenpläne und Kontierungsrichtlinien, Grundsatz der Einzelbuchung.

- Nachvollziehbarkeit
  Jeder Geschäftsvorfall muss von seinem Ursprung bis zur Dokumentation nachvollziehbar (prüfbar) sein.

  Beim Verarbeitungsverfahren handelt es sich um die Verfahrensdokumentation, d.h. die sachlogische Beschreibung des Verfahrens sowie Anweisungen zur Regelung der Kommunikation des Abrechnungsverfahrens mit dem Gesamtsystem der Buchführung.

  Änderungen des Abrechnungsverfahrens sind in der Dokumentation kenntlich zu machen, damit eine zeitliche Abgrenzung der einzelnen Verfahrensversionen gewährleistet ist.

- Sicherheit
  Störungen dürfen auf die Verarbeitung der Daten hinsichtlich Funktionsfähigkeit und Ordnungsmäßigkeit keinen Einfluss ausüben. Sie müssen erkennbar und in ihren Auswirkungen korrigierbar sein.

  Die an EDV-Anlagen zu stellenden Anforderungen sind in der Stellungnahme des Fachausschusses für maschinelle Abrechnungssysteme des Instituts der Wirtschaftsprüfer 1/1988 zur Auslegung der Grundsätze ordnungsmäßiger Buchführung beim Einsatz von EDV-Anlagen im Rechnungswesen zusammengefasst.

Die GoD gelten sowohl für Mikro- als auch für Großcomputer.

Die Speicherbuchführung ist ein Sonderfall der EDV-Buchführung. Im Schreiben des Bundesministers für Finanzen vom 5. 7. 1978, IV A 7 – S 0136-7/78 (BStBl. 1, 250) wird die Speicherbuchführung wie folgt definiert: „Die Speicherbuchführung besteht darin, dass die Buchungen auf maschinell lesbaren Datenträgern aufgezeichnet (gespeichert) und bei Bedarf für den jeweils benötigten Zweck einzeln oder kumulativ (verdichtet) lesbar gemacht werden. Die Buchungen müssen einzeln und geordnet nach Konten und diese fortgeschrieben nach Kontensummen oder Salden sowie nach Abschlusspositionen dargestellt werden können. Sie müssen in angemessener Frist lesbar gemacht werden können.

Im Rahmen der GoS sind zu beachten:

- Belegaufbereitung und Belegfunktion
  Buchungen sind durch Einzel-, Sammel- oder Dauerbelege nachzuweisen und so aufzubereiten, dass eine ordnungsgemäße Verarbeitung sichergestellt ist. Belege können auch auf Datenträgem hergestellt werden.

- Buchung
  Geschäftsvorfälle sind nach einem Ordnungsprinzip zeitgerecht zu erfassen und auf einem Datenträger (Lochstreifen, Magnetband, Magnetplatte, Magnettrommel) verarbeitungsfertig zu speichern. Sie können auch innerhalb des EDV-Systems erzeugt und auf Datenträgern gespeichert werden.

- Kontrolle und Abstimmung
  Vollständigkeit und Richtigkeit sind durch organisatorische Vorkehrungen (Kontrollen) sicherzustellen.

- Datensicherheit
  Während der Aufbewahrungspflichten ist eine sichere Speicherung der Daten zu gewährleisten.

- Dokumentation und Prüfbarkeit
  Ein sachverständiger Dritter muss in der Lage sein, die formelle und sachliche Richtigkeit der Speicherbuchführung zu prüfen. Erforderlich ist eine aussagefähige Dokumentation.

- Aufbewahrung und Sicherung der Datenträger
  Datenträger mit Buchungen müssen 10 Jahre und solche mit Belegfunktion 6 Jahre aufbewahrt werden.

10.2.3.1 Grundsätze ordnungsmäßigen Datenschutzes (GoDS)

Das Gesetz zum Schutz vor Missbrauch personenbezogener Daten bei der Datenverarbeitung (Bundesdatenschutzgesetz – BDSG) wurde am 27. 1. 1977 erlassen (BGBl. I, 201). Seit dem 1. 1. 1978 ist die Verarbeitung mit den Phasen

- Speicherung,
- Übermittlung,
- Veränderung und
- Löschung

nur zulässig (§ 1 Abs. 1 BDSG), wenn dies durch das BDSG oder eine andere Rechtsvorschrift erlaubt ist, oder wenn der Betroffene seine vorherige Zustimmung erteilt hat.

Die Ordnungsmäßigkeit, Sicherheit und Prüfbarkeit sind Gegenstand der GoB bzw. GoD und GoS. Das BDSG gilt für alle betrieblichen Funktionsbereiche, die personenbezogene Daten verarbeiten, insbesondere für die DV und die in ihr beschäftigten Personen.[153]

Der DV und ihren Mitarbeitern ist es untersagt, geschützte personenbezogene Daten, soweit diese in Dateien gespeichert, verändert, gelöscht oder aus Dateien übermittelt werden, unbefugt zu einem anderen als dem zur Aufgabenerfüllung bestimmten Zweck zu verarbeiten, bekanntzugeben, zugänglich zu machen oder zu verwenden.

Gemäß § 28 BDSG haben Unternehmen (§ 22 Abs. 1 und 2 BDSG), die „personenbezogene Daten automatisch verarbeiten und hierbei mindestens 5 Mitarbeiter ständig beschäftigen, einen Beauftragten für den Datenschutz (DSB) schriftlich zu bestellen".

Ein DSB muss über die zur Erfüllung seiner Aufgabe erforderlichen Fachkenntnisse und Zuverlässigkeit verfügen. Er ist unmittelbar dem Inhaber, dem Vorstand bzw. Geschäftsführer zu unterstellen. Bei der Anwendung seiner Fachkunde auf dem Gebiet des Datenschutzes ist er weisungsfrei.

Die Aufgaben des DSB enthält § 29 BDSG. Der DSB hat insbesondere:

(1) „Eine Übersicht über die Art der gespeicherten personenbezogenen Daten und über die Geschäftszwecke und Ziele, zu deren Erfüllung die Kenntnis dieser Daten erforderlich ist, über deren regelmäßige Empfänger sowie über die Art der eingesetzten automatisierten Datenverarbeitungsanlagen zu führen."

(2) „Die ordnungsmäßige Anwendung der Datenverarbeitungsprogramme, mit deren Hilfe personenbezogene Daten verarbeitet werden sollen, zu überwachen."

(3) „Die bei der Verarbeitung personenbezogener Daten tätigen Personen durch geeignete Maßnahmen mit den Vorschriften dieses Gesetzes sowie anderen Vorschriften über den Datenschutz, bezogen auf die besonderen Verhältnisse in diesem Geschäftsbereich und die sich daraus ergebenden besonderen Erfordernisse für den Datenschutz, vertraut zu machen."

(4) „Bei der Auswahl der in der Verarbeitung personenbezogener Daten tätigen Personen beratend mitzuwirken."

In Zweifelsfällen kann der DSB sich an die Aufsichtsbehörde (§ 30 BDSG) wenden.

Zwischen den Aufgaben des DSB und der Internen Revision, die alle Unternehmensaktivitäten – auch die des DSB – prüft, besteht ein Beziehungszusammenhang und eine Kooperation.

---

153 Prüfungsfragebogen für den Datenschutzbeauftragten, in: Revision der lektronischen Datenverarbeitung. Kommentierte Prüfungsfragen für die Revisionspraxis. Arbeitskreis „Revision der elektronischen Datenverarbeitung" des IIR, Hrsg., 4. Aufl., Berlin 1982, S. 82 ff.

Beide Funktionen sind der Unternehmensleitung unterstellt. Der DSB ist bei der Anwendung seiner Fachkunde auf dem Gebiet des Datenschutzes weisungsfrei. Die Interne Revision als prozessunabhängiges Überwachungsinstrument der Unternehmensleitung prüft das gesamte Gebiet des Datenschutzes. Der DSB gibt darüber hinaus der Internen Revision Anregungen für Prüfungen auf dem Sektor Datenschutz.

Vom BDSG wird kein Sicherungsverfahren explizit gefordert, lediglich die Sicherungswirkung postuliert.

- Zulässigkeit der Datenverbeitung
  Es ist zu prüfen, ob die Verarbeitung personenbezogener Daten im Unternehmen im Sinne der §§ 3, 23–25, 27 und 31–37 BDSG zulässig ist.
- Datengeheimnis
  § 5 BDSG schreibt eine Verpflichtung der DV beschäftigten Personen auf das Datengeheimnis vor.
- Auskunftspflichten
  §§ 26 und 34 BDSG behandeln Fragen der Auskunftserteilung an Betroffene.
- Amtsführung
  Vorschriften, die den DSB betreffen, enthalten §§ 28, 29 und 38 BDSG.

10.2.3.2 Grundsätze ordnungsmäßiger Mikroverfilmung (GoM)

Im Schreiben des Bundesfinanzministers vom 1. 2. 1984 – IV A 7 – S 0318-1/84 ist die Verwendung von Mikrofilmaufnahmen zur Erfüllung gesetzlicher Aufbewahrungspflichten (GoM) fixiert.

Die GoM gelten „nur für die herkömmliche Schriftgutverfilmung und nicht für andere Aufzeichnungs- und Speicherverfahren“[154].

Um Fälschungen und Verfälschungen auszuschließen, muss der Aufbewahrungspflichtige durch zusätzliche Kontrollmaßnahmen sicherstellen, dass die Mikrofilmaufnahmen bei ihrer Lesbarmachung mit dem Original übereinstimmen (§ 147 Abs. 2 Nr. 1 AO). Die Aufnahmen müssen während der Dauer der Aufbewahrungsfrist (§ 147 Abs. 3 AO) verfügbar sein und jederzeit innerhalb angemessener Frist lesbar gemacht werden können (§ 147 Abs. 2 Nr. 2 AO).

Das bei der Aufzeichnung angewandte Verfahren muss den GoB entsprechen (§ 147 Abs. 2 Satz 1 AO). Somit sind die Mikrofilm-Grundsätze eine Ergänzung der GoB.

Folgende organisatorische Maßnahmen (Verfahrensbeschreibung) hat der Aufbewahrungspflichtige zu erfüllen:

154 AWV, Hrsg., Der Mikrofilm als Aufzeichnungsmedium in Revision und Betriebsprüfung, Berlin 1983.

- Ordnungsprinzip
  Es muss einem sachverständigen Dritten möglich sein, jedes Mikrofilmbild in angemessener Zeit aufzufinden. Mikrofilme müssen dem Aufbewahrungspflichtigen eindeutig zugeordnet werden können.
- Verfahrenskontrolle
  Es ist ein Protokoll mit folgenden Angaben zu führen:
  - Art des aufgezeichneten Schriftguts
  - Ort und Datum der Aufzeichnung
  - Erklärung über die unveränderte und vollständige Aufzeichnung des übernommenen Schriftguts
- Filmkontrolle
  Filme sind auf technische Mängel zu überprüfen.
- Aufbewahrung
  Geordnete und sichere Aufbewahrung ist zu gewährleisten.
- Lesen und Wiedergabe
  Geeignete Wiedergabegeräte sind bereitzustellen. Reproduktionen müssen in angemessener Zeit angefertigt werden können.
- Vernichten der Originale
  Bei Beachtung der GoM können die Originale (in Übereinstimmung mit der GoB) vernichtet werden.

10.2.4 Daten- und Informationsverarbeitung

Integrierter Computereinsatz in sämtlichen Unternehmensbereichen führt zu
- Umstellungen in der Ablauforganisation,
- Interdependenz und Komplexität bei den Anwendern und
- Änderungen im Prüfungsvorgehen, bei den Prüfungsmethoden und der Prüfungstechnik.

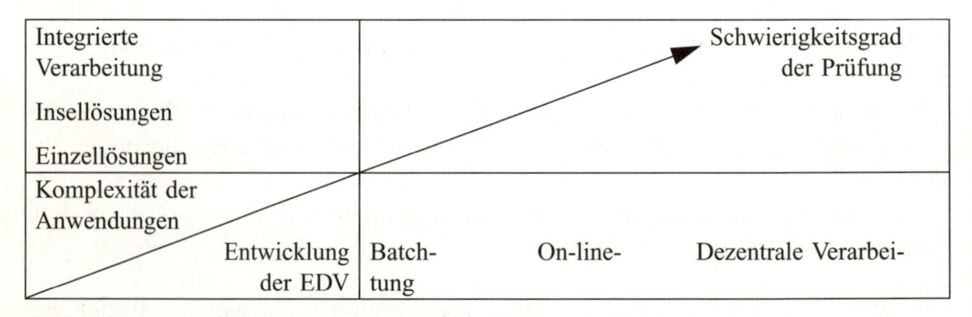

Abbildung 55: Computereinsatz und Schwierigkeitsgrad

Abbildung 56 zeigt die Entwicklung und die Komplexität der Anwendungen.

Mit steigendem Integrationseffekt und Einsatz von universellen Computersystemen, Prozessrechnern, Personal-Computern und Terminals wird die Zahl der eingegebenen und gespeicherten Daten und Informationen unüberschaubar und das Erkennen von Organisationslücken, Schwachstellen, Fehlern und Manipulationen schwieriger. Hinzu kommen die Probleme aus dem Computerverbund, d.h. aus dem Datenaustausch zwischen Rechnern, die sich an unterschiedlichen Standorten – praktisch weltweit – befinden können.

10.2.4.1 Generelle Aspekte

Computergestützte Applikationen führen durch Programme mit systemimmanenten Kontrollen zu einer Zwangsläufigkeit der Verarbeitung. Ist die Logik der Programme schlüssig, werden alle Arbeitsvorgänge richtig, vollständig und in der vorgegebenen Reihenfolge ausgeführt.[155]

Diesem Tatbestand Rechnung tragend erfolgte eine Umstellung von ergebnisorientierten zur verfahrensorientierten Prüfungsmethoden und -techniken. Wesentliche Aspekte der verfahrensorientierten Prüfung sind:

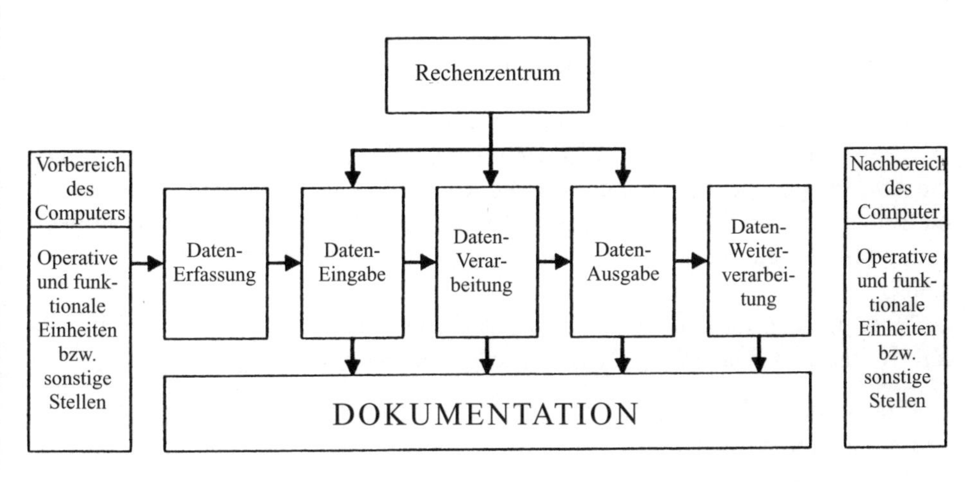

Abbildung 56: Rechenzentrum, gegliedert in Prüffelder

155 Ahlers, W. u.a., Neuere Tendenzen in der EDV-Prüfung, in: WPg 1984, S. 1 ff.; CICA, Hrsg., Computer Control Guidelines, Toronto 1986; FAMA-Stellungnahme 1/1987, Grundsätze ordnungsmäßiger Buchführung bei computergestützten Verfahren und deren Prüfung, in: WPg 1987, S. 1 ff.; Hofmann, R., Wachsende Bedeutung der EDV-Revision in der Unternehmensüberwachung, in: ST 1992, S. 806 ff.; IIR, Hrsg., Revision der elektronischen Datenverarbeitung, 4. Aufl., Berlin 1982.

10.2.4.2 Beurteilen des IKS

Die Zuverlässigkeit der Datenverarbeitung wird bestimmt durch das objektspezifische interne Kontrollsystem. Einfluss haben die implementierten Kontrollen, sowohl des Systems als auch der Anwendungen.

Rückschlüsse auf die Beurteilbarkeit des IKS liefern Richtlinien, Handbücher und die Dokumentation.

10.2.4.3 Wirksamkeit des IKS

In diesem Zusammenhang ist zu prüfen, ob die implementierten Kontrollen ausreichend sind und funktionssicher arbeiteten. Dabei muss die Datenverarbeitung aktuell, vollständig und dokumentiert erfolgen, so dass ein sachverständiger Dritter in der Lage ist, sie in angemessener Zeit prüfen und beurteilen zu können.

Die Funktionsfähigkeit darf durch Störungen und sonstige Einflüsse, nicht beeinträchtigt werden.

In diesem Zusammenhang ist das Rechenzentrum gegen Feuer-, Wasser- und Explosionsschäden zu schützen.

Vorsorge ist zu treffen gegen Manipulationen, Diebstahl, Spionage und Sabotage. Ernste Gefahren und einen nicht kalkulierbaren Risikofaktor bilden

- das unberechtigte Eindringen in Rechenzentren und Computernetze (Hacker) sowie
- die Programmzerstörung durch Crash-Programme (Computerviren).

Gefahren drohen von internen und externen Tätern.

Die DV unterliegt dem Prinzip der Wirtschaftlichkeit. Sicherzustellen ist, dass die Abteilungsgröße, die organisatorische Konzeption, die angewandten Methoden, die Programme und die zu entwikkelnden Systeme bzw. Subsysteme von Projektantrag bis zum ausgetesteten Programm und während des Routinebetriebs sinnvoll sind.

Entscheidend für den Arbeitsablauf ist die Qualität der Programme. Neben ihrer Prüfung und Beurteilung ist festzustellen, ob die Segmente

- Programmentwicklung,
- Programmüberwachung,
- Programm-Modifikationen,
- aktuelle Programmdokumentation und
- Zugriff in die Programmbibliothek

effizient und sicher sind.

Sinn der Prüfung ist eine fundierte Beurteilung der Programmidentität sowie der Vollständigkeit bzw. Funktionsfähigkeit der Programmfunktionen und Kontrollen.

10.2.4.4 Rechenzentrum bzw. dezentrale DV-Anwendung

Eine Darstellung des Rechenzentrums, gegliedert in Teilfunktionen, enthält Abbildung 56.

Im Mittelpunkt der Prüfung steht der Verfahrensablauf. Es beginnt mit der Datenerfassung bzw. -aufbereitung und endet mit der Kontrolle und Sicherung.[156]

Die Interne Revision prüft in der Regel „nicht“ das Rechenzentrum als ein geschlossenes Prüfobjekt, sondern untergliedert in Teilbereichen und Teilfunktionen beispielsweise:

- Datenerfassung
- Archivierung
- Operating
- Arbeitsvorbereitung
- Arbeitsnachbereitung
- Mikroverfilmung

Prüfobjekte bilden:

- Generelle Aspekte
  Sie beziehen sich auch auf den Vor- und Nachbereich des Computers, d.h. auf operative und funktionale Einheiten bzw. Stellen im Unternehmen, die durch Prozessrechner, Mikrocomputer, Personal-Computer, Terminals involviert sind.

  Zu berücksichtigen sind

  - Personal
    (Besetzung, Qualifikation und Erfahrung, Fort- und Weiterbildung, Dienstaufsicht, Sicherheit)
  - Konfiguration (Hardware) unter Einbeziehung der Software
  - Sicherheit
    (Zutrittsregelungen, Passwort-Organisation, Betriebsbereitschaft, Wartung, Versicherung, Ausweichkapazität, Datenstationen (Terminals usw.) Datensicherheit, Vorkehrungen gegen Diebstahl, Betrug, sonstige Manipulationen und Sabotage)
  - Auslastung und Kosten
    (Auslastung, Angemessenheit der Kosten im Verhältnis zum Nutzen bzw. zur Leistung, Planvorstellungen, Soll-Ist-Vergleiche)
  - Arbeitsvor- und Arbeitsnachbereitung
    (Termine, Ablaufpläne, Kontrollen)

---

156 Ramthun, H., Anpassung der Revision an neue Technologien, in: ZIR 1983, S. 107 ff.; Votteler, G., Die ordnungsmäßige Dokumentation von Datenverarbeitungsprogrammen, Schwarzenbeck 1982.

  - Datenverwaltung
    (Archivierungsvorschriften, Qualitätsüberwachung und Aufbewahrung der Datenträger und Dateien, mögliche Rekonstruktion der Daten)
  - Dokumentation
    (In sämtlichen Abwicklungsphasen der DV)

- Datenerfassung, -umwandlung und -eingabe
  Ein Teil der Daten, wie Magnetbänder, Magnetplatten und optische Belege, können indirekt, Informationen über Terminals direkt eingegeben werden, andere müssen in maschinenlesbaren Datenträger transformiert werden.

  Sicherzustellen ist, dass eingegebene Daten vollständig erfasst werden.

  Beschädigte Daten bzw. Datenträger müssen rekonstruierbar sein.

- Operating
  Operating und Programmanwendung bestimmen Sicherheit, Funktionsfähigkeit, Ordnungsmäßigkeit und Wirtschaftlichkeit.

  Wichtig ist eine Trennung zu anderen Funktionsbereichen (Datenerfassung, Systemanalyse, Programmierung, Datenausgabe und Archiv). Programmanwendungen und Arbeitsabläufe sind lückenlos zu dokumentieren. Job-Rotation unterstützt die Funktionstrennung.

- Datenausgabe und Datenverwaltung
  Die Datenausgabe in Form von Ausdrucken wird durch Bildschirm und Mikrofilm ergänzt.

- Weiterverarbeitung in den Fachbereichen
  Der termingerechte Datentransport zu den Fachbereichen ist festzulegen. Die Auswertung, Kontrolle, Dokumentation und Archivierung der Daten ist ablauforganisatorisch zu regeln.

- Dokumentation
  Entscheidend für die Ordnungsmäßigkeit, Funktionsfähigkeit, Richtigkeit, Nachvollziehbarkeit bzw. Prüfbarkeit ist die Dokumentation.

10.2.4.5 Systemprüfung (ex-post) und -beratung (ex-ante)

Systemprüfungen basieren auf der Verfahrensdokumentation, die folgende Informationen umfasst:

(1) Problembeschreibung
(Projektauftrag, Terminpläne, Informationen über Projektabwicklung mit Wirtschaftlichkeitsrechnung und Fortschrittskontrollen, Grundkonzept der Anwendung mit Aufgabenstellung).

(2) Arbeitsanweisungen
(Anweisungen und Richtlinien über den Informationsfluss, unter Berücksichtigung des Arbeitsablaufs, Datensicherung, Fehlerbehandlung und Archivierung).

(3) Daten und Dateien
(Dateiorganisation, Satzinhalte und Datenbanken)

(4) Formulargestaltung
(Formulare, Listen und Bildschirmmasken).

(5) Schlüsselverzeichnisse
(Symbole, Abkürzungen, Ziffern und Buchstaben).

(6) Programm mit Kenndaten
(Verzeichnis der in eigener Regie erstellten und von Dritten erworbenen Programme mit Bezeichnung, Programmiersprachen und Gültigkeit).

(7) Kontrollen
(Organisatorischen Kontrollen, ferner Informationen über Fehlerbearbeitung).

(8) Programmbeschreibung
(Maschinencode-Programme).

(9) Programmprotokoll
(Quellen- und Objektprogramm).

(10) Testunterlagen
(Eingabedaten mit den relevanten Kombinationsmöglichkeiten der Fachabteilungen, die den fehlerfreien Programmablauf belegen).

(11) Datensicherung
(Sicherung und Rekonstruierung von Betriebssystem, Programmen, Stamm- und Bewegungsdaten).

(12) Programm-Änderungsdienst
(Angabe von Versions-Nr., Anlass und Inhalt der Änderung sowie Datum der Freigabe bzw. Inbetriebnahme).

Die Dokumentationsunterlagen sind zu trennen in

- Systemdokumentation und
- Programmdokumentation.

Beide Unterlagen sind Bestandteil der Softwareerstellung und -pflege. Sie vermitteln einen Überblick über das System bzw. Subsystem.[157]

---

157 AWV, Grundsätze ordnungsmäßiger Speicherbuchführung, in: EDV-Buchführung in der Praxis – Beiträge zur Verfahrensdokumentation, Berlin 1984; Fischer, H.J., Bedeutung der Dokumentation computergestützter Ablaufsysteme unter besonderer Berücksichtigung der Prüfungsaufgaben der Internen Revision, in: DB 1981, S. 704 ff.; Haschke, W., EDV-Dokumentation und GoB/GoS, in: RCC-H, 23. Nachl. 1989, Ziff. 2.7.4.

Ein weiterer Schwerpunkt ist die sachlogische Prüfung der Programmvorgaben. Sie gibt Aufschluss darüber, wie die Daten im Computer verarbeitet werden und ob die eingesetzten Programme ordnungsmäßig und richtig arbeiten. Letzteres lässt sich mittels Testdaten feststellen.

Ob vorstehenden Forderung entsprochen wird, beantworten folgende Unterlagen:

- Freigabe der von der Programmierung erstellten bzw. geänderten Programme
- Organisation der Programmverwaltung
- Arbeitsanweisungen für Arbeitsvorbereitung und die Bereitstellung und den Einsatz der Programme.

Abgeschlossen wird die sachlogische Prüfung der Verfahrensdokumentation durch Einbeziehung der Arbeitsanweisungen zum Datenfluss im Vor- und Nachbereich des Computers, beispielsweise:

- Datenerfassung auf maschinell lesbare Datenträger und deren Anlieferung,
- Arbeitsvorbereitung im RZ
- der Datenausgabe durch das Rechenzentrum und der Datenweiterverarbeitung
- Auswertung der Ergebnisse von Kontrollen und Abstimmungen und
- Bearbeitung von Fehlerlisten.

Abbildung 57 enthält die Grobdarstellung des Ablaufs einer Systemprüfung.

Von deren Ergebnis wird der weitere Prüfungsablauf bestimmt. Bei positivem Befund werden die weiteren Prüfungsaktivitäten überwiegend auf Stichprobenbasis durchgeführt. Werden Systemlücken und Schwachstellen festgestellt, ist eine Ausweitung der Prüfungshandlungen notwendig.

Im Rahmen einer Systemprüfung können folgende computergestützte Hilfsmittel eingesetzt werden:[158]

- Arbeitswiederholungen mit Hilfe des originären Datenbestandes
  Einzelne in sich geschlossene Arbeitsgebiete werden stichprobenweise mit Hilfe des gültigen Arbeitsprogramms wiederholt. Das Ergebnis wird mit dem Originalarbeitsablauf verglichen.

---

158 Eine Darstellung computergestützter Hilfsmittel zur Durchführung von Systemprüfungen enthält das WP-Handbuch Bd. I, 1985/86, S. 971 ff. Vgl. ferner: Dürolf, P., Das Planungshandbuch als Controllinginstrument, theoretische und praktische Perspektiven der Dokumentation von Planungs- und Kontrollsystemen, Darmstadt 1988; Hirschberger-Vogel, M., Die Kompetenz und die Objektivität von Standardsoftwaresystemen, Berlin 1990, Müller, M., Benutzerverhalten beim Einsatz automatisierter betrieblicher Informationssysteme, München 1986; Schuppenhauer, R., Handbuch der EDV-Revision, a.a.O.

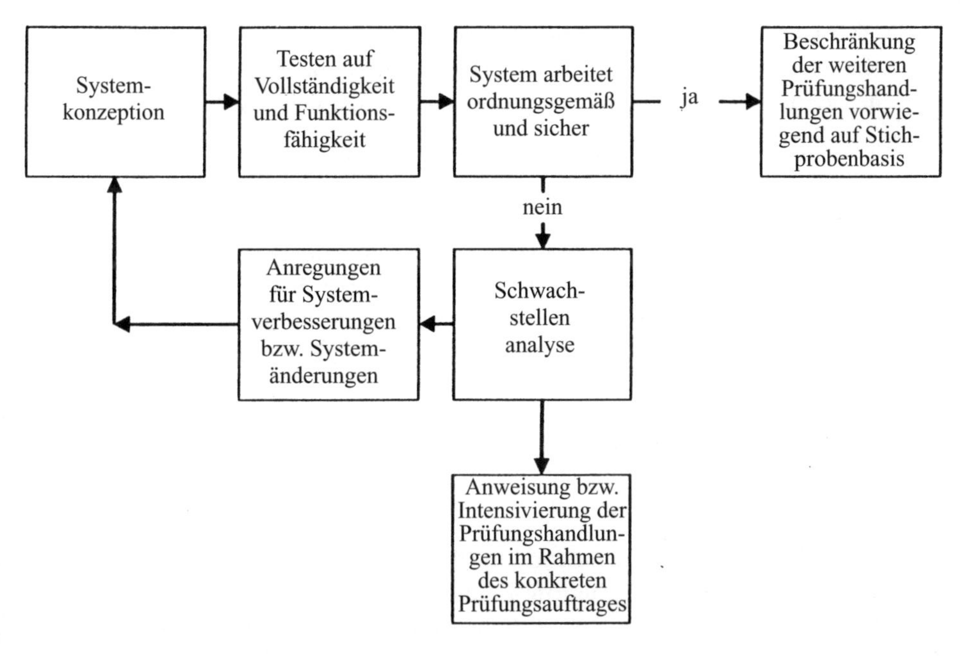

Abbildung 57: Ablauf einer Systemprüfung

- Verwendung von Testfällen
  Es handelt sich um konstruierte Fälle der jeweiligen Fachabteilung. Die vom Computer verarbeiteten und ausgegebenen Daten werden mit einem aus diesen Daten vorausberechneten Ergebnis auf Übereinstimmung verglichen.

- Flow-Charting-Software zur Erstellung von Programmablaufplänen
  Hierdurch kann die Übereinstimmung von Quellenprogramm und Programmablaufplänen, d.h. die Programmidentität festgestellt werden. Entscheidend ist, dass das Quellenprogramm mit dem eingesetzten Objektprogramm übereinstimmt. Diese Frage kann durch Anwendung von Code-Compare-Programmen verifiziert werden.

- Code-Compare-Programme zur Festlegung der Programmidentität
  Mit Hilfe eines Überwachungsprogramms ist die Identität zwischen der Dokumentation und der eingesetzten Programmversion feststellbar.

- Systemkontrollprogramm
  Systemprüfungen können zu unterschiedlichen Zeitpunkten, am Ende oder nach einer Verarbeitungsperiode durchgeführt werden, beispielsweise.

- Überwachungseinrichtungen (Monitor facilities)
  Das sind implementierte Überwachungseinrichtungen, die nach vorgegebenen Kriterien bestimmte Transaktionen erkennen und speichern.

- Systemaktivitätsuntersuchungen (Job accounting facilities)
  Programme sammeln und speichern während des Arbeitsablaufs Daten über die Systemaktivitäten. Für den Prüfer interessant sind beispielsweise:
  Unerlaubte Datenzugriffe, Programmbenutzung außerhalb der üblichen Zeitpläne, Verwendung nicht autorisierter Programme, Unerlaubte Programmänderungen bzw. Systemsoftwaremodifikationen, Nicht genehmigte Jobs, Fehler bei der Aufzeichnung von Datensätzen und Unerlaubte Password-Modifikationen.

• Zugriffskontrolleinrichtung (Access control facilities)
  Sie dienen der Überwachung der Zugriffssicherheit bei Anwendungsprogrammen und erstrecken sich auf:

  - Zurechenbarkeit der Verantwortung (Accountability)
  - Prüfbarkeit unerlaubter Zugriffe (Auditability)
  - Wiederanlauffähigkeit bei Systemzusammenbrüchen (Recoverability)
  - Kosten von Zugriffseinrichtungen zu Lasten der effektiven Laufzeit der Programme (Costs)

• Methoden zur Erstellung prüfbarer Softwaresysteme
  Es handelt sich um ein computergestütztes Instrumentarium zur Bewertung der Prüfbarkeit von Anwendungsprogrammen und deren Dokumentation.

Ein wichtiges Aufgabengebiet der Internen Revision ist die Systemberatung (ex-ante).

Unter einem „System“ versteht man eine abgegrenzte, geordnete Menge von Elementen, zwischen denen definierte Beziehungen bestehen. Die einzelnen Elemente können wiederum eigene Subsysteme sein.

Die Entwicklung von Systemen – oder der Kauf von Systemsoftware – ist eine Organisationsinvestition, die erhebliche Mittel binden kann. Im Unternehmensinteresse ist es wichtig, dass die Software optimalen Anforderungen entspricht. Anpassungsmaßnahmen nach Implementierung eines Systems in Form von Programmodifikationen, Änderungen der Dokumentation, Datenformen, Schlüsselsysteme usw. sind aufwendig.

Um die Interessen der internen Kontrolle, Wirtschaftlichkeit, Ordnungsmäßigkeit und Funktionssicherheit angemessen berücksichtigen zu können, ist es erforderlich, die Interne Revision prozessbegleitend in Systementwicklungen einzuschalten, d.h. vom Projektantrag bis zur Systemeinführung.[159]

---

159 Hofmann, R., EDV-Revision, in: Business Computing 1992, S. 26 ff.

Die Systementwicklung vollzieht sich in folgenden Projektphasen:

- Projektantrag
  Die Initialisierung dient dazu, das Projekt mit einer genauen Beschreibung der Zielsetzung unter Berücksichtigung der Schnittstellen, Einsatzmöglichkeiten und Gesamtkosten einschließlich Einführung vorzustellen.
  Die Anregungen hierzu liegen schwerpunktmäßig bei den Fachabteilungen.
  Das genehmigte Projekt durchläuft die Phasen:
- Problemanalyse
  Es handelt sich um eine Anforderungsanalyse und ein Grob-Soll-Ist-Konzept, aus dem die Hauptfunktionen des Systems ersichtlich sind.
  Die Ausarbeitung enthält Hinweise über die Bildung des Projektteams. Ferner einen Zeit-, Kosten- und Prioritätenplan sowie eine Kosten-Nutzen-Analyse.
- Detailanalyse
  Der fachlich fundierte Systementwurf wird in Zusammenarbeit zwischen Fach- und DV-Bereich erstellt.
- Soll-Konzept
  Der DV-Entwurf umfasst den Aufbau des Informationssystems. Er enthält Programm-Module, Datenstrukturen mit genau beschriebenen Schnittstellen zu anderen DV-Anwendungssystemen.
  Das Soll-Konzept ist die Grundlage für die Programmvorgaben.

(5) Programmierung
Die Programmierungs- und Integrationsphase umfasst die Entwicklung der Programmvorhaben, die Koordinierung, die Erprobung des Programms und seine Integration in das Systemumfeld.
Während der Integration des DV-Anwendungssystems werden die Dokumentation vervollständigt und die Benutzer geschult.

6) Anlauf- und Funktionstest
Das DV-Anwendungssystem ist zu erproben. Nach Erfüllung sämtlicher Funktionstests wird das Informationssystem eingeführt und zur Benutzung freigegeben.

Die Projektlösung wird von einem Team erarbeitet, dessen Größe und Zusammensetzung durch die quantitative und qualitative Aufgabenstellung bestimmt wird. Der Projektleiter ist verantwortlich für:

- Termingerechte Erreichung des Zieles unter Einhaltung der Bewilligungssumme.
- Abgrenzen der Verantwortlichkeiten innerhalb der Projektgruppe und die Motivieren der Projektmitarbeiter.
- Wirtschaftliches Vorgehen während des Projektablaufs.
- Erstellen eines Projektstatusberichts für jede Projektphase.
- Projektdokumentation und Übergabe der erforderlichen Informationen an das RZ und die Fachabteilung(en).

Die Mitwirkung der Internen Revision im Projektteam entspricht einer Beraterfunktion. Ex-ante-Beratungen helfen, Fehler in den Systementwicklungsphasen frühzeitig zu erkennen und Kumulationswirkungen zu unterbinden.

Beratung (ex-ante) ist personalaufwendig und erfordert ein hohes fachliches und persönliches Niveau.

Revisionsmitarbeiter müssen sich Diskussionen im Team stellen. Mitwirken im Projektteam bedeutet Übernahme von Verantwortung. Hierbei ist zu berücksichtigen, dass in der Folgezeit ex-post-Prüfungen durchzuführen sind.

Um ihre Aufgabe erfüllen zu können, ist die Interne Revision in den projektspezifischen Informationsfluss einzubinden. Sie muss über Planungsvorhaben unterrichtet sein, damit sie planen und personelle Ressourcen fristgerecht bereitstellen kann.

Priorität haben Projekte, die:

- Hohe Kosten verursachen
- Sensitive Aufgabenbereiche betreffen
- Die Prüfbarkeit der Rechnungslegung durch Abschlussprüfer betreffen
- In Verbindung mit dem Datenschutz stehen.

10.2.4.6 Implementierte Software

Schwerpunkte liegen bei den Anwendern in den Unternehmensbereichen:[160]

- Finanz- und Rechnungswesen
  Im Zuge des integrierten Computereinsatzes bestehen Schnittstellen zu allen funktionalen und operativen Einheiten. Das Finanz- und Rechnungswesen liefert Daten und Fakten für die Planungs-, Informations-, Steuerungs- und Korrektursysteme.
- Kaufmännischer Sektor
  - Personalwirtschaft
  - Materialwirtschaft
  - Absatzwirtschaft
  - Verwaltungsstellen
  - Controlling

160 AICPA, Hrsg., Audit and Control in a Minicomputer or Small Business Computer Environment, New York 1981; AWV, PC-Finanzbuchführung, Anforderungen an Hardware, Software, Dokumentation und Prüfbarkeit, AWV-Schrift 439, Eschborn 1988; IIR-Arbeitskreis, Revision der elektronischen Datenverarbeitung, Hard- und Software in der Revision? – EDV-gestützte Prüfungen durch Einsatz von Terminals und Prüfprogrammen, in: ZIR 1983, S. 154 ff.; Perry, W.E.A., A standard for auditing computer applications. Using software packages, Auerbach 1987.

- Technischer Sektor
  - Investitionen
  - Bauleistungen
  - Instandhaltung
  - Fertigung
  - Projektsteuerung
  - Qualitätssicherung
  - Arbeitssicherheit
  - Hilfs- und Nebenbetriebe
  - Forschung und Entwicklung
  - Umweltschutz einschließlich Entsorgung
  - Produktsicherheit

Bis in die 90er Jahre entwickelten Großunternehmen zum überwiegenden Teil in eigener Regie Individualsoftware für die in den organisatorischen Einheiten eingesetzten Computersysteme

Unter dem Einfluss der Computerisierung und des wachsenden Informationsbedarfs in der Wirtschaft, entstanden leistungsfähige Softwarehersteller, die umfassende betriebswirtschaftliche Lösungen für Fragestellungen in den einschlägigen Industriezweigen anbieten.[161]

Von der Wirtschaft wird die branchenspezifische Standardsoftware unter Aufgabe eigener Entwicklungen angenommen. Zunehmend werden nicht mehr den Anforderungen entsprechende Einzelsysteme durch unternehmensumfassende Gesamtsysteme ersetzt.[162]

---

161 Siehe hierzu u.a. die von der SAP AG, Walldorf, angebotenen Branchenlösungen und Technologiekomponenten.

162 Verdeutliche wird die Umstellung an zwei Beispielen. Im Geschäftsbericht 1999 der Bayer AG, wird auf S. 22 unter „Weltweit mit neuer Standardsoftware in die Zukunft" ausgeführt: Geplant sind leistungsfähige Management-Informationssysteme, die länderübergreifend von der Rohstoffbeschaffung bis zur Kundenbelieferung alle Prozesse des Unternehmensalltags unterstützen. Die innovative Software wird in den Bereichen Controlling, Einkauf, Produktion, Vertrieb, Anlagenwirtschaft und Personalwesen die vorhandenen Computerprogramme ersetzen. Bis zum Jahre 2004 soll das System implementiert sein. Der Aufwand für die Zeit von 1998 bis 2004 wird mit 1,3 Mrd € angegeben. Statt der derzeit eingesetzten 350 verschiedenen DV-Anwendungen, werden künftig nur noch wenige Programme den aktuellen, einheitlichen und vergleichbaren Informationsaustausch sicherstellen. Im Konzern bereiten sich 1.200 Mitarbeiter auf die neue Standardsoftware vor. Die Weiterbildung umfasst weitere 50.000 Bayer-Mitarbeiter, die sie in Zukunft nutzen.
Die Werkszeitung der BASF AG vom 14. Februar 2002 berichtet über die „größte EDV-Umstellung in der Geschichte der Gesellschaft". Danach werden mehr als 20 verschiedene Altsysteme auf ein Standardsystem für das gesamte Unternehmen in Europa überführt. Das integriert und vernetzt arbeitende Gesamtsystem übernimmt vom Kundenauftrag über die Materialdisposition bis zur Transportabwicklung sämtliche Prozesse.

10.3 Gefährdungspotential in Unternehmen

Welche Risiken eine unternehmensgefährdende Wirkung ausüben können, richtet sich nach der Branchenzugehörigkeit, dem Produkt- und Dienstleistungsangebot, dem geographischen Betätigungsfeld und der Unternehmensgröße. Ableitbar ist das Risikopotential u. a. aus der Bilanz und Erfolgsrechnung.

Zur Risikoerfassung ist eine alle Bereiche umfassende Inventur mit kritischer Bewertung der Einzelpositionen durchzuführen. Einzubeziehen sind Gefahrenquellen, Störfaktoren, Schwachstellen und Lücken im IKS und mögliche Eintrittswahrscheinlichkeiten. Dabei ermöglicht die Fixierung von Dringlichkeitsstufen (permanent, fallweise, täglich, wöchentlich, monatlich usw.) Entscheidungshilfen für die Unternehmensleitung und die organisatorische und führungstechnische Umsetzung.

Grundsätzlich ist von der Überlegung auszugehen, dass es praktisch keinen risikofreien Raum gibt. Ausgewählte Risikobereiche in industriellen Unternehmen enthält Abbildung 58.

Im Zuge der vernetzten und integrierten Daten- und Informationsverarbeitung ist sicherzustellen, dass Daten und Fakten, die Know-how und Betriebs- bzw. Geschäftsgeheimnisse enthalten, dem Zugriff Dritter entzogen und vor Missbrauch geschützt sind. Abbildung 59 vermittelt beispielhaft einen Überblick der zu schützenden sensitiven Daten.

Um das fachlich und rechtlich einwandfreie Verhalten der Belegschaft in Analogie zum relevanten Umfeld zu gewährleisten, sind neben Ausbildung und Schulung verbindliche Verhaltensregeln, sogenannte „Legal Compliances“ zu erlassen. Die konsequente Befolgung und Beachtung der Regeln und die Kontrolle der Mitarbeiter im Umgang mit betrieblichen Risiken gehören zu den fundamentalen Anforderungen aller Verantwortlichen im Konzern, insbesondere des Vorstands und dessen Vorsitzenden.

10.4 Unternehmerische Risiken

Global operierende Unternehmen sind einer Vielzahl komplexer Risiken aus dem operativen Geschäft und Umfeld ausgesetzt. Sie ergeben sich aus der strategischen Ausrichtung, den Fertigungsverfahren, Produkten und Dienstleistungen, der Energie- und Rohstoffversorgung, den Zins-, Währungs- und Preisänderungen, dem Markt, Wettbewerb und der Konkurrenz, Patent- und Kartellrecht, der Umwelt und Ökologie, dem Datenschutz bzw. der Datensicherheit sowie aus sonstigen zu beachtenden Gesetzen und Vorschriften.

Unternehmerisches Handeln zwingt aus Wettbewerbsgründen und zur Sicherung der Ertragskraft dazu, Chancen auf den globalen Märkten konsequent zu nutzen. Zugleich sind damit verbundene latente Gefahren auszuschalten bzw. zu minimieren.

Lfd. Nr.	**Risikobereiche in Unternehmen**
1.	Daten- und Informationsverarbeitung einschließlich Logistik
2.	Finanz- und Rechnungswesen
2.1	Finanzierung
2.2	Zahlungsverkehr
2.3	Rechnungsprüfung
2.4	Kosten- und Ergebnisprüfung
3.	Anlagenwirtschaft
3.1	Investitionen
3.2	Anlagenverwaltung und -abrechnung
4.	Materialwirtschaft
4.1	Materialdisposition, Einkauf
4.2	Materialeingang, -lagerung und -abrechnung
5.	Personal- und Sozialwesen
5.1	Personalverwaltung
5.2	Sozialeinrichtungen
5.3	Verkauf an die Belegschaft
6.	Produktions- und Hilfsbetriebe
6.1	Produktion
6.2	Hilfsbetriebe (Reparaturen und Transporte)
6.3	Lager und Werkzeugsausgabe
6.4	Produktionsabrechnung
7.	Vertrieb
7.1	Verkaufsvorbereitung und Vertriebsorganisation
7.2	Kundendienst
7.3	Verkaufsabwicklung, -abrechnung sowie Versand
8.	Allgemeine Verwaltung
8.1	Grundstücks- und Liegenschaftsverwaltung
8.2	Versicherungen
8.3	Nachrichtenverkehr
8.4	Fuhrpark

Abbildung 58: Risikobereiche industrieller Unternehmen

Stichwortartig abgehandelt werden Beschaffungs-, Betriebs-, Finanzwirtschafts-, Personal- und Absatzrisiken.

	Sensitive Daten bzw. Geschäftsgeheimnisse
1.	Geschäftspolitik und Unternehmensstrategie
2.	Finanzen
3.	Rechnungswesen (Bilanzen, Kostenrechnung, Kalkulation, Spzialauswertungen usw.)
4.	Planung (Strategische und operative Pläne usw.)
5.	Organisation
6.	Informationssysteme
7.	Logistik
8.	EDV (Systeme und Subsysteme, Programme usw.)
9.	Personal (Datenschutz usw.)
10.	Beschaffung (Beschaffungspolitik, Einkaufspolitik, Lieferanten usw.)
11.	Forschung und Entwicklung
12.	Produktion (Verfahren, Anwendungen, Rezepturen usw.)
13.	Vertrieb (Verkaufsstrategie, Sortimentsgestaltung, Abnehmer, Preispolitik usw.)

Abbildung 59: Schutzwürdige Unternehmensdaten

10.4.1 Beschaffungsrisiken

Industrieunternehmen unterliegen dem Risiko der Verfügbarkeit von Rohstoffen, Energie, Vor- bzw. Zwischenprodukten und Waren sowie Dienstleistungen für die Herstellung ihrer Erzeugnisse. Ferner nicht beeinflussbaren, teilweise erheblichen Preisschwankungen für deren Beschaffung. Die erforderliche Zusammenarbeit zwischen Herstellern und Lieferanten verstärkt die gegenseitige Abhängigkeit, bei gleichzeitiger Erhöhung der wirtschaftlichen Vorteile.

Zur Absicherung von Bezugs- und Preisrisiken auf den Beschaffungsmärkten werden in der Regel langfristige Verträge abgeschlossen. Daneben werden die Chancen der Spot-Märkte genutzt.

Bei einem Materialanteil von mehr als 50 %, gemessen am Umsatz, sind zur Stabilisierung der Ertragsentwicklung die Märkte kontinuierlich zu beobachten. Den Marktpreisschwankungen ist durch ständige Bewertung der Marktposition des Portfolios und Festlegen von Risikolimits Rechnung zu tragen.

Risiken sind frühzeitig zu erkennen, um auf Veränderungen angemessen reagieren zu können. Vielfach ist es aus Konkurrenz- und Wettbewerbsgründen nicht möglich, Preissteigerungen auf dem Beschaffungssektor in den Produktpreisen weiterzugeben.

10.4.2 Betriebsrisiken

In der Wertschöpfungskette werden technologisch komplexe und vernetzte Fertigungsanlagen betrieben. Sie unterliegen Betriebsstörungen, Betriebsunterbrechungen, Produktionsausfällen und Qualitätsproblemen oder möglichen Produkt-, Arbeitssicherheits- bzw. Umweltrisiken, die das Ergebnis belasten.

Gemindert werden Ergebniseinbussen durch geeignete Maßnahmen zur Minimierung operativer Risiken, beispielsweise durch: Systematische Wartung, Qualitätssicherung, Verbesserung der Fertigungsverfahren, Einsatz qualifizierter Mitarbeiter, detaillierte Arbeits- und Verfahrensanweisungen, Schulungs- und Weiterbildungsprogramme sowie Risikominimierung durch Abschluss geeigneter Versicherungen.

Operative Risiken ergeben sich auch aus Akquisitions-, Investitions- sowie Forschungs- und Entwicklungsentscheidungen. Sie sind wegen der Zukunftsorientierung für den Fortbestand des Unternehmens wichtig und bedürfen einer sorgfältigen Planung, Überwachung und Prüfung.

Umweltaspekte gewinnen einen immer höheren Stellenwert. Zielsetzung der Unternehmen im Rahmen des Sustainable Development ist es, die Belastung von Mensch und Umwelt bei Herstellung, Lagerung, Transport, Vertrieb und Entsorgung der Produkte kontinuierlich zu erleichtern. Über die auf diesem Sektor erzielten Erfolge berichten Konzerne in einem gesonderten Umweltbericht.

10.4.3 Finanzwirtschaftliche Risiken

Konzerne sind im Rahmen ihrer globalen Geschäftstätigkeit Währungs-, Zins- und Preisrisiken ausgesetzt. Soweit eine Absicherung gegen diese Risiken beabsichtigt ist, werden originäre und derivative Finanzinstrumente, insbesondere Devisenterminkontrakte, Währungsoptionen, Zins- und Währungsswaps oder kombinierte Instrumente eingesetzt. Der Einsatz von Finanzderivaten wird unter Ziffer 10.5.2 ff. an Beispielen aus der Praxis dargestellt.

Um ein wirkungsvolles Risikomanagement zu ermöglichen, werden finanzwirtschaftliche Risiken konzernumfassend in einem Cash- und Kreditmanagement zentralisiert. Abschluss und Entwicklung der Geschäfte erfolgen nach einheitlichen Richtlinien und unterliegen einer strengen Kontrolle und umfassenden Überwachung. Leitmaxime ist die Sicherung der Liquidität und finanzwirtschaftlichen Unabhängigkeit des Unternehmens.

10.4.4 Personalwirtschaftliche Risiken

In Konzernen mit innovativen Produkten und Dienstleistungen herrscht ein intensiver Wettbewerb um hochqualifizierte Fach- und Führungskräfte. Betroffen sind insbesondere Mitarbeiter mit wissenschaftlichem, technischen oder branchenspezifischem know-how für die kontinuierliche Produktverbesserung und die Entwicklung innovativer Technologien und Erzeugnisse.

Der nachhaltige Erfolg wird dadurch beeinflusst, dass eingestellte Spezialisten integriert werden und dem Unternehmen dauerhaft zur Verfügung stehen. Zur Lösung dieser personalpolitischen Aufgabe unterhalten Konzerne interne Qualifizierungs- und Weiterbildungsprogramme und entwickeln attraktive Vergütungs- und Förderungssysteme.

Um zu gewährleisten, dass sich Mitarbeiterinnen und Mitarbeiter in ihrem Aufgabengebiet fachlich und rechtlich einwandfrei verhalten, sind verbindliche Verhaltensregeln zu erlassen.

Darüber hinaus sind Großunternehmen und Konzerne auch Risiken aus Corporate Governance ausgesetzt, denen durch Implementierung verbindlicher Compliance-Richtlinien Rechnung zu tragen ist.

10.4.5 Absatzmarktrisiken

Mit fortschreitender Globalisierung und steigender Wettbewerbsintensität wachsen die Marktrisiken. Das betrifft Preis-, Produkt-, Dienstleistungsqualität, Entwicklung neuer Erzeugnisse und deren Markteinführung sowie die Gefahr möglicher Wachstumseinbrüche.

Risiken des Absatzmarktes lassen sich minimieren durch Erhöhung des Anteils konjunkturrobuster Produktportfolios und konsequenten Ausbau der Kostenführerschaft.

Darüber hinaus ist nicht nur das eigene Handeln, sondern auch das der Konkurrenten in die Betrachtung einzubeziehen, um auf Wettbewerbsänderungen adäquat reagieren zu können.

10.4.6 Risiken aus möglichen terroristischen Anschlägen

Seit den Anschlägen auf New York und Washington am 11. September 2001 gewinnen terroristische Anschläge eine neue, bis dahin für ungewöhnlich gehaltene Dimension.

Gefährdet sind in der Wirtschaft beispielsweise sensitive Industrieanlagen, Lagerung gefährlicher Substanzen, Transporteinrichtungen, Hochhäuser, Einrichtungen der Daten- und Informationsverarbeitung sowie die implementierte Software.

Sie sind sorgfältig in die Risikoplanung und Gefahrenabwendung einzubeziehen.

10.5 Risk-Managementsystem nach dem KonTraG und unter Berücksichtigung des Transparenz- und Publizitätsgesetzes

Durch das KonTraG 1998 und das in 2002 geplante Transparenz- und Publizitätsgesetz schließt der Gesetzgeber Lücken und Schwachstellen im Überwachungssystem der Aktiengesellschaft. Gegenstand der Korrekturen sind: Steigern des Wirkungsgrades des Überwachungsorgans, verbessern der Unternehmenspublizität und -transparenz durch das Leitungsorgan, intensivieren des IKS durch Einführen eines Risikomanagement-Systems mit Frühwarnindikatoren, erhöhen der Qualität der Jahresabschlussprüfung, kooperieren zwischen dem Überwachungsorgan und Abschlussprüfer und last but not least stärken der Kontrollfunktion der Hauptversammlung.

Nach § 91 Abs. 2 AktG hat der Vorstand in Erweiterung der Generalklausel des § 93 Abs. 1 AktG geeignete Maßnahmen zu treffen, insbesondere ein Überwachungssystem einzurichten, damit den Fortbestand der Gesellschaft gefährdende Entwicklungen in einem frühen Stadium erkannt werden.

Dadurch wird das Leitungsorgan explizit verpflichtet, ein adäquates, nachvollziehbares Regelsystem einzuführen, auszubauen und fortlaufend anzupassen. Bestandteile des Systems sind Identifikation, Bewertung, Steuerung, Dokumentation, Kommunikation und Überwachung der Risiken.

Eine Vorstellung von der Bedeutung, den Konzerne dem Risikomanagement beimessen, ist ableitbar aus den Konzerngeschäftsberichten.[163]

Risikomanagement ist ein integraler Bestandteil aller Entscheidungen und Prozesse.

Bestätigungsvermerk des Konzernabschlussprüfers und der Abschlussprüfer der Tochterunternehmen schließen die Wirksamkeit der internen Kontrollsysteme für alle Geschäftsjahre, die nach dem 31. Dezember 1998 beginnen, im Rahmen des Jahresabschlusses und Lageberichts ein.

10.5.1 Risikobegrenzung durch Abschluss von Versicherungen

Üblich ist ein Risikotransfer durch Abschluss von Versicherungen für definierte Haftungs- und Schadensfälle. Im Interesse einer unternehmensumfassenden Regelung sind sämtliche Risiken hinsichtlich der Versicherungswürdigkeit einer kritischen Prüfung zu unterziehen. Grundlage für die Entscheidung bilden Wirtschaftlichkeitsüberlegungen.

---

163 Siehe Geschäftsberichte 1998/99 bzw. 1999 der folgenden Konzerne: Bayer AG, S. 27 und 84; BMW AG, S. 29/30; DaimlerChrysler AG, S. 68; Preussag AG, S. 23/24; RWE AG, S. 22; VEW AG, S. 19; Siemens AG, S. 62, ThyssenKrupp AG, S. 103/104; Volkswagen AG, S. 36/37. Die Einhaltung der konzerneinheitlichen Richtlinien für die Rechnungslegung und Berichterstattung sowie die Zuverlässigkeit und Funktionsfähigkeit der Kontrollsysteme unterliegen der kontinuierlichen Prüfung der Konzernrevision.

Der Versicherungsschutz ist laufend zu überprüfen und bei Bedarf veränderten Verhältnissen anzupassen.

10.5.2 Risikominimierung durch Einsatz derivativer Finanzinstrumente

Die Finanzsphäre, zuständig für Bereitstellen der kurz- bis langfristigen Mittel, Sichern der finanziellen Unabhängigkeit sowie Aufrechterhalten der Liquidität und Rentabilität, gehört zu den vielfältigen Risiken ausgesetzten sensitiven Aufgabenbereichen. Ursachen sind Nachfrageschwankungen sowie Wechselkurs-, Zins- und Preisänderungen im Zeitablauf.

Zur Minimierung möglicher Verluste im Rahmen der Beschaffung von Investitionen, Vorräten, Waren und Leistungen bei Lieferanten einerseits, sowie beim Verkauf der Erzeugnisse und Dienstleistungen an die Abnehmer andererseits, werden börsennotierte und außerbörslich gehandelte derivate Finanzinstrumente eingesetzt. Im einzelnen handelt es sich um Devisenterminkontrakte, Währungs- und Zinsoptionen, Währungs- und Zinsswaps, Warentermingeschäfte, beispielsweise über Mineralöl, Mineralölprodukte, Metalle, Strom usw., Futures und kombinierte Instrumente.[164]

In Geschäftsberichten informieren Konzerne ab dem Geschäftsjahr 1996 im Anhang unter den „Sonstigen Verpflichtungen" über ihr Finanzengagement. Mit der Offenlegung der eingegangenen Risiken und deren Konsequenzen sowie der praktizierten Steuerungsmethode entsprechen sie der Forderung der International Organization of Securities Commission (IOSC). Umfang und Relevanz des Einsatzes derivativer Finanzinstrumente für das Geschäftsjahr 2000 sind aus Abbildung 60 ableitbar.[165]

Wie die Tabelle zeigt, erreichte das Nominalvolumen bei den ausgewiesenen Konzernen im Geschäftsjahr 2000 Werte zwischen maximal 54.885 Mio € (DaimlerChrysler) bzw. 35.802 Mio € (Siemens) und minimal 2.502 Mio € (Mg AG) bzw. 3.606 Mio € (RWE).

Das Nominalvolumen ist die Summe der unsaldierten Kauf- und Verkaufsaufträge des derivativen Engagements. Bezogen auf den vergleichbaren Jahresumsatz betragen die Nominalwerte zwischen 55 % (Volkswagen) und 8 % (RWE).

Die Schwerpunkt der Transaktionen liegen bei Währungs- und Zinsinstrumenten.

---

164 Hofmann, R. und Hofmann, I., Derivative Finanzgeschäfte in Industrieunternehmen, in: Handb. Finanz- und Rechnungswesen, 26. Nachl. 9/1997, S. 1-39; Ferner Einsatz derivativer Finanzinstrumente in Industrieunternehmen, in: WISU 4/1998, S. 412 ff.

165 Die Angaben sind den Konzerngeschäftsberichten 2000 der genannten Unternehmen entnommen.

Finanzderivate	Nominalvolumen in Mio Euro				
Konzern	BASF AG	Bayer AG	DaimlerChrysler AG	E.ON AG	Preussag AG
Währungssicherung	14.851	3.502	28.974	7.838	7.261
Zins-sicherung	3.013	3.495	25.911	2.203	1.058
Sonstige	26			1.951	
Gesamt	17.890	6.997	5.488	11.992	8.319
Jahresumsatz	35.946	30.971	162.384	84.305	21.854
Derivate in % vom Umsatz	50	23	34	14	38
Auslandsanteil in %	78	86	84	49	81
Finanzderivate					
Konzern	RWE AG	Siemens AG	Volkswagen AG	ThyssenKrupp AG	MG AG
Währungssicherung	2.348	17.805	12.860	5.521	919
Zins-sicherung	1.258	17.997	3.457	1.713	1.111
Sonstige				314	472
Gesamt	3.606	35.802	47.117	7.548	2.502
Jahresumsatz	42.426	78.396	85.555	37.209	8.797
Derivate in % vom Umsatz	8	46	55	20	28
Auslandsanteil in %	37	76	71	65	69

Abbildung 60: Einsatz derivativer Finanzinstrumente im Geschäftsjahr 2000

Beim Währungsmanagement ist zu beachten, dass exportintensive Unternehmen ihre Aufträge aus absatztechnischen Erwägungen und auf Verlangen der Abnehmer in Fremdwährungen, wie US-$, Yen, Schweizer Franken usw. fakturieren müssen. Dazu kommen Risiken aus Währungspositionen auf der Anlagenseite. Das kann im Zeitpunkt der Auftragsabrechnung zu erheblichen Ertragseinbußen führen. Wechselkursprognosen sind komplex und mit Unsicherheiten behaftet. Kursschwankungen werden nicht allein durch wirtschaftliche Tatbestände, sondern auch durch politische und irrationale Faktoren bestimmt.

Einfluss haben ferner Inflations-, und Wachstumsdifferenzen zwischen den einzelnen Währungsgebieten sowie Leistungsbilanzunterschiede und exorbitante, unvorhersehbare Ereignisse (beispielsweise der 11. November 2001). Daneben entstehen Wechselwirkungen zwischen dem Kurs- und Zinsniveau. Hohe Nominalzinsen führen zu ausländischen Kapitalzuflüssen und steigenden Wechselkursen. Hohe Inflationsraten schwächen die Währung. Politische und wirtschaftliche Instabilität führen zu Kapitalabflüssen in krisensichere Währungen.

Das Zinsmanagement liefert einen wichtigen Beitrag zur Optimierung der finanzwirtschaftlichen Ablaufprozesse und zur Liquiditätssicherung. Durch Einsatz innovativer Instrumente nutzen Treasurer und Finanzmanager die hohe Volatilität an den liberalisierten Kapitalmärkten und zur Sicherung des operativen Geschäfts.

Bei der teilweise niedrigen Eigenkapitalausstattung der Konzerne und den stark divergierenden Unternehmensgewinnen dominiert das Bestreben, Verlustrisiken durch steigende Zinssätze auf der Passivseite abzusichern bzw. zu minimieren. Sinnvoller Derivateneinsatz löst betriebliche Aufgabenstellungen von der Kapitalbeschaffung, über die Deckung von Ein- und Auszahlungen bis zum Anlegen bzw. Unterhalten einer Liquiditätsreserve, beispielsweise durch Abstimmen von Investitionen und ihrer Finanzierung.

Eine Größe bei der Risikobeurteilung von Finanzderivaten ist der Marktwert. Er entspricht der Differenz zwischen dem Einstandspreis und Rückkaufswert, der aus Marktnotierungen oder durch den Einsatz finanzmathematischer Optionspreismodelle ermittelt wird bzw. bei nicht börsennotierten Kontrakten der Leistung bei vorzeitiger Auflösung entspricht. Er ist der Preis, zu dem Dritte die Rechte und/oder Pflichten aus den Finanzinstrumenten übernehmen würden. Soweit derivative Finanzinstrumente einen positiven Marktwert haben, unterliegen Unternehmen dem Kreditrisiko, falls die Vertragspartner ihre Leistungen nicht erfüllen können. Zur Beschränkung des Ausfallrisikos werden Transaktionen ausschließlich abgeschlossen im Rahmen vorgegebener Limits mit erstklassigen Vertragspartnern, deren Bonität außer Zweifel steht.

Unprofessioneller Einsatz von Finanzinstrumenten ist risikobehaftet, wie die unter Ziff. 10.5.3 ff. skizzierten Fälle von Missmanagement belegen.

Aus diesem Grund sollten Finanzinstrumente ausschließlich zur Sicherung des operativen Geschäfts verwendet werden. Der Einsatz sollte verbindlichen Richtlinien mit exakter Aufgabenteilung zwischen den organisatorischen Einheiten, dem Treasurer, Finanzcontrolling und der Internen Revision unterliegen. Der Stellenwert, den Konzerne dem Einsatz beimessen, wird aus der Berichterstattung deutlich.[166] Finanzderivate werden ausschließlich für die Absicherung der sich aus dem operativen Geschäft ergebenden Positionen, Geldanlagen oder Finanzierungen eingesetzt. Sie sichern die Liefer-, Leistungs- und sonstigen originären Finanzgeschäfte. Finanzinstrumente werden unter strikter Funktionstrennung zwischen Handel, Abwicklung, Buchhaltung und Controlling durchgeführt. Organisations- und Arbeitsabläufe sind in internen Richtlinien festgelegt. Die Wirksamkeit der internen Kontrollen und die Sicherheit der Funktionsabläufe werden regelmäßig durch die Interne Revision überprüft. Durch eine kontinuierliche Finanzberichterstattung werden Risikopositionen für Entscheidungen aktuell dargestellt. Der Aufsichtsrat wird über den Einsatz, die zu den genehmigungspflichtigen Geschäften zählen, in definierten Abständen informiert.

166 Siehe Geschäftsberichte 2000 der folgenden Konzerne: BASF AG, S. 101 ff.; Bayer AG, S.75 ff.; DaimlerChrysler AG, S. 104 ff.; E.ON AG, S. 125 ff.; Mg AG, S. 100 ff.; Preussag AG, S. 125 ff.; RWE AG, S. 131 ff.; Siemens AG, S. 88 ff.; ThyssenKrupp AG, S. 173 ff.; Volkswagen AG, S. 41 ff.

10.5.2.1 Checkliste für Finanzderivate

Abbildung 61 enthält eine Checkliste mit einer Konzeption für den Einsatz derivativer Finanzinstrumente.

	Checkliste
1.	Richtlinie für den Einsatz derivativer Finanzinstrumente innerhalb des Konzerns
1.1	Kompetenzabgrenzung: Festlegung des zuständigen Vorstandsressorts und der Abteilungen, wie Treasury, Finanzcontrolling und Interne Revision
1.2	Finanzinstrumente: Vorgabe der einzusetzenden derivativen Instrumente, wie Devisentermingeschäfte, Devisenoptionsgeschäfte, Währungs- und Zinsswaps, Caps, Floors und Collars, Futures usw.
1.3	Restriktionen: Einsatz der Finanzinstrumente ausschließlich zur Sicherung des operativen Geschäfts
1.4	Vertragsgestaltung: Abschlüsse ausschließlich auf der Grundlage standardisierter bzw. genormter Verträge mit Partnern, die hohen Bonitätsanforderungen entsprechend
1.5	Funktionstrennung: Eindeutige Kompetenzabgrenzung zwischen Handel, Abwicklung, Dokumentation, Kontrolle und Prüfung
1.6	Berichterstattung: Standardisiertes, aktuelles Informationsmaterial über Positionen und Risikopotentiale. Ferner Einhaltung (bzw. Abweichungen) von der erlassenen Richtlinie.
2.	System: Computergestütztes Überwachungssystem für Finanzderivate.
2.1	Komponenten: Systematische und konsistente Darstellung der einzelnen Geschäfte und Risiken, wie Nominalvolumen, Marktwert, Kredit- bzw. Kontrahentenrisiken und Untergliederung in Einzelgeschäfte bzw. Gruppen.
2.2	Sicherheitsaspekte: Sachverständige Dritte müssen in angemessener Zeit einen Einblick in das derivative Finanzgeschäft gewinnen. Es muss nachvollziehbar und prüfbar sein.
2.3	Wirkungsgrad: Elemente des Risk-Managements sind Ordnungsmäßigkeit, Funktionssicherheit, Wirtschaftlichkeit und Flexibilität.
3.	Kontroll- und Überwachungsaspekte: Sicherstellen einer lückenlosen und effizienten Kontrolle sowie Überwachung.
3.1	Dienstaufsicht: Zuständiger Ressortvorstand (auch Gesamtvorstand) und die sonstigen zuständigen Vorgesetzten, die mit der Abwicklung des Finanzderivategeschäfts betraut sind.
3.2	Finanzcontrolling: Fortlaufende und systematische Kontrollen, die die Einhaltung der erlassenen Anweisungen der Unternehmensleitung sicherstellen. Es handelt sich u.a. um: Zielvorgaben für den Einsatz derivativer Finanzinstrumente, Limits für Einzelgeschäfte, Geschäftsarten, Banken und Kontrahenten, Bonitätskriterien, aktuelle Berichterstattung usw.

Abbildung 61: Konzeption für den Einsatz derivativer Finanzinstrumente

Wie aus der Tabelle ersichtlich, delegiert der Vorstand Aufgaben im Zusammenhang mit dem Einsatz von Finanzderivaten an betriebliche Stellen, wie Treasury, Organisation, Finanzcontrolling und Interne Revision. Diese übernehmen die ihnen übertragene Aufgabe eigenverantwortlich. Im Rahmen der Dienstaufsicht hat sich der Vorstand davon zu überzeugen, ob die Stellen weisungsgemäß arbeiten.

Checkliste	
3.3	Interne Revision: Stichprobenweise Prüfung des Portfoliomanagements im Hinblick auf Inhalt und Beachtung der Richtlinien und Anweisungen, Wirkungsgrad des Kontrollinginstrumentariums, Zuverlässigkeit der eingesetzten Software, Transparenz des Risikomanagements, Effizienz der Funktionstrennung, Zusammensetzung und Umfang des Portfolios, Risikobeurteilung der Transaktionen. Ferner Funktionssicherheit, Ordnungsmäßigkeit und Wirtschaftlichkeit des IKS.
3.4	Jahresabschlussprüfer: Schwerpunkt im Rahmen der Pflichtprüfung des Jahresabschlusses: Funktionsfähigkeit und Sicherheit des unternehmensinternen Kontrollsystems im Hinblick auf das Finanzderivatengeschäft. Funktionsfähigkeit und Zuverlässigkeit der implementierten Computersysteme. Ordnungsmäßigkeit der Erfassung, Abwicklung, Bestandsführung, Dokumentation, Bewertung, Bilanzierung und Offenlegung.
3.5	Aufsichtsrat: Berichterstattung der Geschäftsleitung an das Überwachungsgremium über den Einsatz derivativer Finanzinstrumente, d.h. monatliche bzw. quartalsweise Information über Volumen und Risiken sowie Einhaltung der dazu erlassenen Anweisungen.

Abbildung 61: Konzeption im Zusammenhang mit dem Einsatz derivativer Finanzinstrumente im Konzern (Forts.)

10.5.2.2 Aufgabe der Organisation

Die Organisation schafft die Rahmenbedingungen für eine reibungslose Aufgabenerfüllung. Während die Aufbauorganisation die Gesamtkonzeption vorgibt und die Aufgabenbereiche definiert und abgrenzt, befasst sich die Ablauforganisation mit dem Prozessablauf. Durch den integrierten und vernetzten Computereinsatz gewinnt die Software, die den Prozessablauf steuert, an Bedeutung.

Großunternehmen und Konzerne verfügen über eine Richtlinie (Nr. 1 der Checkliste). Darin ist die Kompetenzabgrenzung vorgegeben (Nr. 1.1), die einzusetzenden Finanzinstrumente definiert (Nr. 1.2) und die Restriktionen (Nr. 1.3), Vertragsgestaltung (Nr. 1.4), Funktionstrennung (Nr. 1.5) sowie die Berichterstattung (Nr. 1.6) vorgegeben. Ferner das eingesetzte computergesteuerte Überwachungssystem und seine wesentlichen Komponenten (Nr. 2 ff.).

10.5.2.3 Aufgabe des Finanzcontrolling

Aufgabengebiet sind die Finanzressourcen, unter ihnen derivative Finanzinstrumente. Verantwortlich ist der Finanzcontroller für die Einhaltung der Richtlinie unter Berücksichtigung der Schnittstellenproblematik.

Der Controller informiert sich über die Einhaltung der Anweisungen der Unternehmensleitung durch Festlegen von Zielvorgaben, Limits, Beachten von Bonitätskriterien usw. Er berichtet an die Geschäftsleitung und informiert die relevanten Stellen.

10.5.2.4 Aufgabe der Internen Revision (Konzernrevision)

Im Rahmen ihrer Aufgabenstellung führt die Interne Revision Prüfungen des Portfolio-Managements durch. Prüfungsschwerpunkt dabei sind: Inhalt und Beachten der Richtlinie, Zuverlässigkeit des implementierten Kontrollinstrumentariums, Transparenz des Risikomanagements, Effizienz der Funktionstrennung, Zusammensetzung und Umfang des Portfolios, Risikobeurteilung, Bewertung und Bilanzausweis.

Aufgabe von Prüfungen und betriebswirtschaftlichen Beratungen ist es, das Unternehmensvermögen vor Verlusten zu schützen und durch Verbesserungsvorschläge zu mehren.

10.5.2.5 Aufgaben des Jahresabschlussprüfers

Hinsichtlich des Einsatzes derivativer Finanzinstrumente sind im Rahmen der Pflichtprüfung folgende Aspekte wichtig: Funktionsfähigkeit und Sicherheit des IKS, Risikomanagements sowie der implementierten EDV-Systeme und Subsysteme, Ordnungsmäßigkeit und Funktionssicherheit der Erfassung, Abwicklung, Bestandsführung, Bewertung, Dokumentation, Aufbewahrung und Bilanzierung.

Abschlussprüfer berichten über das Ergebnis ihrer Feststellungen an Vorstand und Aufsichtsrat.

10.5.2.6 Aufsichtsrat

Derivative Finanzinstrumente gehören zu den genehmigungspflichtigen Geschäften des Aufsichtsrats.

10.5.2.7 Bilanzierung der Finanzderivate

Als „schwebende Geschäfte" sind Finanzderivate nicht bilanzierungsfähig. Bei Ansprüchen oder Verpflichtungen wird zunächst unterstellt, dass Lieferungen und Gegenleistungen korrespondieren. Ändern sich die wirtschaftlichen Voraussetzungen, ist ein drohender Verlust nach § 249 Abs. 1 HGB bilanzmäßig zu berücksichtigen.

Schwebende Geschäfte sind gemäß § 238 Abs. 1 HGB statistisch in einer Vormerkbuchhaltung zu erfassen.

Neben der Bilanzierungsfähigkeit sind Bewertungsfragen relevant, beispielsweise in welcher Höhe eine Rückstellung zu bilden ist. Zu beachten sind hierbei folgende Vorschriften:

- Einzelbewertung (§ 252 Abs. 1 Nr. 3 HGB)
- Vorsichts- und Imparitätsprinzip (§ 252 Abs. 1 Nr. 4 HGB)
- Bemessung der Rückstellung (§ 235 Abs. 1 HGB)
- Abschreibungen nach dem Niederstwertprinzip (§ 253 Abs. 3 HGB)

10.5.3 Risikopotential aus Derivatspekulationen, Beispiele

Der unprofessionelle Einsatz von Finanzderivaten ist risikobehaftet. Fälle von Missmanagement, verursacht durch exorbitante Spekulationen, die Gegenstand der Medien waren, werden nachstehend skizziert.

10.5.3.1 Balsam AG, Steinhagen

Im Zusammenhang mit dem unter Ziff. 3.6.2.1 geschilderten Unternehmenszusammenbruch des Unternehmens wurden in erheblichem Umfang riskante, verlustbringende Devisenspekulationen durchgeführt.

10.5.3.2 Merchant Bank Barings Brothers, London

Das zweihundert Jahre alte Bankhaus verlor 1995 durch spekulative Geschäfte einer Führungskraft mit Finanzderivaten rund eine Milliarde €. Die Gründe hierfür lagen in einem unzureichenden bankinternen Kontrollsystem, mangelnder Dienstaufsicht, Führungsschwäche der Bankleitung und Überwachungsinkompetenz der Aufsichtsorgane.

Im Zuge der Abwendung des Konkurses wurde die Bank zu einem symbolischen Preis von einem Pfund Sterling und Übernahme der Schulden von rund einer Mrd US-$ an die Internationale Nederlanden Group NV, Amsterdam, verkauft.

10.5.3.3 Deutsche Bank AG, Frankfurt a.M.

Beim Investmentbanker Deutsche Morgan Greenfell, London, wurden 1996 durch Täuschung einer Führungskraft Fondsmittel aus spekulativen Motiven in nicht börsennotierte Gesellschaften investiert und die Anleger geschädigt. Um diese vor Verlust zu schützen, musste die Deutsche Bank AG umfangreiche Basiswerte in ihr Portfolio übernehmen. Unabhängig vom Rufschaden, entstand im Zusammenhang mit dieser Manipulation ein Verlust in der Größenordnung von mehr als 500 Mio €.

Die Fondsaffäre ist auf Führungsfehler, eklatante Überwachungsdefizite und unzureichende Dienstaufsicht zurückzuführen.

10.5.3.4 Herstatt Bank, Köln

Spekulationsverluste in Devisen führten 1974 beim Universalbankhaus durch kriminelles Währungsmanagement zu Verlusten in einer Größenordnung von 500 Mio €. Das Institut ging in Konkurs. Zum Ausgleich der Verluste musste der Hauptaktionär, der zugleich Aufsichtsratsvorsitzender war, Mittel in dreistelliger Millionenhöhe leisten.

Gründe für diesen Vorgang waren: Unprofessionelle Geschäftsführung, Missmanagement, lückenhaftes bankinternes Kontrollsystem, Versagen des Jahresabschlussprüfers, ineffizienter Aufsichtsrat und Fehler der Bankenaufsicht.

10.5.3.5 Klöckner & Co., Duisburg

Verluste aus Rohölspekulationen in der Größenordnung von 250 Mio € absorbierten das Eigenkapital und zwangen zu einem Eigentümerwechsel. Gründe für den Vorgang waren eklatante Überwachungsdefizite und fehlende Dienstaufsicht.

Die Deutsche Bank AG, Frankfurt a.M. sanierte und übernahm die insolvente Firma, die sie an die VIAG, München, verkaufte. Klöckner wurde Bestandteil der Bayernwerk AG, München, an der die VIAG mit 97,1 % beteiligt ist.

10.5.3.6 Metallgesellschaft AG, Frankfurt a.M.

Riesige Rohölspekulationen führten – in Kombination mit Missmanagement – zu dem unter Ziff. 3.6.2.13 erläuterten – Gesamtverlust von über 2,5 Mrd €.

10.5.3.7 US-Kapitalanlagefonds Long Term Capital Management, Greenwich, Conn. USA

Das Risiko des unkontrollierten Einsatzes von Finanzderivaten wird deutlich am Beispiel des 1994 gegründeten Hedge-Fonds LTCM.

LTCM 1994 mit einem Eigenkapital von 1,25 Mrd US-$ ausgestattet, das sich bis 1997 auf 4,8 Mrd US-$ erhöhte, spezialisierte sich mittels Computer und komplizierter Software auf die Nutzung von Preisabnormitäten zwischen unterschiedlichen Finanzinstrumenten und Märkten. Im August 1998 umfasste das Engagement schätzungsweise ein Nominalvolumen von 1,2 Billionen US-$. Zu dessen Realisierung nahm LTCM Kredite auf, um unter Nutzung des Leverageeffekts exorbitante Renditen auf das Eigenkapital zu erzielen. (1995 = 42,8 %, 1996 = 40,8 % und 1997 = 17,1 %).

Das eingesetzte mathematische Computermodell war konzipiert auf „geringe Preisbewegungen der Basiswerte bei hoher Volatilität“, Prämissen, die mit Ausbruch der Russlandkrise Mitte 1998 gegenstandslos wurden. Gravierende Verluste des LTCM-Portfolios zwangen bei sinkenden Kursen zum Rückkauf teuer erworbener Instrumente am Kassamarkt in einer Dimension von zunächst 30 bis 40 Mrd US-$. Dadurch schrumpfte das Eigenkapital Ende August 1998 auf 2,2 Mrd US-$ und verringerte sich bis Mitte September 1998 auf 600 Mio US-$. Durch ständige Nachforderungen von Margin-Calls zum Ausgleich der Kursverluste, erreichte der Fonds den Zustand der Zahlungsunfähigkeit.

Zur Abwendung eines Zusammenbruchs gaben 16 Großbanken (ohne Einsicht und Prüfung der Buchführung von LTMC)einen Überbrückungskredit von 3,7 Mrd US-$. Dafür erhielten sie 90 % der Anteile von LTMC und das Recht, deren Strategien, Geschäftsabwicklung und Vergütungssystem zu kontrollieren.

10.5.3.8 Volkswagen AG, Wolfsburg

Durch Devisenspekulationen verlor der Konzern 1986 250 Mio €. Die Vorkommnisse in der Devisenabteilung führten zur Ablösung des zuständigen Vorstandsmitglieds.

Diese Negativerfahrung veranlasste den Konzernvorstand, derivative Finanzinstrumente restriktiv einzusetzen. Mit Zustimmung des Liquiditätsausschusses des Aufsichtsrats unterblieben 1995 bei starken Wechselkursschwankungen Währungsabsicherungen. Dadurch entstanden dem Konzern Ergebniseinbußen von etwa brutto 650 Mio €.

10.5.3.9 Westdeutsche Genossenschafts-Zentralbank eG., Düsseldorf

Über einen längeren Zeitraum von Devisenhändlern des Instituts durchgeführte unzulässige Optionsgeschäfte, die Anfang 1997 aufgedeckt wurden, schädigten die Bank in einer Größenordnung von 380 Millionen DM.

Die involvierten Führungskräfte verschleierten ihre Spekulationsgeschäfte durch Manipulationen der Computersoftware. Dazu kamen, wie in ähnlich gelagerten Fällen, Führungsschwäche, mangelnde Dienstaufsicht sowie ein lückenhaftes bankinternes Kontrollsystem. Drei verantwortliche Manager, die ihrer Dienstaufsichtspflicht nicht ordnungsgemäß nachgekommen waren, wurden entlassen. Nach Auffassung des eingesetzten Gutachters hätten sie bei gewissenhafter Überwachung die unzulässigen Vorgänge erkennen müssen.

10.6 Wertmanagement

Börsennotierte Gesellschaften bekennen sich aus Shareholder- bzw. Investor-Relations-Erwägungen und zum Zwecke einer positiven Kursbeeinflussung nachdrücklich zum Wertmanagement. Dabei ist zu berücksichtigen, dass die Implementierung des Wertmanagementsystems eine kosten- und zeitaufwendige, das Gesamtunternehmen umfassende Konzeption erfordert.

In den Geschäftsberichten fixieren Konzerne repräsentativer Zielgrößen und Kennzahlen, die eine nachvollziehbare Verbesserung (bzw. Verschlechterung) der Wertsteigerung und Unternehmensperformance sachverständigen Dritten ermöglichen.

10.6.1 Unternehmensindividuelle Schlüsselkennzahlen zur Messung der Wertsteigerung

Eine Auswertung ausgewählter Geschäftsberichte zeigt, das Unternehmen ihre Schlüsselkennzahlen, entsprechend der Geschäftscharakteristika, interpretieren wie folgende Beispiele verdeutlichen:

1. **BASF AG, Ludwigshafen**: Geschäftsbericht 1999, S. 49. Der Performancemessung dienen die Kennzahlen Gesamtkapital- und Umsatzrendite, berechnet vor Ertragsteuern und Fremdkapitalzinsen. In 1999 erreichte die Kapitalrendite einen Wert von 10,2 % (Vorjahr 11,9 %) und die Umsatzrendite 6,8 % (Vorjahr 9,5 %). In der Rede auf der 48. ordentlichen Hauptversammlung für das Geschäftsjahr 1999 am 27. April 2000 führte der Vorstandsvorsitzende u.a. aus: „Wir wollen in diesem wie in den nächsten beiden Jahren unser Ergebnis der Betriebstätigkeit um durchschnittlich mindestens zehn Prozent steigern".
2. **Bayer AG, Leverkusen**: Nachhaltige Steigerung des Unternehmenswertes ist Ziel der Unternehmenspolitik. Unter „Neues kapitalmarktorientiertes Kennzahlensystem" wird berichtet: „Wert wird geschaffen, sofern mehr als die Kapitalkosten und die Kosten für die Wiederbeschaffung der Anlagen erwirtschaftet wird. Als Messgröße für die erzielte Rentabilität verwenden wir seit 1994 den CFRoI, der den Brutto-Cashflow auf das investierte Kapital bezieht. Geschäftsfelder mit CFRoIS über der Kapitalkostenhürde erwirtschaften somit eine Überrendite bzw. einen positiven Wertschöpfungsbeitrag. Multipliziert man diese Überrendite mit dem Investitionswert, erhält man den „Cash Value Added" (CVA) eines Jahres. Er ist ein Maß für die in einer Periode erzielte Wertschöpfung des Unternehmens oder Geschäftsbereichs. Als zusätzliche Steuerungsgröße für das Portfoliomanagement dient die jährliche Veränderung des CVA (Delta CVA). Ist der Delta CVA positiv, wurde die Wertschöpfung gesteigert. Der Konzern verwendet die Rentabilitätskennziffern Umsatzrendite, Eigenkapital- und Gesamtkapitalrendite. 1999 erreichte die Umsatzrendite, er-

rechnet aus dem operativen Ergebnis vor Sonderposten dividiert durch die Umsatzerlöse, einen Wert von 11,2 % (Vorjahr 12,6 %). Der Wert der Eigenkapitalrendite, errechnet aus dem Gewinn nach Steuern dividiert durch das durchschnittliche Eigenkapital, belief sich auf 14,4 % (Vorjahr 12,9 %). Die Gesamtkapitalrendite, ermittelt aus dem Gewinn vor Steuern und Zinsaufwendungen dividiert durch das durchschnittliche Gesamtkapital, betrug 10,5 % (Vorjahr 10,9 %). (Geschäftsbericht 1999, S. 17 und 38.)

3. **DaimlerChrysler AG, Stuttgart und Auburn Hills**: Im Geschäftsbericht 1999, S. 64/65, wird unter „Steuerungsinstrumente unterstützen die wert- orientierte Unternehmensführung" ausgeführt: „Im Zuge des Unternehmenszusammenschlusses entwickelte der Konzern ein einheitliches Steuerungsinstrumentarium, mit dem die wertorientierte Führung und Steuerung des Gesamtunternehmens sowie der einzelnen Geschäftsbereiche gemessen wird. Die Steuerungsinstrumente erlauben und fördern die dezentrale Verantwortung, bereichsübergreifende Transparenz und eine kapitalorientierte Investitionssteuerung in allen Bereichen des Konzerns. – Für Steuerungszwecke wird unterschieden zwischen der Konzern- und der operativen Ebene. Für den Konzern wird das Net Operating Income verwendet, eine kapitalmarktorientierte Nachsteuer-Ergebnisgröße. Diese wird für die Ermittlung der Renditekennziffer Return on Net Assets (RONA) zu dem im Konzern eingesetzten Kapital in Beziehung gesetzt. Daraus wird ersichtlich, in welchem Umfang der DaimlerChrysler-Konzern insgesamt den Verzinsungsanspruch seiner Kapitalgeber erwirtschaftet bzw. übertrifft. Der Verzinsungsanspruch bzw. die durchschnittlichen Kapitalkosten des Konzerns werden hierbei aus den Mindestrenditen abgeleitet, die Anleger für das investierte Eigen- und Fremdkapital erwarten. Diese Kapitalkosten werden vom Zinssatz für langfristige Wertpapiere und von einer Risikoprämie für Anlagen in Aktien bestimmt. Für den Konzern wird mit gewichteten durchschnittlichen Kapitalkosten in Höhe von 9,2 % nach Steuern gerechnet. – Auf der Ebene der Geschäftsbereiche wird der Operating Profit verwendet, eine im internationalen Kontext gebräuchliche Ergebnisgröße vor Zinsen und Steuern. Als Kapitalbasis dienen die Net Assets, also die Aktive abzüglich der nichtverzinslichen Verbindlichkeiten; der Mindestverzinsungsanspruch beträgt 15,5 %. Für die Finanzdienstaktivitäten wird branchenüblich die Verzinsung des eingesetzten Eigenkapitals (Return on Equity) als Steueruangsmaßstab herangezogen. Hierfür wurde ein anzustrebendes Mindest-Renditeziel von 20 % (vor Steuern) definiert.

4. **Preussag AG, Hannover**: Im Jahre 1996 führte der Konzern ein Management-Informationssystem zur Unternehmenswert-Maximierung ein, mit den Schwerpunkten Segmentierung und Einbindung der Aktivitäten in einen geschlossenen Controlling-Prozess sowie der einheitlichen Beurteilung der Investitionsvorhaben. – Das Steuerungsinstrument umfasst sämtliche Bereiche der wertorientier-

ten Unternehmensführung und bildet die Plattform für die Kommunikation mit den Investoren. – Kernpunkte sind: Portfolioentwicklung einschließlich Akquisitions- und Desinvestitionsanalysen, Fixierung von Renditezielen für die Geschäftsbereiche, Allokation der Finanzmittel, optimale Steuerung, Beobachtung und Entwicklung der vorgegebenen Unternehmenswerte. Im Geschäftsbericht 1998/99, S. 40 und 41) wird über die „Aktuelle Rendite-Kennziffer" wie folgt berichtet: „Ein wesentlicher Bestandteil der auf Kennzahlen gestützten Analyse ist die aktuelle Wertentwicklung des Konzerns, dargestellt durch die Eigenkapitalrendite. In ihr spiegelt sich das eingesetzte Kapital der einzelnen Bereiche wider, wobei das Ergebnis der gewöhnlichen Geschäftstätigkeit vor Abschreibungen auf Geschäfts- und Firmenwerte ins Verhältnis zum eingesetzten bilanziellen Eigenkapital gesetzt wird. Mittelfristig strebt der Konzern eine Rendite auf das Eigenkapital von 25 % an.

5. **RWE AG, Essen**: Zielgröße des Konzerns zur Erreichung eines wertorientierten Managements ist die Kapitalrendite ausgedrückt in Return on Invested Capital (ROIC). Nach dem Geschäftsbericht 1998/99, S. 28, erreichte sie einen Wert von 11,5 % (Vorjahr 13,1 %). Für die Unternehmensbereiche ergaben sich Werte zwischen maximal 18,5 % (Energie) und minimal minus 24,7 % (Telekommunikation). – Neben den üblichen Kennzahlen sind eine weitere Beurteilungsgröße die Earnings Before Interest, Taxes, Depreciation and Amortisation (EBITA). Das EBITA dient als Indikator, welcher Zahlungsmittelzufluss durch das operative Geschäft generiert wird.
6. **Siemens AG, München**: Seit dem Geschäftsjahr 1997/98 misst der Konzern den Fortschritt am Geschäftswertbeitrag (GWB). Grundsätzlich wird angestrebt, dass jedes Geschäftsgebiet mehr Ergebnis bringt, als die Kosten für das jeweils eingesetzte Kapital. – Entsprechend dem „Grundkonzept des Geschäftswertbeitrags" erläutert im Geschäftsbericht 1998/99, S. 50 ff., ergibt sich der GWB „aus der Differenz von Geschäftsergebnis nach Steuern (Net Operating Profit after Taxes = NOPAT) und den Kapitalkosten. Die Kapitalkosten repräsentieren dabei die Mindestrendite für das in ein Geschäft investierte Kapital. Nach diesem Konzept ist ein Geschäft wirtschaftlich, wenn es seine Kapitalkosten verdient und darüber hinaus die Erwartungen des Kapitalmarktes an die Steigerung des GWB erfüllt".
7. **ThyssenKrupp AG, Düsseldorf**: Nach dem Geschäftsbericht 1998/99, S. 20 ff., erfolgt „die Führung und Steuerung des Konzerns auf Basis eines wertorientierten Managementsystems. Dabei steht die kontinuierliche Steigerung des Unternehmenswertes durch Konzentration auf Geschäftsfelder, die bezüglich der Performance zu den besten im Weltmaßstab gehören, im Mittelpunkt. Zur Erreichung dieser Zielsetzung wird ein integriertes Controllingkonzept eingesetzt. ... Die zentrale Steuerungsgrößen sind der Return on Capital Employed (ROCE) und der Wertbeitrag. Beide Kennzahlen reflektieren die Ertragskraft

des investierten Kapitals in Form einer relativen Größe (ROCE) sowie eines absoluten Wertes (Wertbeitrag). – Der Zähler des ROCE setzt sich aus dem Ergebnis vor Steuern und Anteilen anderer Gesellschafter, dem Zinsergebnis und dem zuzurechnenden Zinsaufwand für Pensionsrückstellungen zusammen. Das Capital Employed wird aktivisch ermittelt. Es errechnet sich aus dem Nettoanlagevermögen und dem Net-Working Capital auf Vorsteuerbasis. – Dem ROCE werden die gewichteten durchschnittlichen Kosten des eingesetzten Kapitals (WACC) gegenübergestellt. Die Kapitalkosten werden dabei – wie die verwendeten Ergebnisgröße – vor Ertragsteuern erfasst. Auf dieser Basis ergibt sich für den Konzern eine gewichtete Verzinsung aus Eigenkapital (14 %), Finanzschulden (6,5 %) und Pensionsrückstellungen (6 %) in Höhe von 9 %. – Für die einzelnen Unternehmensbereiche werden entsprechende Kapitalkosten abgeleitet. Sie betragen bei TK Steel 9,5 %, TK Automotive 10,5 %, TK Industries 10,5 %, TK Engineering 14,0 %, TK Materials & Services 9,5 % und TK Immobilien 7,5 %. – Der Wertbeitrag errechnet sich aus der Differenz zwischen ROCE und Kapitalkostensatz multipliziert mit dem Capital Employed. Zusätzlicher Unternehmenswert wird nur dann geschaffen, wenn der ROCE die gewichteten Kapitalkosten übersteigt. Somit stellen die Kapitalkosten einen Mindestverzinsungsanspruch dar".

8. **VEBA AG, Düsseldorf**: Zentrales Renditemaß des Konzerns für die periodische Erfolgskontrolle der einzelnen Geschäftsfelder ist der Cash Flow Return on Investment (CFROI). Gemäß Geschäftsbericht 1999, S. 28 ff., wird der „CFROI als Quotient aus dem Betriebsergebnis vor Zinsaufwand, Steuern und Abschreibungen = Earnings before Interest Expenses, Taxes, Depreciations and Amortization = EBITDA) und dem investierten Kapital (Bruttoinvestitionsbasis) berechnet. Die Kennzahl EBITDA ist darüber hinaus frei von steuerlichen und finanzwirtschaftlichen Einflüssen. Der EBITDA stellt den nachhaltig aus dem operativen Geschäfts zu erzielenden Rückfluss auf das eingesetzte Kapital dar". – Im Geschäftsjahr 1999 errechnete sich ein Konzern-CFROI von 9,3 % (Vorjahr 9,8 %).

9. **Volkswagen AG, Wolfsburg**: Entsprechend den Ausführungen im Geschäftsbericht 1999, S. 69 ff., wird „der Volkswagen-Konzern finanziell nach einem integrierten Kennzahlensystem gesteuert. Dabei stand bisher die Umsatzrendite, ermittelt aus Umsatz und Ergebnis vor Steuern, im Vordergrund der operativen Steuerung. ... Im Berichtsjahr wurden die Steuerungsgrößen im Sinne einer wertorientierten Steuerung um die Kapitalrendite ergänzt. Damit werden die Verzinsungsansprüche des Kapitalmarkts stärker in das Zielsystem einbezogen. ... Der Kapitalverzinsungsanspruch ist die Sollgröße für die Beurteilung und Entscheidung der Investitionspolitik in ihrer Gesamtheit und von Einzelprojekten. ... Ziel für die Kapitalverzinsung im automobilen Kerngeschäft liegt bei 10 % nach Steuern.

Wie vorstehende Ausführungen bestätigen, verwenden Konzerne zur Messung ihres wertorientierten Unternehmenserfolgs eine Vielzahl von Kennzahlen, beispielsweise *BASF AG = **Gesamtkapital und Umsatzrendite**, Bayer AG = CFRoI und CVA*, DaimlerChrysler AG = ***RONA***, Preussag AG = ***Eigenkapitalrendite***, RWE AG = ***ROIC***, Siemens AG = ***GWB***, ThyssenKrupp AG = ***ROCE***, VEBA AG = ***CFROI und EBITDA*** sowie Volkswagen AG = ***Umsatz- und Kapitalrendite***.

Selbst analoge Kennzahlen unterscheiden sich durch die gewählten Berechnungs- und Abgrenzungsmodalitäten.

Aufgrund der Heterogenität eignen sich die Schlüsselkennzahlen lediglich für konzerninterne Vergleiche, nicht jedoch für Zwecke des Benchmarking. Um diese Voraussetzungen zu erreichen, sind Konzernabschlüsse nach einheitlichen Kriterien in vergleichbare Kenngrößen bzw. Kennzahlen zu transformieren.

10.6.2 Management by Balanced Scorecard

Balanced Scorecard (BSC) ist eine Strategie, um mittel- und längerfristige Unternehmensziele im Rahmen des Wertmanagement einzuführen und in konkrete Aktionen umzusetzen. Dazu werden von den Konzernen präferierte Schlüsselkennzahlen im Rahamen der Steuerungs- und Managementinformationssysteme sowie für den Anpassungsprozess als Größen für die Messung des erreichten Ist mit dem vorgegebenen Soll verwendet.

Die Realisierung der BSC erfolgt in aufeinander abgestimmten Phasen unter Einschaltung der Mitarbeiter und Beachtung des verabschiedeten Unternehmensleitbildes. Es handelt sich um folgende Schritte:

- *Zielformulierung* unter Berücksichtigung von Image, Innovation, Marktstellung, Dynamik bzw. Wachstum, Risiken und Chancen sowie Renditevorgaben für die einzelnen Unternehmensbereiche bzw. Tätigkeitsfelder bzw. Projekte.

- *Festlegung eines ausgewogenen strategischen Handlungsrahmens* zur Sicherstellung der Zielerreichung unter Einbeziehung der Potenziale und Interessen von Sharholdern, Abnehmern, Lieferanten, Kreditgebern und Belegschaft.

- *Erarbeitung eines Aktionsplans* als Orientierungshilfe zur Planerreichung unter Nutzung von Schlüsselkennzahlen und Messgrößen.

- *Zusammenfassung relevanter Aufgabenstellungen und Projekte* sowie Fixieren der konkreten Aufgabenstellungen, Festlegen von Kompetenzen und Verantwortungen, Zuteilen der erforderlichen Ressourcen, der zu realisierenden Ziele und der dabei anzuwendenden Messgrößen sowie deren operative Umsetzung.

- *Anpassung der Zielformulierung* auf Grund permanenter Lernprozesse an sich ändernde endogene und exogene wirtschaftliche Rahmenbedingungen.

Ob und wie erfolgreich Konzerne ihre angestrebten Ziele und Wertsteigerungen erreichen, ist aus einer Analyse und Bewertung der Berichterstattung ableitbar.

10.7 Lean Management erfordert Lean Auditing

Leankonzepte und Prozessorientierung beeinflussen Unternehmensphilosophie und Managementparadigma. Die dadurch initiierten Impulse führen zu Änderungen in der

- Organisation,
- Fertigung und
- Personalwirtschaft.[167]

Umstellungsprozesse im Bereich des IKS und Einfluss auf das Innovvationsverhalten der Mitarbeiter modifizieren Revisionsplanung und Prüfungsdurchführung.[168]

10.7.1 Restrukturieren der Führungs- und Organisationsstrukturen

In Abbildung 62 sind Einflüsse des Lean Management auf die Organisation und das IKS stichwortartig zusammengefasst.

Die Auswirkungen auf die Aufbau- und Ablauforganisation sind erheblich. Durch das Zurückführen der Hierarchiestufen entfallen Überwachungs- und Kontrollfunktionen.

Die Segmentierung auf überschaubare Einheiten und die Delegation von Überwachungs-, Steuerungs- und Optimierungsaufgaben auf die Ausführungsebene heben in weiten Bereichen die Funktionstrennung auf.

Neue Arbeitsprinzipien und schlanke Organisationsstrukturen erfordern ein standardisiertes Vorgehen, eine flussgerechte Ablauforganisation und ein effizientes Bottom-up-System.

Erforderlich ist eine Delegation der Verantwortung auf die Cost-Center. Diese sind mit Informationen zu versorgen, um die zu übernehmenden Aufgaben auch auszufüllen.

---

167 Hofmann, R. und Hofmann, I., Personal- und Materialeinsatz. Optimierung durch Leankonzepte und Prozessorientierung, Bochum 1996.

168 Hofmann, R., Management Auditing als Herausforderung für die Interne Revision, in: ST 4/1992, S. 170 ff.; ders., Lean Management erfordert Lean Auditing, in: ST 10/1995, S. 891 ff.

Lfd. Nr.	**Lean-Organisation und IKS**
1.	Zurückführen der Hierarchiestufen auf wenige Ebenen
2.	Segmentierung auf überschaubare Einheiten (Cost-Center)
3.	Verlagerung von Ausführen und Bedienen zum Überwachen, Steuern und Optimieren
4.	Standardisieren des Vorgehens
5.	Flussgerechte Organisation
6.	Bottom-up-Prinzip
7.	Delegation definierter Verantwortung auf Mitarbeiter
8.	Neue Arbeitsprinzipien und schlanke Organisationsstrukturen
9.	Wirkungsvolle Kontrollinstanzen zur Kompensation fehlender Funktionstrennung
10.	Datentechnische Verknüpfung und Aufgabenrelevante Informationen für Cost-Center und Arbeitsplätze
11.	Sicherstellung von Verantwortungsbewusstsein und Initiative aller Hierarchiestufen
12.	Laufende qualitative Verbesserung des Mitarbeiterpotentials durch Fort- und Weiterbildung sowie job-rotation

Abbildung 62: Impulse der Lean-Organisation auf das IKS

10.7.2 Restrukturieren der Fertigung

Der Einfluss des Lean Management auf die Produktion und das fertigungsspezifische IKS vermittelt Abbildung 63.

Lfd. Nr.	**Lean-Produktion und IKS**
1.	Schlanke Fabrik
2.	Optimierung der Wertschöpfungskette durch Outsourcing
3.	Center-Projektorganisation
4.	Simultaneous Engineering in Entwicklung, Fertigung und Montage
5.	Total-Quality-Management
6.	Flexibilität und Reagibilität auf sich ändernde Marktkonstellationen
7.	Ressourcennutzung in bezug auf Lieferanten und Kunden
8.	Gruppenarbeit mit Eigenverantwortung der Cost-Center bzw. Arbeitsplätze
9.	Verlagerung der Kompetenzen auf die Ausführungsebene (Durchbrechung des Prinzips der Funktionstrennung)
10.	Visualisierung des Produktionsgeschehens

Abbildung 63: Impulse der Lean-Produktion auf das IKS

Grundlage einer schlanken Fabrik ist der Produktionsablauf in autonomen Center-Projektorganisationen mit einer Eigenverantwortung. Damit werden definierte Kompetenzen auf die Ausführungsebene delegiert, unter Aufgabe der Funktionstrennung.

Entscheidendes Element der Lean Produktion ist die Konzentration der betrieblichen Wertschöpfung auf Kernaktivitäten durch Outsourcing. Grundgedanke ist eine wirtschaftliche Ressourcennutzung durch Kooperation mit Lieferanten und Kunden. Durch „Simultaneous Engineering“ in Entwicklung, Fertigung und Montage werden in kurzen Entwicklungsprozessen kundenorientierte Erzeugnisse bereitgestellt. Ein weiterer Faktor ist das „Total-Quality-Management“, das Mitarbeiter aller Unternehmensebenen einschließlich der Lieferanten und Kunden einbezieht. Die dadurch bewirkte Zusammenarbeit ist Voraussetzung für eine Gewährleistung des angestrebten, marktsichernden Qualitätsstandards.

Zur Erreichung der Zielsetzung ist das Produktionsgeschehen für alle Beteiligten verständlich zu visualisieren.

10.7.3 Aktivieren des Innovationspotentials der Belegschaft

Erfolge aus Lean Management und Reengineering durch Realisierung

- neuer strategischer Konzeptionen,
- wirkungsvoller Fertigungsverfahren und Organisationsstrukturen,
- kundennaher, qualitativ hochwertiger Produkte und
- wirtschaftliche Ressourcennutzung

setzen voraus, dass es dem Top-Management gelingt, das Innovations- und Kreativitätspotential der Mitarbeiter zu mobilisieren.

Die Bedeutung von Innovationen und technischem Fortschritt für die Wirtschaft ist seit langem bekannt. So bezeichnete Schumpeter als Innovation „alle Änderungen, die die alten Produktionsweisen verwandeln“[169]. Als Beispiele nannte er Produkt-, Prozess- und Marktinnovationen. Auf Grund der wachsenden Unternehmensgrößen und der damit verbundenen Störfaktoren, ist diesem Phänomen ein immer höherer Stellenwert beizumessen.

Wachsende Dynamik und Komplexität erfordern qualifizierte Lösungen. Wettbewerbsdruck und Kostenexplosion können durch Rationalisierung allein nicht aufgefangen werden. Um erfolgreich auf den größer werdenden Märkten bestehen zu können, muss ein Unternehmen über einen Entwicklungsvorsprung gegenüber der Konkurrenz verfügen und sein Innovationspotential mobilisieren.

---

169 Schumpeter, J.A., Theorie der wirtschaftlichen Entwicklung, Leipzig 1912.

Unternehmen werden mit Situationen konfrontiert, für deren Bewältigung die bekannten Instrumente und Verhaltensweisen nicht ausreichen.[170]

Um Probleme lösen zu können, sind adäquate Maßnahmen zu initiieren, beispielsweise:

- Menschenführung. Das Innovationspotential der Führungskräfte ist zu intensivieren unter gleichzeitiger Minimierung des Risikos.
- Kooperation zwischen Konstruktion, Entwicklung, Forschung, Produktion und Marketing.
- Einsatz ausreichender wissenschaftlicher und technischer Ressourcen.
- Entwickeln und Einsatz computergestützter, flexibler Planungs-, Kontroll- und Informationssysteme, mit denen die Unternehmung zum operativen Ziel geführt wird.
- Systematische Analyse und Prognose sowohl für die Absatzmärkte als auch für die Produktionsfaktoren.
- Leistungsfähige Führungs- und Organisationsstrukturen.

Vorstehende Maßnahmen dienen dazu, einen Beziehungszusammenhang zwischen den die Innovation bestimmenden Faktoren herzustellen.

Aufgabe der Internen Revision ist es, der Unternehmensleitung Informationen, Bewertungen, Analysen, Vorschläge und Beratung zur Verfügung zu stellen.

Dazu müssen Innovationsprozesse

- klar, verständlich, motivierend und realisierbar sein,
- rechtzeitig initiiert werden,
- strategische Alternativen beinhalten und
- überprüfbar sein.

Die Interne Revision kann dazu beitragen, dass die für das Management notwendigen Feedback-Informationen reibungslos funktionieren, durch

- Vergleichen der Leistung mit vorgegebenen Kriterien,
- Beurteilenden Angemessenheit der Kriterien und
- Gegenüberstellen der Kriterien mit den Planungswerten.

Gebiete, in denen die Innenrevision tätig werden kann, sind beispielsweise:

- Mitarbeiterführung
- Unternehmensorganisation

---

170 Allesch, J., Praxis des Innovationsmanagements, Berlin 1986; Bierfelder, W., Innovationsmanagement, 2. Aufl., München 1989; Blitzer, B., Innovationshemmnisse im Unternehmen, Wiesbaden 1990; Child, J. und Bate, P., Hrsg., Organization of Innovation. East-West-Perspectives, Berlin 1987; Hauer, T., Intuition bei Innovationsentscheidungen, Wiesbaden 1990; Hofmann, R., Innovationsmanagement und Interne Revision, in: DB 1981, S. 2085 ff.; Staudt, E., Das Management von Innovationen, Frankfurt/Main 1986.

- Unternehmensplanung
- Konstruktion
- Forschung und Entwicklung
- Produktion
- Marketing
- Computergestützte Steuerungs-, Kontroll- und Informationssysteme.

Im Bereich der Innovation sollte sich die Interne Revision verstärkt auf beratende Funktionen konzentrieren. Die Intensivierung dieses Aufgabengebietes im Bereich des Management Auditing ist eine Frage der fachlichen Qualifikation und personellen Ressourcen.

Wichtig ist, dass die Aufnahme neuer Aufgabenstellungen nicht zu Lasten von Ordnungsmäßigkeitsprüfungen vernachlässigt.

Bei der Übernahme von Aufgaben im Bereich der Innovations- und Kreativitätsförderung durch die Interne Revision handelt es sich um eine beratende Funktion. Das Top-Management als Auftraggeber erwartet Entscheidungs- und Orientierungshilfen.

10.8 Umwelt Audits

Das Prüfungsgebiet „Umweltschutz" wird in der Revisionsliteratur kaum behandelt, obwohl Fragen der Verantwortung von Unternehmen gegenüber der Gesellschaft unter diesem Blickwinkel einen immer höheren Stellenwert gewinnen.

Das bestätigen die Zahlen der bekanntgewordenen Straftaten, von 34.415 Fälle in 2000 und 36.663 Fälle in 1999. Die in der Polizeilichen Kriminalstatistik registrierten Fälle signalisieren die Spitze des Eisbergs. Die Dunkelziffer ist erheblich.[171]

In Abbildung 64 sind die in den Jahren 1999 und 2000 registrierten Fälle gegliedert.

Von den 34.415 Straftaten in 2000 betreffen 70 % die umweltgefährdende Abfallbeseitigung und 17 % die Verunreinigung von Gewässern.

Unternehmen haben Vorkehrungen und Maßnahmen zu treffen, dass Verstöße gegen die vom Bund und von den Ländern erlassenen Gesetze zum Zwecke des Umweltschutzes vermieden werden. Unternehmensleitungen und Verantwortliche in der Wirtschaft sind sich der Notwendigkeit umweltorientierter Unternehmensführung bewusst.

Auslöser für die Durchführung des Umweltschutzes in Unternehmen war die Institutionalisierung eines Umweltschutzbeauftragten durch den Gesetzgeber Mitte der 70er Jahre.

---

171 Polizeiliche Kriminalstatistik 2000 der Bundesrepublik Deutschland, Hrsg., Bundeskriminalamt, Wiesbaden.

Schlüssel	Straftaten(gruppen)	erfasste Fälle	
		2000	**1999**
6760	Straftaten gegen die Umwelt §§ 324, 324a, 325–330a StGB Gesamt	34.415	36.663
6761	Verunreinigung eines Gewässers § 324 StGB	5.912	5.862
6762	Luftverunreinigung § 325 StGB	311	355
6763	Verursachen von Lärm, Erschütterungen und nichtionisierenden Strahlen § 325a StGB	42	44
6764	umweltgefährdende Abfallbeseitigung § 326 außer Abs. 2 StGB	24.190	25.882
6765	unerlaubtes Betreiben von Anlagen § 327 StGB	1.144	1.056
6766	unerlaubter Umgang mit radioaktiven Stoffen und anderen gefährlichen Gütern § 328 StGB	168	142
6767	Gefährdung schutzbedürftiger Gebiete § 329 StGB	47	47
6768	Abfallein-/-aus und -durchfuhr nach § 326 Abs. 2 StGB	159	880
6769	schwere Gefährdung durch Freisetzen von Giften § 330a StGB	148	59
6770	gemeingefährliche Vergiftung und fahrlässige Gemeingefährdung §§ 319, 320 StGB	22	18

Abbildung 64: Umweltdelikte in Deutschland

Verantwortlich für den wirkungsvollen Umweltschutz ist das gesamte Management, wobei die Schaffung einer exponierten Stellung des Umweltschutzes im Unternehmen Aufgabe der Unternehmensleitung ist.[172]

In Großunternehmen ist der Leiter der Zentralstelle Umweltschutz für diesen Aufgabenbereich zuständig und verantwortlich.

Schwere Umweltschäden sind irreparabel. Neben dem materiellen Schaden haben sie gravierende Auswirkungen auf das Image des verursachenden Unternehmens und des gesamten Industriezweiges. Deshalb hat die Prävention einen dominierenden Stellenwert.

Die Interne Revision sollte das Prüfungsgebiet „Umweltschutz“ in ihrem Prüfungsprogramm angemessen berücksichtigen. Das IIR hat in einem Arbeitspapier die Aufgabenstellung der Internen Revision im Zusammenhang mit dem Umwelt-

172 Kube, K., Prävention von Wirtschaftskriminalität (unter Berücksichtigung der Umweltkriminalität). Möglichkeiten und Grenzen, Bericht des Kriminalistischen Instituts, Hrsg., Bundeskriminalamt, Wiesbaden 1985; Pfriem, R., Hrsg., Ökologische Unternehmenspolitik, Frankfurt/Main 1986; Siemens AG, Hrsg., Umweltschutz – Versuch einer systematischen Darstellung, Berlin, München 1986; Steger, U., Handbuch des Umweltmanagements, München 1992.

schutz skizziert. Danach ergeben sich folgende Prüfungsschwerpunkte im Bereich des Umweltschutzbeauftragten:

- Feststellen, ob die vom Bund und von den Ländern erlassenen Gesetze beachtet werden. Bestehende Schwachstellen und Lücken sind aufzuzeigen und Lösungsvorschläge zu unterbreiten.
- Erfassen des Risikopotentials und der Angemessenheit der Umweltschutzmaßnahmen im Unternehmen
- Analyse des Konfliktpotentials zwischen dem Umweltschutzbeauftragten und den betrieblichen Stellen und Ausarbeiten von Lösungsvorschlägen
- Untersuchungen im Bereich der Umweltschutzinvestitionen und -kosten
- Wirksamkeit des Umweltschutz-Informationssystems, der Überwachung und eingeleiteter Korrekturmaßnahmen
- Inanspruchnahme möglicher Finanzierungshilfen und steuerlicher Vergünstigungen

10.9 Vermögensschutz und Vermögenssicherung

Vermögenssicherung und Prävention vor Verlusten ist eine zentrale Aufgabe der Unternehmensleitung und das unternehmensinternen Prüfsorgans.

10.9.1 Delikte im Rahmen der Unternehmens- und Wirtschaftskriminalität

Unternehmen, Verwaltungen, Behörden und Institutionen in Deutschland werden durch fraudulente Handlungen jährlich im Milliardenhöhe geschädigt. Hierbei handelt es sich einmal um die klassischen Delikte, wie Diebstahl, Unterschlagung, Betrug, Urkundenfälschung, Veruntreuung und Computerkriminalität und zum anderen um neue Varianten der Wirtschaftskriminalität.

Die polizeiliche Kriminalstatistik für 2000 weist für das gesamte Bundesgebiet 6,3 Mio. Straftaten aus. Damit wurden mehr als 7 % der Einwohner straffällig. Unter den Straftaten nehmen die Diebstähle mit 52 % die Spitzenstellung ein.

Relevante Straftaten mit Unternehmensbezug enthält Abbildung 65.

Neben Diebstahl ist Betrug mit über 771.000 Fällen in 2000 ein häufig vorkommender, facettenreicher Deliktbereich. Das betrifft gleichermaßen die Straftatbestände Computerkriminalität mit einem Betruganteil von 94 % und Wirtschaftskriminalität mit 58 %.

Zahlen über „Unternehmenskriminalität“ sind nicht verfügbar. Es fehlen eine verbindliche Definition für den Komplex „dolose Handlung“ und statistische Erhebungsmethoden. Vor allem mangelt es an der Bereitschaft der Unternehmen, fest-

Lfd. Nr.	Straftatbestand	StGB	Registrierte Fälle	
			2000	1999
1.	Diebstahl (insgesamt)	§§ 242–244, 248a	2.893.269	3.133.418
2.	Unterschlagung	§§ 246, 248a	86.284	82.744
3.	Betrug	§§ 263, 263a, 264, 265	771.367	717.333
4.	Urkundenfälschung	§§ 267–270, 274	71.796	72.819
5.	Veruntreuung	§§ 266, 266a, 266b	38.107	33.272
6.	Computerkriminalität darunter • Computerbetrug • Datenfälschung • Datenveränderung • Ausspähen von Daten	 § 263a §§ 269, 270 § 303a § 202a	 (56.684) 53.082 268 513 538	 (45.353) 42.499 124 302 210
7.	Wirtschaftskriminalität darunter • Betrug	§ 72c Abs. 1, Nr. 1–6 GvG	90.706 58 %	108.980 60 %

Abbildung 65: Straftaten mit Unternehmensbezug in Deutschland

gestellte kriminelle Handlungen von Mitarbeitern aus Imagegründen und zur Wahrung des Firmenrenommees offenzulegen.[173]

Unter dem Blickwinkel unternehmensrelevanter Delikte sind von der Funktion her sensitive Bereiche gefährdet, beispielsweise: Finanz- und Rechnungswesen, Anlagen- und Materialwirtschaft, Hilfs- und Nebenbetriebe, Vertrieb und Marketing. Von der Sache her fungible Güter, wie: Bar- und Giralgeld, Edelmetalle, Forderungen und Verbindlichkeiten, Vorräte und Leistungen, Werkzeuge und Informationen.

Gefährdet sind Bereiche bzw. Gegenstände, die nicht ordnungsgemäß gesichert, verwaltet oder überwacht werden.

Das Risiko doloser Handlungen steigt exponentiell

- mit wachsender Betriebsgröße und der dadurch bedingten Anonymität,
- mit integriertem Computereinsatz,
- bei unzureichendem IKS,
- bei mangelndem Interesse des Top-Managements an der Aufdeckung im Einzelfall wertmäßig geringer Bereicherungen sowie

173 Die Schäden durch Unternehmenskriminalität in den 2,5 Mio Betriebsstätten mit 23 Mio Beschäftigten in Deutschland summieren sich unter Berücksichtigung der Dunkelziffer auf schätzungsweise jährlich über 30 Mdr €.

- bei bewusster Zurückhaltung von Strafanzeigen.[174]

Abbildung 66 enthält eine Aufstellung gefährdeter Gegenstände und Leistungen, auf die ein großer Personenkreis Zugriff nehmen kann.

<table>
<tr><th colspan="3">Zugriffsmöglichkeiten in den Bereichen</th></tr>
<tr><th>Lfd. Nr.</th><th>Administration</th><th>Technik</th></tr>
<tr><td>1.</td><td>Schreibzeug</td><td>Hand- und Elektrowerkzeug</td></tr>
<tr><td>2.</td><td>Büromaterial</td><td>Magazin- und Lagermaterial</td></tr>
<tr><td>3.</td><td>Bürogeräte und -maschinen</td><td>Technische Geräte und Apparaturen</td></tr>
<tr><td>4.</td><td>Bar- und Giralgeld, Wertpapiere</td><td>Edelmetalle</td></tr>
<tr><td>5.</td><td>Forderungen und Verbindlichkeiten</td><td>Gebrauchsgüter aller Art</td></tr>
<tr><td>6.</td><td colspan="2">Telefongespräche, Porto, Warenmuster, Werbegeschenke</td></tr>
<tr><td>7.</td><td colspan="2">Nicht bestandsmäßig geführte bzw. bereits abgeschriebene Vermögenswerte</td></tr>
<tr><td>8.</td><td colspan="2">Leistungen der verschiedensten Art, die unmittelbar über Aufwand verbucht werden</td></tr>
<tr><td>9.</td><td colspan="2">Zeitdiebstahl in der unterschiedlichsten Form</td></tr>
<tr><td>10.</td><td colspan="2">Reparaturen und Instandsetzungen für den persönlichen Bereich</td></tr>
<tr><td>11.</td><td colspan="2">Einsatz von Mitarbeitern und Firmenressourcen für private bzw. nicht geschäftsbedingte Zwecke</td></tr>
<tr><td>12.</td><td colspan="2">Geschäftsfahrten und Geschäftsreisen, die privater bzw. nicht geschäftsbedingter Natur sind</td></tr>
<tr><td>13.</td><td colspan="2">Bewirtungen, Spesen und Repräsentationsaufwendungen</td></tr>
<tr><td>14.</td><td colspan="2">Inanspruchnahme abteilungs- bzw. funktionsspezifischer Firmenressourcen für andere als gewschäftsbedingte Zwecke</td></tr>
<tr><td>15.</td><td colspan="2">Informationen der unterschiedlichsten Art zum Erreichen persönlicher Vorteile</td></tr>
</table>

Abbildung 66: Gefährdete Gegenstände und Leistungen in Unternehmen

174 Hofmann, R., Unterschlagungsprophylaxe und Unterschlagungsprüfung, Leitfaden zur Verhütung und Aufdeckung unrechtmäßiger Bereicherung in Unternehmen, 2. Aufl., Berlin 1997. Vergleiche ferner: Hofmann, R., Vermögenssicherung und Prävention vor Vermögensverlusten, eine dominierende Aufgabe der Unternehmensleitung, in: WPg 1990, S. 233 ff.; Hofmann, R., Abwehr von Wirtschaftsdelikten in Unternehmen, in: Security-Kongress 92, Manuskriptdruck der Messe Essen, Oktober 1992, 23 Seiten; Hofmann, R., Aufdeckung und Minimierung von Vermögensverlusten in Unternehmen, in: ST 7/8 1993, S. 325 ff.; Hofmann, R., Strategie gegen Bestechung im Einkauf, in: ST 6/1994, S. 483 ff.; Hofmann, R., Erscheinungsformen und Abwehr von Wirtschafts- und Unternehmenskriminalität, in: WISU 11/1995, S. 923 ff.

Unter Einbeziehung der dolosen Handlungen mit geringer wirtschaftlicher Relevanz liegt die Aufdeckungsquote bei weit unter 1 %. Der größte Teil der Veruntreuung wird zufällig festgestellt. Eine Aufdeckung durch die Interne Revision ist – gemessen an der Fülle der täglich vorkommenden Straftaten – zu vernachlässigen.

Ein Grund liegt darin, dass bei integriert über die EDV abgewickelten Sachgebieten geschickt durchgeführte, in Geschäftsvorfälle eingebettete Manipulationen schwer erkennbar sind. Ein weiterer Grund für das Nichtaufdecken von Unterschlagungen durch die Interne Revision liegt in der – aus Kosten- und Wirtschaftlichkeitserwägungen und vielfach aus Personalmangel praktizierten – stichprobenweisen Prüfung, auch sensitiver Aufgabengebiete.

10.9.2 Unternehmenskonzeption zur Minimierung von Vermögensverlusten und kriminelle Handlungen

Unternehmen, insbesondere Konzerne sollten über eine Konzeption zur Bekämpfung unrechtmäßiger Bereicherungen verfügen.

Es ist unzurechtmäßig, bei jeder vermuteten oder aufgedeckten Unterschlagung isoliert über das Vorgehen zu beraten und – entsprechend der Zusammensetzung und Interessenlage des Entscheidungsgremiums – zu unterschiedlichen Ergebnissen zu kommen.

Abbildung 67 enthält einen Lösungsvorschlag.

Die Entscheidung über die konkrete Vorgehensweise bei vermuteten oder aufgedeckten strafbaren Handlungen von Mitarbeitern liegt bei der Unternehmungsleitung.

Zur Objektivierung der Entscheidungsbildung ist es sinnvoll, den Begriff „unrechtmäßige Bereicherung" oder „dolose Handlung" unternehmensindividuell zu definieren und dies in einer Richtlinie allen Belegschaftsmitgliedern, unabhängig von ihrer Rangstellung, mitzuteilen.

Abbildung 68 enthält einen Vorschlag zur Prophylaxe unrechtmäßiger Bereicherungen zum Nachteil des Unternehmens.

Durch die Richtlinie wird die Belegschaft des Unternehmens über folgende Sachverhalte informiert:

- Bedeutung, die die Unternehmensleitung der Arbeitsmoral und Berufsethik beimisst.
- Klärung des Begriffs „unrechtmäßige Bereicherung" unter Einschluss von Delikten mit geringer wirtschaftlicher Relevanz im Einzelfall.
- Hinweis, dass selbst unbedeutende Veruntreuungen durch den Multiplikationseffekt Wirtschaftlichkeit und Ertragskraft des Unternehmens beeinträchtigen.

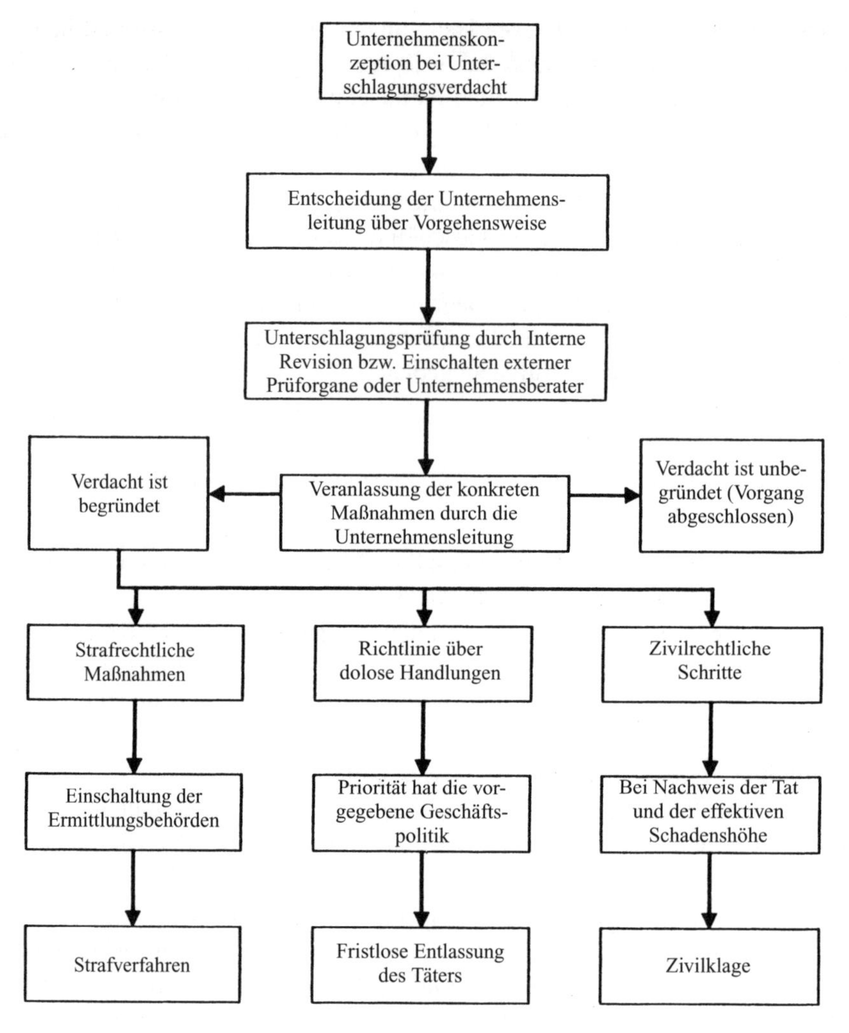

Abbildung 67: Unternehmenskonzept zur Minimierung doloser Handlungen

- Dolose Handlungen jeder Art zum Nachteil des Unternehmens – unabhängig von der Rangstellung des Mitarbeiters führen zu Konzequenzen.
  Auch geringfügige Veruntreuungen werden abgemahnt, Wiederholungstäter entlassen.
  Wertmäßig höhere Unterschlagungen führen zu Einschaltung der Strafermittlungsbehörden. Überführte Täter werden fristlos entlassen, wobei die Gesellschaft sich zivilrechtliche Maßnahmen vorbehält.

Richtlinie

Betreff: Prophylaxe bzw. Aufdeckung unrechtmäßiger Bericherungen zum Nachteil des Unternehmens

Für die Bundesrepublik Deutschland signalisiert die polizeiliche Kriminalstatistik seit Jahren einen abnehmenden Respekt vor dem Eigentum Dritter. Durch diese Richtlinie unterstreicht die Unternehmensleitung den Stellenwert, den sie Fragen der Arbeitsmoral und Berufsethik beimisst.

Unrechtmäßige Bereicherungen in Form von Diebstahl, Betrug, Untreue, Urkundenfälschung, Unterschlagung, Vorteilnahme, Begünstigung usw. zur Erlangung persönlicher oder sonstiger Vorteile schädigen das Unternehmen in erheblichem Maße. Dabei wird von Mitarbeitern übersehen, dass auch Delikte von geringer wirtschaftlicher Relevanz im Einzelfall, wie sie täglich – teilweise gedankenlos und ohne Schuldgefühle zu entwickeln – durch private bedingte Telefongespräche, Fotokopien, Entnahme von Schreib-, Büro-, Magazin-, Lager- und sonstigem Material, Inanspruchnahme von Dienstzeit, Beschäftigung von Mitarbeitern usw. vorkommen, durch den Multiplikationseffekt gravierende negative Auswirkungen auf Wirtschaftlichkeit und Ertragskraft haben.

Im Rahmen unserer Unternehmenskonzeption zur Verhinderung bzw. Bekämpfung deloser Handlungen werden ab sofort – unabhängig von der Person und Rangstellung des Delinquenten – Verstöße jeder Art zum Nachteil des Unternehmens geahndet. Eingeschlossen sind auch solche von geringer wirtschaftlicher Bedeutung im Einzelfall.

Vorgesetzte aller hierarchischen Rangstufen haben im Rahmen ihrer Dienstaufsicht sicherzustellen, dass diese Richtlinie beachtet wird. Auch wertmäßig geringe Veruntreuungen führen ausnahmslos zu einer Abmahnung in der Personalakte unter gleichzeitiger Benachrichtigung des Betriebsrates und der Internen Revision. Wiederholungstäter werden entlassen.

Bei festgestellten wertmäßig höheren Unterschlagungen hat der Dienstvorgesetzte zur Aufklärung des Tatbestandes unverzüglich den für sein Aufgabengebiet zuständigen Ressortvorstand und die Interne Revision zu verständigen. Derartige fraudulante Handlungen führen zur Einschaltung der zuständigen Ermittlungsbehörden unter gleichzeitiger Stellung eines Strafantrages. Überführte Täter werden fristlos entlassen mit allen sich daraus für sie ergebenden Konsequenzen.

Mitarbeiterinnen und Mitarbeiter werden durch vorliegende Richtlinie, deren Empfang auf dem beigefügten Durchdruck zu bestätigen ist und der Gegenstand der Personalakte wird, nachdrücklich darauf hingewiesen, dass Veruntreuungen jeder Art zum Nachteil des Unternehmens mit einem hohen Risiko für Defraudanten verbunden ist.

Unterschriften der Unternehmensleitung

Bestätigung:
Richtlinie erhalten am .... 19..

Unterschrift
....

Abbildung 68: Richtlinie zur Porphylaxe unrechtmäßiger Bereicherungen

- Mitarbeiterinnen und Mitarbeiter haben den Erhalt der Richtlinie durch Unterschrift zu bestätigen. Sie ist Bestandteil der Personalakte.

Durch diese Maßnahme wird dokumentiert, dass Veruntreuungen ein hohes Risiko beinhalten.

Eine Regelung begrenzt die Versuchung von Führungskräften, dolose Handlungen von Mitarbeitern zu tolerieren, um ihr Ansehen als Vorgesetzter nicht zu gefährden. Eine Häufung deliktischer Handlungen in einer Abteilung kann ein Indiz sein für Organisationslücken, Führungsschwäche, unzureichende Überwachung und mangelnde Dienstaufsicht.

10.9.3 Unterschlagungsprüfung

Es handelt sich um eine Sonderprüfung, die kurzfristig und nicht planbar durchzuführen ist. Auslösender Faktor sind Unterschlagungssymptome und/oder ein feststehender bzw. begründeter Tatverdacht.

In der Dienstanweisung für die Interne Revision, die allen Führungskräften des Unternehmens bzw. Konzerns zugestellt wird, ist unter „Sonderfälle" festgelegt, erkannte oder vermutete Veruntreuungen im Interesse einer schnellen Klärung unverzüglich der Internen Revision mitzuteilen.

Für die Unternehmensleitung ist es wichtig, objektive und fundierte Informationen auf folgende Fragestellungen zu erhalten:

- Ist der Verdacht begründet? Falls ja:
- Wer ist (oder wer sind) der (die) Täter?
- Handelt es sich um Mitarbeiter und/oder Betriebsfremde?
- Wie hoch ist der dem Unternehmen entstandene Schaden?
- Welcher bzw. welche Straftatbestände wurden identifiziert?
- Ob und gegebenenfalls welche Gründe begünstigten die Tatausführung?
- Warum wurde die Veruntreuung nicht früher erkannt?

(1) Auftrag

Der Auftrag einer Unterschlagungsprüfung ist knapp gefasst und beschränkt sich auf den Sachverhalt bzw. Unternehmensbereich, der Gegenstand der Untersuchung ist. Bei Tatverdacht ist eine präzise Abgrenzung des Prüfungsobjektes nicht möglich.[175]

175 Wie Abbildung 67 verdeutlicht, liegt die Entscheidung über die Vorgehensweise bei der Unternehmensleitung. Sie entscheidet – je nach Schwere und Komplexität des zur Diskussion stehenden Einzelfalls – ob die Unterschlagungsprüfung durch die Interne Revision bzw. Konzernrevision durchgeführt werden soll, oder ob externe Prüforgane bzw. Unternehmensberater einzuschalten sind, gegebenenfalls in Zusammenarbeit mit der Innenrevision.

Die Prüfungsankündigung sollte neutral formuliert sein, damit Außenstehende keine Rückschlüsse ziehen können. Diese Handhabung ist im Interesse eines unvoreingenommenen Ablaufs sinnvoll, zumal das Prüfungsergebnis offen ist.

Im Verlaufe einer Unterschlagungsprüfung sind vielfach Umfang, Richtung und Schwerpunkte zu modifizieren. In die Prüfungsaktivitäten sind sämtliche Vorgänge und Fakten einzubeziehen, die

- für das Prüfungsobjekt relevant sind;
- eine fundierte Urteilsbildung ermöglichen;
- eine schlüssige, nachvollziehbare Beweisführung (auch für straf- und zivilrechtliche Maßnahmen) sicherstellen.

Revisoren, die mit der Durchführung von Deliktprüfungen betraut werden, sollten über Berufs- und Lebenserfahrung verfügen, fachlich qualifiziert sein und die zu beurteilende Materie als Experte beherrschen.

Fraudulante Handlungen sind meist langfristig vorbereitet, wohlüberlegt und geschickt in Transaktionen integriert. Vielfach liegen den Manipulationen komplizierte Vorgänge zugrunde, die formell den Anschein der Ordnungsmäßigkeit erwecken.

Ein Defraudant, der über profunde Kenntnisse der Organisation und Kontrollen seines Aufgabengebietes verfügt, befindet sich gegenüber einem Revisor, der sich in der begrenzt zur Verfügung stehenden Zeit in die Problematik einarbeiten und dabei gleichzeitig seinen Auftrag erfüllen muss, im Vorteil.

Einen intelligenten und geschickt operierenden Täter, beispielsweise im Middle- oder Lower-Management mit guter Reputation zu durchschauen und zu überführen, erfordert ein hohes fachliches Niveau, praktisches Geschick und kriminalistische Erfahrung.

Bei größeren Veruntreuungen und komplexen Tatbeständen sollte ein Team von zwei bis drei Revisoren eingesetzt werden.

Unterschlagungsprüfungen durch die Interne Revision (Konzernrevision) sind unauffälliger durchzuführen als bei Einschaltung externer Prüfer. Dies ist bei Unterschlagungsverdacht in die Überlegungen einzubeziehen.

Falls die Interne Revision nicht über fachlich versierte und qualifizierte Prüfer mit Spezialkenntnissen verfügt, ist es ratsam, fachkundige Fremdprüfer bzw. Unternehmensberater einzuschalten.

In jedem Einzelfall ist kritisch abzuwägen zwischen den unternehmensinternen Möglichkeiten und den Chancen, die die Einschaltung staatlicher Ermittlungsbehörden bei der Aufklärung einer Wirtschaftsstraftat bietet. Bei komplexen Unterschlagungen unter Beteiligung von Betriebsfremden reichen in der Mehrzahl der Fälle – auch bei Großunternehmen – die eigenen Möglichkeiten zu einer Tataufklärung nicht aus. In derartigen Fällen sollte möglichst frühzeitig das Bundeskriminalamt eingeschaltet werden, das die Ermittlungen professionell und unter Einsatz der notwendigen Ressourcen abwickeln kann.

Bei Durchführung einer Unterschlagungsprüfung liegt es nahe, dass ein Beschuldigter, der die Aufgabenstellung und Zielrichtung des Revisionsauftrages erkennt, bestrebt sein wird, belastende Vorgänge – soweit noch nicht geschehen – zu beseitigen. Deshalb sind alle relevanten Unterlagen sicherzustellen, damit ein Täter keine Möglichkeit hat, Beweismaterial zu vernichten.

Positiv für den Prüfungsablauf ist es, wenn ein Beschuldigter durch Hinweise auf Daten, Fakten und Beweismittel bzw. durch Sachverhaltsklärung an der Ermittlung seiner dolosen Handlungen mitwirkt.

Im übrigen gelten für Unterschlagungsprüfungen die allgemeinen Revisionsgrundsätze.

(2) Ziel

Als Ergebnis einer Prüfung erwartet der Auftraggeber ein gesichertes Urteil, ob eine Veruntreuung vorliegt oder nicht. Einschränkend sei bemerkt, dass trotz sorgfältiger Prüfung dolose Handlungen vielfach nicht nachweisbar sind.

Das Vorgehen nach Abschluss einer Unterschlagungsprüfung veranschaulicht Abbildung 67.

Bei unbegründetem Verdacht gilt der Vorgang als abgeschlossen.

Ist der Verdacht begründet, der (bzw. die) Täter identifiziert, die Schuldfrage geklärt und der Vermögensschaden beziffert, wird nach der vorgegebenen Unternehmenskonzeption verfahren, d.h.:

- Einleiten strafrechtlicher Maßnahmen.
  Bei Stellung eines Strafantrages ist zu berücksichtigen, dass Informationen an die Medien nicht steuerbar sind und Organisationsschwächen, Kontroll-Lücken, mangelnde Dienstaufsicht usw. bekannt werden. Dies ist dem Image jedoch förderlicher als wenn gravierende Tatbestände vor der Öffentlichkeit geheim gehalten werden. Sie werden vielfach doch bekannt und führen zu größeren Irritationen als ein offenes Agieren.
- Positive Ergebnisse einer Unterschlagungsprüfung bzw. strafrechtlicher Maßnahmen bieten die Möglichkeit, dem Defraudanten fristlos zu kündigen. Hierbei sind die arbeitsrechtlichen Voraussetzungen und die Vorschriften der Mitbestimmung zu beachten.
- Darüber hinaus kann die Unternehmung zivilrechtliche Schritte einleiten. Sie bezwecken eine Rückerstattung des Vermögensschadens durch den oder die Täter.

Voraussetzung ist jedoch, dass dem Delinquenten die Tat und die Schadenshöhe eindeutig und schlüssig nachgewiesen werden.
Vor Einleitung einer Zivilklage sind die Chancen des Prozessausgangs und die möglichen Risiken aus Regressansprüchen – falls der Schuldnachweis nicht gelingt – mit dem oder den Rechtsberater(n) des Unternehmens zu klären.[176]

176 Albrecht, W. u.a., How to Detect Fraud, Hrsg., IIA, Research Foundation, Altamonte Springs, Fl. 1984; Comer, M.J., Corporate Fraud, 2. Aufl., New York 1985; Hofmann, R., Dolose Handlungen – Maßnahmen zur Verhütung und Aufdeckung durch die Interne Revision, in: ZIR 2/1988, S. 42 ff.; Hofmann, R., Skrupellos mit fremdem Geld. Unrechtmäßige Bereicherungen in Unternehmen – eine wichtige Variante der Wirtschaftskriminalität, Bochum 1988; Hofmann, R., Unterschlagungsprophylaxe und Unterschlagungsprüfung, in: RCC-H, 24. Nachl., Ziff. 1.18, S. 1–25; Hofmann, R., Instrumente gegen dolose Handlungen in Unternehmen, in: DB 1989, S. 1354 ff.; Zybon, A., Unterschlagungs- und Veruntreuungsprüfung, in: HWRev., Stuttgart 1983, Sp. 1615 ff.

11. Prüfungsplanung, computergestüzt

Wie jede organisatorische Einheit muss die Interne Revision planvoll, systematisch und zielgerichtet arbeiten. Planen ist die erste Phase wirtschaftlichen Handelns. Sie stellt sicher, dass relevanten Prüfobjekte und Risikopotentiale

- vollständig erfasst,
- ausreichend kontrolliert,
- in angemessenen zeitlichen Abständen berücksichtigt,
- zu bestimmten Zeitpunkten bzw. in vorgegebenen Intervallen überwacht,
- von qualifizierten Revisoren geprüft,
- sachgerecht beurteilt und
- fristgerecht abgeschlossen werden.

Grundsätzlich hat die Revisionsplanung den betrieblichen Erfordernissen Rechnung zu tragen. Sie werden bestimmt durch

- Unternehmensgröße,
- Führungs- und Organisationsstruktur,
- Wirtschaftsbereich,
- Abnehmer, Produkte und Dienstleistungen,
- Komplexität der betrieblichen Prozesse,
- nationale oder weltweite Betätigung,
- Grad der Diversifizierung,
- Prüfungsbedürfnisse und -intensität.[177]

Größere Unternehmen mit einer Vielzahl organisatorischer Einheiten sollten über eine computergestüzte Planung verfügen.

Voraussetzung ist eine systematische Dokumentation und Auswertung der durchgeführten Prüfungen mit folgenden Daten:

- Nummer der Prüfungsberichte
- Identifikationsmerkmale für die geprüfte Einheit (Unternehmensbereich, Abteilung, Kostenstelle usw.)
- Prüfungszeiträume

---

177 Appelhoff, H. W. und Scherhag, W., Planung der computergestützten Prüfung, in: BfuP 5/1984, S. 424 ff.; Bönkhoff, F., Prüfungsplanung, in: HWRev, 2. Aufl., Stuttgart 1992, Sp. 1519 ff.; Hofmann, R., Planung der Internen Revision, in: agplan – Handbuch zur Unternehmensplanung, 28. Erg. Lfs., Ziff. 252, V/1984, S. 1–28; Kupfsch, P., Mehrjähriger Prüfungsplan, in: HWRev, Stuttgart 1983, Sp. 976 ff.; Münstermann, H., Netzplantechnik bei der Prüfungsplanung, in: HWRev, Stuttgart, 1983, Sp. 983 ff.; Schmid, R., Die Prüfungsplanung der Internen Revision, 2. Aufl. Berlin 1991.

- Prüfungsdauern, unterteilt in Vorbereitung, Durchführung und Berichterstattung
- Art der Prüfungen (Erst-, Schwerpunkt-, Sonderprüfung usw.)
- Prüferanzahl

Anhand dieser Informationen wird vom Computer in Matrixform ein maschineller Prüfungsvorschlag erstellt, der Angaben über Planungsperioden aller organisatorischen Einheiten des Unternehmens (bei Konzernen auch der Beteiligungsgesellschaften) enthält.

Je nach Konzeption des revisionsinternen Informationssystems stehen weitere Daten in Listenform oder direkt über Bildschirmabfrage zur Verfügung. Mit Hilfe dieser Daten kann die planende Stelle eine Selektion der Prüfobjekte, Prüfungsschwerpunkte, benötigter Zeitrahmen (abgeleitet aus früheren Prüfungen) und Prüferzuordnung treffen.

Vorteilhaft ist es, wenn Prüfungsfeststellungen in einer Dokumentation abrufbereit verfügbar sind. Sie ermöglicht eine Auswahl der Objekte unter thematischen Gesichtspunkten. Prüfungsschwerpunkte sind aus Prüffeldern mit gravierende Feststellungen selektierbar.

11.1 Planungsphasen

Planung ist die Vorwegnahme der künftigen Gestaltung eines zu definierenden Zeithorizonts. Bei der Lösung wirtschaftlicher Aufgabenkomplexe, auch bei der Prüfungsplanung, ist eine Konzeption über die Vorgehensweise zu erarbeiten. Die Ergebnisse der 1996er-Erhebung bezüglich der Grundlagen sind in Abbildung 69 zusammengefasst.

Wie die Grafik zeigt, messen Unternehmen der Risikoanalyse und Risikobeurteilung, die sämtliche relevanten Bereiche und sensitiven Potentiale umfasst, einen hohen Stellenwert bei. Ausgeprägt ist die Handhabung in Schweizer Unternehmen, in der Industrie und im Finanzbereich.

Planungsgrundlagen bilden die Erfahrung des Revisionsleiters und der Revisionsmitarbeiter sowie Ergebnisse aus durchgeführten Prüfungen. Selbstverständlich ist, dass im Rahmen der Planung Vorgaben der Unternehmensleitung Priorität haben. Impulse kommen aus Prüfungswünschen von Führungskräften, externen Informationen, unternehmensinternen Datenbanksystemen und aus den Berichten der Abschlussprüfer.

Zweckmäßig ist es, den Planungsablauf – wie aus Abbildung 70 ersichtlich – zu untergliedern

- in mittelfristige, strategische Planungsüberlegungen,
- in eine Jahresplanung und
- in Prüfpläne.

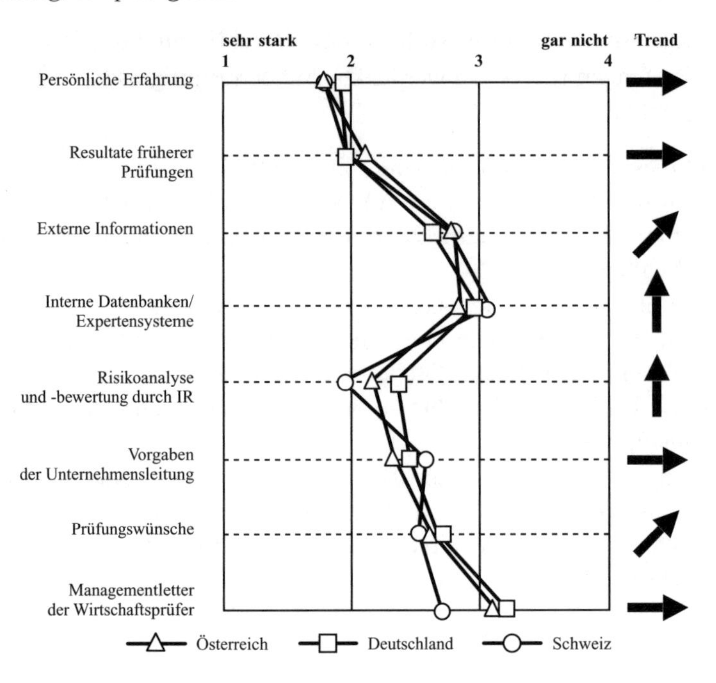

Abbildung 69: Grundlagen der Prüfungsplanung

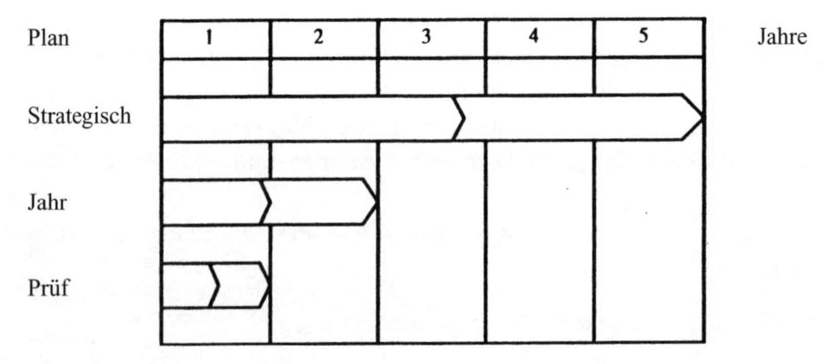

Abbildung 70: Ablauf einer Revisionsplanung

11.1.1 Mittelfristige Planungsüberlegungen

Die Planung muss wesentliche Prüfungsaktivitäten berücksichtigen und eine Zeitspanne von etwa drei Jahren umfassen. Sie dient der Sicherstellung des Überwachungsauftrages durch die Unternehmensleitung. Strategisch orientierten Planungsüberlegungen sind ein Steuerungsinstrument und umfassen:

- Prüfungsziele
- Strategien
- Prüfungsbereiche, untergliedert in Objekte
- Anpassen der Prüfungsaktivitäten an die personellen und sachlichen Abteilungsressourcen. Ferner Impulse für: Fachkenntnisse und Berufserfahrung, Einstellungspolitik der Abteilung, gezielte Fort- und Weiterbildungsmaßnahmen, berufliche Förderung und Karriereplanung der Revisoren.
- Anzuwendende Revisionsmethoden und Prüfungsverfahren
- Einzusetzende bzw. zu entwickelnde Prüfsoftware
- Festlegen der Prüfungsintervalle
- Einbeziehen der Beteiligungsgesellschaften und Joint Ventures bei Konzernen
- Berücksichtigen anderer Prüforgane, wie Abschlussprüfer, Interne Revisionen bzw. Revisionsnebenstellen bei Beteiligungsgesellschaften.

Pläne müssen sicherstellen, dass innerhalb der Planperiode jedes Sachgebiet mindestens einmal geprüft wird. Die Schwerpunkte innerhalb der Unternehmensbereiche sind gleichmäßig auf die Planjahre zu verteilen, um Divergenzen in der Urteilsbildung und Urteilsfindung zu vermeiden

Die Zeitspanne zwischen zwei Revisionen sollte der Dringlichkeit des Prüfungsschwerpunktes entsprechen. Änderungen in den Intervallen werden erforderlich, wenn organisatorische oder sonstige Maßnahmen in den Einheiten des Unternehmens eine Modifizierung bedingen.

Bei der Bildung von Prüfungsschwerpunkten und der Festlegung von Dringlichkeitsstufen sind eigene Prüferfahrungen und Informationen Dritter, beispielsweise durch

- Management-Informationssysteme,
- Organisation und Controlling,
- funktionale Einheiten wie Finanz- und Rechnungswesen, Betriebswirtschaft, Planung, Recht, Steuern, Versicherungen usw.,
- Berichte von Abschlussprüfern,

oder andere Quellen zu berücksichtigen.

Darüber hinaus gibt es Sachgebiete, deren Ordnungsmäßigkeit jährlich oder in kürzeren Intervallen überprüft werden sollten.

Der Prüfungsplan ist entsprechend den gewonnenen Erkenntnissen zu ergänzen und auf Grund der Unternehmensdynamik in jährlichen Abständen zu überprüfen.

11.1.2 Jahresplan

Er wird aus dem Gesamtplan entwickelt. Dabei sind folgende Punkte zu beachten:

- Prüfungsersuchen oder -vorschläge der Unternehmensleitung bzw. anderer Managementebenen
- Auswertung eigener Prüfungsfeststellungen und sonstiger Informationen
- Abstimmung mit kompetenten Stellen der Obergesellschaft und Beteiligungsgesellschaften.

Der Jahresplan enthält Aufträge mit Priorität, untergliedert in Prüfobjekte. Er bildet den Rahmen für Planprüfungen und ist flexibel zu gestalten, um unvorhersehbare Prüfungen bzw. Sonderaufträge berücksichtigen zu können.

Dabei ist es wichtig, dass alle Sachgebiete erfasst und die Prüfungszeiten mit der Prüferkapazität bzw. den fachlichen Anforderungsprofilen korrespondieren.

Nicht notwendig ist es, Jahrespläne in allen Einzelheiten festzulegen. Fristüberschreitungen bei Prüfungen aus dringenden Anlässen, unvorhersehbare Sonderprüfungen, eilige Gutachten und Beratungen, erfordern kurzfristige Dispositionen zu Lasten von Planprüfungen.

Jahrespläne sollten rollierend erstellt und nicht realisierte Prüfobjekte in den Folgeplan übernohmen werden.

Revisionsüblich ist es, den Jahresplan von der Geschäftsleitung genehmigen zulassen.

Zeitraum	**Industrie**	**Handel**	**Dienstleistung**	**Finanz**	**Privatversicherung**	**öffentliche Verwaltung**	**Versorgungsunternehmen**	**Mischkonzern**
bis 1 Monat	4 %	14 %	4 %	14 %	11 %	7 %	11 %	9 %
bis 3 Monate	32 %	30 %	20 %	22 %	21 %	29 %	18 %	37 %
bis 6 Monate	18 %	17 %	15 %	8 %	15 %	13 %	5 %	17 %
bis 1 Jahr	32 %	30 %	39 %	46 %	42 %	35 %	27 %	26 %
gar nicht	11 %	6 %	18 %	10 %	9 %	15 %	34 %	11 %
keine Angabe	3 %	3 %	4 %	0 %	2 %	1 %	5 %	0 %

Abbildung 71: Einsatzplanung nach Wirtschaftsgruppen

Nach der 1996er-Erhebung erfolgt die Einsatzplanung, wie Abbildung 71 belegt, differenziert. Einige Revisionsabteilungen erstellen Pläne für den Zeitraum bis zu einem, bis zu drei bzw. sechs Monaten oder einem Jahr.

In der Mehrzahl der Fälle umfassen die Pläne den Zeitraum von einem Jahr. In Industrie und Handel sowie bei Mischkonzernen wird in der Regel kurzfristiger geplant.

11.1.3 Prüfplan

Der Plan wird in Abhängigkeit von der Größe des Unternehmens (Konzerns) und der Abteilung jeweils halbjährlich oder quartalsweise erstellt.[178]

Neben den Prüfobjekten enthält der Plan stichwortartig Prüfungsschwerpunkte und die einzusetzende Prüfsoftware.

Jede Prüfung ist in Vorbereitung, Durchführung und Berichterstattung untergliedert. Sie wird in Prüfertagen angegeben.

Aus dem Plan ist ersichtlich, welcher Prüfer mit der Durchführung beauftragt ist. Bei Teamprüfungen ist vorgegeben, wer als Teamleiter für die ordnungsgemäße Abwicklung und die Koordinierung verantwortlich ist.

Neben den kurzfristigen Prüfplänen werden Pläne für den Einsatz jedes Revisors bzw. Prüferteams erstellt. Dabei wird von der Überlegung ausgegangen, dass eine personenbezogene Planung als Arbeitsinstrument instruktiv und leistungserhöhend wirkt.

Auf Grund der Einsatzdaten kann ein Prüfer seine Dispositionen treffen, beispielsweise bei Auslandseinsätzen die erforderlichen Schutzimpfungen, Visaformalitäten usw.

11.2 Ablauforganisation der Revisionsplanung und Konkretisieren des Prüfplans

Eine Vorstellung vom Planungsablauf vermittelt Abbildung 72.

Skizziert sind Rahmen, Inhalt und Impulse für die Planungsphasen.

11.2.1 Setzen von Prioritäten

Einfluss auf den Wirkungsgrad hat die Selektion der Prüfobjekte.

Ansatzpunkte für eine Risikobeurteilung liefern:

---

178 Drexel, A., Planung des Ablaufs von Unternehmensprüfungen, Stuttgart 1990; Krause, R., Möglichkeiten und Probleme bei der Erstellung eines Prüfplanes durch die Interne Revision, in: ZIR 1990, S. 110 ff.

Lfd. Nr.	Planungsrahmen	Planungszeitraum	Planungsinhalt	Impulse für die Planung
1.	Strategischer Plan	3 Jahre	• Revisionsziele und -strategien • Festlegen aller Prüfungsbereiche, unterteilt in Prüfobjekte • Vorhandene Fachkenntnisse und Berufserfahrung der Revisoren (Einstellungspolitik, Weiterbildungsstrategien, Karriereplanung) • Anzuwendende Revisionsmethoden und -techniken, Prüfsoftware usw. • Bestimmung der -Prüfungsintervalle bzw. des Prüfungsrhythmus • Ermitteln, welche Prüfungsbereiche bei Beteiligungen oder Joint Ventures durch andere Prüorgane abgedeckt werden	• Unternehmensleitung (Gesamt-Vorstand bzw. -Geschäftsführung) • Vorgesetzter der Stabsabteilung (Vorsitzender des Vorstandes bzw. Spracher der Ge schäftsführung) • Revisionsleiter (Unterstützung revisionsinterner Stellen)
2.	Jahresplan	jeweiliges Geschäftsjahr	• Festlegen der Prüfobjekte, unter Berücksichtigung ihrer Dringlichkeit • Abgestimmt mit den personellen Ressourcen (Prüfungskapazität, fachliche Qualifikation, Berufserfahrung) • Grobe Fixierung der erforderl. Gesamtprüfungszeit	• Revisionsleiter •Prüfungsbereichsleiter (unterstützt durch Prüfer) • Leiter der Stelle Planung, Auswertung, Erfolgskontrolle

Abbildung 72: Revisionsplan, bestehend aus Gesamt-, Jahres- und Prüfplan

Lfd. Nr.	Planungsrahmen	Planungszeitraum	Planungsinhalt	Impulse für die Planung
			• Genehmigung durch Unternehmensleitung bzw. Vorgesetzten der Stabsabteilung	
3.	Prüfplan	1/2 Jahr bzw. 1/4 Jahr (abhängig von der Größe des Unternehmens und der Stabsabteilung)	• Festlegung der Prüfobjekte • Unterteilung der Prüfobjekte in – Prüfungsvorbereitung – Prüfungsdurchführung und – Berichterstattung • Festlegung der Prüfungsschwerpunkte und der einzusetzenden Software • Zuteilung des bzw. der Prüfer (bei Teamprüfung, Bestimmen des Teamleiters)	• Revisionsleiter • Prüfungsbereichsleiter • Leiter der Stelle Planung, Auswertung, Erfolgskontrolle

Abbildung 72: Revisionsplan, bestehend aus Gesamt-, Jahres- und Prüfplan (Forts.)

- Kosten und Aufwendungen
- Beschäftigte
- Gebundenes bzw. verwaltetes Vermögen

Kosten sind ableitbar aus Kostenstellenauszügen und den Informationssystemen. Mitarbeiterzahlen aus Organisations- und Stellenbesetzungsplänen. Problematischer ist zu Zuordnung von Aufwand bzw. Vermögen. Relevant ist nicht nur die einem Prüfobjekt direkt zurechenbare Größe, sondern auch Dispositions- bzw. Verfügungsgewalt.

Für die Festlegung von Prioritäten dienen Prüfungsergebnisse aus Vorprüfungen. Ferner Schwachstellen bzw. Lücken im IKS sowie rückläufige Produktivität, Wirtschaftlichkeit und Rentabilität. Abbildung 73 enthält Auswahlkriterien für die Determinierung von Dringlichkeitsstufen.

An vier Prüffeldern wird das Setzen von Prioritäten unter Berücksichtigung von drei Beurteilungskriterien dargestellt.

Auswahlkriterien		Prüffelder								Punkte
		A		B		C		D		
		Punkte		Punkte		Punkte		Punkte		
1.	Letzte Prüfung vor wieviel Jahren	5		2		10		3		
	(je Jahr 5 Punkte)		25		10		5		15	100
2.	Gewicht des Prüffeldes in %	30 %		20 %		10 %		40 %		
			30		20		10		40	100
3.	Problembereich	nein		ja		nein		ja		
			0		50		0		50	100
Gesamtpunkte			55		80		60		105	300
Dringlichkeitsstufe des Prüffeldes			IV		II		III		I	

Abbildung 73: Auswahl der Dringlichkeitsstufen

- Bereiche bzw. Sachgebiete, die längere Zeit nicht geprüft worden sind.
- Prüffelder mit hohen Kosten bzw. Aufwendungen, Beschäftigten und gebundenem Vermögens.
- Problembereiche. Im Beispiel müssten Prüfungen entsprechend der Dringlichkeit in der Reihenfolge D, B, C, A erfolgen.

Anhaltspunkte für den Stellenwert im Rahmen der Unternehmensüberwachung vermitteln die Produktionsfaktoren Mitarbeiter, Werkstoffe und Betriebsmittel.

11.2.1.1 Produktionsfaktor Mitarbeiter

Der Produktionsfaktor „Mitarbeiter“ ist das wesentliche Gestaltungselement unternehmerischer Betätigung. Er umfasst die Gesamtheit der Beschäftigten, von der Leitung über die Führungskräfte bis zur Ausführungsebene.

Die Bedeutung der „menschlichen Arbeitskraft“ ist ableitbar aus der Bilanz in Form der „Pensionsrückstellungen“. Sie variieren innerhalb der Industrie und betragen, gemessen an der Bilanzsumme, zwischen 8 % der Gesamtunternehmen des Verarbeitenden Gewerbes bis 20 % (Eisen und Stahl). Gemessen am Eigenkapital bewegen sie sich zwischen 47 % (Gesamtunternehmen) und 80 % (Eisen und Stahl). Gesamt-Personalkosten sind ableitbar aus der Erfolgsrechnung. Sie belaufen sich auf zwischen 19 % (Gesamtunternehmen) und 30 % (Maschinenbau). Siehe Abbildung 74.[179]

179 Hofmann, R. und Hofmann, I., Personal- und Materialeinsatz. Optimierung durch Leankonzepte und Prozessorientierung, Bochum 1996. Angaben zu den Ziff. 11.2.1.1 bis .3 sind entnommen den Monatsberichten der Deutsche Bundesbank „Ertragslage und Finanzierungsverhältnisse westdeutscher Unternehmen“, verschiedene Jahrgänge.

Die Gesamt-Personalkosten, ausgedrückt im prozentualen Anteil am Jahresumsatz, sind innerhalb der Industriezweige unterschiedlich. Im letzten Jahrzehnt verloren Personalkosten ihre Flexibilität. Bei der emotional geführten Diskussion über die soziale Bedeutung des Arbeitsplatzes und der staatlichen Regulierungspolitik, hat der Produktionsfaktor praktisch Fixkostencharakter.

Hohe Lohnstückkosten, nicht ausreichende Deckungsbeiträge, sinkende Beschäftigung und unzureichende Ertragskraft, veranlassten Unternehmen, ihr Produktions- und Dienstleistungsprogramm im Hinblick auf die Fertigungstiefe zu überprüfen. Lösungen bieten Reengineerung, Restrukturierung, Konzentration der Wertschöpfung auf Kernaktivitäten unter Aufgabe nicht ertragsgünstiger Randaktivitäten und Outsourcing. Dadurch werden Personalfixkosten in proportionale Stoffkosten transformiert.

Nr.	Wirtschaftsbereiche	Produktionsfaktoren		
		Mitarbeiter Personal %	**Werkstoffe Material %**	**Betriebsmittel Afa %**
		(gemessen am Umsatz)		
1	Gesamtunternehmen	19,3-20,2	61,6-62,1	3,4-3,7
2	Verarbeitendes Gewerbe	24,4-26,3	51,8-52,8	4,0-4,7
3	Darunter: Chemische Industrie	24,9-27,2	47,0-48,3	5,2-6,0
4	Eisen und Stahl	24,4-30,7	55,4-57,9	4,0-5,4
5	Maschinenbau	31,6-35,9	46,2-50,6	3,1-3,9
6	Straßenfahrzeugbau	23,9-25,0	59,5-62,1	4,6-5,0
7	Elektrotechnik	29,7-32,8	50,1-55,8	3,6-4,3

Abbildung 74: Produktionsfaktoren im Verarbeitenden Gewerbe, bezogen auf den Anteil am Jahresumsatz. Quelle: Deutsche Bundesbank

Im Zuge von Anpassungsmaßnahmen reduzierten Global Player die Belegschaft seit Anfang der 90er Jahre drastisch.[180]

Konsequenzen aus der Globalisierung und Nutzen kostengünstigerer Standorte im Ausland werden zu einem weiteren Arbeitsplatzabbau am Wirtschaftsstandort Deutschland führen.

Personalwirtschaft und damit im Zusammenhang stehende Fragen sind ein wichtiger Prüfungs- und Beratungsbereich der Internen Revision.

---

180 Das bestätigen folgende Beispiele: BASF AG Abbau von 1990 bis 2000 um 31.000 Mitarbeiter oder 23 %; Bayer AG = 49.000 oder 29 %; Daimler-Benz AG = 89.000 oder 23 %; DaimlerChrysler = 40.000 oder 10 %; Siemens AG = 40.000 oder 10 %; ThyssenKrupp = 29.000 oder 20 %.

11.2.1.2 Produktionsfaktor Werkstoffe

Von der Größenordnung ist der Produktionsfaktor „Werkstoffe“ als Bestandsposition Vorräte (Lagerhaltung), ableitbar aus der Bilanz, mit zwischen 15 % (Chemische Industrie) bis 30 % (Maschinenbau) der Aktiva und in Form des Materialeinsatzes (Fertigung und Dienstleistungen), ableitbar aus der Erfolgsrechnung, mit zwischen 46 % (Maschinenbau) bis 60 % (Straßenfahrzeugbau), gemessen am Jahresumsatz, ein beachtlicher Bestands- und Kostenfaktor.[181] Siehe Abbildung 74.

Das Beschaffungsvolumen der Materialwirtschaft erhöht sich um die Investitionen (Sachanlagen). Siehe hierzu die Ausführungen zu Ziff. 11.2.1.3.

Informationen	**Werte**
Bei jährlichen Selbstkosten von	100 Mio €
Einem Materialanteil, gemessen an den Selbstkosten, von	50 %
Ergibt sich bei einer Senkung des Materialanteils um jeweils	1 %
Eine Verbesserung des Betriebsergebnisses von	0,5 Mio €
Bei einer Bruttogewinnmarge, gemessen am Umsatz, von	5 %
Wäre zur Erreichung eines vergleichbaren Ergebnisses der Jahresumsatz auszuweiten um	10 %
Das sind in Werten ausgedrückt	10 Mio €

Abbildung 75: Ergebnisverbesserung durch Senkung des Materialeinsatzes

Die Materialwirtschaft beinhaltet ein erhebliches Einsparungspotential. Eine 1 %ige Senkung des Materialeinsatzes führt, wie Abbildung 75 eindrucksvoll veranschaulicht, zu Rationalisierungseffekten, die das Betriebsergebnis positiv beeinflussen und leichter zu realisieren sind als Effekte aus einer Umsatzsteigerung. Dabei ist zu berücksichtigen, dass Umsatzausweitungen – neben einer Aufnahmefähigkeit des Marktes – Investitionen in Sach- und Umlaufvermögen sowie den Einsatz zusätzlicher qualifizierter Mitarbeiter erfordern.

Um latente Potentiale auszuschöpfen, sollte die Interne Revision schwerpunktmäßig den Bereich Materialwirtschaft und Logistik angemessen berücksichtigen.

11.2.1.3 Produktionsfaktor Betriebsmittel

Im Verarbeitenden Gewerbe beträgt das Sachanlagevermögen, gemessen an der Bilanzsumme, zwischen 24 % (Elektrotechnik) bis 40 % (Chemische Industrie sowie Eisen und Stahl).

181 Hofmann, R., Kapitalgesellschaften auf dem Prüfstand. Unternehmensbeurteilung auf der Grundlage publizierter Quellen, Berlin 1992.

Unternehmen streben ein fortschrittliches Niveau der Fertigungsanlagen an, um gegenüber der in- und ausländischen Konkurrenz leistungsfähig und wettbewerbsfähig zu bleiben. In dynamischen Unternehmen überschreiten die Investitionen die Abschreibungen. Im Verarbeitenden Gewerbe variieren die Abschreibungen zwischen 3,5 % (Gesamtunternehmen) bis 6 % (Chemische Industrie); siehe Abbildung 74. Ein Grund liegt im technischen Fortschritt; Produktionsanlagen werden kurzfristiger obsolet Zum anderen steigen Anschaffungspreise für Maschinen und maschinelle Anlagen im Zeitablauf kontinuierlich.

Personalabbau und Rationalisierungsinvestitionen führten in der Industrie zu beachtlichen Produktivitätszuwachsraten.[182] Über Jahrzehnte überdeckten die Personalkostenerhöhungen den Produktivitätszuwachs mit der Konsequenz, dass sich die Schere zwischen beiden Größen öffnete. Die Anpassungsmaßnahmen der letzten Jahre führten zu einer Schließung der Lücke.

Sachanlagen, Investitionen und die damit im Zusammenhang stehenden Probleme sind ein klassischer Aufgabengebiet der Internen Revision.

11.2.2 Gliedern der Prüfobjekte

Durch den integrierten Computereinsatz werden die systembedingten Zusammenhänge bzw. Vernetzungen der Prüfobjekte transparent. Nicht Einzelpositionen, sondern Prüffelder, d.h. miteinander verbundene Teilgebiete, stehen im Mittelpunkt der Betrachtung.

Aufgabe der Definition von Prüffeldern ist es, sachliche Zusammenhänge bei der Revisionsplanung und Prüfungsdurchführung zu beachten, um Beurteilungen zu fundieren.

Die Festlegung wird durch die wirtschaftliche Tätigkeit bestimmt, beispielsweise Industrie, Dienstleistung, Handel, Versicherung, Banken usw. In der Industrie können Prüffelder wie unter Ziffer 11.2.1.1 bis .3 ausgeführt, nach den genannten Kriterien gebildet werden.

11.2.3 Prüfungsvorbereitung, Durchführung und Berichterstattung

Die im Revisionsplan für einen Auftrag vorgegebenen Gesamtzeit wird untergliedert in drei Phasen:

---

182 Das bestätigen die Produktivitätszuwachsraten von 1990 auf 2000 bei folgenden Global Player: BASF AG Steigerung um 97 %; Bayer AG = 104 %; BMW AG = 93 %; E.ON AG = 79 %; RWE AG = 38 %; Siemens AG = 103 %; Thyssen-Krupp AG = 56 %; Volkswagen AG = 110 %.

- Vorbereitung
- Durchführung
- Berichtsabfassung und Erfolgskontrolle

Terminplanung erfordert Erfahrung und ausreichende Information. Vereinfacht werden die Überlegungen durch empirische Daten und Auswertungen von Vorprüfungen, die die Stelle Planung, Auswertung und Erfolgskontrolle aufbereitet und für Planungszwecke bereithält.

Schwieriger ist eine Zeitplanung bei Erstprüfungen und umfassenden, komplexen Systemprüfungen.

11.2.4 Zuordnen der Revisoren zu Prüfungsaufträgen

Es handelt sich um die personelle Planung, d.h. um die Frage, wie die Revisoren entsprechend ihrem Ausbildungsstand, ihrer fachlichen Qualifikation und Berufserfahrung einzusetzen sind.

Grundsätzlich ist die Einsatzplanung so zu steuern, dass Revisoren nicht mehrmals hintereinander für dasselbe Prüfobjekt eingesetzt werden. Den Vorteilen vertiefter Sach- und Betriebskenntnisse steht die Gefahr der Routine und zunehmenden Betriebsblindheit gegenüber.

12. Prüfungsablauf

Eine Vorstellung von der Prüfungsdurchführung mit den Phasen

- Prüfungsvorbereitung,
- Prüfungsabwicklung,
- Berichterstattung und
- Erfolgskontrolle

vermittelt Abbildung 76.

12.1 Prüfungsvorbereitung

Schritte bei der Vorbereitung sind

- der Prüfungsauftrag,
- die Analyse des Prüfobjektes (Vorbereitung) und
- die Prüfungsankündigung, möglicherweise mit Kontaktgesprächen.

12.1.1 Auftrag

Voraussetzung ist ein Auftrag, der sich für Planprüfungen aus dem genehmigten Jahresplan ableitet. Auftraggeber (auch für Sonderprüfungen) ist generell das Top-Management.

Gegenstand des Prüfungsauftrages sind:

- Prüfobjekt
- Zielsetzung der Prüfung
- Zeitvorgabe
- Name des (der) Revisors(en), bei Teams Nennung des verantwortlichen Leiters

Empfehlenswert ist es, den Prüfungsauftrag nicht so konkret zu formulieren, dass der Gesamtumfang der Prüfung unmissverständlich aus ihm ableitbar ist. Ein gewisser Toleranzspielraum ist notwendig, damit der Revisor bei der Prüfungsdurchführung über einen Bewegungsspielraum verfügt. Oft sind im Rahmen einer Prüfung zur Sicherstellung einer Urteilsfindung angrenzende Sachgebiete in die Untersuchung einzubeziehen.

Die schriftliche Form ist zweckmäßig, damit der Auftrag als Prüfungsanmeldung und Legitimation gegenüber der zu prüfenden Stelle verwendet werden kann.

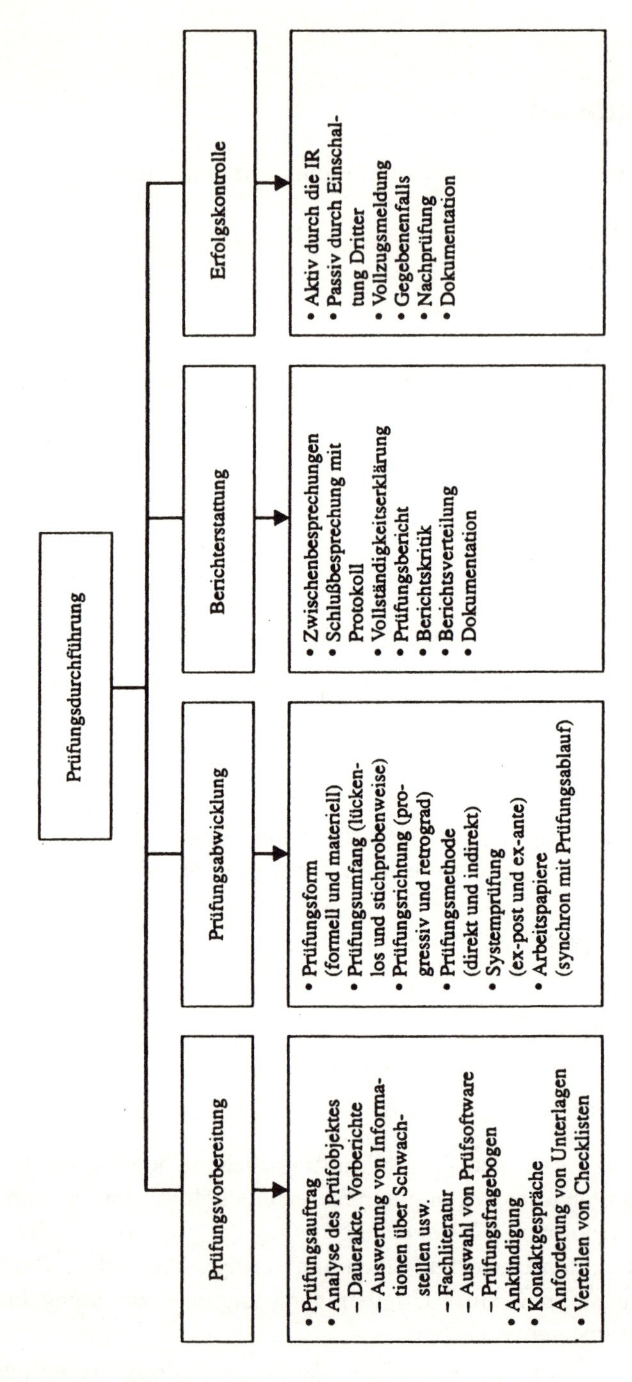

Abbildung 76: Prüfungsdurchführung

12.1.2 Analyse der Prüfobjekte

Prüfungsaufträge an die Prüfungsbereichsleiter und Revisoren sind fristgerecht zu erteilen, damit Zeit für eine sorgfältige Vorbereitung verfügbar ist. Dabei sind Fakten zu berücksichtigen,

- deren Beurteilung für die Unternehmensleitung, die geprüfte Stelle oder eine andere zu informierende Einheit im Unternehmen von Bedeutung ist und
- die ein gesichertes Urteil über das Prüfobjekt unter Einsatz revisionsüblicher Methoden und Verfahren gewährleisten.

Der Prüfungsvorbereitung wird ein hoher Stellenwert beigemessen. Auf Grundlage der 1996er-Erhebung ergibt sich die in Abbildung 77 aufgezeigte Rangordnung.

Wichtig sind Aktenstudium, Vorbesprechungen in der Abteilung, Vorgabe von Auswertungsprogrammen zu Datenanalysen, Datenbanken und Benchmarking. In Österreich werden diese Hilfsmittel häufiger eingesetzt als in Deutschland oder in der Schweiz.

Grundsätzlich stehen für die Vorbereitung zur Verfügung:

- Dauerakte der zu prüfenden Stelle
- Revisionsberichte über Vorprüfungen
- Organisationspläne, Richtlinien, Dienstanweisungen und Rechtsvorschriften
- Fachliteratur über das Prüfungsgebiet und Prüfungsfragebogen bzw. Checklisten
- DV-Informationen

Folgende Sachverhalte bzw. Fakten sind zu klären:

- Materielle Bedeutung des Prüfobjektes (Absatz, Umsatz, Kosten, Erlöse, Mitarbeiter, gebundenes Vermögen und sonstige relevante Größen)
- Strukturelle und ablauforganisatorische Voraussetzungen (Organisation, Ablaufpläne, Stellenbeschreibungen, Manuals, Dienstanweisungen)
- Personelle Voraussetzungen und Zuständigkeiten (Gesprächspartner, Auskunftstellen)
- Schwachstellen, Inplausibilitäten und Besonderheiten (Kennzahlen, Trendverhalten, Informationen des Controllers, der Organisation, sowie operativer und funktionaler Stellen)

Aufgabe der Revisionsleitung bzw. der Prüfungsbereichsleiter in Zusammenarbeit mit der Stelle „Planung, Auswertung und Erfolgskontrolle“ ist es, den Prüfungsauftrag abzugrenzen, Prüfungsschwerpunkte zu setzen, den Stichprobenumfang zu fixieren und die Prüfsoftware vorzugeben.

Bei Teamprüfungen sind den Revisoren Prüffelder zuzuordnen.

Vor komplizierten bzw. schwierigen Prüfungen sind Vorbesprechungen mit der Revisionsleitung und gegebenenfalls mit sachkundigen Dritten zweckmäßig.

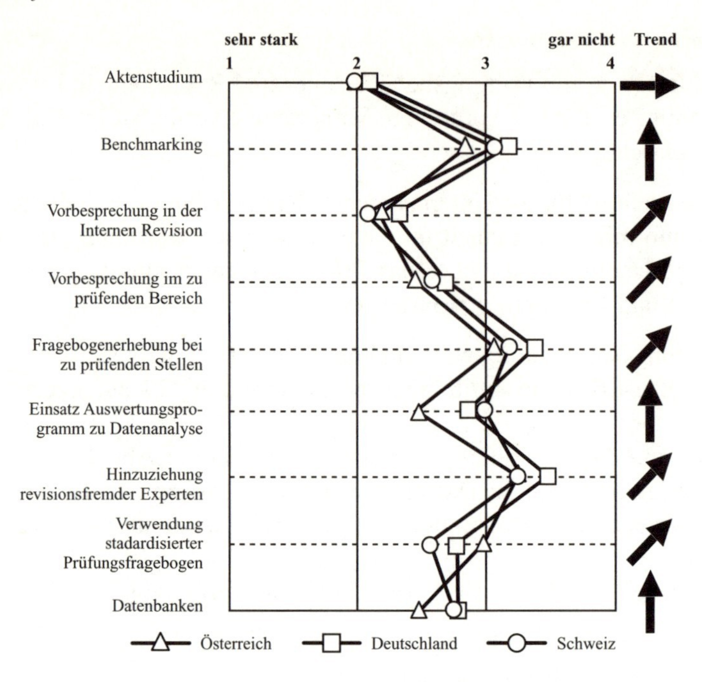

Abbildung 77: Hilfsmittel bei der Prüfungsvorbereitung

Gewissenhafte Vorbereitung optimiert die Prüfungszeit und begünstigt den Revisionserfolg.

12.1.3 Prüfungsankündigung

Je nach Ziel, Art und Umfang können Prüfungen angemeldet oder unangemeldet durchgeführt werden.

Bei Planprüfungen, in denen eine Unterstützung der Fachabteilung bei der Zurverfügungstellung umfangreichen Arbeitsmaterials erwartet wird, ist eine Ankündigung mit angemessenem zeitlichen Vorlauf empfehlenswert. Unerlässlich ist sie, wenn für die ordnungsgemäße Arbeitsabwicklung die Anwesenheit bestimmter Gesprächspartner erforderlich ist.

Die Frage der Ankündigung ist für Konzernrevisionen, insbesondere bei Prüfung äußereuropäischer Tochter- und Beteiligungsgesellschaften, wichtig. Hier sollte die Prüfungsankündigung mit einem angemessenen Zeitvorlauf erfolgen, damit Gesprächspartner fristgerecht verfügbar sind.

Gegenüber den skizzierten Vorteilen sind Risiken, dass mit einer Ankündigung Korrektur- oder Abwehrmaßnahmen der zu prüfenden Gesellschaft bzw. Stelle eingeleitet werden könnten, unbedeutend. Durch die Wahlfreiheit der Vergleichsperioden, Prüffelder, Stichproben aus der Sachgesamtheit der Arbeitsgebiete, wird die Gefahr möglicher Manipulationen durch die zu prüfende Einheit minimiert. Umfangreiches Tatsachenmaterial ist kaum verschleierbar.

Prüfungsankündigungen werden den Führungsgremien und/oder zentralen Kontroll- bzw. Koordinierungsorganen zugeleitet, bei denen ein begründetes Interesse an objektiven Feststellungen besteht.

Von ihnen erhält die Innenrevision Hinweise und Anregungen für gezielte Prüfungshandlungen bzw. zu beachtende Tatbestände. Oft löst die Ankündigung Informationswünsche aus, die im Rahmen der geplanten Prüfung – ohne Mehraufwand – berücksichtigt werden können.

Unangemeldet durchgeführte Prüfungen sind in Fällen von Bestands- und Sonderprüfungen zu befürworten. Vor allem bei Prüfungen, für die ein Überraschungseffekt zur Gewinnung eines wahrheitsgetreuen Urteils notwendig erscheint, beispielsweise bei Unterschlagungsprüfungen.

Anträge der zu prüfenden organisatorischen Einheiten, angekündigte Prüfungen zeitlich zu verlagern, sollten nur in begründeten Fällen akzeptiert werden. Die Genehmigung sollte vom Leiter der Internen Revision erteilt werden.

12.2 Prüfungsabwicklung

Eine Prüfung beginnt mit einem Gespräch zwischen dem bzw. den Prüfern und den Führungs- und Fachkräften der zu prüfenden Stelle. Dieses Gespräch dient

- der Kontaktaufnahme,
- einem Gedankenaustausch über das Prüfobjekt,
- dem Abbau bestehender Vorbehalte,
- Anbieten von Hilfen bei der Analyse und Beseitigung etwaiger Lücken bzw. Schwachstellen,
- Bereitstellen prüfungsrelevanter Unterlagen und last not least
- der Schaffung eines positiven Arbeitsklimas und der Kooperationsbereitschaft.

Bei der Durchführung ihrer Prüfungsaufträge hat ein Revisor ein hohes Maß an Eigeninitiative und Verantwortung. Diese Feststellung gewinnt mit zunehmender Entfernung des Prüfortes vom Sitz der Holding bzw. Obergesellschaft an Gewicht.

Die letzte Entscheidung über die anzuwendenden Methoden bzw. das erfolgversprechende Verfahren liegt beim Revisor. Auf Grund der konkreten Gegebenheiten muss er Auswahl und Intensität der Prüfungshandlungen sowie die mit der Durchführung im Zusammenhang stehenden organisatorischen Maßnahmen bestimmen.

Im Verlaufe einer Prüfung können sich Tatbestände ergeben, die der Revisor in Eigenverantwortung fachgerecht beurteilen und seine Handlungen darauf einstellen muss.

Verbindlich sind die Revisionsrichtlinien unter Beachtung der Prüfungstechnik und die durch die Planung gesetzten Rahmenbedingungen.

Unter dem Begriff Prüfungstechnik ist die Gesamtheit der Maßnahmen zusammengefasst, die es ermöglichen, die Arbeitsunterlagen und Vorgänge im Hinblick auf das Prüfungsziel aufzubereiten, auszuwerten und zu interpretieren.

Isoliert oder kombiniert werden folgende Verfahren eingesetzt:

- Prüfungsform
- Prüfungsumfang
- Prüfungsrichtung
- Prüfungsmethode und
- Prüfungshilfsmittel

12.2.1 Prüfungstechnik, -form, -richtung und -methode

Im Rahmen der Prüfungsdurchführung sind die in Abbildung 78 zusammengefassten Wahlmöglichkeiten verfügbar, aus denen ein Revisor – entsprechend den konkreten Gegebenheiten des Prüfobjekts – die Handlungen selektiert, die eine fundierte Urteilsfindung ermöglichen.

Arbeitsvorgänge, die ursprünglich manuell oder mechanisch durchgeführt wurden, werden durch computergestützte, prozessorientierte Systeme, die integriert und vernetzt unter Berücksichtigung von Schnittstellen arbeiten, abgewikkelt.[183] Die Software übernimmt Rechenoperationen, Abstimm- und Übertragungsvorgänge, formelle und materielle Kontrollrechnungen, Plausibilitätsprüfungen, Bewertung und Bestandsführung, Bestellvorgänge, Rechnungsprüfung, Zahlungsausgleich, Verbuchung usw. Dabei ist zu berücksichtigen, dass durch die Systemsoftware Buchungen generiert werden ohne entsprechende Belege auszudrucken.

Im Rahmen der Prüfungstechniken ist die Befragung und Inspektion zum Zwecke der Datensammlung und Systemanalyse üblich. Befragungen können mündlich (Interview) oder schriftlich durchgeführt werden. Die Vorteile liegen darin, dass sie von den Geprüften als Informationsquelle akzeptiert werden; Nachteile ergeben sich bei schriftlichen Äußerungen durch unvermeidbare subjektive Auffassungen der Befragten. Beobachtungen können verdeckt oder offen durchgeführt werden. Die Ergebnisse sind zu strukturieren, zu systematisieren und zu dokumentieren.

183 Durch den Einsatz von Systemsoftware sind zahlreiche kaufmännische Berufe gegenstandslos geworden, wie beispielsweise Anlagenbuchhalter, Materialbuchhalter, Lohnbuchhalter, Gehaltsbuchhalter, Kontokorrentbuchhalter, Sachkontenbuchhalter usw.

1.	Prüfungstechniken	Prüfungshandlungen:
1.1	Belege	Inhalt, Autorisierung, Kontierung, Betrag, Dokumentation usw. Manuell und Automatisiert. Systeme generieren Buchungen, teilweise ohne Belege auszudrucken.
1.2	Bestände	Richtigkeit und Vollständigkeit.
1.3	Bewertung	Wertansätze in Übereinstimmung mit GoB und erlassenen Richtlinien, Anweisungen usw.
1.4	Abstimmung	Vergleich von Einzel- und Gesamtsummen.
1.5	Übertragung	Ordnungsmäßigkeit, Richtigkeit, Dokumentation usw.
1.6	Plausibilität	Wirtschaftliche bzw. logische Relation.
1.7	Durchsicht	Gewinnung eines objektiven und kritischen Einblicks.
1.8	Befragung/Inspektion	Situationsanalyse mit Dokumentation.
2.	Prüfungsformen	
2.1	Formelle Handlungen	Ordnungsmäßigkeit vor allem bei manuellen Arbeitsgängen und Arbeitsabläufen (Prozessen).
2.2	Materielle Handlungen	Inhaltliche Richtigkeit und Wirksamkeit des Objektspezifischen internen Kontrollsystems.
3.	Prüfungsrichtung	
3.1	Progressives Vorgehen	Vom Beleg über Zwischenergebnisse zum Abschluss (Bilanz, Erfolgsrechnung usw.).
3.2	Retrogrades Vorgehen	Umgekehrter Weg über Aufzeichnungen zum Beleg bzw. Geschäftsvorfall.
4.	Prüfungsmethoden	
4.1	Direkte Handlungen	Einzelvorgänge, gezieltes Vorgehen mit hoher Beweiskraft.
4.2	Indirekte Handlungen	Globalüberlegungen, die einen Einblick in die Ordnungsmäßigkeit vermitteln und die Bildung eines Gesamturteils ermöglichen.
4.3	Verprobung	Ergänzungshandlungen, um Fehlerfelder und Inplausibilitäten aufzuspüren und abzugrenzen.

Abbildung 78: Prüfungstechniken, -formen, -richtung und -methoden.

12.2.2 Prüfungsumfang unter Berücksichtigung des Datenvolumens

Entscheidend für den Erfolg sind Umfang und Aussagekraft der Prüfungshandlungen. Dabei wird zwischen lückenloser und stichprobenweiser Prüfung unterschieden.

Ein Revisor steht oft vor der Frage, ob eine objektive und fundierte Urteilsfindung einer lückenlosen oder stichprobenweisen bzw. Teil- oder Auswahlprüfung bedarf.[184]

12.2.2.1 Vollprüfung

Lückenlose Prüfungen vermitteln theoretisch eine 100 %ige Sicherheit, wenn man unterstellt, dass dem Prüfer bei der Arbeitswiederholung keine Fehler unterlaufen.

Lückenlose Prüfungen, insbesondere bei umfangreichen und komplexen Arbeitsgebieten, sind nach allgemeiner Auffassung in Theorie und Praxis weder wirtschaftlich vertretbar noch zur ordnungsmäßigen Urteilsfindung notwendig.

In der Praxis sind lückenlose Prüfungen auf Ausnahmefälle und Teilbereiche beschränkt, beispielsweise bei

- undurchsichtiger, nicht ordnungsgemäß geführter Buchhaltung. In diesem Fall verschafft nur eine Prüfung der gesamten Geschäftsvorfälle Klarheit über die Vermögens- und Ertragslage sowie die Aussagefähigkeit der Aufzeichnungen.
- Unterschlagungsprüfungen in sensitiven Bereichen zur Gewinnung eines umfassenden Überblicks.

Lückenlose Prüfungen sind in der Regel auf Sachgebiete begrenzt, die überschaubar sind und bei denen zur Urteilsfindung uneingeschränkte Klarheit benötigt wird. Bei umfangreichem Belegvolumen und integrierter Datenverarbeitung sind Vollprüfungen größeren Umfangs aus Zeit- und Kostengründen praktisch undurchführbar.

12.2.2.2 Stichprobenweise Prüfung

Bei stichprobenweiser Prüfung werden ausgewählte Geschäftsvorfälle oder Vorgänge untersucht, die den zeitlichen und sachlichen Umfang des konkreten Auftrages betreffen.

Die Frage, nach welchen Auswahlkriterien und in welchem Umfang Stichproben zu ziehen sind, ist schwer beantwortbar. Zur Objektivierung und Sicherung des Prüfungsergebnisses ist es vorteilhaft, wenn der Auftrag an den Revisor Hinweise auf das anzuwendende Verfahren und die Stichprobenauswahl enthält.

Bei Routineprüfungen, die sich in Zeitabständen wiederholen, sind die Segmente, aus denen Stichproben zu ziehen sind, so zu wählen, dass in Übereinstim-

184 AICPA, Hrsg., Statement on Auditing Standards, No. 39 – Audit Sampling, in: JoA August 1981, S. 106 ff.; Arkin, H., Sampling Methods for the Auditor, New York 1981; IFAC, Hrsg., International Auditing Guidelines No. 19, Audit Sampling, 1985; Langmann, J., Stichprobenprüfung, bewusste Auswahl, in: HWRev., 2. Aufl., Stuttgart 1992, Sp. 1855 ff.; Leiner, B., Stichprobentheorie, München 1985.

mung mit der langfristigen Revisionsplanung jeder Sektor berücksichtigt wird. Dabei ist die Auswahl so zu variieren, dass die zu prüfende Gesellschaft bzw. Stelle keine Rückschlüsse auf das Auswahlsystem ziehen und sich gegebenenfalls darauf einstellen kann.

Die in der Revisionspraxis angewendeten Stichprobenverfahren sind im Hinblick auf die Auswahlkriterien in zwei Gruppen zu gliedern, und zwar:

- Bewusste, individuell beeinflussbare Auswahl
- Zufallsauswahl

12.2.3 Bewusste Auswahl

Bewusste oder gezielte Auswahl ermöglicht es einem Revisor zu testen, ob und gegebenenfalls welche Fehler ein Prüffeld enthält. Dabei liegt die Entscheidung über die Auswahl der in die Stichprobe einzubeziehenden Elemente einer Grundgesamtheit in seinem Ermessen. Auf Grund seines Sachverstandes, seiner Fachkenntnisse und Berufserfahrung sowie nach Maßgabe eigenverantwortlicher und selbständiger Entscheidungen, wird die Stichprobe vorgenommen.

Kriterien für die Auswahl und Intensität der vorzunehmenden Stichprobe im Prüffeld sind beispielsweise:

- Bedeutung der einzelnen Elemente
- Schwachstellen bzw. Lücken im Kontrollsystem
- Fehlerrisiko
- Typische Geschäftsvorfälle bzw. Vorgänge

Zwei Auswahlmöglichkeiten stehen zur Diskussion:

1) Auswahl typischer Fälle
   Im Rahmen einer Prüfung können nicht sämtliche Geschäftsvorfälle oder Vorgänge berücksichtigt werden. Deshalb werden diejenigen selektiert, die für das Gesamturteil relevant sind und die der Revisor für typisch hält.
   Ein Risiko der Auswahl typischer Fälle liegt darin, die „Richtigen" auszuwählen. Vorgänge oder Tatbestände, die nach bisherigen Erfahrungen charakteristisch und richtig waren, können durch Änderungen in der Folgezeit an Bedeutung verlieren.
2) Auswahl nach dem Konzentrationsprinzip
   Ausgewählt werden Geschäftsvorfälle oder Vorgänge des Prüfungsobjektes, vorzugsweise solche, die einen vorgegebenen Schwellenwert übersteigen. Posten von geringer Relevanz werden vernachlässigt. Diese Variante wird auch als „cut-off-Verfahren" bezeichnet.
   Der Nachteil liegt darin, dass auch unbedeutende Fälle – mit hoher Fehlerhäufigkeit –, die für eine objektive Beurteilung des Prüfobjektes entscheidend sein

können, unentdeckt bleiben. Unter Ordnungsmäßigkeitsgesichtspunkten sind auch im Einzelfall wertmäßig geringe Posten mit hoher Fehlerquote zu erfassen.

Ein Revisor sollte aus Wirtschaftlichkeitserwägungen seine Prüftätigkeit auf Teilbereiche konzentrieren, in denen die Fehlerwahrscheinlichkeit groß ist. Anhaltspunkte bietet eine Analyse des internen Kontrollsystems und sichtbar werdende Lücken und Schwachstellen.

Einigkeit besteht darüber, dass bei der bewussten Auswahl die Selektion der Stichprobe nicht willkürlich vorgenommen werden darf. Als Auswahlkriterien bieten sich an:

- Funktionen
- Abteilungen, Gruppen bzw. Sachgebiete
- Aufträge von besonderer Bedeutung
- Zeiträume
- Größenordnungen
- Schwachstellen und Lücken im Kontrollsystem

Ein Nachteil der bewussten Auswahl liegt darin, dass numerisch bezifferbare Urteilsaussagen über den Sicherheits- und Genauigkeitsgrad der aus der Stichprobe gewonnenen Erkenntnisse nicht möglich sind.

12.2.4 Zufallsauswahl

Zufallsstichproben gewinnen, vor allem bei Prüfobjekten mit großem Datenanfall, an Bedeutung. Ein entscheidender Vorteil gegenüber der bewussten Auswahl liegt in der Quantifizierbarkeit der Feststellungen. Während bei einer Vollprüfung das Urteil erst nach Untersuchung sämtlicher Vorgänge abgegeben werden kann, ist dies bei einer repräsentativen Auswahlprüfung nach mathematisch-statistischen Verfahren unmittelbar nach Auswertung der Stichprobe möglich. Vom Stichprobenergebnis kann der Aussagewert einer lückenlosen Prüfung berechnet werden. Dadurch besteht die Möglichkeit anzugeben mit welcher Sicherheit ein Prüffeld als ordnungsgemäß zu bezeichnen ist oder nicht. Eine 95 %ige Sicherheit bedeutet, dass das durch die Stichprobe gewonnene Ergebnis in 95 von 100 Fällen richtig ist.[185]

Auch bei der Zufallsauswahl ist der Stichprobenrahmen bestimmbar. Welches Element der Grundgesamtheit letztlich in die Auswahl eingeht, bleibt dem Zufall überlassen.

---

185 Buchner, R., Stichprobenprüfung, Zufallsauswahl, in: HWRev. 2. Aufl., Stuttgart 1992, Sp. 1895 ff.

Zufallsstichproben basieren auf dem Urnenmodell, bei dem alle Elemente des Prüffeldes in der Urne enthalten sind. Aus der Grundgesamtheit wird eine im Verhältnis des zu prüfenden Merkmals ausreichend repräsentative Stichprobe gewählt. Mit Hilfe mathematisch-statistischer Methoden wird vom Stichprobenergebnis auf die Gesamtheit geschlossen. Dabei hat jeder Vorgang die gleiche Chance von der Stichprobe erfasst zu werden.

Der gleiche Effekt wird bei der Anwendung von Zufallstafeln erreicht. Diese werden maschinell von Zufallsgeneratoren erzeugt. Jeder prüfungspflichtige Vorfall ist durch eine Zahl gekennzeichnet. Bestandteil der Stichprobe sind die Fälle, deren Nummern in der Folge der selektierten Zufallszahlen enthalten sind.

Die Stichprobenauswahl orientiert sich an dem Fehlerrisiko des Untersuchungsobjekts, das auf Ergebnisse von Voruntersuchungen basiert. Auswahlkriterien sind beispielsweise:

- Indizien für charakteristische Fehlererwartungen
- Absolute und relative Wertgrößen
- Verstöße gegen Vorschriften, Richtlinien und Anweisungen
- Schwächen im IKS

Abbildung 79 vermittelt eine Vorstellung von den Einsatzmöglichkeiten für Aufgabenstellungen.

Die Stichprobenvarianten werden skizziert:

(A) Schätzstichprobe

Sie ermöglicht das Hochrechnen der Ergebnisse auf die Gesamtheit. Die optimale Art des Verfahrens wird unter Beachtung von Kosten-, Streuungs- und Fehlereinschätzungen festgelegt und der erforderliche Umfang bestimmt. Nach Entnahme der Stichprobe wird das Datenmaterial geprüft, analysiert und festgestellt, ob die angestrebte Sicherheit erreicht worden ist.[186]

(B) Annahmestichprobe

Aus Erfahrungswerten bzw. auf der Grundlage von Untersuchungen wird ein Schätzwert für den Fehleranteil der Gesamtheit festgelegt. Mit Hilfe der Stichprobe wird bestimmt, ob die Fehlerhypothese mit der vorgegebenen Wahrscheinlichkeit aufrechterhalten werden kann.[187]

---

186 Zimmermann, H. J., Stichprobenprüfung, Schätzstichprobe, in: HWRev., 2. Aufl., Stuttgart 1992, Sp. 1874 ff.

187 Bleymüller, J. und Gelder, G., Stichprobenprüfung, wertproportionale Auswahl, in: HWRev., 2. Aufl., Stuttgart 1992, Sp. 1882 ff.; Mandl, C. E., Untersuchungen über Anwendungsvoraussetzungen und Effizienz statistischer Stichprobenverfahren in der Buchführung, Wien 1984; Stenger, H., Stichproben, Heidelberg 1986; Wilburn, A. J., Statistical Sampling for Auditors, New York 1984.

<table>
<tr><td>1.</td><td>Zielsetzung</td><td>Schätzen von Gesamt- und Durchschnittswerten bzw. Fehleranteilen</td><td>Prüfen der Ordnungsmäßigkeit; Ermitteln von Toleranzgrenzen</td><td>Prüfen auf Fehlerfreiheit; Aufdecken von Fehlern</td></tr>
<tr><td>2.</td><td>Einsatzrichtung</td><td>Schätzstichprobe (Estimation Sampling)</td><td>Annahmestichprobe (Acceptance Sampling)</td><td>Entdeckungsstichprobe (Discovery Sampling)</td></tr>
<tr><td>3.</td><td>Art des Verfahrens</td><td colspan="3">Einfache Zufallsstichprobe (Unrestricted Random Sampling)</td></tr>
<tr><td colspan="2" rowspan="6"></td><td colspan="3">Mehrstufige Stichprobe (multistage Sampling)</td></tr>
<tr><td>Sequenzstichprobe (Sequential Sampling)</td><td rowspan="5"></td><td rowspan="5"></td></tr>
<tr><td>Klumpenstichprobe (Cluster Sampling)</td></tr>
<tr><td>Geschichtete Stichprobe (Stratified Sampling)</td></tr>
<tr><td>Differenzenschätzung (Difference Estimate)</td></tr>
<tr><td>Verhältnisschätzung (Ration Estimate)</td></tr>
<tr><td>4.</td><td>Einsatzgebiete</td><td colspan="3">Beleg und Systemprüfungen</td></tr>
<tr><td colspan="2" rowspan="2"></td><td>Prüfen von Abschlusspositionen (Vorräte, Forderungen usw.)</td><td rowspan="2"></td><td rowspan="2"></td></tr>
<tr><td>Schätzen betriebswirtschaftlich relevanter Kenngrößen</td></tr>
</table>

Abbildung 79: Einsatzmöglichkeiten von Zufallsstichproben

(C) Entdeckungsstichprobe

Sie beantworten die Frage, mit welcher Wahrscheinlichkeit bei gegebenem Umfang und bekannter Größe der Sachgesamtheit Fehler gefunden werden. Sinnvoll sind Entdeckungsstichproben, wenn Fehler in dem Prüfobjekt mit einer gewissen Regelmäßigkeit vorkommen. Für die Ermittlung der Wahrscheinlichkeit, einen Fehler zu finden, ist die hypergeometrische oder eine ihr angenäherte Verteilung zu verwenden.[188]

188 Coenenberg, A.G. und Hanisch, H., Stichprobenprüfung, Entdeckungsstichprobe, in: HWRev., 2. Aufl., Stuttgart 1992, Sp. 1862 ff.

(D) Einfache Zufallsstichprobe

Proben werden so gezogen, dass jedes Element der Gesamtheit die gleiche Chance hat, in die Auswahl zu kommen.

(E) Mehrstufige Stichprobe

Erhebungs- und Untersuchungseinheit divergieren. Jede Erhebungseinheit (Primäreinheit) besteht im zweistufigen Fall aus weiteren Untereinheiten (Sekundäreinheiten). In der ersten Auswahlstufe werden Primäreinheiten ausgewählt, in der zweiten erfolgt eine weitere Selektion innerhalb der Primäreinheiten und so weiter, bis die zu untersuchenden Elemente ausgewählt sind.

Das mehrstufige Verfahren bietet sich an, wenn die Untersuchungseinheiten regional gestreut sind (Lagerbestände an unterschiedlichen Lagerorten).

(F) Sequenzenstichprobe

Hier wird der Stichprobenumfang nicht vorgegeben. Aus der Grundgesamtheit werden, beginnend mit einem Mindestumfang, sukzessive zufällig Elemente entnommen. Nach jeder Ziehung wird geprüft, ob sich aus dem Ergebnis statistisch gesicherte Schlüsse auf die Gesamtheit ziehen lassen. Die Stichprobe wird fortgesetzt, bis eine Entscheidung über die Güte der Gesamtheit getroffen werden kann.

(G) Klumpenstichprobe

Sie ist ein Sonderfall der mehrstufigen Auswahl.

Die Klumpenauswahl führt zu guten Ergebnissen, wenn jede Primäreinheit (Klumpen) in sich etwa die gleiche Struktur aufweist wie die Gesamtheit.

(H) Geschichtete Stichprobe

Sie ist ein Grenzfall der mehrstufigen Zufallsauswahl. Die Primäreinheiten (Schichten) werden voll in die Auswahl einbezogen. In der zweiten Stufe werden Stichproben aus den einzelnen Schichten gezogen. Die geschichtete Stichprobe ist wirksamer als die einfache Zufallsauswahl, wenn die Schichten in sich homogen sind. Dabei werden hochwertige Positionen und solche von mittlerem oder geringerem Wert jeweils als eine besondere Schicht (Primäreinheit) betrachtet.

(J) Differenzen- und Verhältnisschätzung

Es handelt sich um ein Hochrechnungsverfahren bei ein- oder mehrstufigen Stichproben.

Voraussetzung ist, dass der Gesamtwert der Merkmale der Grundgesamtheit und die einzelnen Elemente aus einer vorangegangenen Gesamterhebung bekannt sind.

In einer Zufallsstichprobe werden Abweichungen für einzelne Elemente festgestellt, beispielsweise Unterschiede vom Buchwert. Abweichungen lassen sich auf die Gesamtheit hochrechnen.

Differenzenschätzung ist der Verhältnisschätzung vorzuziehen, wenn die ermittelten Abweichungen zu den früheren Einzelwerten von der Größe der Werte abhängig sind. Die Verhältnisschätzung liefert bessere Ergebnisse, wenn große Differenzen (Fehler) speziell bei hohen Werten vorkommen.

Falls die zu untersuchenden Daten gespeichert sind, bietet sich bei der Durchführung der Computereinsatz an.

Vorteilhaft ist der DV-Einsatz bereits im Vorfeld, wenn es gilt, eine Übersicht über die Struktur der Grundgesamtheit zu gewinnen (Streuung der Merkmalswerte, erwartete Fehlerquote), um daraus die richtige Stichprobenmethode und die Definition wichtiger Parameter ableiten zu können.

Eine zufallsgesteuerte Auswahl verhindert Über- bzw. Unterrepräsentationen. Zufallsstichproben fördern die Einheitlichkeit des Urteils. Sie helfen Prüfungsfeststellungen rationeller zu treffen und gewährleisten, dass unterschiedliche Prüfer mit hoher Wahrscheinlichkeit zum gleichen Ergebnis gelangen.

Der Vorteil mathematisch-statistischer Verfahren besteht darin, dass mit Hilfe der Wahrscheinlichkeitsrechnung das Ergebnis einer Stichprobe auf die Grundgesamtheit hochgerechnet werden kann, und somit ein repräsentatives Urteil ermöglicht.

12.3 Prüfungshilfsmittel

Informationsbeschaffung absorbiert einen Teil der Prüfungszeit. Deshalb sollten aus Wirtschaftlichkeitserwägungen alle erforderlichen Recherchen rationell abgewickelt werden.

Folgende Prüfungshilfsmittel sind verfügbar:

- Auswerten relevanter Daten und Fakten
- Einschalten unternehmensinterner und externer Sachverständiger bzw. Spezialisten
- Einsetzen von Prüfungsfragebogen und Checklisten
- Interviews, Selbstauskünfte und Inspektionen bei den zu prüfenden Stellen
- Auswerten der Fachliteratur
- Einsatz von Audit Software und Expertensystemen

12.3.1 Relevante Daten und Fakten

Aus der Prüfungs-, Begutachtungs- und Beratungstätigkeit im gesamten Unternehmen verfügt die Interne Revision über Informationsmaterial, das genutzt werden sollte. Das trifft auch zu für unternehmensinterne Informationen, Daten und Fakten, beispielsweise:

- Feststellungen aus früheren Prüfungen (Berichte, Arbeitsunterlagen und Ergebnisse der Erfolgskontrolle)

- Informationen über den Stand des prüfobjektspezifischen IKS (Organisation, Controlling, Fachabteilungen und Auskünfte der zu prüfenden Stelle)
- Organisationsänderungen, implementierte Systeme und Verfahrensumstellungen (innerbetriebliche Mitteilungen, Berichte und Auskünfte Dritter)
- Sensitive Vermögenswerte, Aufgabengebiete und Aufgabenstellungen sowie Know-how-Potential (Organisation, Controlling, Fachabteilungen, Auswertungen und Expertisen Dritter)
- Informationen aus Frühwarnsystemen über rückläufige Wirtschaftlichkeit, Produktivität und Rentabilität (Controlling, Informationssysteme und Berichte)
- Soll-Ist-Abweichungen (Controlling und Informationssysteme)
- Integrität der Führungskräfte und wichtiger Sachbearbeiter (Veruntreuungsfälle, Information der Personalabteilung, Beurteilungen, Abmahnungen, Auskünfte von Dienstvorgesetzten)
- Reklamationen und Beschwerden von Abnehmern und Lieferanten (Schriftverkehr, Berichte, Hinweise Dritter)
- Gebundenes Vermögen, Kostenvolumen und Dispositionsgewalt Berechtigter (Anlagenwirtschaft, Kostenrechnung und Personalwirtschaft)
- Absatz- und Umsatzänderungen (Vertrieb, Controlling und Informationssysteme)
- Fluktuation in sensitiven Bereichen, Abteilungen und Stellen (Personalplanung, Stellenbesetzungspläne, Job-Rotation)
- Ergebnisse der Jahresabschlussprüfung, externe Gutachten und Beratungsergebnisse Dritter (WP-Berichte und Korrespondenz, Auswertungen Dritter)

Durch Aufnahme in unternehmensinterne Verteilungspläne kann die Abteilung sicherstellen, dass ihr die benötigten Informationen zugeleitet werden (Bestandteil des passiven Informationsrechts).

12.3.2 Einschalten von Spezialisten

Für komplexe Aufgabenstellungen und bei nicht ausreichenden personellen Ressourcen ist die Einschaltung unternehmensinterner bzw. externer Spezialisten in das Revisionsteam oft unumgänglich. Der Einsatz erleichtert die Lösung umfangreicher und komplizierter Aufträge, wobei die Verantwortung für die getroffenen Feststellungen und Verbesserungsvorschläge bei der Innenrevision liegt.

Aus Wirtschaftlichkeitserwägungen sollte die Revision sich auf ihre Kernaktivitäten konzentrieren und überlegen, ob und welche Teilaspekte ausgelagert werden können. Outsourcing definierter Aufgabenstellungen – in Abbildung 80 stichwortartig zusammengefasst – ist eine Möglichkeit der Effizienzsteigerung.

Üblich ist die Einschaltung unabhängiger und eigenverantwortlicher Gutachter und Berater durch das Top-Management. Die Experten übernehmen gegenüber der

Lfd. Nr.	Outsourcing von Revisionsaufgabe	
1.	Begriff:	Konzentration der Überwachung in Unternehmen und Konzernen auf Kernaktivitäten durch Auslagerung definierter Aufträge an externe Dienstleistungsanbieter.
1.1	Potentielle Partner:	• Angehörige wirtschaftsprüfender und -beratender Berufe • Unternehmensberater • Spezialisten und Sachverständige
1.2	Voraussetzung:	• Priorität hat Auslastung des Unternehmensinternen Prüforgans • Verfügbarkeit des Revisionsanbieters und gewährleisten der Prüfungsqualität • Einbinden der Internen Revision in die Auslagerungsstrategie
1.3	Vorteil:	• Fehlen einer bzw. Überlastung der unternehmensinternen Revision • Erhöhung der Unabhängigkeit bei der Urteilsbildung und Ergebnisfindung • Minimierung der Überwachungsfixkosten
1.4	Nachteil:	• Offenlegung unternehmensrelevanter Daten an Dritte • Abhängigkeit vom Dienstleistungsanbieter • Möglicherweise unzureichende Unternehmens- und Detailkenntnisse über Prüfobjekte

Abbildung 80: Outsourcing von Revisionsaufgaben

Unternehmensleitung die Verantwortung für ihre Aussagen und Feststellungen. Zwar wird die Interne Revision die Ergebnisse kritisch würdigen, es kann aber nicht erwartet werden, dass sie die Arbeit des Gutachters bzw. Beraters gedanklich nachvollzieht und Verantwortung übernimmt. Das trifft auch für die Feststellungen des Jahresabschlussprüfers zu, dessen Verantwortung unteilbar ist.

Die meisten der im Rahmen der 1996er-Erhebung befragten Abteilungen vertreten die Auffassung, dass Outsourcing ihre Aufgabenstellung und den Umfang ihrer Tätigkeit nicht entscheidend beeinflussen wird.

12.3.3 Einsatz von Prüfungsfragebogen und Checklisten

Zur Rationalisierung der Prüfungsdurchführung kann es zweckmäßig sein, der zu prüfenden Stelle einen Fragebogen mit abteilungsspezifischen Daten und Fakten zu überreichen, den sie auszufüllen hat. Dadurch gewinnt der Prüfer einen Überblick über den Ist-Stand des Prüfobjektes.

Fragebogen bzw. Checklisten vereinfachen die Prüfungsdurchführung. Sie sind ein Hilfsmittel bei Standardprüfungen, ersparen zeitaufwendige Überlegungen und entlasten die Revisionsleitung.

Fragebogen bestehen aus detaillierten Instruktionen für ein bestimmtes Prüfungsgebiet bzw. Prüffeld. Sie enthalten Hinweise über das Vorgehen und wichtige Einzelschritte. Wichtig ist, dass Fragebogen auf die spezifischen Gegebenheiten Rücksicht nehmen.

Trotz Fragebogeneinsatz hat die Eigeninitiative des Revisors einen hohen Stellenwert. Zur Motivierung der Revisionsmitarbeiter für den Einsatz ist es empfehlenswert, nach Abschluss eines Auftrages die gewonnenen Erkenntnisse in Fragebogen einzuarbeiten.

Kommentierte Revisionsfragebogen sind ein Bestandteil der Arbeitspapiere. Sie erleichtern die Arbeit der Prüfungsbereichsleiter und Berichtskritik. Mit ihrer Hilfe können Prüfungsschritte rekonstruiert und Feststellungen analysiert werden.

Bei den in der Revisionspraxis eingesetzten Fragebogen in den Wirtschaftsbereichen Industrie, Handel, Kreditinstitute und Versicherungen handelt es sich vorzugsweise um die in den Arbeitskreisen des IIR ausgearbeiteten und in Intervallen aktualisierten Prüfungsfragebogen zu konkreten Prüfungsgebieten.[189]

Daneben werden in eigener Regie erstellte Checklisten verwendet.

12.3.4 Einschalten der zu prüfenden Einheit

In vielen Fällen ist es sinnvoll, die zu prüfende Stelle in die Informationsgewinnung durch gezielte Interviews einzubeziehen. Befragungen sollten vorbereitet sein und systematisch durchgeführt werden.

(1) Vorbereitung:

- Fixieren der Ziele
- Festlegen von Prioritäten
- Überlegen fundierter Argumente auf kritische Fragen des Interviewpartners
- Terminabstimmung mit dem oder den Gesprächspartnern und Festlegen der voraussichtlichen Dauer der Befragung

---

189 IIR, Hrsg., Fragebogen „Interne Revision“, Berlin, Loseblattsammlung mit ständigen Ergänzungslieferungen; IdW: KFA St 1/1989, Fragebogenkatalog zur Prüfung der Ordnungsmäßigkeit der Geschäftsbuchführung und wirtschaftlich bedeutender Sachverhalte im Rahmen der Jahresabschlussprüfung bei kommunalen Wirtschaftsbetrieben, in: WPg 1989, S. 702 ff.; Sauer, K.P., Fragebögen als Prüfungshilfsmittel, in: HWRev., 2. Aufl., Stuttgart 1992, Sp. 584 ff.; Schnappauf, J.A., Fragebogen zur Prüfung des Anhangs nach § 264 Abs. 1 S. 1 HGB, in: WPg 1986, S. 555 ff.; Schnappauf, J.A., Fragebogen zur Prüfung des Konzernanhangs nach § 297 Abs. 1 HGB, in: WPg 1987, S. 470 ff.; Schuppenhauer, R., Checklisten für die EDV-Prüfung, Düsseldorf 1985.

(2) Durchführung:
- Problemstellung und Motivation des Gesprächspartners
- Systematische Abwicklung der einzelnen Punkte des Interviews mit Stichwortprotokoll
- Zusammenfassen des Interviews, untergliedert in Prüffelder

(3) Dokumentation für die Arbeitspapiere. (Grundlage für die Schlussbesprechung und Berichtsabfassung).

Befragungen sind so zu gestalten, dass der Revisor bei der Fülle von Einzeldaten und -fakten nicht den Überblick verliert. Auf Grund seiner Fachkenntnisse und Berufserfahrung sollte er beurteilen können, ob Gesprächspartner kooperieren und die Fakten richtig darstellen oder Informationen zurückhalten.

Fragen sollten gezielt und verständlich sein, damit der Gesprächspartner präzise antworten kann. Darüber hinaus sollten sie in einem logischen Zusammenhang stehen und plausibel sein. Schwachstellen, Lücken und Inplausibilitäten sollen evident werden.

Manche Sachbearbeiter und Abteilungsleiter neigen dazu, Revisionsinterviews schnell zu beenden und Randprobleme bewusst überzubewerten.

Ein Revisor sollte sich im klaren sein, dass Feststellungen auf schlüssigen Nachweisen basieren müssen. Kopien wichtiger Unterlagen und Belege sind Bestandteil der Arbeitspapiere.

12.3.5 Auswerten prüfungsspezifischer Fachliteratur

Grundsätzlich sollte die Interne Revision über eine Fachbibliothek verfügen, mit relevanter Literatur über Revision, Betriebswirtschaft, Finanz- und Rechnungswesen, Organisation, Planungs- und Informationssysteme, EDV usw. Bücher und Fachbeiträge sollten systematisch ausgewertet und dokumentiert sein, damit sie für gezielte Fragestellungen abrufbereit zur Verfügung stehen.[190]

12.3.6 Einsatz von PC, Laptop, Notebook und Audit Software

Software wird eingesetzt, um definierte Prüfungsaufgaben zu lösen.

In Unternehmen ab einer bestimmten Größenordnung, verfügt die Revision im Rahmen ihrer Prüfungsdurchführung über

---

190 Hofmann, R., „Bibliographien zur Internen Revision“ aus dem deutsch- und englischsprachigen Raum.
- Mitte der 60er Jahre bis Anfang 1979, Berlin 1980
- 1979 bis 1985, Berlin 1986
- 1986 bis 1990, Berlin 1992.

- Großrechner,
- PC-Standgeräte,
- vernetzte PC,
- Laptops und
- Notebooks.

In der Internen Revision werden – wie aus der in Abbildung 81 zusammengefassten 1996er-Erhebung ersichtlich – Mittel der Informationstechnik für Planung, Abteilungsmanagement, Prüfungsdurchführung, Berichterstattung und Erfolgskontrolle eingesetzt.

	Host	**PC**	**PC-Netz**	**Laptop/ Notebook**	**Nichts/ keine Angaben**
Planung	9 %	52 %	29 %	14 %	17 %
Abteilungsmanagement	3 %	40 %	28 %	11 %	32 %
Selektion von Daten	56 %	33 %	29 %	13 %	15 %
Prüfungsstichproben	42 %	31 %	23 %	13 %	24 %
Revisionsauswertungen	24 %	49 %	29 %	20 %	14 %
Führung der Arbeitspapiere	3 %	50 %	28 %	31 %	15 %
Berichterstattung	3 %	61 %	36 %	29 %	4 %
Follow up	5 %	40 %	27 %	16 %	32 %

Abbildung 81: Einsatz von Informationstechniken (Mehrfachantworten möglich)

PCs, Laptops und Notebooks gehören zur Standardausrüstung. Wichtig ist der sachgerechte Einsatz unter Berücksichtigung der im Unternehmen implementierten Systemsoftware.

Gegenstand des Prüfungshandbuches sind PC-gestützte Prüfungskonzeptionen. Wegen der divergierenden Voraussetzungen in den Wirtschaftsbereichen und innerhalb Unternehmen derselben Branche sowie der Komplexität der Problemlösungen, wird auf eine detaillierte Kommentierung verzichtet.

Der Einsatz unternehmensspezifischer Prüfsoftware ermöglicht anspruchsvolle Auswertungen.[191]

191 IIR, Hrsg., Hard- und Software in der Revision? EDV-gestützte Prüfungen durch Einsatz von Terminals und Prüfprogrammen, in: ZIR 1984, S. 69 ff.; Kempf, D., Computergestützte Prüfungstechnik, in: HWRev., 2. Aufl., Stuttgart 1992, Sp. 307 ff.; Erhebung 1996, „Interne Revision ’96“, a.a.O., S. 27.

12.4 Arbeitspapiere

Sie umfassen Aufzeichnungen und sonstige Unterlagen, die ein Revisor im Zusammenhang mit der Prüfung erstellt.

Sie dienen als

- Nachweis für die ordnungsmäßige Prüfungsdurchführung,
- Dokumentation der Prüfungshandlungen und Feststellungen,
- Identifikation der verwerteten Unterlagen und erhaltenen Auskünfte,
- Grundlage für die Schlussbesprechung und Berichterstattung sowie
- Informationsquelle für Erfolgskontrolle und Folgeprüfungen.

Nur das, was in Arbeitspapieren dokumentiert ist, kann bei der Schlussbesprechung und im Prüfungsbericht wirksam vertreten werden. Die Qualität dieser Aufzeichnungen ist ein Indiz für die Sorgfalt, mit der die Prüfung durchgeführt wurde. Mit zunehmendem Umfang eines Prüfobjektes bzw. Prüffeldes steigt die Bedeutung der Arbeitspapiere als Beurteilungsgrundlage.

Für den Prüfer und für die Interne Revision dienen sie als Hilfsmittel zur Überwachung und Nachweis der Prüfungsqualität. Unerlässlich sind sie

- bei Rückfragen der geprüften Stelle,
- für die Beantwortung zusätzlicher Fragen des Auftraggebers,
- für die Betreuung durch die Prüfungsbereichsleiter,
- bei der formellen und materiellen Prüfung der Berichtskonzepte durch die Berichtskritik
- für das Follow-up durch die Stelle „Planung, Auswertung und Erfolgskontrolle“,
- für die Planung von Folgeprüfungen,
- für die Dienstaufsicht der Revisionsleitung und last not least
- für den Abschlussprüfer bei der Überlegung, welche Feststellungen der Internen Revision im Rahmen einer Jahresabschlussprüfung übernommen werden können.

12.4.1 Inhalt und Gliederung

In der Revisionspraxis werden Arbeitspapiere formlos und formgebunden erstellt. Bei größeren Revisionsabteilungen ist es aus Gründen der Einheitlichkeit und Vergleichbarkeit zweckmäßig, die

- formelle Gestaltung,
- sachliche Gliederung und den
- Inhalt

vorzuschreiben ohne dadurch die Flexibilität und Kreativität der Revisoren einzuschränken. Gut zu formalisieren sind Informationen, die die Prüfungsdurchführung betreffen (beteiligte Prüfer, befragte Personen, Zeiträume der Prüfung, definierte Prüfungshandlungen, eingesehene Belege und Unterlagen usw.). Ferner Fragen der formellen bzw. materiellen Beurteilung von Prüfungsergebnissen, insbesondere im Bereich der internen Kontrolle.

(1) Formelle Gestaltung

Arbeitspapiere sollten sich am Prüfungsablauf orientieren.

Sie sind so anzulegen, dass alle Informationen und Feststellungen systematisch abgeleitet werden können. Dabei ist es unbedeutend ob für bestimmte Prüffelder Checklisten verwendet oder Arbeitspapiere nach individuellen Gesichtspunkten angelegt werden. Ohne Zweifel entlasten Prüfungsfragebogen von Routinetätigkeiten und verkürzen die Einarbeitungszeit bei Prüferwechseln während der laufenden Prüfung (wichtig bei Teamprüfungen).

Für sich wiederholende, gleichartige Aufstellungen, Übersichten, Tabellen oder vergleichende Darstellungen empfiehlt sich die Verwendung von Formblättern.

Wichtig ist eine Kennzeichnung der Arbeitsblätter nach Prüffeldern oder Abschnitten sowie deren Numerierung.

Arbeitspapiere sind nach Sachgebieten gegliedert abzuheften. Ein Inhaltsverzeichnis erleichtert das Auffinden einzelner Unterlagen. Arbeitspapiere sind so anzulegen, dass ein sachverständiger Dritter sich ohne Hilfestellung darin zurechtfinden kann.

(2) Sachliche Gliederung

Arbeitspapiere erfordern eine sachbezogene Gliederung, wobei ein generelles und verbindliches Gliederungsschema infolge der Vielfalt und Verschiedenartigkeit der Prüfungen nicht möglich ist.

Bei gleichartigen Prüfungen ist eine Einheitlichkeit in der sachlichen Gliederung anzustreben.

Ordnungskriterien können beispielsweise sein:

- Gliederung in der Reihenfolge der Posten von Bilanz und Erfolgsrechnung
- Rangfolge der betroffenen Sachbearbeiter innerhalb des Prüfobjektes bzw. Prüffeldes
- Reihenfolge der Darstellung im Prüfungsbericht bei standardisierter Berichterstattung
- Hervorhebung materiell oder ergebnismäßig bedeutsamer Feststellungen

Wesentlich ist die Beachtung von Sachzusammenhängen und die Erkennbarkeit der gewählten Systematik.

(3) Inhalt

Arbeitspapiere müssen folgende wesentliche Fakten enthalten:

- Ordnungsmäßigkeit und Systematik der Prüfungsdurchführung
- Lückenlose Prüfungsabwicklung
- Rekonstruktion der Prüfungshandlungen

- Auskunft über Stichprobenauswahl, Stichprobenumfang und Sicherheitsgrad
- Richtigkeit verbaler und zahlenmäßiger Feststellungen des Revisors in der Berichterstattung
- Hinweise auf Erfolgskontrollen
- Planung von Folgeprüfungen berücksichtigen.

Feststellungen des Revisors sind durch Kontaktabzüge wichtiger Originalbelege und -unterlagen zu ergänzen. Dabei ist darauf zu achten, dass Fotokopien, EDV-Ausdrucke, Aufstellungen und sonstige komplettierenden Unterlagen der geprüften Einheit sich auf wesentliche, zum Verständnis der Feststellungen notwendige Vorgänge beschränken. Sie sind nach dem Prinzip der Angemessenheit auszuwählen, damit die Arbeitspapiere nicht belastet werden und die Übersichtlichkeit gewahrt wird.[192]

12.4.2 Dauerakte

Während die prüfungsbezogenen Unterlagen für einen durchgeführten Auftrag angelegt werden und Hinweise für die Erfolgskontrolle und Folgeprüfungen enthalten, sind in der Dauerakte wiederkehrende und für Dauer bestimmte Tatbestände festzuhalten.

Dauerakten enthalten revisionsrelevanter Unterlagen und Fakten eines Prüfobjektes. Sie ersparen umständliche und zeitraubende Nachforschungen und erleichtern Prüfungsvorbereitung und -durchführung.

Für in Intervallen vorzunehmende Prüfungen sind Dauerakten für die Informationsrationalisierung und Informationskonservierung unerlässlich.

Ebenso wie bei prüfungsbezogenen Arbeitspapieren gibt es auch für die Anlegung und Führung von Dauerakten keine Rezeptlösungen. Von Nutzen können beispielsweise folgende Angaben sein:

- Bezeichnung des Prüfobjektes, bei Beteiligungsgesellschaften Firmenbezeichnung, Rechtsform, Anschrift, Telefon, Telefax usw.
- Organisation (Pläne, wichtige Einzelheiten, Nebenstellen usw.) und personelle Angaben über Geschäftsführung bzw. Vorstand, Aufsichtsrat, Führungskräfte, Auskunftspersonen, Aufgabenbereiche, Sachgebiete usw.
- Satzung, Verträge, Vereinbarungen über Rechtsbeziehungen, Abhängigkeitsverhältnisse usw.

---

192 Hofmann, R., Unternehmensüberwachung, Ein Aufgaben- und Arbeitskatalog für die Revisionspraxis, 2. Aufl., Berlin 1993; IdW, Hrsg., ST/HFA 2/1981, Arbeitspapiere des Abschlussprüfers, in: WPg 1982, S. 44 ff.; Schultzke, J., Arbeitspapiere, in: HWRev., 2. Aufl., Stuttgart 1992, Sp. 70 ff.

- Wirtschaftliche Verhältnisse
  Produktionsprogramm, wichtige Abnehmer und Lieferanten, Liefer- und Abnahmeverpflichtungen, Versicherungen, Kennzahlen über wesentliche Daten und Entwicklungstendenzen usw.
- Rechnungslegung und Prüfung
  Buchführungssysteme, (Hard- und Software), Jahresabschlussprüfer, Feststellungen aus Vorprüfungen, Schwachstellen und Lücken im internen Kontrollsystem usw.

In die Dauerakte sind keine Informationen und Daten aufzunehmen, über die die Interne Revision über Terminal auf Computerdaten on-line Zugriff nehmen kann.

Vor jeder Erstprüfung sollte eine Dauerakte angelegt werden. Die praktische Verwendbarkeit dieser Arbeitshilfe erfordert, dass sie nach jeder Prüfung auf den neuesten Stand gebracht wird. Aus den prüfungsbezogenen Arbeitspapieren sind die Teile von längerfristiger Bedeutung in die Dauerakte zu übernehmen.

12.4.3 Prüfungsbezogene Unterlagen

Sie werden im Verlaufe der Prüfungshandlungen angelegt und bilden die Basis für die Urteilsfindung. Prüfungsbezogene Arbeitspapiere enthalten in detaillierter Form Fakten, Erkenntnisse und Feststellungen, die im Verlaufe einer Revision gewonnen wurden. In ihnen werden die einzelnen Prüfungshandlungen dokumentiert und die zur Prüfung herangezogenen Belege und Unterlagen (gegebenenfalls unter Beifügung von Kontaktabzügen) notiert sowie Auskünfte der befragten Sachbearbeiter festgehalten.

Daneben können die Arbeitspapiere auch fremderstellte Unterlagen enthalten, die der Revisor von der geprüften oder einer anderen Stelle erhalten hat und die für das Prüfungsergebnis von Bedeutung sein können. Hierbei kann es sich beispielsweise um Computerausdrucke, Aktennotizen, Protokolle, Korrespondenz, Verträge, Vereinbarungen, Belege usw. handeln.

Die Herkunft der Unterlagen ist für die Beurteilung ihrer Zuverlässigkeit und Beweiskraft wichtig. Ein Revisor hat sich von der formellen und materiellen Aussagekraft der in die Arbeitspapiere aufgenommenen Fremdunterlagen zu überzeugen; das gilt insbesondere für die von der geprüften Stelle angefertigten Aufzeichnungen.

Die in den prüfungsbezogenen Aufzeichnungen dokumentierten Prüfungshandlungen sind auf Grund der Prüfzeichen des Revisors in den Originalunterlagen der geprüften Stelle rekonstruierbar. Computergestützte Verfahren (z.B. Bildschirm, Datenträger, Mikrofilm usw.) verhindern das Anbringen von Prüfzeichen. In derartigen Fällen vermitteln allein die Aufzeichnungen des Revisors eine Vorstellung von dem Prüfungsumfang und der Prüfungsintensität.

Arbeitspapiere können auf Mikrofilm oder Datenträger übernommen und aufbewahrt werden.

12.4.4 Tätigkeitsnachweise der Revisoren

Neben dem Schlussbesprechungsprotokoll, dem Prüfungsbericht und den ihn stützenden prüfungsbezogenen Arbeitspapieren sind bei größeren Revisionsabteilungen zusätzlich Tätigkeitsnachweise von den Revisoren zu führen.

Falls Prüfungskosten aus statistischen oder sonstigen Überlegungen objektbezogen ermittelt oder sie für die Weiterbelastung an Unternehmensbereiche bzw. Beteiligungsgesellschaften benötigt werden, ist der Aufwand je Prüfobjekt, unterteilt nach

- Prüfungsvorbereitung,
- Prüfungsdurchführung,
- Berichterstattung und
- Zusatzinformationen bzw. -arbeiten,

festzuhalten. Die Aufschreibung erfolgt in der Regel in Prüfertagen bzw. -halbtagen.

Die Auswertung dieser Aufzeichnungen erfolgt computergestützt durch die Stelle „Planung, Auswertung und Erfolgskontrolle“.

Sie dient als Planungsunterlage für die Erstellung des Jahresplanes bzw. kurzfristigen Prüfplanes.

Bei Prüfungen im Beteiligungsbereich, insbesondere im außereuropäischen Ausland, ist es bei umfangreichen Prüfungen zweckmäßig, dass der Revisor oder das Team Wochenberichte über den Prüfungsfortschritt und wesentliche Feststellungen an die Revisionsleitung sendet.

12.4.5 Abteilungsdokumentation

Eine wichtige Informationsquelle und Dokumentation für Auftraggeber und Revisionsabteilung sind Arbeitsnachweise.

In komprimierter Form können dargestellt werden:

- Durchgeführte Aufträge, unterteilt in Plan- und Sonderprüfungen, Begutachtungen und Beratungen
- Wesentliche Feststellungen
- Vorgeschlagene und realisierte Verbesserungen und dadurch erreichbare Einsparungs- und Rationalisierungseffekte
- Verfügbare personelle und sachliche Ressourcen im Berichtsjahr und Planvorstellungen für das Folgejahr

- Zeitrahmen für Prüfungsvorbereitung, Prüfungsdurchführung, Berichterstattung und Erfolgskontrolle als Unterlage für die Revisionsplanung
- Vorschläge zur Verbesserung des IKS, der Produktivität, Wirtschaftlichkeit, Liquidität und Rentabilität

	Industrie	**Handel**	**Dienstleistung**	**Finanz**	**Privatversicherung**	**Öffentliche Verwaltung**	**Versorgungsunternehmen**	**Mischkonzern**
vierteljährlich	22 %	22 %	16 %	40 %	28 %	22 %	17 %	26 %
halbjährlich	24 %	8 %	5 %	25 %	8 %	9 %	6 %	11 %
jährlich	33 %	33 %	48 %	27 %	40 %	57 %	40 %	40 %
seltener	3 %	6 %	5 %	0 %	4 %	4 %	4 %	9 %
nie	13 %	28 %	13 %	6 %	17 %	7 %	24 %	14 %
keine Angabe	5 %	3 %	13 %	2 %	3 %	1 %	9 %	0 %

Abbildung 82: Periodische Tätigkeitsberichte, gegliedert nach Wirtschaftsbereichen

Nach der 1996er-Erhebung werden von den Internen Revisionen Tätigkeitsberichte in unterschiedlichen Intervallen erstellt; siehe Abbildung 82.

Im Finanzbereich beispielsweise vierteljährlich und in anderen Wirtschaftsbereichen in der Regel jährlich.

13. Berichterstattung und Erfolgskontrolle

Die Berichterstattung umfasst die Teilabschnitte:

- Zwischen- und Schlussbesprechungen
- Berichterstellung unter Berücksichtigung der Berichtskritik
- Berichtsverteilung an die Adressaten
- Erfolgskontrolle

Ziel ist die fachgerechte Beurteilung der Ordnungsmäßigkeit, Sicherheit und Wirtschaftlichkeit eines Prüfobjektes. Dabei ist es Aufgabe des mit der Prüfung beauftragten Revisors die getroffenen Feststellungen kritisch zu analysieren und zu werten.

Über das Ergebnis jeder Prüfung ist Bericht zu erstatten. In der Regel erfolgt dies in mündlicher und schriftlicher Form. Die mündliche Berichterstattung hilft, Missverständnisse, Fehlinterpretationen und Unstimmigkeiten auf ein Mindestmaß zu reduzieren, stärkt das Vertrauensverhältnis zu den geprüften Stellen und erhöht deren Kooperationsbereitschaft.

Abgeschlossen wird eine Prüfung durch den Bericht und die Überwachung der termingerechten Realisierung vorgeschlagener Empfehlungen zur Schließung von Schwachstellen und Lücken.

13.1 Besprechungen des Prüfungsergebnisses mit den Geprüften

In der Praxis ist es – bei wesentlichen Feststellungen – schwierig, zwischen Revision und geprüfter Stelle einen Konsens zu finden, der unter Aufrechterhaltung der ermittelten Fakten in seinem Urteil ausgewogen ist und den Grundsätzen ordnungsmäßiger Berichterstattung entspricht.

Dieser Abstimmungsprozess verläuft, in drei Phasen:

- Zwischenbesprechungen
- Schlussbesprechung
- Vollständigkeitserklärung der geprüften Stelle

13.1.1 Dokumentierte Zwischenbesprechungen

Während der Prüfung und/oder im Vorstadium der Berichterstattung werden Feststellungen mit der geprüften Stelle besprochen. Anhand der Arbeitspapiere werden offene Fragen, Unklarheiten und Inplausibilitäten über Teilaspekte vorgetragen und divergierende Ansichten diskutiert. Die geprüfte Stelle hat die Möglichkeit, durch

Zusatzinformationen und Fakten unterschiedliche Auffassungen bzw. Missverständnisse zu klären.

Durch Zischenbesprechungen erhält die geprüfte Stelle einen Einblick in das Prüfungsergebnis und kann sich auf die Schlussbesprechung vorbereiten.

Das Vorgehen ist typisch für Planprüfungen, nicht für in der persönlichen Sphäre liegende Mängel, Unterlassungen oder dolose Handlungen, da durch vorzeitige Diskussion der Feststellungen eine Klärung des objektiven Tatbestandes erschwert werden würde und die Gefahr der Verschleierung (Vernichtung von Belegen und Unterlagen) wächst.

Unstimmigkeiten und Mängel von geringer Relevanz werden im Verlauf der Prüfung geklärt. Sie sind in der Regel nicht Gegenstand des Prüfungsberichtes. Bei einer Häufung kleinerer, symptomatischer Beanstandungen empfiehlt sich die Abfassung eines Aktenvermerkes, der der geprüften Stelle zugeleitet wird und als Kopie Gegenstand der Prüfungsunterlagen ist.

Bei umfangreichen Prüfungen und längerer Prüfungsdauer ist es zweckmäßig, Arbeitsergebnisse in Form protokollierter Zwischenberichte festzuhalten, mit den zuständigen Sachbearbeitern zu besprechen und gegenzeichnen zu lassen. Diese Handhabung vereinfacht und verkürzt den Ablauf der Schlussbesprechung.

13.1.2 Schlussbesprechung

Zum Ende jeder Prüfung ist eine Schlussbesprechung durchzuführen. Sie ist Bestandteil der Grundsätze ordnungsmäßiger Prüfungsdurchführung und ein Gebot der Fairness gegenüber der geprüften Stelle, die einen Anspruch hat, über das Ergebnis unterrichtet zu werden.

Gegenstand der Besprechung ist eine Zusammenfassung und Wertung der Feststellungen sowie eine Beurteilung der Ordnungsmäßigkeit, Sicherheit und Wirtschaftlichkeit des Prüfobjektes.

Zur Gewährleistung einer zügigen Abwicklung der Besprechung ist der geprüften Stelle bzw. den Schlussbesprechungsteilnehmern rechtzeitig ein Besprechungsentwurf zu überreichen, der die Feststellungen, Beanstandungen und Empfehlungen (möglichst mit Terminvorschlägen) zur Abstellung der Mängel umfasst.

In der Besprechung werden alle Sachverhalte vorgetragen, diskutiert und erläutert, die zu Feststellungen führten. Schlussbesprechungen sind vertrauensfördernd und bei Punkten, in denen die Auffassungen des Revisors (bzw. der Internen Revision) und des Geprüften divergieren, unerlässlich. Dadurch wird der geprüften Stelle Gelegenheit zu einer Stellungnahme gegeben, die bei Abfassung des Berichtes verwertet werden kann. Durch die Diskussion werden die angesprochenen Probleme in ihrer Bedeutung gewichtet.

Die Interne Revision verfügt über keine direkte Weisungsbefugnis. Festgestellte Mängel und Vorschläge zu ihrer Abstellung müssen klar und überzeugend sein, dass sie der geprüften Stelle transparent werden und sie die Abstellung auch im Eigeninteresse betreiben. Nach Möglichkeit sollte die Besprechung zu einer Übereinstimmung führen. Ergibt sich ein Dissenz, ist im Schlussbesprechungsprotokoll darauf hinzuweisen.

13.1.2.1 Organisation und Teilnehmerkreis

Für den Erfolg ist die Wahl des Teilnehmerkreises entscheidend. Einzubeziehen sind die Verantwortungsträger, die von der Prüfung bzw. deren Ergebnis betroffen sind. Mit dem für das Prüfobjekt verantwortlichen Vorgesetzten ist der Termin rechtzeitig abzustimmen. Ihm bleibt es überlassen, festzusetzen, welche Mitarbeiter seines Zuständigkeitsbereichs zur Besprechung hinzugezogen werden sollen.

Beteiligte:

- Auf Seiten der Geprüften das zuständige Mitglied der Geschäftsführung (bei wichtigen Prüfungen) oder der Bereichs- bzw. Abteilungsleiter und die zuständigen Sachbearbeiter.
- Von der Internen Revision der Revisor oder die Mitglieder des Prüferteams. Bei bedeutenden Prüfungen sind der Prüfungsbereichsleiter und der Revisionsleiter einzuschalten.

Nach der 1996er-Erhebung finden Schlussbesprechungen meist nach Vorlage eines Berichtsentwurfs statt. Diese Handhabung ist in Großunternehmen unzweckmäßig. Grundsätzlich sollte die Schlussbesprechung auf der Grundlage eines Protokolls unmittelbar nach Abschluss der Prüfung durchgeführt werden.

Die befragten Abteilungen nannten folgenden Teilnehmerkreis: Neben den Prüfern (= 76 %) und dem Revisionsleiter (= 71 %) und das Management der geprüften Einheit (= 88 %). Ferner nahmen andere Mitarbeiter der geprüften Einheit (= 44 %) und der Vorgesetzte der Internen Revision (= 22 %) teil. Der Teilnehmerkreis richtet sich nach der Unternehmensgröße sowie der Führungs- und Organisationsstruktur.

Zuständig für die Leitung der Schlussbesprechung ist der ranghöchste Teilnehmer der Internen Revision.

Punkte der systematisch durchzuführenden Besprechung sind:

- Prüfungsgegenstand und Prüfungsziel
- Bedeutung und mögliche Probleme des Prüfobjektes
- Prüfungsvorgehen und -ergebnis auf Grundlage der Feststellungen
- Verbesserungsvorschläge
- Stellungnahme der geprüften Stelle zu den Feststellungen und Vorschlägen
- Festlegung der Zuständigkeiten und Termine für die Abstellung von Mängeln und die Berücksichtigung der Verbesserungsvorschläge

Vom Verlauf dieser Besprechung hängt es ab, ob die Prüfung mit der anschließenden Berichtsverteilung abgeschlossen ist und die Interne Revision bzw. die Unternehmensleitung damit rechnen kann, dass die Empfehlungen zur Abstellung von Mängeln und Schließung von Lücken realisiert werden.

13.1.2.2 Protokoll

Das Protokoll soll den Stand der Diskussion wiedergeben und stichwortartig Feststellungen enthalten, die Gegenstand des Prüfungsberichtes sind.

Vereinbarte Lösungsvorschläge zur Mängelbeseitigung und die terminliche Fixierung ihrer Realisierung sind festzuhalten. Auf schwerwiegende Risiken oder drohende Gefahren ist unverzüglich zu reagieren.

Geringfügige Feststellungen formeller Art können durch einen Hinweis im Protokoll erledigt werden, ohne Gegenstand des Prüfungsberichtes zu sein.

Das Schlussbesprechungsprotokoll ist im Anschluss an die Besprechung von den Teilnehmern zu unterzeichnen. Es ist Bestandteil der Arbeitspapiere und ein Dokument für die Erfolgskontrolle.

13.1.2.3 Vollständigkeitserklärung des geprüften organisatorischen Einheit

Wie bei Jahresabschlussprüfungen üblich, sollte auch die Interne Revision – vor allem bei komplexen und schwierigen Aufträgen sowie bei Prüfungen von Tochter- und Beteiligungsgesellschaften – von der geprüften Stelle bzw. Gesellschaft eine Vollständigkeitserklärung einholen.[193]

Prüfungen basieren auf den angeforderten und von der geprüften Stelle vorgelegten Unterlagen und den in Eigenverantwortungen durchgeführten Prüfungshandlungen.

Die Vollständigkeitserklärung dient der Abgrenzung der Verantwortung, indem sie bestätigt, dass den Revisoren alle für die Beurteilung des Prüfobjektes relevanten Unterlagen vorgelegt und Auskünfte erteilt worden sind. Sie ist ein wichtiges Element zur Durchsetzung des uneingeschränkten Auskunftsrechts der Internen Revision.

Vollständigkeitserklärungen sind kein Ersatz für eigene Prüfungsfeststellungen, sondern eine Ergänzung. Die Erklärung ist durch zeichnungsberechtigte Personen der geprüften Stelle zu unterschreiben.

Die Vollständigkeitserklärung schließt eine Lücke, die selbst bei fachgerechter und gewissenhafter Prüfungsdurchführung entstehen kann.

---

193 WPH 1992, a.a.O., S. 1235 „Vollständigkeitserklärung".

13.2 Revisionsbericht

Visitenkarte sind die Prüfungsberichte. Unternehmensleitung als Auftraggeber und Geprüfte erwarten unmittelbar nach Prüfungsabschluss eine objektive und fachlich begründete Information über das Prüfungsergebnis, insbesondere darüber, welche Schlüsse aus den Feststellungen gezogen worden sind.[194]

Nach der 1996er-Erhebung wird der Prüfungsbericht von den befragten Internen Revisionen zu 90 % nach einem Monat, zu 41 % innerhalb von zwei Wochen zugestellt.

Aufgaben des Prüfungsberichtes sind:

(1) Objektive Informationen über das Prüfungsobjekt im Himblick auf
- Beurteilen des Ist-Zustandes,
- Abweichen von der Soll-Konzeption und
- Präventivwirkung gegen Fehler, Mängel und Manipulationen.

(2) Nachweis der ordnungsmäßigen Prüfungsdurchführung in
- objektiver,
- formeller und materieller sowie
- quantitativer und qualitativer Hinsicht.

(3) Anregen von Verbesserungen hinsichtlich
- der Beseitigung bestehender Schwachstellen und Lücken im internen Kontrollsystem sowie

(4) Dokumentation des Ist-Zustandes für
- Unternehmensleitung,
- geprüfte Stelle und
- den Abschlussprüfer.

13.2.1 Grundsätze ordnungsmäßiger Berichterstattung

Das HGB bestimmt in § 321 den Mindestinhalt der Berichterstattung für Abschlussprüfer ohne Konkretisieren des Berichtsaufbaus und -umfangs. Daneben müssen Abschlussprüfer bei der Berichtsabfassung die Stellungnahmen des Berufsstandes beachten.

Die Grundsätze ordnungsmäßiger Berichterstattung bei Abschlussprüfungen (GoBer), die das IdW im FG 2/1988 für WP und vBP erlassen hat, gelten sinngemäß für die Berichterstattung der Internen Revision.

Nach § 2 Abs. 1 WPO gehört es zu den Aufgaben des Wirtschaftsprüfers, betriebswirtschaftliche Prüfungen, insbesondere solche von Jahresabschlüssen wirtschaftlicher Unternehmen, durchzuführen. Dabei ist über das Ergebnis der Prüfung

194 Gebert, D., Kommunikation, in: HWO, 3. Aufl. Stuttgart 1992, Sp. 1110 ff.; Pohlenz, H., Prüfungsbericht, in: HWRev. 2. Aufl., Stuttgart 1992, Sp. 1499 ff.

„unparteiisch, vollständig, wahrheitsgetreu und mit der gebotenen Klarheit schriftlich zu berichten".

Die im FG 2/1988 dargelegte GoBer vermitteln Auskunft darüber, welche Angaben und Erläuterungen ein Prüfungsbericht enthalten soll, um dem Gesetz zu entsprechen und seiner Aufgabenstellung gerecht zu werden.

Das Fachgutachten enthält keine Vorschläge zum formellen Berichtsaufbau. Es beschränkt sich auf Hinweise zu den Grundsätzen sowie auf Ergänzungen zum Umfang und zur Art der gesetzlich geforderten Berichtsangaben.

Zu drei Berichtsgrundsätzen wird Stellung genommen:

(1) Vollständigkeit
Dominierend ist der Grundsatz der „materiality", wonach nur solche Aussagen in den Prüfungsbericht aufzunehmen sind, die für den Berichtsempfänger wesentliche Informationen enthalten.
Der Begriff der Wesentlichkeit ist eng zu fassen. Aus der Sicht des Berichtsempfängers können auch unwesentliche Tatbestände, soweit sie symptomatisch sind, wichtig sein.

(2) Wahrheit
Der Berichtsinhalt muss nach der Überzeugung des Abschlussprüfers den tatsächlichen Gegebenheiten entsprechen.
Für den Buchführungsbereich – und das bietet sich für den Prüfungsbericht generell an – wird das subjektive Prinzip der Wahrheit ersetzt durch einen
- sachbezogenen Grundsatz der Richtigkeit und
- personenbezogenen Grundsatz der Willkürfreiheit.

Alle Angaben des Prüfungsberichtes müssen richtig sein, d.h. sie müssen mit der Wirklichkeit übereinstimmen.

(3) Klarheit
Im einzelnen werden gefordert:
- Klare und übersichtliche Gliederung
- Treffende Bezeichnungen
- Verständliche Formulierungen

Ein sachkundiger Leser muss den Bericht deuten und interpretieren können.

13.2.2 Berichtsinhalt, Form und Gliederung

Ein Prüfungsbericht sollte Fakten enthalten. Grundlage bilden das Schlussbesprechungsprotokoll und die Arbeitspapiere. Dabei ist es wichtig, auf das Informationsbedürfnis der Adressaten einzugehen.

Das Top-Management ist an einer Beurteilung der wesentlichen Feststellungen interessiert. Die Ausführungsebene benötigt detaillierte, konkret verwertbare Informationen über Feststellungen und Empfehlungen.

Ein Bericht ist so aufzubauen, dass er das Spektrum der Informationsbedürfnisse abdeckt; siehe Abbildung 83.

Gliederungsvorschlag:

- Allgemeiner Teil,
  Auftrag, Prüfobjekt, Zeitdauer der Prüfung, Angabe des bzw. der mit der Durchführung beauftragten Revisor(s)(en).

- Kurzbericht
  Ein Extrakt des Hauptberichtes, der das Revisionsergebnis in komprimierter Form enthält. Dabei ist darauf zu achten, dass die Ausführungen nicht zu pauschal ausfallen und gegen den Grundsatz der Objektivität verstoßen. Hinweise auf die Textziffern des Hauptberichtes dienen der weitergehenden Information.
- Hauptteil
  Er enthält wesentlichen Daten und Fakten. Dabei sind zu beachten:
  - Darstellung sollte sich auf relevante Tatbestände beziehen
  - Präziser und anschaulicher Stil
  - Schlüssige und lückenlose Beweisführung
  - Herausarbeiten der Probleme und Konzipieren von Lösungen (Verbesserungsvorschläge)
  - Keine ermüdenden Redundanzen.
- Anlagen
  Soweit zum Verständnis des Berichtes erforderlich.

Vorteilhaft ist es, Berichte nach einer einheitlichen Konzeption sowohl inhaltlich als formell zu gestalten. Eine Gliederung hat den Vorteil, dass Aussagen zu ähnlichen Prüfobjekten vergleichbar sind und jeder Adressat weiss, welche Aspekte in welchem Teil eines Berichtes zu finden sind.

Wesentliches Beurteilungskriterium eines Prüfungsberichtes ist die Darstellungsform unter Berücksichtigung folgender Gesichtspunkte:

- Zeitnähe (unmittelbar nach Prüfungsabschluss)
- Umfang (so knapp wie möglich)
- Aufbau (systematisch und logisch)
- Darstellung (exakt, fundiert und überzeugend)
- Folgerungen (konstruktiv)

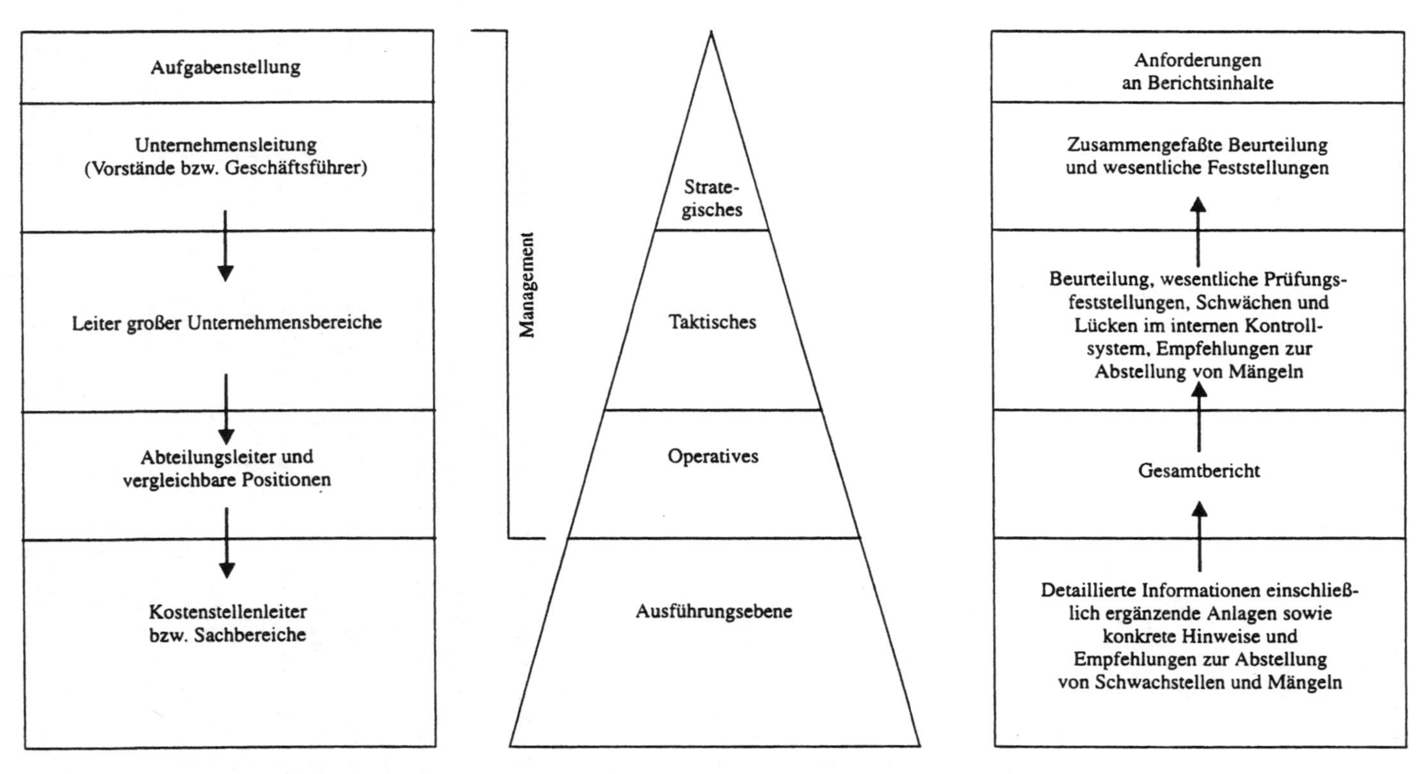

Abbildung 83: Berichtsanforderungen, gestuft nach Adressaten

13.3 Berichtskritik

Die Berichtskritik durch eine nicht unmittelbar mit der Prüfung befasste Stelle (erfahrene Fachkraft) ist Bestandteil der Qualitätskontrolle.

In kleinen Revisionsabteilungen ist eine Aufgabentrennung durch Einschalten einer gesonderten Stelle aus Wirtschaftlichkeitserwägungen nicht möglich; die Funktion wird durch den Abteilungsleiter wahrgenommen.

Maßstäbe für die Berichtskritik bilden die GoBer und die daraus abgeleiteten Vorstellungen und Richtlinien zur Handhabung der Informationsfunktion. Dabei hat die Kritik folgende Aufgaben zu erfüllen:

- Kontrolle der sachgerechten Revisionsdurchführung durch Auswertung der Arbeitspapiere mit dem Berichtskonzept
- Gewährleistung der ordnungsmäßigen Endfassung des Prüfungsberichtes unter formellen und materiellen Gesichtspunkten

Dabei sollte die Berichtskritik

- objektiv,
- neutral,
- sachkundig,
- fachlich qualifiziert und
- unabhängig

sein.

13.3.1 Endgültige Berichtsfassung

Aufgabe der Stelle ist die Berichtsfassung, verbunden mit einer formellen und materiellen Überprüfung der Richtigkeit des Inhalts.

Die formelle Kritik bezieht sich auf den logischen und übersichtlichen Aufbau und die verständliche Abfassung. Sie stellt keine hohen revisionsspezifischen Anforderungen.

Ein Prüfungsbericht ist in einem Stil zu schreiben, der den Leser anspricht. Die Diktion sollte klar und verständlich sein. Auch ein Nichtfachmann sollte sie verstehen können. Kurze, klare Sätze helfen selbst komplexe und komplizierte Vorgänge verständlich darzustellen. Redundanzen sind zu vermeiden. Sie wirken ermüdend und erwecken den Eindruck oberflächlicher Arbeit.[195]

Schwieriger ist die materielle Beurteilung, bei der das Hauptaugenmerk auf die richtige Darstellung und Interpretation von Tatbeständen zu richten ist. Ferner auf

195 Becker, W.M. und Byars, J., Audit Reports that get the right Results, in: IA Oktober 1989, S. 30 ff.; Hahn, H.E., Selling Internal Auditing, in: IA 1989, S. 24 ff.; Teigeler, P., Verständlich sprechen, schreiben, informieren, Bad Honnef 1982.

die Formulierung eines objektiven und fundierten Urteils. Zwischen formeller und materieller Kritik bestehen Wechselwirkungen.

Divergierende Auffassungen sind zwischen dem Revisor des Berichtsentwurfs unter Einschaltung des Prüfungsbereichsleiters und der Berichtskritik zu klären. Bei schwierigen und komplexen Fragestellungen ist die Revisionsleitung einzuschalten.

In kleinen und mittleren Revisionsabteilungen wird die Aufgabe der Berichtskritik in Personalunion vom Revisionsleiter wahrgenommen.

Bei Einrichten einer Berichtskritik sollte die Stelle – um Interessenkollisionen auszuschalten – unmittelbar dem Revisionsleiter unterstehen.

13.3.2 Adressaten der Berichte

Jede Stelle, die ein sachlich begründetes Interesse am Prüfungsergebnis hat, sollte ein Berichtsexemplar erhalten, wobei jedoch der Verteiler so klein wie möglich zu halten ist.

Berichtsempfänger können sein:

- Vorsitzender des Vorstandes bzw. Sprecher der Geschäftsführung
- Ressortvorstand bzw. -geschäftsführer
- Bereichs- bzw. Abteilungsleiter
- Geprüfte Stelle
- Koordinierungsstellen im Unternehmen
- Ausgewählte Fachabteilungen
- Abschlussprüfer (soweit von Interesse)

Nach der 1996er-Erhebung gehören in der Schweiz zu den Adressaten

- der Verwaltungsrat (= 57 %) und
- das Audit Committee (= 20 %).

Der Vorgesetzte der Internen Revision sollte sämtliche Revisionsberichte erhalten. Dadurch kann er sich ein objektives Urteil vom Unternehmensgeschehen bilden.

Die Verteilung an die Adressaten wird sich im Einzelfall danach richten, wie weit sie über die Ergebnisse der Internen Revision unterrichtet werden wollen.

Grundsätzlich sind die geprüften und die durch eine Prüfung unmittelbar betroffenen Stellen zu berücksichtigen.

Jede Unternehmung sollte ein Berichtsverteilungssystem entwickeln, das den Informationsfluss sicherstellt und die Vertraulichkeit gewährleistet.

Zuständig für die Berichtsverteilung sollte die Berichtskritik sein, weil sie Einfluss auf den Ablauf vom Berichtskonzept bis zur Versendung der Berichte an die Adressaten nehmen kann.

13.4 Follow-up

Im Gegensatz zu Jahresabschlussprüfern, die auftragsgemäß das Prüfungsergebnis in einem Bericht niederlegen und die Ordnungsmäßigkeit des Jahresabschlusses bestätigen, ist die Arbeit der Internen Revision als integralem Bestandteil des internen Kontrollsystems umfassender.

Mit Vorlage des Revisionsberichtes ist die Überwachungsaufgabe nicht abgeschlossen. Vielmehr ist sicherzustellen, dass Beanstandungen, wie Arbeits- und Systemfehler, Schwachstellen bzw. Lücken im internen Kontrollsystem sowie Manipulationsrisiken umgehend abgestellt werden, um den mittel- und langfristigen Unternehmenserfolg sicherzustellen.

Als logische Konsequenz einer umfassenden Überwachungsfunktion ergibt sich das Erfordernis, die Realisierung vorgeschlagener bzw. empfohlener Maßnahmen zur Abstellung von Beanstandungen zu überwachen. Nur durch systematisches „Follow-up“ wird der mit einer Prüfung angestrebte Zweck erreicht.

Zuständig für die Erfolgskontrolle und Dokumentation ihrer Verwirklichung ist bei größeren Internen Revisionen die Stelle „Planung, Auswertung und Erfolgskontrolle“. Zweckmäßigerweise ist diese Aufgabe computergestützt durchzuführen und mit der Prüfungsplanung zu koppeln, damit bei Folgeprüfungen das erforderliche Feed-back berücksichtigt wird.

Grundsätzlich führt die Interne Revision, wie die 1996er-Erhebung bestätigt, eine Überwachung der vorgeschlagenen Änderungs- bzw. Verbesserungsvorschläge durch, und zwar:

- Im Verlaufe von Folgeprüfungen zu 53 %
- Durch Rückmeldung der geprüften Stelle zu 44 %
- Durch revisionsinternes gezieltes Follow-up zu 34 %.

Je nach Problemstellung und Bedeutung der Beanstandung wird die Interne Revision die Erfolgskontrolle aktiv oder passiv wahrnehmen.

- Bei aktiver Erfolgskontrolle schaltet sich die Innenrevision prozessbegleitend oder stichprobenweise in die Realisierungsphase ein und überzeugt sich von der termingerechten Erledigung der Änderungs- bzw. Anpassungsmaßnahmen.
- Im Falle einer passiven Überwachung der Korrekturmaßnahmen, beispielsweise bei Tochter- und Beteiligungsgesellschaften im europäischen oder außereuropäischen Raum, lässt sich die Interne Revision vom jeweiligen Aktionsträger über den Stand der Arbeiten und deren Vollzug informieren.

In gravierenden Fällen ist es erforderlich, nach einem bestimmten Zeitabstand eine Nachprüfung durchzuführen, um festzustellen, ob die Mängel beseitigt sind und eine ordnungsgemäße Abwicklung gewährleistet ist.

13.5 Nachweis des Revisionserfolgs

Jede unternehmerische Aufgabe, auch die Überwachungsfunktion selbst, ist angemessen zu kontrollieren. Zuständig für die Kontrolle der Internen Revision in Deutschland ist die Unternehmensleitung als Auftraggeber. Sie hat sich im Rahmen ihrer Dienstaufsicht davon zu überzeugen, ob das Service-Center weisungsgerecht arbeitet.

Ein ähnliches Interesse an der Funktionsfähigkeit des unternehmensinternen Prüforgans hat der mit der Pflichtprüfung beauftragte Jahresabschlussprüfer, der sich im Rahmen seiner Aufgabenstellung hiervon zu überzeugen hat.

13.6 Qualitätskontrolle

Hierunter werden Maßnahmen subsummiert, die dazu dienen,

- die fachliche Kompetenz der Revisionsmitarbeiter,
- die ordnungsmäßige Revisionsplanung und Prüfungsdurchführung sowie
- die objektive Urteilsbildung, fundierte Berichterstattung und wirkungsvolle Erfolgskontrolle

sicherstellen. Die Kontrolle ist zugleich ein Nachweis über die Prüfungsqualität.

In Großunternehmen und Konzernen ist die Geschäftsleitung vielfach aus zeitlichen Erwägungen nicht in der Lage, im einzelnen zu überprüfen, ob die revisionsspezifischen Ziele adäquat abgedeckt sind und die Aufgabenstellung wirkungsvoll durch die Interne Revision wahrgenommen wird. In derartigen Fällen kann sie stellvertretend einen sachverständigen Dritten damit beauftragen. Aus Gründen der Unparteilichkeit und zur Wahrung der Objektivität wird es sinnvoll sein, damit nicht den Abschlussprüfer bzw. die Prüfungsgesellschaft zu beauftragen, der bzw. die die Pflichtprüfung durchführt.

Nach der 1996er-Erhebung ist die Qualitätskontrolle der Internen Revision in der Schweiz ausgeprägter als in Deutschland oder Österreich, wobei sie in Großunternehmen häufiger praktiziert wird.

In etwa 50 % der befragten Unternehmen wird die Revisionsarbeit durch Dritte beurteilt. Für den Finanzbereich bestehen aufsichtsrechtliche Verpflichtungen zur Qualitätskontrolle des unternehmensinternen Prüforgans.

Häufig erfolgt die Beurteilung durch Wirtschaftsprüfer. In Konzernen übernimmt die Konzernrevision diese Aufgabe für die Innenrevisionen im Beteiligungsbereich.

Die Diskussion über die Notwendigkeit einer Qualitätskontrolle für Abschlussprüfer (CPA) wird in den USA seit den 60er Jahren geführt.[196] Seit 1989 müssen

---

196 AICPA, Hrsg., Standards für Performing und Reporting on Quality Review, New York 1989.

sich Abschlussprüfer im Dreijahresrhythmus einer Quality Review unterziehen, wenn die ihre Mitgliedschaft beim AICPA aufrechterhalten wollen. Sie können sich auch für die anspruchsvollere Peer Review entscheiden. Die SEC als unabhängiges Organ der börsennotierten Gesellschaften interessiert sich für das Ergebnis dieser Prüfung, vor allem bei CPA bzw. Prüfungsgesellschaften mit SEC-Mandanten.[197]

In Deutschland werden derartige präventive Maßnahmen zur Sicherstellung der Prüfungsqualität für Abschlussprüfer intensiv diskutiert.[198]

In Anlehnung an den Berufsstand der Abschlussprüfer hat das IIA in den USA eine Quality Assurance Review für Internal Audit Departments eingeführt.[199] Revisionsabteilungen können sich auf freiwilliger Basis einer Qualitätsprüfung durch neutrale, unabhängige Sachverständige unterziehen.

Ein von der Geschäftsleitung in Auftrag gegebenes Gutachten über den Qualitätsstandard der unternehmensinternen Revision könnte folgende Punkte zum Gegenstand haben:

- Angemessenheit der Abteilungsgröße und der verfügbaren personellen und sachlichen Ressourcen
- Fachliche Qualifikation der Revisionsmitarbeiter
- Angemessenheit der Fort- und Weiterbildungsmaßnahmen
- Wirkungsgrad von Revisionsplanung und Prüfungsdurchführung
- Wirtschaftlicher Mitarbeitereinsatz, Beachten der Revisionsgrundsätze, Einsatz von Prüfsoftware, Führen aussagefähiger Arbeitspapiere, fundierte Berichterstattung und wirkungsvolle Erfolgskontrolle
- Innenrevision und ihr Einfluss auf das unternehmensinterne IKS
- Kosten-/Nutzenüberlegungen (Wertanalyse)

---

197 SEC, Hrsg., Release No. 33-6695, Comments requested on a proposed rule required mandatory Peer-Review for CPA firms certifying financial statements filed with the SEC, Washington 1987; siehe hierzu Niehus, R.J., Peer Review, in: HWRev, 2. Aufl., Stuttgart 1992, Sp. 1399 ff. „Peer“ bedeutet gleichwertig oder seinesgleichen. Peer-Review ist die Überprüfung eines CPA durch einen anderen qualifizierten Vertreter des Berufsstandes, wobei die Ergebnisse der Öffentlichkeit zugänglich sind. Bei der Quality Review entfällt die Offenlegung des Prüfungsergebnisses.

198 WPK, Hrsg., Richtlinien für die Berufsausübung der Wirtschaftsprüfer und vereidigten Buchprüfer, Düsseldorf 1987.

199 IIA, Hrsg., Survey of Internal Auditing, Trends and Practices, Altamonte Springs, Fl. 1984.

14. Effizienzerhöhung durch Kooperation

Optimale Wahrnehmung der Überwachungsfunktion durch die Interne Revision unter Auswertung der verfügbaren umfangreichen Informationsquellen und Impulse für Prüfungen, Begutachtungen, Beratungen sowie betriebswirtschaftliche Sonderaufträge mit differenzierten Fragestellungen, erfordern Kontakte und Zusammenarbeit mit internen und externen Stellen.

Eine Auswertung der 1996er-Erhebung über die Kooperation zwischen der Internen Revision und Dritten kommt zu der in Abbildung 84 aufgezeigten Rangordnung.

Eine Zusammenarbeit besteht mit dem Jahresabschlussprüfer und Controlling. Aufgrund des KonTraG 1998 und der expliziten Forderung des Gesetzgebers nach Einrichtung und Ausbau eines Risikomanagements intensivierte sich die Kooperation mit den beiden Stellen. Zur Effizienzsteigerung der Unternehmenskontrolle und -überwachung ist die Zusammenarbeit mit allen relevanten Stellen, nicht nur mit funktionalen, sondern auch mit operativen Einheiten unabdingbar. Verbesse-

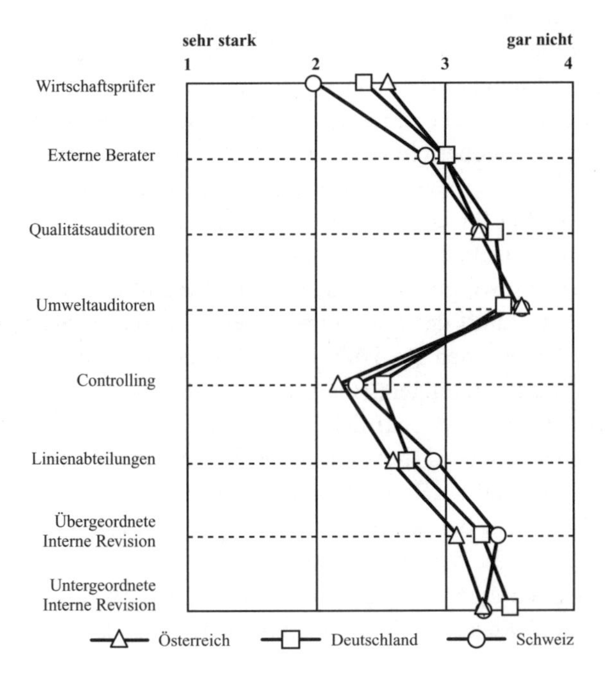

Abbildung 84: Zusammenarbeit mit Dritten

rungsfähig ist in den befragten Unternehmen die Zusammenarbeit mit den Qualitäts- und Umwelt-Auditors.

14.1 Mit dem Jahresabschlussprüfer

Wichtiger Partner der Innenrevision ist der mit der Pflichtprüfung betraute Abschlussprüfer. Abbildung 85 enthält Abgrenzungskriterien und Gemeinsamkeiten zwischen beiden Prüforganen.

Wirtschaftsprüfer erhalten den Auftrag zur Durchführung der Jahresabschlussprüfung durch die Hauptversammlung. Nach dem KonTraG ist der Aufsichtsrat (nicht mehr der Vorstand) für die Erteilung des Prüfungsauftrags an die Abschlussprüfer, die Festlegung von Prüfungsschwerpunkten und die Honorarfestsetzung zuständig. Das wirkt sich positiv auf die Unabhängigkeit im Verhältnis zum Vorstand aus.

Die Interne Revision führt delegierte Aufgaben für den Vorstand durch, von dem sie ihre Anweisungen erhält und abhängig ist. Von den zu prüfenden Stellen unterhalb der Geschäftsleitungsebene ist sie prozessunabhängig. Analoge Überlegungen treffen für die Konzernrevision zu im Verhältnis zum Konzernvorstand. Unternehmensintern ist die Frage zu klären, wie das Verhältnis zum Vorstand bzw. zu den Geschäftsführungen großer Beteiligungsgesellschaften ist, die teilweise in Personalunion Vorstand der Holding bzw. Obergesellschaft sind. Kontakte zum Aufsichtsrat bestehen bei der Innenrevision nicht; sie ist ein Organ des Vorstands.

Ziel des Jahresabschlussprüfers ist der Schutz der Aktionäre, Gläubiger und Öffentlichkeit sowie die Abgabe eines Urteils in Form des Testats, ob Buchführung, Jahresabschluss und Lagebericht den für sie geltenden Normen entsprechen.[200] Es handelt sich um eine umfassende Prüfung der Ordnungsmäßigkeit der Rechnungslegung; dies gilt analog für den Konzernabschluss. Ein weiterer Aspekt ist die Beurteilung der Funktionsfähigkeit des IKS, soweit es den Jahresabschluss betrifft. Deshalb liegen die Schwerpunkte beim Financial Auditing. Bei Prüfung der implementierten Systeme führt der Abschlussprüfer i.d.R. ex-post-Prüfungen durch.

Prüfungsziel der Internen Revision bzw. Konzernrevision ist das gesamte Unternehmen ohne Einschränkungen. Beurteilungsmaßstäbe sind Ordnungsmäßigkeit, Funktionssicherheit und Wirtschaftlichkeit. Die Revisionsinhalte betreffen die gesamten unternehmerischen Aktivitäten. Im Rahmen des IKS ist die Innenrevision prüfend, also ex-post und beratend (ex-ante) tätig.

Ein Unterschied liegt bei der durch Examen nachzuweisenden Fachqualifikation und im Berufsrecht beider Prüforgane.

Die Möglichkeiten einer Kooperation sind vorgegeben durch die Stellungnahme des IIR und IdW sowie durch das Fachgutachten des IdW.

200 Selchert, F. W., Jahresabschlussprüfung der Kapitalgesellschaften, Wiesbaden 1987.

Lfd. Nr.	Merkmal	Interne Revision	Abschlussprüfer
1.	Auftrag	Geschäftsführung	Hauptversammlung
2.	Grundlage	delegierte Funktion der Geschäftsführung	Gesetz und Satzung
3.	Verhältnis • Geschäftsführung • Unternehmenseinheiten	 abhängig prozessabhängig	 formell unabhängig materiell unabhängig
4.	Kontakt zum AR	nein	ja
5.	Prüfungsgegenstand	Unternehmen, gesamt	Jahresabschluss
6.	Prüfungsziel	Schutz und Mehrung des Unternehmensvermögens	Schutz der Aktionäre, Gläubiger und Öffentlichkeit
7.	Auftragsdurchführung	Grundsätze ordnungsmäßiger Prüfungsdurchführung und Berichterstattung	
8.	Prüfungsmethode	• Financial Auditing • Operational Auditing • Management Auditing	• Financial Auditing • IKS
9.	Beurteilungsmaßstab	• Ordnungsmäßigkeit • Funktionssicherheit • Wirtschaftlichkeit	• Ordnungsmäßigkeit • Funktionssicherheit
10.	Berufsvertretung	IIR (seit 1993 assoziiert mit IIA)	IdW und WPK
11.	Berufsexamen und geschützter Titel	IIR CIA	WP bzw. vBP (gekoppelt mit Berufsausübung)
12.	Prüfungsinstanz	IIA Inc.	Oberste Landesbehörde
13.	Berufsrecht bzw. Berufsgrundsätze	Code of Ethics	• Berufseide • Berufsrecht
14.	Kooperation	Grundlage: HFA 2/1966 und FG 1/1988	
15.	Fort- und Weiterbildung	Voraussetzung zur Berufsausübung	

Abbildung 85: Abgrenzung und Kooperation zwischen Interner Revision und Abschlussprüfer

Stellt ein Abschlussprüfer im Zuge der Jahresabschlussprüfung schwerwiegende Verstöße der gesetzlichen Vertreter (Vorstand bzw. Geschäftsführung) fest, so hat er nach § 321 Abs. 2 HGB darüber dem Aufsichtsrat zu berichten.

14.1.1 Grundsätze ordnungsmäßiger Durchführung von Jahresabschlussprüfungen

Wirtschaftsprüfer haben bei ihren in Eigenverantwortlichkeit durchzuführenden Prüfungen von Jahresabschlüssen die Regelungen des AktG und HGB sowie die Fachgutachten des Berufsstandes zu beachten.

Basis dieser Ausführungen ist das FG 1/1988, das die Grundsätze ordnungsmäßiger Durchführung von Abschlussprüfungen zum Gegenstand hat. Das Fachgutachten enthält Ausführungen über Grundlagen der Abschlussprüfung und generelle Prüfungshandlungen, jedoch keine detallierten Anweisungen. Es ist auch für vereidigte Buchprüfer verbindlich, die gemäß § 129 Abs. 1 WPO Abschlussprüfungen durchführen. Darüber hinaus ist es sinngemäß für vergleichbare Prüfungen der Internen Revision anzuwenden.

Die Berufspflichten der WP verlangen (gemäß §§ 43, 44 WPO) eine Urteilsbildung unter Einhaltung der Grundsätze der Unabhängigkeit, Gewissenhaftigkeit, Verschwiegenheit und Eigenverantwortlichkeit.

Unabhängig von der Durchführung der Abschlussprüfung liegt die Verantwortlichkeit für die Rechnungslegung, für eine ordnungsmäßige Buchführung sowie für die Aufstellung des daraus abzuleitenden Jahresabschlusses und Lageberichtes bei den gesetzlichen Vertretern der Gesellschaft (Vorstand). Sie sind auch für die Einrichtung und Aufrechterhaltung eines internen Überwachungssystems, Risikomanagements und die Sicherung des Vermögens zuständig.

Der Abschlussprüfer hat die Einhaltung der für die Rechnungslegung geltenden gesetzlichen Vorschriften zu prüfen und festzustellen, ob der Jahresabschluss unter Beachtung der GoB ein den tatsächlichen Verhältnissen entsprechendes Bild der Vermögens-, Finanz- und Ertragslage vermittelt (§ 264 Abs. 2 HGB).

Auf die Aufdeckung und Aufklärung strafrechtlicher Tatbestände, wie beispielsweise Untreuehandlungen und Unterschlagungen, ist die Abschlussprüfung ihrem Wesen nach nicht ausgerichtet. Gezielte Prüfungshandlungen zur Aufdekkung derartiger Vorgänge sind nicht Gegenstand der Abschlussprüfung.

Eine Nichtaufdeckung hat der Abschlussprüfer nur zu vertreten, wenn er die Tatbestände bei ordnungsmäßiger Durchführung der Abschlussprüfung mit berufsüblichen Methoden hätte feststellen müssen.

14.1.2 Prüfungsgestaltung

Das umfangreiche Prüfungsgebiet und die mit der Erstellung und Offenlegung des Jahresabschlusses vorgegebenen zeitlichen Restriktionen zwingen Abschlussprüfer zu einem selektiven, rationellen Vorgehen. Wesentliche Schritte sind:

- Planung und Zielsetzung
  Prüfungsvorbereitung und -durchführung erfordern ein planvolles Vorgehen in sachlicher, personeller und zeitlicher Hinsicht,

Hierzu sind Informationen zur Beurteilung des internen Kontrollsystems und Plausibilitätsüberlegungen erforderlich.

- Bedeutung der Prüfungsgegenstände
  Die Bedeutung eines Prüfungsgegenstandes im Rahmen der Jahresabschlussprüfung ergibt sich aus seinem absoluten und relativen Wert.
- Plausibilitätsüberlegungen
  Durch Plausibilitätsüberlegungen in Form analytischer Untersuchungen des Verhältnisses prüfungsrelevanter Daten zueinander lassen sich Hinweise über Besonderheiten eines Prüffeldes gewinnen.
- Prüfungshandlungen
  Sie müssen sicherstellen, dass Vermögenswerte und Schulden nach Art, Menge und Wert vollständig und richtig in der Buchführung erfasst und im Jahresabschluss zutreffend ausgewiesen, bewertet und abgegrenzt sind.
- Prüfungsgebiete
  Beispielweise Anlagevermögen, Umlaufvermögen, Vorräte, Bestätigungen der unterschiedlichsten Art, Rückstellungen, Verbindlichkeiten und Berücksichtigung von Ergebnissen nach dem Abschlussstichtag.
- Beaufsichtigung der Prüfung
  Angemessene Beaufsichtigung der bei der Prüfung mitwirkenden Personen, kritische Nachprüfung nach Abschluss der Prüfungsfeststellungen und sachgerechter Nachweis sowie Dokumentation der Prüfungsfeststellungen.
- Konzernabschluss
  Konzernabschluss und alle Einzelabschlüsse der einbezogenen Konzernunternehmen. Ferner Vollständigkeitserklärung des Vorstands.
- Internes Kontrollsystem
  Schwerpunkte bilden System- und Funktionsprüfungen des IKS zur Gewinnung eines Urteils über Ausbau und Wirksamkeit. Vom Ergebnis werden Art und Umfang der weiteren Prüfungshandlungen bestimmt. Bei positivem Ergebnis beschränkt sich die Prüfung der Geschäftsvorfälle und der Posten der Bilanz und Erfolgsrechnung auf Stichprobenbasis. Bei Mängeln und Schwachstellen im IKS wird sie ausgeweitet und intensiviert.

14.1.3 Formen möglicher Zusammenarbeit zwischen Abschlussprüfer und Interner Revision

Formen einer Zusammenarbeit waren Gegenstand des FG 6/1934 mit der Zielsetzung, die Urteilsfindung und -bildung des Wirtschaftsprüfers zu erleichtern.

Gemäß § 43 WPO hat der WP seinen Beruf eigenverantwortlich auszuüben. Dies erfordert eine selbständige Gestaltung der Prüfungsdurchführung nach pflichtgemäßem Ermessen und eigene Prüfungsfeststellungen als Grundlage des Testats.

Das FG 1/1988 bezieht sich hinsichtlich der Frage einer „Zusammenarbeit mit der Internen Revision" auf die HFA-Stellungnahme 2/1966, einer gemeinsamen Ausarbeitung durch das Institut der Wirtschaftsprüfer und das Institut der Internen Revision. Danach soll der Abschlussprüfer die Ergebnisse von Prüfungseinrichtungen des Unternehmens oder des Konzerns (Interne Revision) zur Kenntnis nehmen, er kann sie bei der Bemessung des Prüfungsumfangs berücksichtigen. Sie können eigenen Prüfungsfeststellungen nicht ersetzen.

Herausgebildet haben sich folgende Formen der Zusammenarbeit:[201]

- Periodische Besprechungen zu Fragestellungen von gemeinsamem Interesse
- Abstimmung von Prüfungsschwerpunkten, insbesondere im Bereich der internen Kontrolle und der EDV
- Einsicht in Prüfprogramme (Audit Sotware).
- Austausch von Berichten
- Abstimmen über Prüfungstechniken und -methoden

Abschlussprüfer sollten zur Objektivierung und Stützung ihrer Prüfungsfeststellungen die Kenntnisse der Internen Revision über das betriebliche Geschehen, das interne Kontrollsystem und die implementierten Systeme und Subsysteme nutzen.

Bei sinnvoller Kooperation kann sich die Interne Revision verstärkt auf Prüfungsgebiete im Bereich des Financial Auditing konzentrieren, die Abschlussprüfer im Rahmen der Pflichtprüfung nicht oder nicht intensiv genug behandeln. Wesentlich für eine Zusammenarbeit beider Prüforgane sind Wirtschaftlichkeitsüberlegungen, die Doppelarbeiten vermeiden.

Sofern freiwillige betriebswirtschaftliche Prüfungen, Begutachtungen und Beratungen durch Wirtschaftsprüfer durchgeführt werden, sind Absprachen für eine Zusammenarbeit zwischen beiden Prüforganen denkbar.

201 HFA 2/1966 Gemeinsame „Erläuterungen der Grundsätze für die Zusammenarbeit der Wirtschaftsprüfer mit der Internen Revision" durch das IdW und IIR; Hofmann, R., Zusammenarbeit zwischen Interner Revision und Abschlussprüfer – Instrumente zur Erhöhung des Wirkungsgrades, in: DB 1991, S. 2249 ff.; IFAC-Leitsatzvorschlag. Die Verwendung der Arbeiten der Innenrevision, FN 1981; Klein, G., Ergebnisse Dritter, Verwendung bei der Prüfung, in: HWRev, 2. Aufl., Stuttgart 1992, Sp. 470 ff.; UEC-Entwurf einer Empfehlung zur Abschlussprüfung Nr. 7: Auswirkungen der Innenrevision auf den Umfang der Abschlussprüfung, in: WPg 1979, S. 327 ff.; WP-Handbücher 1985/86 und 1992; WPK, Hrsg., Richtlinien für die Berufsausübung der Wirtschaftsprüfer und vereidigten Buchprüfer, Düsseldorf 1987.

14.1.4 Erteilung der und Aussagekraft von Bestätigungsvermerken

Nach § 2 Abs. 1 WPO gehört es zu den Aufgaben des WP, Bestätigungsvermerke über die Vornahme und das Ergebnis durchgeführter Prüfungen von Jahresabschlüssen wirtschaftlicher Unternehmen zu erteilen, wobei das prüfungspflichtige Unternehmen einen Rechtsanspruch auf Erteilung des Bestätigungsvermerks hat.

Das IdW hat die Berufsauffassung, nach der WP im Rahmen ihrer Eigenverantwortlichkeit Bestätigungsvermerke erteilen, in dem FG 3/1988 niedergelegt.

Für Auftraggeber und Öffentlichkeit ist der Bestätigungsvermerk das Gesamturteil über eine Abschlussprüfung. Seine Erteilung setzt voraus, dass der Prüfer wirksam bestellt ist und sich über das Ergebnis seiner Prüfung ein abschließendes Urteil gebildet hat.

Der Bestätigungsvermerk drückt einen Positivbefund aus, der besagt, dass Buchführung und Jahresabschluss den gesetzlichen Vorschriften entsprechen, der Jahresabschluss unter Beachtung der GoB ein den tatsächlichen Verhältnissen entsprechendes Bild der Vermögens-, Finanz- und Ertragslage der Gesellschaft vermittelt und der Lagebericht im Einklang mit dem Jahresabschluss steht.[202]

Mehr als 97 % der von WP und vBP geprüften Jahresabschlüsse werden uneingeschränkt testiert Auch ein uneingeschränktes Testat hat eine begrenzte Aussagekraft über den materiellen Hintergrund und die tatsächliche wirtschaftliche und finanzielle Lage eines Unternehmens.

Untersagt wird ein Testat nur, „wenn nach dem abschließenden Ergebnis der Prüfung solche Einwendungen zu erheben sind, die einen Positivbefund zu wesentlichen Teilen der Rechnungslegung als nicht mehr möglich erscheinen lassen“. I. d. R. erhalten die 3 % der eingeschränkten Testate Zusätze und Ergänzungen.

14.2 Kooperation zwischen Interner Revision und Unternehmensinternen Einheiten

Voraussetzung für nachhaltige Revisionserfolge ist eine Zusammenarbeit mit sämtlichen involvierten Stellen im Unternehmen. Sie sollten über die Notwendigkeit einer Revisionsfunktion im Auftrage und mit Unterstützung der Unternehmensleitung informiert und kooperationsbereit sein.

Zusammenarbeit besteht zwischen der Internen Revision und dem Zentralcontroller sowie mit den segmentierten Controllern in den Unternehmensbereichen. Ferner mit der Organisation, soweit Unternehmen über ein Service-Center verfügen. Andernfalls bezieht sich die Zusammenarbeit mit der Daten- und Informationsverarbeitung bzw. den Fachabteilungen, die für die organisatorischen Belange zuständig sind.

---

202 Bolsenkötter, H., Bestätigungsvermerk, in: HWRev, 2. Aufl. Stuttgart 1992, Sp. 210 ff.; Erle, B., Der Bestätigungsvermerk des Abschlussprüfers, Düsseldorf 1990.

Abbildung 86 enthält Abgrenzungskriterien und Gemeinsamkeiten zwischen Interner Revision, Organisation und Controlling.

Lfd. Nr.	Merkmal	Innenrevision	Organisation	Controlling
1.	Auftraggeber	Geschäftsführung		
2.	Grundlage	delegierte Funktion		
3.	Verhältnis • Geschäftsführung • Unternehmens-einheiten	abhängig		
		prozessunhängig	prozessabhängig	
4.	Aufgabenstellung	Schutz und Mehrung des Vermögens	Erhaltung und Sicherung des Vermögens	Mehrung des Vermögens
5.	Arbeitsmethode	• prüfen • beraten	• organisieren • optimieren	• planen • steuern • kontrollieren • korrigieren
6.	Zeithorizont	Vergangenheit Zukunft	Gegenwart Zukunft	Zukunft
7.	Berufsexamen	IIR über IIA CIA	IHK Organisator	IHK Controller
8.	Fort- und Weiterbildung	Voraussetzung zur Erhaltung des Standards		
9.	Kooperation	Wegen der begrenzt verfügbaren Ressourcen und aus Wirtschaftlichkeitserwägungen unerlässlich		

Abbildung 86: Abgrenzung und Kooperation zwischen Interner Revision, Organisation und Controlling

Auftraggeber ist die Unternehmensleitung, die an die Abteilungen Aufgaben delegiert. Im Verhältnis zum Top-Management sind die Überwachungs-, Organisations- und Steuerungsfunktion abhängig. Hinsichtlich der Unternehmenseinheiten, ergibt sich ein Unterschied. Während die Innenrevision prozessunabhängig ist – eine Konsequenz fehlender Weisungsbefugnis – sind Organisation und Controlling prozessabhängig; sie müssen zur Durchsetzung ihrer Ziele aktiv in Prozesse und Vorgänge eingreifen.

Gemeinsam ist den Stellen die Notwendigkeit der Fort- und Weiterbildung zur Aufrechterhaltung des fachlichen Niveaus ihrer Mitarbeiter.

Organisatoren und Controller haben ihre berufliche Qualifikation über ein Berufsexamen realisiert, das vor der Industrie- und Handelskammer abgelegt wird. Interne Revisoren können weltweit das CIA Examen der IIA Inc. ablegen.

Allen drei Abteilungen stehen aus Wirtschaftlichkeitsüberlegungen begrenzte personelle und sachliche Ressourcen zur Verfügung.

Unterschiede ergeben sich hinsichtlich der Aufgabenstellung, der Arbeitmethoden bzw. -techniken und des Zeithorizonts.

Da die Stellen delegierte Funktionen für den gleichen Auftraggeber ausführen, der auch ihre Kompetenzen und Aufgabenstellung festlegt, sollte es keine Überschneidungen, die Mitarbeiter binden und den Wirkungsgrad mindern, geben.

14.2.1 Organisation und Informatik

Ziel der Internen Revision ist der Vermögensschutz und die -mehrung, während die Organisation deren Erhaltung und Sicherung sicherstellen soll.

Arbeitsmethode der Revision ist die „Prüfung" (vergangenheitsorientiert) und „Beratung" (zukunftsbezogen). Die Vorgehensweise der Organisation bei der Initiierung, Konzipierung und Adjustierung der aufbau- und ablauforganisatorischen Maßnahmen ist die Analyse, Koordinierung divergierender Auffassungen und Optimierung.[203]

Die Organisation erfüllt ihre Aufgabe im Zusammenhang mit dem Auf- und Ausbau des IKS. Die Revision erhält von der Organisation Impulse für ihre Arbeit in Form von Vorschriften und Richtlinien.

Im Rahmen ihrer Tätigkeit prüft und beurteilt die Revision die Organisation im Rahmen der Prüfobjekte auf ihre Aktualität und Wirksamkeit. Dabei diagnostisiert sie Mängel bzw. Schwachstellen und unterbreitet Vorschläge zur Verbesserung der Aufbau- und Ablaufstrukturen. Sie gibt Hinweise für eine Aktualisierung von Anweisungen, Richtlinien usw.

Die Organisation ist für die Realisierung von Verbesserungssvorschlägen, soweit sie die organisatorische Konzeption betreffen, zuständig.

Im Rahmen des generellen Prüfungsauftrages kann die Innenrevision prüfen, ob die Organisation weisungsgemäß in ihrem Aufgabengebiet tätig wird, oder ob sie Doppelarbeiten verrichtet, die im Kompetenzbereich anderer Stellen liegen.

---

203 Frese, E., Grundlagen der Organisation, 2. Aufl., Wiesbaden 1984; Grochla, E., Grundlagen der organisatorischen Gestaltung, Stuttgart 1982; Kieser, A. und Kubicek, H., Organisation, 21. Aufl., Berlin, New York 1983.

14.2.2 Controlling

Zur Realisierung der vorgegebenen Ziele stehen dem Controller Koordinierungs-, Informations- und Steuerungsmechanismen zur Verfügung. Sein Instrumentarium besteht aus Planung, Information, Analyse und Kontrolleinrichtungen.[204]

Mit seinen Entscheidungen und initiierten Maßnahmen gestaltet der Controller die Unternehmensentwicklung. Dabei stützt er sich auf Daten und Fakten der Informationssysteme und unterstellt deren Richtigkeit und Aussagefähigkeit. Für die Interne Revision sind die Ergebnisse des Controlling, insbesondere bei wesentlichen Abweichungen von Soll-, Plan- und Budgetwerten, Anhaltspunkt für gezielte Prüfungen.

Überschneidungen zwischen beiden Aufgabenbereichen können im Bereich der Sonderaufträge für das Top-Management auftreten, wenn die Leitung die Aufgabentrennung nicht beachtet oder bewusst Ergebnisse der einen durch die andere Abteilung vergleichen will.

Selbstverständlich stehen dem Controlling (auch der Organisation) Prüfungsberichte der Innenrevision zur Verfügung.

Der Revisionsauftrag umfasst auch den Controllerbereich. Geprüft werden die Richtigkeit und Aussagefähigkeit der vom Controller verwendeten Daten, verfahrenstechnische und materielle Gesichtspunkte, beispielsweise Planungstechniken, Planungsinhalte und Prämissen. Die durch den Controller getroffene Bewertung konkreter Sachverhalte unterliegen nicht der Planprüfung. Falls die Unternehmensleitung zu einzelnen Aspekten Informationen wünscht, erteilt sie der Internen Revision Sonderaufträge.

---

204 Bornemann, H., Controlling heute, Wiesbaden 1985; Bramsemann, R., Handbuch Controlling, Methoden und Techniken, München 1987; Bundesverband Deutscher Unternehmensberater BDU e. V., Hrsg., Controlling, 2. Aufl., Berlin 1990; Heigl, A., Controlling – Interne Revision, 2. Aufl., Stuttgart 1989; Kiemer, J., Marketing Controlling, Darmstadt 1980; Koch, R., Betriebliches Berichtswesen als Informations- und Steuerungsinstrument, Frankfurt/Main 1994; Mann, R., Praxis strategisches Controlling, München 1981; Müller, M., Benutzerverhalten beim Einsatz automatisierter betrieblicher Informationssysteme, München, Berlin 1986; Pfohl, H.C. und Zettelmeyer, B., Controlling, Strategische Planung und Strategisches Controlling, Darmstadt 1985; Preißler, P.R., Checkliste operatives Controlling, 2. Aufl. München 1984; Reichmann, T., Controlling mit Kennzahlen, München 1983; Sathe, V., Controller Engagement in Management, Englewood Cliffs 1982; Schmidt, A., Das Controlling als Instrument zur Koordination der Unternehmensführung, Frankfurt/Main 1986; Serfling, K., Controlling, Stuttgart 1983; Wilson, J.P. und Campbell, J.D., Controllership – The Work of the Managerial Accountants, 3. Aufl., New York 1981; Ziegenbein, K., Controlling, Ludwigshafen 1984.

14.2.3 Sonstige organisatorische Einheiten im Unternehmen

Für die Informationsbeschaffung und den Gedankenaustausch zum Zwecke der Revisionsplanung und Prüfungsvorbereitung erfolgt eine Zusammenarbeit mit folgenden Stellen:

- Daten- und Informationsverarbeitung
  Gesellschaften dezentralisieren die Organisationsfunktion unter Aufgabe einer zentralen Organisationsabteilung. Es handelt sich um Konsequenzen aus dem integrierten Computereinsatz und der Leanphilosophie.
  In derartigen Fällen werden die ablauforganisatorischen Fragen durch das Rechenzentrum in Verbindung mit den Anwendern gelöst. Sie sind auch Ansprechpartner der Internen Revision.
  Die Verzahnung zwischen der Revision und den Stellen wird deutlich durch die Nutzung von EDV-Software für Prüfzwecke und durch die ex-ante-Beratung im Hinblick auf die Wirkungsweise des IKS bei zu entwickelnden Systemen und Subsystemen.
- Finanz- und Rechnungswesen
  Betriebliche Vorgänge und Transaktionen finden im Finanz- und Rechnungswesen ihren Niederschlag. In diesem Bereich sind Abschlussprüfer und Interne Revision gemeinsam tätig. Es gilt Arbeitsüberschneidungen und Doppelarbeiten zu minimieren.
  Auch die operativen Planungsüberlegungen des Controllers sind mit dem Finanz- und Rechnungswesen bzw. Jahresabschluss verzahnt. So findet die Investitionsplanung in der Anlagenwirtschaft ihren Niederschlag. Die Finanzplanung ist Bestandteil der Kapitalflussrechnung und die Ergebnisplanung ist sowohl mit der kurzfristigen Ergebnisrechnung als auch mit dem Jahresabschluss verknüpft. Daten des Finanz- und Rechnungswesens sind Bestandteil der Informationssysteme. Sie stehen der Internen Revision in der Regel „on-line" über Terminal für Prüfungsplanung, -vorbereitung und -durchführung zur Verfügung.

Vom Finanz- und Rechnungswesen erhält die Interne Revision Hinweise auf Abweichungen und Inplausibilitäten, denen sie im Rahmen ihrer Prüfungen – auch im Beteiligungsbereich – nachgehen kann. Auf der anderen Seite erhält das Finanz- und Rechnungswesen über Revisionsberichte ein „feedback" und kann für die Abstellung von Beanstandungen (Mängel bzw. Schwachstellen) sorgen.

- Personalwesen
  Eine Zusammenarbeit mit dem Personalwesen ist wichtig. Fehler und Manipulationen werden von Mitarbeitern ausgeführt.
  Aufgabe der Personalwirtschaft ist es, sensitive Positionen und Führungsaufgaben mit den richtigen Mitarbeitern zu besetzen. Multinational operierende Unternehmen sollten neben der Selbstverständlichkeit der fachlichen Qualifikation hohe Anforderungen an Zuverlässigkeit und Integrität von Mitarbeitern mit Dis-

positions- und Verfügungsgewalt setzen. Dies betrifft in verstärktem Maße Delegierte bzw. Landesangestellte von Beteiligungsaktivitäten. Mit zunehmender Entfernung zwischen Obergesellschaft und Beteiligung gewinnt diese Forderung wegen der nachlassenden Kontrollintensität und Dienstaufsicht an Bedeutung.

Eine Zusammenarbeit zwischen der Internen Revision und dem Personalwesen ist auch aus dem Grunde wichtig, weil Revisoren nach ihrer aktiven Prüfungstätigkeit Bewerber für qualifizierte Aufgaben sind.

Die Innenrevision – und das trifft auch für andere Stabsfunktionen zu – kann talentierte und qualifizierte Mitarbeiter nur in ausreichender Zahl gewinnen, wenn diesen Aufstiegschancen geboten werden.

14.3 Berücksichtigung des Self-Auditing

Lean Management und Lean Produktion erzwingen eine von der konventionellen Auffassung der Arbeitsteilung und Funktionstrennung abweichende Betrachtungsweise. Priorität hat eine bereichs-, abteilungs- und funktionsübergreifende Prozessorientierung mit konsequenter Nutzung sich bietender Rationalisierungsimpulse durch Übergang von der Misstrauens- auf die Vertrauensorganisation, Flexibilisierung des Fertigungsflusses, Kostensenkung und Schnittstellenoptimierung.

Arbeitsprinzipien der Cost-Center (auch der Service-Center) sind:

- Ganzheitliches Denken
- Steuern des Erfolgs
- Kundenorientierung
- Permanente Verbesserungen und Förderung der Innovation und Kreativität der Mitarbeiter
- Fehlerbeseitigung an der Wurzel
- Selbstkontrolle (Self-Auditing)

Abbildung 87 enthält stichwortartig Begriff, Grundlage, Voraussetzung und Vor- bzw. Nachteile des Self-Auditing für Einzelunternehmen und Konzerne. [205]

Es handelt sich um eine Kontrolle der Eigenleistung in Produktionvertrieb und Verwaltung. Die Vorteile liegen in der Ressourcenoptimierung von Fertigungsabläufen durch Effizienzsteigerung der bisherigen in der Regel mit einem time lag erfolgenden Fehlerfeststellung, durch Kontrollen Dritter.

Wie Abbildung 88 zeigt, steigen die Kosten der Fehlerbeseitigung mit dem Fertigungsfortschritt, d.h. je später Fehler festgestellt werden, umso höher sind die dafür angefallenen Kosten.

---

205 Hofmann, R., Self-Auditing und Outsourcing von Überwachungsaufgaben. Herausforderung an die Interne Revision im Rahmen von Lean Management und Business Process Reengineering, in: ST 1995, S. 671 ff.

Lfd. Nr.	Self-Auditing	
1.	In Unternehmen	
1.1	Begriff:	Eigenverantwortliche Selbstprüfung durch Mitarbeiter operativer und funktionaler Unternehmenseinheiten
1.2	Grundlage:	Delegation von Verantwortung. Übergang von der Misstrauens- auf die Vertrauensorganisation.
1.3	Voraussetzung:	Funktionsfähiges IKS und einheitliche Rahmenbedingungen.
1.4	Vorteil:	Kampf gegen Verschwendung und ganzheitliche Betrachtungsweise.
1.5	Nachteil:	Keine prozessunabhängige Prüfung, sondern prozessintegrierte Kontrolle, Mitarbeiter fehlen Revisionskenntnisse.
2.	In Konzernen	
2.1	Begriff:	Dezentralisierung der Revisionsfunktion und Selbstprüfung der Tochtergesellschaften.
2.2	Grundlage:	Aufbau eigener Innenrevisionen im Beteiligungsbereich.
2.3	Voraussetzung:	Funktionseinheit der Revisionskomponente und fachliche Unterstellung der Innenrevisionen unter den Leiter der Konzernrevision.
2.4	Vorteil:	Ressourcenoptimierung, Effizienzsteigerung und Minimierung der Überwachungskosten.

Abbildung 87: Self-Auditing in den Cost- und Service-Centern

Unternehmen sind bestrebt, durch Self-Auditing die Herstellungskosten zu minimieren und das betriebliche Vorschlagswesen zu intensivieren. Verbesserungsvorschläge aus der Gruppenarbeit sind schnell umzusetzen.

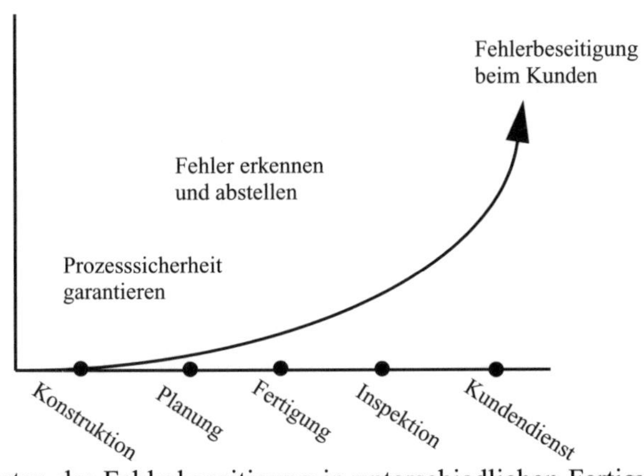

Abbildung 88: Kosten der Fehlerbeseitigung in unterschiedlichen Fertigungsstadien

Voraussetzung für Self-Auditing in Form prozessintegrierter Kontrollen sind Richtlinien, Anweisungen, Kontrollanleitungen für die Mitarbeiter der Ausführungsebene und prozessorientierte Checklisten. Sie sind von der Organisation zur Verfügung zu stellen. Die Einhaltung ist durch das Controlling im Rahmen von Soll-Ist-Vergleichen sicherzustellen. Aufgabe der Internen Revision ist es, sich beratend einzuschalten und in Prüfungen Ergebnisse des Self-Auditing zu berücksichtigen.

15. Schlussbemerkung

Die Interne Revision (Konzernrevision) ist hinsichtlich ihrer Aufgabenerfüllung und ihres Wirkungsgrades eingebunden in das unternehmerische Überwachungssystem der Einzelgesellschaft bzw. des Konzerns. Als Organ des Vorstands unterliegt sie dessen Anweisungskompetenz und ist aufgrund der disziplinarischen und fachlichen Unterstellung abhängig.

Der Konzernvorstand, auch die zweite Ebene des Top-Managements in Form der Vorstände bzw. Geschäftsführer großer Beteiligungsunternehmen, sind nicht Gegenstand von Prüfungen, weder durch die Konzernrevision, noch durch den Konzernabschlussprüfer. Das betrifft auch Interne Revisionen und Abschlussprüfer von Einzelgesellschaften bzw. zum Konzernverbund gehörende Tochterunternehmen in der Rechtsform der Kapitalgesellschaft.

Ausschlaggebend für den Aktionsradius und die Effizienz der Innenrevision ist die Entscheidung des Auftraggebers (Vorstand).

Das Ergebnis der verschiedentlich zitierten gemeinsamen Erhebung des Deutschen Institut für Interne Revision e.V., Frankfurt am Main, der Arbeitsgemeinschaft Interne Revision, Wien, und des Schweizerischen Verbandes für Interne Revision, Zürich, über das „Selbstverständnis der Revisionsleiter“, gestützt auf Aussagen von mehr als achthundert Unternehmen, ist in Abbildung 89 zusammengefasst

Es bestätigt, dass das Top-Management sich verstärkt für Prüfungsergebnisse interessiert und die Akzeptanz der Internen Revision im Unternehmen zunimmt. Einheitlich wird die Auffassung vertreten, das unternehmensinterne Prüforgan leiste einen entscheidenden Beitrag zum Ausbau und zur Funktionsfähigkeit des internen Kontrollsystems.

In Deutschland erhielten die Prüforgane, und damit die Interne Revision, Impulse durch das 1998 erlassene KonTraG und die Pflicht zur Einrichtung und zum Ausbau eines Risikomanagement-Systems mit entsprechenden Frühwarnindikatoren. Verstärkend wirkt ferner das für 2002 geplante Transparenz- und Publizitätsgesetz mit der für börsennotierte Gesellschaften von Vorstand und Aufsichtsrat geforderten Entsprechens-Erklärung zur Beachtung des „Deutschen Corporate-Government-Kodex“. Die darin enthaltenen Regeln über die Grundzüge der Geschäftspolitik bilden ein Gerüst für die Führung von Unternehmen und die Überwachung der Führung durch den Aufsichtsrat.

Durch Implementieren eines Audit Committee zur Unterstützung des Bilanz- und Prüfungsausschuss nach US-Vorbild würde – neben anderen Vorteilen – ein Kontakt zwischen dem Aufsichtsrat und den Prüforganen sowie dem Controlling

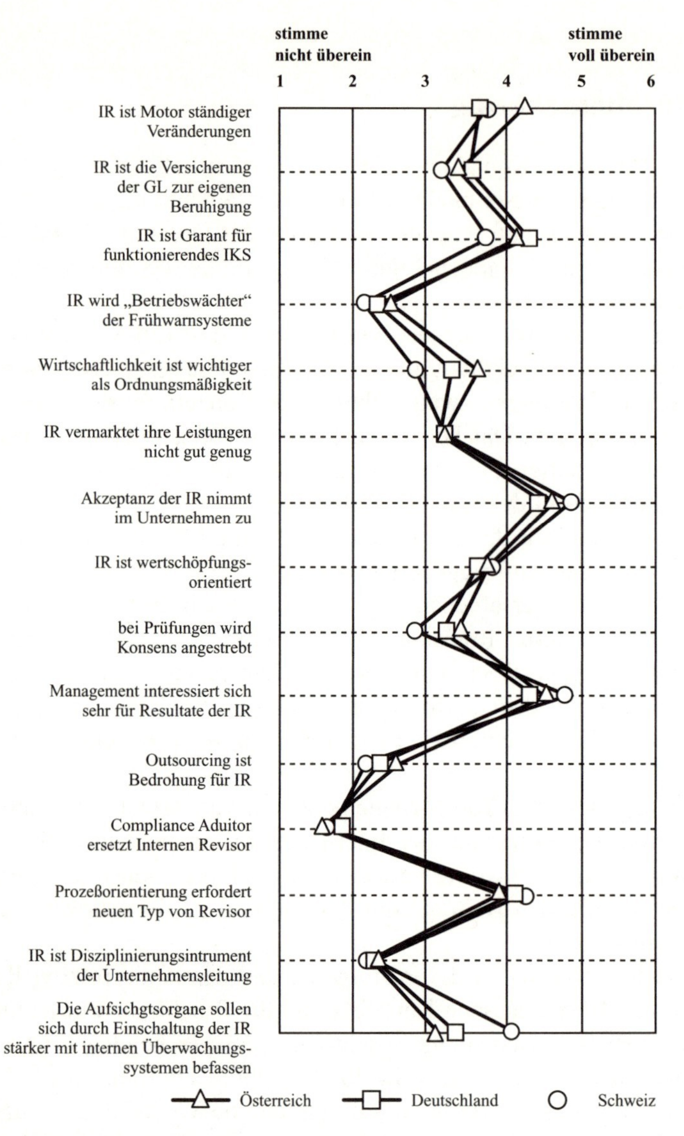

Abbildung 89: Selbsteinschätzung der Internen Revision

ermöglicht, der den Stellenwert der Internen Revision erhöhen und die Abhängigkeit vom Vorstand als Auftraggeber modifizieren würde.

Aus Abbildung 89 wird deutlich, dass die konsequente Prozessorientierung unter Aufgabe der klassischen Funktionstrennung einen „neuen Typ von Revisor" erfordert. Das bedeutet eine Verlagerung von vorzugsweise vergangenheitsbezogenen Prüfungen zu innovativen, risiko- und zukunftsorientierten Schwerpunkten unter Verstärkung der betriebswirtschaftlichen Beratungsfunktion. Die prophylaktische Wirkung von Prüfungen im Hinblick auf die Überwachungsnotwendigkeit komplexer Systeme und Entscheidungen, die Bedeutung des Risikomanagements zur Minimierung von Fehlentwicklungen und den Wertewandel in der Gesellschaft, der Manipulationen begünstigt, stärken das Revisionsbedürfnis und den davon ausgehenden positiven Einfluss auf die Vermögens-, Finanz- und Ertragslage des Unternehmens.

Für die Jahresabschlussprüfung von Einzelgesellschaften und Konzernen hat die Einrichtung eines Risikomanagement- und Überwachungssystems und die Pflicht darüber zu berichten Konsequenzen. Nach §§ 389 Abs. 1 und 315 Abs. 1 HGB ist im Lagebericht auf künftige Risikoentwicklungen, die die Existenzfähigkeit des Unternehmens gefährden, einzugehen. Nach § 317 HGB hat der Abschlussprüfer zu beurteilen, ob der Vorstand die in § 91 Abs. 2 AktG vorgeschriebenen Maßnahmen in einer geeigneten Form getroffen hat und ob das Überwachungssystem seine Aufgabe erfüllen kann. Der Lagebericht ist daraufhin zu prüfen, ob die Risiken der künftigen Entwicklung zutreffend dargestellt sind. Bei der schwierigen Risikoeinschätzung und -beurteilung wird der Abschlussprüfer verstärkt die Feststellungen der Internen Revision (Konzernrevision), die über intime betriebswirtschaftliche Kenntnisse verfügt, im Zusammenhang mit der in Eigenverantwortung zu treffenden Urteilsbildung berücksichtigen.

Unabhängig von den bestehenden Einschränkungen, die die interne Revision als abhängiges und weisungsgemäß arbeitendes Überwachungsinstrument des Vorstands nicht beeinflussen kann, ist zusammenfassend festzustellen: Ein praxisorientiertes Prüfungshandbuch ist nicht nur eine unverzichtbare Organisations- und Arbeitshilfe für die Interne Revision und eine wichtige Informationsquelle für die Adressaten der Prüfungen und Beratungen, sondern zugleich eine Voraussetzung zur Steigerung der Überwachungseffizienz, Unterstützung der Professionalisierung und Erhöhung des Image des Berufsstandes.

16. Literaturverzeichnis

Die Angaben beschränken sich in der Regel auf Publikationen nach dem Erscheinungsjahr 1980.

A

Adams. H.W. und Eidam, G., Hrsg., Die Organisation des betrieblichen Umweltschutzes, Frankfurt/Main 1991.

Adler/Düring/Schmaltz, Rechnungslegung und Prüfung der Aktiengesellschaft, Bd. 1 Rechnungslegung, Bd. 2 Prüfung – Feststellungen – Rechtsbehelf, Bd. 3 Rechnungslegung im Konzern, Stuttgart.

Adenauer, P., Berücksichtigung des internen Kontrollsystems bei der Jahresabschlußprüfung, Bergisch-Gladbach 1989.

Ahlers, J., Emmerich, W., u.a., Neuere Tendenzen in der EDV-Prüfung, in: WPg 1984, S. 1ff.

AICPA, Hrsg., Internal Control: Elements of a Coordinated System and its Importance to Management and the Independent Public Accountant, New York 1942.

AICPA, Hrsg., Committee on Auditing Procedure, Scope of the Independent Auditors Review on Accounting Control, Statement on Auditing Procedure No. 29, New York 1958.

AICPA, Hrsg., The Auditor's Study and Evaluation on Internal Controls, in EDP Systems, New York 1972.

AICPA, Hrsg., Codification of Auditing Standards and Procedures, Statement on Auditing Standards No. 1, New York 1973.

AICPA, Hrsg., The Effect of an Internal Auditing Function on the Scope of the Independent Auditor's Examination. Statement on Auditing Standards No. 9, New York 1975.

AICPA, Hrsg., Audit Committee, Report of the Special Committee on Audit Committees, New York 1979.

AICPA, Hrsg., Computer Assisted Audit Techniques, New York 1979.

AICPA, Hrsg., Statement on Quality Control Standards No. 1, System of Quality Control for CPA Firm, New York 1979.

AICPA, Hrsg., Special Advisory Committee on Internal Control, Report of the Special Advisory Committee on Internal Accounting Control, New York 1979.

AICPA, Hrsg., Committee on Auditing Standards, Reporting on Internal Control, Statement on Auditing Standards No. 30, New York 1980.

AICPA, Hrsg., Audit Control in a Minicomputer or Small Business Computer Environment, New York 1981.

AICPA, Hrsg., Statement on Auditing Standards No. 1, The Auditors Study and Evaluation of Internal Control, in: Codification of Statements on Auditing Standards; New York 1982.

AICPA, Hrsg., Standards for Performing and Reporting on Quality Reviews, New York 1984.

AICPA, Hrsg., Audit of Inventories, New York 1986.

Allesch, J., Praxis des Innovationsmanagements, Berlin 1986.

APC, Hrsg., The Companies Act and the Auditor, London 1980.

Appelhoff, H.W. und Scherhag, W., Planung der computergestützten Prüfung, in: BFuP 1984, S. 424ff.

Arens, A.A. und Loebbecke, J.K., Hrsg., Auditing: An Integrated Approach, 3. Aufl., Englewood Cliffs, N. J. 1984.

Arkin, H., Sampling Methods for die Auditor, New York 1982.

Arnold, B.I., Minimax-Prüfpläne für die Prozeßkontrolle, Heidelberg 1987.

Arthur Anderson & Co., Hrsg., Ideas for the Audit Committees Directors and Boards, 1984.

Arthur D. Little International, Hrsg., Management der Hochleistungsorganisation, Wiesbaden 1989.

AWV-Arbeitsergebnis, Grundsätze ordnungsmäßiger Speicherbuchführung (GoS), Eschborn 1977.

AWV, Grundsätze ordnungsmäßiger Speicherbuchführung, in: EDV-Buchführung in der Praxis, Beiträge zur Verfahrensdokumentation, Berlin 1984.

AWV, PC-Finanzbuchführung, Anforderungen an Hardware, Software, Dokumentation und Prüfbarkeit, AWV-Schrift 439, Eschborn 1988.

B

Bacon, J., Corporate Derectorship Practices. The Audit Committee, New York 1979.

Baumbach, A., Duden, K. und Hopt, K., Handelsgesetzbuch, 27. Aufl., München 1987.

Beer, T., Die Revision im technischen Bereich. Aufgaben und organisatorische Eingliederung in das System der Unternehmensüberwachung, Berlin 1986.

Berger, R. und Gärtner, H.D., Unternehmenskommunikation, Wiesbaden 1989.

Berthel, J., Betriebliche Informationssysteme, Stuttgart 1985.

Betriebswirtschaftliche Beratung – Theorie und Praxis, Sonderheft der BFuP 6/ 1987.

Bierfelder, W., Innovationsmanagement, 2. Aufl., München 1989.

Biethahn, J. und Mucksch, H., Ganzheitliches Informationsmanagement, München 1990.

Birkett, B.S., Perceptions of the Role of Corporate Audit Committees Now and in the Future, Baton Rouge 1980.

Bleicher, K. und Meyer, E., Führung in der Unternehmung – Formen und Modelle, Reinbeck b. Hamburg 1986.

Bleicher, K., Aufsichtsrat im Wandel, Gütersloh 1987.

Bleymüller, J. und Gehlert, G., Stichprobenprüfung, wertproportionale Auswahl, in: HWRev, 2. Aufl., Stuttgart 1992, Sp. 1882 ff.

Blitzer, B., Innovationshemmnisse im Unternehmen, Wiesbaden 1990.

Blumers, W. und Frick, J. u. a., Hrsg., Betriebsprüfungshandbuch – einschließlich Zollprüfungen, München 1989.

Bösenberg, D. und Metzen, H., Lean Management, Vorsprung durch schlanke Konzepte, 3. Aufl., Landsberg/Lech 1993.

Bönkhoff, F., Prüfungsplanung, in: HWRev, 2. Aufl., Stuttgart 1992, Sp. 1519 ff.

Bornemann, H., Controlling heute, Wiesbaden 1985.

Bramsemann, R., Handbuch Controlling, Methoden und Techniken, München 1987.

Braun, H., Risikomanagement. Eine spezifische Controllingaufgabe, Darmstadt 1984.

Breycha, O. und Sigurdsson, K., Wirtschaftsprüfung in Norwegen, in: HWRev, 2. Aufl., Stuttgart 1992, Sp. 2284 ff.

Breycha, O. und Schwerin v., F., Wirtschaftsprüfung in Schweden, in: HWRev., 2. Aufl., Stuttgart 1992, Sp. 2299 ff.

Breycha, O. und Tilly, C., Wirtschaftsprüfung in Dänemark, in: HWRev., 2. Aufl., Stuttgart 1992, Sp. 2210 ff.

Brönner, H., Geschichte der Revision, in: HWRev, 2. Aufl., Stuttgart 1992, Sp. 663 ff.

Buchner, W., Wirtschaftsprüfer, Beruf und Berufsstand, Herne, Berlin 1985.

Buchner, R., Wirtschaftliches Prüfungswesen, München 1991.

Buckley, R., Audit Committees, London 1979.

Bundesrechnungshof, Hrsg., Datenverarbeitung in der Bundesverwaltung, Stuttgart 1991.

Bundesverband Deutscher Unternehmensberater BDU e. V., Hrsg., Controlling, 4. Aufl., Berlin 2002.

C

Castan, E., Anschaffungskosten, Prüfung der, in: HWRev, 2. Aufl., Stuttgart 1992, Sp. 48 ff.

Chambers, A.D., Hrsg., 1978 Survey of Audit Committees in the UK – A Summmary of Findings, London 1978.

Child, J. und Bate, P., Hrsg., Organization of Innovation – East-West Perspectives, Berlin 1987.

CICA, Hrsg., Computer Control Guidelines, Toronto 1986.

Coenenberg, A.G. und Hanisch, H., Stichprobenprüfung, Entdeckungsstichprobe, in: HWRev, 2. Aufl., Stuttgart 1992, Sp. 1862 ff.

D

Dambrowski, J., Budgetierung in der deutschen Unternehmenspraxis, Darmstadt 1986.

Danert, Unternehmensführung und Organisation, Stuttgart 1987.

Dittenhofer, M.A. und Klemm, R.J., Ethics and the Internal Auditor, Hrsg., IIA, Altamonte Springs, Fl. 1983.

Dresl, A., Netzplantechnik bei der Prüfung, in: HWRev, 2. Aufl., Stuttgart 1992, Sp. 1307 ff.

Drexel, A., Planung des Ablaufs von Unternehmensprüfungen, Stuttgart 1990.

E

Ebert, G. u.a., Controlling in der Praxis, Landsberg 1985.

Eichler, B., Heterograde Sequentialtests für die Buchführung: Darstellung, Verwendungsmöglichkeit und Anwendungsbedingungen, Frankfurt/Main 1985.

Eiff, W.V., Hrsg., Organisation – Erfolgsfaktor der Unternehmensführung, Landsberg 1990.

Emmerich, G., Die Beratung auf der Grundlage der Abschlußprüfung, in: WPg 1988, S. 637 ff.

F

FAMA, Zur Auslegung der Grundsätze ordnungsmäßiger Buchführung bei Einsatz von EDV-Anlagen im Rechnungswesen, in: WPG 1975, S. 555 ff.

FAMA-Verlautbarung 1/1978, Die Datenverarbeitung als Prüfungshilfsmittel, in: WPG 1978, S. 208 ff.

FAMA, Stellungnahme 1/1987, Grundsätze ordnungsmäßiger Buchführung bei computergestützten Verfahren und deren Prüfung, in: WM 1987, S. 1 ff.

Fayol, J.H., Administration industrielle et generale, Paris 1916.

Flöck, G., Qualifikatorische Über- und Unterforderung von Personal, Göttingen 1989.

Förschle, G., Beteiligungen, Prüfung der, in: HWRev, 2. Aufl., Stuttgart 1992, Sp. 224 ff.

Forreser, D.A.R. und Fraser, I.A.M., Wirtschaftsprüfung im United Kingdom, Ireland und Commonwealth, in: HWRev., 2. Aufl., Stuttgart 1992, Sp. 2321 ff.

Frank, G. und Schneeweis, L., Stichproben im Bereich von Revision und Wirtschaftsprüfung, in: DB 1984, S. 2629 ff.

Frese, E., Grundlagen der Organisation, 4. Aufl., Wiesbaden 1988.

G

Gans, C., Betriebswirtschaftliche Prüfungen als heuristische Suchprozesse, Bergisch-Gladbach, Köln 1986.

Gaulhofer, M., Controlling im Mittelbetrieb, Bern 1988.

Gebert, D., Kommunikation, in: HWO, 3. Aufl., Stuttgart 1992, Sp. 1110 ff.

Gesetz über die Kapitalerhöhung aus Gesellschaftsmitteln und über die Gewinn- und Verlustrechnung vom 6. September 1965, BGBl. 1, Nr. 48, S. 1089.

Gesetz über die Rechnungslegung von bestimmten Unternehmen und Konzernen vom 15. August 1969, BGBl. 1, Nr. 78, S. 1189.

Goede, H. und Seeger, H.G., Auswahl und Einsatz von Beratern, in: HWO, 3. Aufl., Stuttgart 1992, Sp. 318 ff.

Goerdeler, R., Das Audit Committee in den USA, in: ZfbF 1988, S. 277 ff.

Groegl, P., Marketing-Controlling, Wien 1988.

Grünwaldt, H., Anforderungsprofil für DC-Revisoren, in: ZIR 1989, S. 228 ff.

Guggisberger, W., Gründung des Schweizerischen Verbandes für Revision, in: ST 9/1980, S. 46 ff.

Guy, D.M., An Introduction to Statistical Sampling in Auditing, New York 1981.

H

Haasen, U., Die Bedeutung des Audit Committees, in: ZfbF 1988, S. 377 ff.

Habefellner, R., Projektmanagement, in: HWO, 3. Aufl., Stuttgart 1992, Sp. 2090 ff.

Haberland/Preisßler/Meyer, Handbuch Revision, Controlling, Consulting, München (Ergänzungslieferungen).

Hahn, D. und Taylor, R., Hrsg., Strategischer Unternehmensplan – Strategische Unternehmensführung, 5. Aufl., Heidelberg 1990.

Hammer, R.M., Unternehmensplanung, 3. Aufl., München 1988.

Handwörterbuch der Organisation, Frese, E., Hrsg., 3. Aufl., Stuttgart 1992.

Handwörterbuch der Revision, Hrsg., Coenenburg/Wysocki v., 2. Aufl., Stuttgart 1992.

Haschke, W., EDV-Dokumentation und GoB/GoS, in: RCCH, 23. Nachl. 1989, Ziff. 2.7.4, S. 1 ff.

Hauser. T., Intuition bei Innovationsentscheidungen, Wiesbaden 1990.

Heidrick & Struggles, Hrsg., Praxis der Aufsichtsratstätigkeit in Deutschland. Chancen zur Professionalisierung, Frankfurt a.M. 1998.

Heidrick & Struggles, Hrsg., Der Vorstand Deutscher Aktiengesellschaften. Struktur und Entscheidungsfindung, Frankfurt a.M. 1998.

Heidrick & Struggles, Hrsg., Is your Board fit for the Global Challange? Corporate Governance in Europe, Frankfurt a.M. 1999.

Heinrich, L.J. und Lehner, F., Informations- und Kommunikationstechnik, 2. Aufl., München 1990.

Heinzelmann, R., Umweltschutz, Herausforderung und Chance, Frankfurt/Main 1991.

Helbling, C., Wirtschaftsprüfung in der Schweiz, in: HWRev, 2. Aufl., Stuttgart 1992, Sp. 2304 ff.

Hammer, M. und Champy, J., Business Reengineering. Die Radikalkur für das Unternehmen. So erneuern Sie Ihre Firma, 2. Aufl., Frankfurt/Main, New York 1994.

Harmon, R.L. und Petersen, L.D., Die neue Fabrik – einfacher, flexibler, produktiver. Hundert Fälle erfolgreicher Veränderungen, Frankfurt/Main 1990.

Heigl, A., Controlling – Interne Revision, 2. Aufl., Stuttgart, New York 1989.

HFA 2/1966, Gemeinsame „Erläuterungen der Grundsätze für die Zusammenarbeit der Wirtschaftsprüfer mit der Internen Revision“ durch das IdW und IIR.

Hirschberger-Vogel, M., Die Akzeptanz und die Effektivität von Standardsoftwaresystemen Berlin 1990.

Höhn, R., Führungsbrevier der Wirtschaft, 12. Aufl., Bad Harzburg 1986.

Hömberg, R., Einführung in Prüfungsmethoden, 3. Aufl., Köln 1989.

Hofmann, I., Controlling + Interne Revision. Service-Center zur Unterstützung der Geschäftsleitung, Bochum 1998.

Hofmann, R., Interne Revision, Organisation und Aufgaben der Konzernrevision, Köln, Opladen 1972.

Hofmann, R., Entwicklungstendenzen der Industrie und Joint Ventures in Japan, in: DB 1973, S. 1409ff. und S. 1464 ff.

Hofmann, R., Innovationsmanagement und Interne Revision, in: DB 1981, S. 2085ff. und S. 2139 ff.

Hofmann, R., Prüfung des Finanz- und Rechnungswesens, eine wichtige Aufgabe der Internen Revision, in: ZIR 1981, S. 14ff., S. 104ff., S. 182ff. und S. 218 ff.

Hofmann, R., Planung der Internen Revision, in: agplan-Handbuch zur Unternehmensplanung, 28. Erg. -Lieferg. V/1984, Ziff. 2152, S. 1–28.

Hofmann, R., Interne Revision in Österreich – Untersuchungsergebnisse der Arbeitsgemeinschaft Interne Revision aus den Jahren 1973 und 1983, in: ZIR 1984, S. 129 ff.

Hofmann, R., Das Institut für Interne Revision e. V. in der Bundesrepublik Deutschland, in: RCCH, 11. Nachlieferg. 1985, Ziff. 4.1, S. 1–11.

Hofmann, R., Interne Revision in den USA – Untersuchungsergebnisse des Institut of Internal Auditors aus den Jahren 1979 und 1983, in: ZIR 1985, S. 1 ff.

Hofmann, R., Fortschrittliche Ziele und Aufgabenstellung der Internen Revision, in: DB 1987, S. 797 ff.

Hofmann, R., Skrupellos mit fremdem Geld, unrechtmäßige Bereicherungen in Unternehmen – eine wichtige Variante der Wirtschaftskriminalität, Bochum 1988.

Hofmann, R., Institute of Internal Auditors – Bedeutung für den Berufsstand und Publikationen in: ZIR 1988, S. 49 ff.

Hofmann, R., Verbindlichkeiten und Rechnungsprüfung, in: RCCH, 18. Nachlieferg. 1988, Ziff. 2.1.6, S. 1–25.

Hofmann, R., Organisation und Aufbau der Internen Revision, in: RCCH, 20. Nachlieferg. 1988, S. 1–23.

Hofmann, R., Berufsstand externer und interner Prüfer und artverwandter Berufe in ausgewählten Ländern und in den USA, in: RCCH, 22. Nachlieferg. 1989, S. 1–35.

Hofmann, R., Bedeutung und Stellenwert eines Verhaltens- bzw. Berufskodex für interne Revisoren, in: ZIR 1989, S. 65 ff.

Hofmann, R., Unterschlagungsprophylaxe und Unterschlagungsprüfung, in: RCCH, 24. Nachlieferg. 1989, Ziff. 1.18, S. 1–25.

Hofmann, R., Vermögenssicherung und Prävention vor Vermögensverlusten, eine dominierende Aufgabe der Unternehmensleitung, in: WPg 1990, S. 233 ff.

Hofmann, R., Grundsätze ordnungsmäßiger Buchführung und ihre Anpassung an sich ändernde Gegebenheiten, in: Der kaufmännische Geschäftsführer, 45. Nachlieferg. 11/1991, S. 1–28.

Hofmann, R., Prüforgane in den USA und in der Bundesrepublik Deutschland sowie sich wandelnde Zuständigkeiten der Internal Auditors in den Vereinigten Staaten im Zusammenhang mit der externen Berichterstattung der Unternehmen, in: ZIR 1990, S. 209 ff.

Hofmann, R., Intensität und Effizienz der Überwachung des Top-Managements von Kapitalgesellschaften in Westdeutschland, in: RCCH, 31. Nachlieferg. 1991, Ziff. 1.15, S. 1–33.

Hofmann, R., Zusammenarbeit zwischen Interner Revision und Abschlußprüfer, in: DB 1991, S. 2249 ff.

Hofmann, R., Revisionmanual, Organisationsmittel und Rationalisierungsinstrument für die Innenrevision, in: RCCH, 30. Nachlieferg. 1991, S. 1–45.

Hofmann, R., Fundierung der Einstellungsentscheidung von Mitarbeitern für die Interne Revision, in: RCCH, 31. Nachlieferg. 1991, S. 1–12.

Hofmann, R., Interne Revision – ein wichtiges Überwachungsinstrument der Unternehmensleitung, in: RKW-H für Führungstechnik und Organisation, 28. Nachlieferg. 1992, S. 1–34.

Hofmann, R., Abwehr von Wirtschaftsdelikten in Unternehmen: Eine Gemeinschaftsaufgabe von Revision und Werkschutz, Security Kongreß 92, Manuskriptdruck 1992, S. 1–23.

Hofmann, R., Stand der Internen Revision in Deutschland, Entwicklung zu einem schlagkräftigen Führungsinstrument, in: ST 1992, S. 50 ff.

Hofmann, R., Organisation der Internen Revision, in: HWO, 3. Aufl., Stuttgart 1992, Sp. 1066 ff.

Hofmann, R., Interne Revision, Aufgaben, in: HWRev, 2. Aufl., Stuttgart 1992, Sp. 855 ff.

Hofmann, R., Management Auditing als Herausforderung für die Interne Revision. Voraussetzung für effiziente Erfüllung des Überwachungsauftrages, in: ST 1992, S. 170 ff.

Hofmann, R., Wachsende Bedeutung der EDV-Revision in der Unternehmensüberwachung, in: ST 1992, S. 806 ff.

Hofmann, R., Unternehmensüberwachung. Ein Aufgaben- und Arbeitskatalog für die Revisionspraxis, 2. Aufl., Berlin 1993.

Hofmann, R., Stellenwert, Organisation und Aufgaben der Internen Revision im Rahmen der Unternehmensüberwachung, in: WISU 2/1994, S. 130 ff.

Hofmann, R., Optimierung der Materialwirtschaft, in: Hdb Finanz- und Rechnungswesen, 17. Nachl. 1994, S. 1–34.

Hofmann, R., Self-Auditing und Outsourcing von Überwachungsaufgaben. Herausforderung an die Interne Revision im Rahmen von Lean Management und Business Process Reengineering, in: ST 7+8/ 1995, S. 671.

Hofmann, R., Lean Management erfordert Lean Auditing, in: ST 10/1995, S. 891 ff.

Hofmann R., Erscheinungsformen und Abwehr von Wirtschafts- und Unternehmenskriminalität, in: WISU 3/1995, S. 923 ff.

Hofmann, R., Entstehung, Inhalt und Entwicklungstendenzen des internen Kontrollsystems, in: Hdb Finanz- und Rechnungswesen, 22. Nachl. 1996, S. 1–34.

Hofmann, R. und Hofmann, I., Personal- und Materialeinsatz. Optimierung durch Leankonzepte und Prozeßorientierung, Bochum 1996.

Hofmann, R., Control-Gap in deutschen Kapitalgesellschaften, in: WISU 8+9 1996, S. 750 ff.

Hofmann, R., Unterschlagungsprophylaxe und Unterschlagungsprüfung, 2. Aufl., Berlin 1997.

Hofmann, R. und Hofmann, I., Derivative Finanzgeschäfte in Industrieunternehmen, in: Hdb Finanz- und Rechnungswesen, 26. Nachl. 1997, S. 1–40.

Hofmann, R. und Hofmann I., Corporate Governance, Überwachungseffizienz und Führungskompetenz in Kapitalgesellschaften, München-Wien 1998.

Hofmann, R. und Hofmann, I., Aufsichtsrat, Kontrollschwäche begünstigt Mißmanagement, 2. Aufl., Bochum 1998.

Hofmann, R. und Hofmann, I., Finanz-Management + -Controlling mit Finanzderivaten. Märkte, Produkte, Risiken, Organisation, Steuerung, Bilanzierung und Überwachung des Einsatzes derivativer Finanzinstrumente in Industrieunternehmen, Bochum 1999.

Hofmann, R. und Hofmann, I., Kompass für Börsenteilnehmer. Kontrollschwäche begünstigt Missmanagement. Analyse und praxisorientierter Leitfaden zur Corporate Governance, 3. Aufl., Bochum 2001.

Hofmann, R. und Hofmann, I., Globalisierung. Challenge für die Akteure der Corporate Governance. Analyse und Leitfaden einer Führungs- und Überwachungskonzeption, 2. Aufl., Bochum 2002.

Hohloch, W., Interne Revision, Berufsverbände, in: HWRev, 2. Aufl., Stuttgart 1992, Sp. 684 ff.

Horváth, P., Internes Kontrollsystem, allgemein, in: HWRev, 2. Aufl., Stuttgart 1992, Sp. 882 ff.

Hügler, G., Controlling in Projektorganisationen Herrsching 1988.

Hulle van, K., Wirtschaftsprüfung, EG, in: HWRev, 2. Aufl., Stuttgart 1992, Sp. 226 ff.

I

IdW, ST/HFA 2/1996: Gemeinsame „Erläuterungen der Grundsätze für die Zusammenarbeit der Wirtschaftsprüfer mit der Internen Revision" durch das Institut der Wirtschaftsprüfer und das Deutsche Institut für Interne Revision, in: WPG 1966, S. 646 ff.

IdW, ST/HFA 1/1981: Arbeitspapiere des Abschlußprüfers, in: WPg 1982, S. 44 ff.

IdW/WPK, Gemeinsame Stellungnahme der Wirtschaftsprüferkammer und des Instituts der Wirtschaftsprüfer in Deutschland e.V. zur Gewährleistung der Prüfungsqualität, in: WPg 1982, S. 38 ff.

IdW, Hrsg., FG 1/1988, Grundsätze ordnungsmäßiger Durchführung von Abschlußprüfungen, in: WPg 1988, S. 577 ff.

IdW, Hrsg., FG 2/1988, Grundsätze ordnungsmäßiger Berichterstattung bei Abschlußprüfungen, in: WPg 1989, S. 20 ff.

IdW, Hrsg., FG 3/1988, Grundsätze für die Erstellung von Bestätigungsvermerken bei Abschlußprüfungen.

IFAC-Leitsatzvorschlag, Die Verwendung der Arbeiten der Innenrevision, FN 1981, S. 271 ff.

IFAC-Leitsatz Nr. 7, Gewährleistung der Prüfungsqualität, in: WPg 1981, S. 154 ff.

IFAC, Hrsg., International Auditing Guidelines 19, Audit Sampling, 1985.

IFAC, Hrsg., Guideline on Ethics for Professional Accountants, 1990.

Imai, M., Kaizen – The Key to Japan's Competetive Success, New York 1986.

IIA, Hrsg., Survey of Internal Auditing 1979, Altamonte Springs, Fl. 1980.

IIA, Hrsg., Ethics and the Internal Auditor, Altamonte Springs, Fl. 1983.

IIA, Hrsg., Survey of Internal Auditing: Trends and Practice, Altamonte Springs, Fl. 1984.

IIA, Hrsg., Professional Internal Auditing Standards Volume, Altamonte Springs, Fl. 1985.

IIA-UK, Hrsg., MIIA, the Professional Qualification in Internal Auditing, Auditing-Examinations, London 1986.

IIR, Hrsg., Interne Revision in der Bundesrepublik Deutschland, Bericht über eine Fragebogenerhebung, Stichtag: 30. September 1973, Berlin 1974.

IIR, Hrsg., Revision der elektronischen Datenverarbeitung, Kommentierte Prüfungsfragen für die Revisionspraxis. Erarbeitet im Arbeitskreis „Revision der elektronischen Datenverarbeitung“ des IIR, 4. Aufl., Berlin 1982.

IIR, Hrsg., Arbeitskreis „Revision bei elektronischer Datenverarbeitung“, Hard- und Software in der Revision? – EDV-gestützte Prüfungen durch Einsatz von Terminals und Prüfprogrammen, in. ZIR 1983, S. 154 ff.

IIR, Hrsg., Die Interne Revision in der Bundesrepublik Deutschland – 1983, Bericht über eine Fragebogenerhebung des Deutschen Instituts für Interne Revision e.V., Frankfurt/Main, Stichtag: 1. Januar 1983, IIR-Schriftenreihe 4, Berlin 1983.

IIR, Hrsg., Hard- und Software in der Revision?, EDV-gestützte Prüfungen durch Einsatz von Terminals und Prüfprogrammen, in: ZIR 1984, S. 69ff.

IIR, Hrsg., Die Interne Revision in der Bundesrepublik Deutschland – 1990. Ergebnis einer Fragebogenerhebung zum Stichtag: 31. Dezember 1990, in: ZIR 3a/1991.

IIR, Hrsg., Grundsätze der Internen Revision, Broschüre, Stand Oktober 1991.

IIR, Hrsg., Fragebogen Interne Revision, Berlin (Ergänzungslieferungen).

IIR, Hrsg., Muster-Revisionshandbuch. Ein Leitfaden für die Praxis, IIR-Schriftenreihe 22, Berlin 1994.

IIR, ARGE und SVIR, Hrsg., Interne Revision in Deutschland, Österreich und in der Schweiz 1996. Ergebnis einer Fragebogenerhebung zum Stichtag 1. März 1996, in: Sonderheft „Interne Revision ’96“.

IIR, Hrsg., Grundsätze für die berufliche Praxis der Internen Revision, Frankfurt a.M. 1998.

K

Kaminski, H., Wirtschaftsprüfung in Deutschland, in: HWRev, 2. Aufl., Stuttgart 1992, Sp. 2214 ff.

Kanter, H.A. und Mc Enroy, J.E., Developing and Installing an Audit Risk Model, in: TIA Dezember 1990, S. 51 ff.

Kempf, D., Computergestützte Prüfungstechnik, in: HWRev, 2. Aufl., Stuttgart 1992, Sp. 307 ff.

Kistner, K.P. und Steuern, M., Produktionsplanung, Heidelberg 1990.

Klee, H.W., Zur Akzeptanz von Expertensystemen, Bergisch-Gladbach, Köln 1989.

Klein, G., Ergebnisse Dritter, Verwendung bei der Prüfung, in: HWRev, 2. Aufl., Stuttgart 1992, Sp. 470 ff.

Klein, W., Unparteilichkeit, in: HWRev, 2. Aufl., Stuttgart 1992, Sp. 1996 ff.

Knoth, J., Progressive und retrograde Prüfung, in: HWRev, 2. Aufl., Stuttgart 1992, Sp. 1459 ff.

Koch, R., Betriebliches Berichtswesen als Informations- und Steuerungsinstrument, Frankfurt/Main 1994.

Köhler-Frost, W., Hrsg., Outsourcing. Eine strategische Allianz besonderen Typs, Berlin 1993.

Korndörfer, W. und Peez, L., Einführung in das Prüfungs- und Revisionswesen, 2. Aufl., Wiesbaden 1989.

Krähe, W., Arbeitskreis, Hrsg., SG-DGflBeV, 5. Aufl., Stuttgart 1985.

Krause, R., Möglichkeiten und Probleme bei der Erstellung eines Prüfungsplanes durch die Interne Revision, in: ZIR 1990, S. 110 ff.

Kreikebaum, H., Umweltgerechte Produktion, Wiesbaden 1992.

Kube, E., Prävention von Wirtschaftskriminalität (unter Berücksichtigung der Umweltkriminalität), Möglichkeiten und Grenzen, Bericht des Kriminalistischen Instituts, Hrsg., Bundeskriminalamt, Wiesbaden 1985.

Kupsch, P., Mehrjähriger Prüfungsplan. in: HWRev, 2. Aufl., Stuttgart 1992, Sp. 1299 ff.

L

Langmann., J., Stichprobenprüfung, bewußte Auswahl, in: HWRev, 2. Aufl., Stuttgart 1992, Sp. 1855 ff.

Lehmann, H., Organisationslehre, betriebswirtschaftliche, in: HWO, 3. Aufl., Stuttgart 1992, Sp. 1537 ff.

Leiner, B., Stichprobentheorie, München 1985.

Lengwiler, C., Hrsg., Ökologie und Umweltschutz. Unternehmen vor neuen Marktchancen, Chur 1989.

Link, J., Organisation der strategischen Planung, Heidelberg 1986.

Lubos, G., Die Berichterstattung der internen Revision im Großbetrieb, München 1986.

M

Mautz, R. u. a., Internal Control in US-Corporations. Financial Executive Research Foundation, New York 1990.

Mayer, L., Wirtschaftsprüfung in Österreich, in: HWRev, 2. Aufl., Stuttgart 1992, Sp. 2289 ff.

Meissner, W., Innovation und Organisation, Stuttgart 1989.

Minz, R., Computergestützte Jahresabschlußprüfung, Düsseldorf 1987.

Möller, H., Herstellungskosten, Prüfung der, in: HWRev, 2. Aufl., Stuttgart 1992, Sp. 814 ff.

Müller-Pleuß, J.H., Organisationshandbuch, in: HWO, 3. Aufl., Stuttgart 1992, Sp. 1506 ff.

Mucksch, H., Datenschutz und Datensicherheit in Klein- und Mittelbetrieben, Wiesbaden 1988.

N

Nihus, R.J., Peer Review, in: HWRev, 2. Aufl., Stuttgart 1992, Sp. 1399 ff.

P

Park, T.E., Business Fraud as Reported by Internal Auditors in the Internal Auditor from 1981 to 1988. A Research Paper in Partial Fulfilment of the Requirements for the Degree of Master of Business Administration, Summer 1988.

Peemöller, V.H., Direkte und indirekte Prüfung, in: HWRev, 2. Aufl., Stuttgart 1992, Sp. 343 ff.

Perridon, L., Wirtschaftsprüfung in Frankreich, in: HWRev, 2. Aufl., Stuttgart 1992, Sp. 2240 ff.

Peter, J. und Mc Quaig, D., How to Interview and Hire Productive People, Hollywood 1988.

Peter, K. u.a., Ordnungsmäßigkeit der Buchführung nach dem Bilanzrichtlinien-Gesetz: Buchführungs- und Aufzeichnungspflicht nach Handels- und Steuerrecht, 8. Aufl., Herne, Berlin 1987.

Pfeiffer, W. und Weiß, E., Lean Management, Grundlagen der Führung und Organisation industrieller Unternehmen, Berlin 1992.

Pfeiffer, G., Berichtskritik, in: HWRev, 2. Aufl., Stuttgart 1992, Sp. 194 ff.

Plüschke, B.R., Anwendung von Stichprobenverfahren bei der Stichprobeninventur und der permanenten Inventur, München 1982.

Pohlenz, H., Prüfungsbericht, in: HWRev. 2. Aufl., Stuttgart 1992, Sp. 1499 ff.

Prüfungsordnung der vereidigten Buchprüfer vom 16. Juni 1989, BGBl. I, S. 904.

R

Reinermann, H., Kosten/Nutzen-Analyse, in: HWRev, 2. Aufl., Stuttgart 1992, Sp. 1051 ff.

Rosenkranz, F., Unternehmensplanung, München 1990.

Rothgängel, E., Strategische Unternehmensplanung. Instrument zur langfristigen Existenzsicherung, Frankfurt/Main 1989.

Rückle, D., Grundsätze ordnungsmäßiger Abschlußprüfung, in: HWRev, 2. Aufl., Stuttgart 1992, Sp. 752 ff.

S

Sauer, K.B., Fragebögen als Prüfungshilfsmittel, in: HWRev, 2. Aufl., Stuttgart 1992, Sp. 584 ff.

Schauenberg, B., Entscheidungsregeln, in: HWO 3. Aufl., Stuttgart 1992, Sp. 566 ff.

Schätzle, R., Innovationsmanagement, Landsberg 1989.

Schertler, W., Unternehmensorganisation, 3. Aufl., München 1989.

Schmidt, G., Methode und Technik der Organisation, 9. Aufl., Gießen 1990.

Schnappauf, J.A., Fragebogen zur Prüfung des Konzernanhangs nach § 297, Abs. 1 HGB, in: WPg 1987, S. 470 ff.

Schoenfeld, H.M., Wirtschaftsprüfung, USA, in: HWRev, 2. Aufl., Stuttgart 1992, Sp. 2230 ff.

Schulze, H., Organisationsgestaltung und strategische Organisationsanalyse, Berlin 1989.

Schulz, W. und Wicke, L., Organisation des Umweltschutzes im Betrieb, in: RKW-H Führungstechnik und Organisation, 23. Nachl., Düsseldorf 1989, S. 1 ff.

Schultzke, J., Arbeitspapiere, in: HWRev, 2. Aufl., Stuttgart 1992, Sp. 70 ff.

Schumpeter, J.A., Theorie der wirtschaftlichen Entwicklung, Leipzig 1912.

Schuppenhauer, R., Grundsätze für eine ordnungsmäßige Datenverarbeitung, 2. Aufl., Düsseldorf 1992.

Schwaninger, H., Integrale Unternehmensplanung, Wiesbaden 1989.

SEC, Hrsg., Release No. 33-6695, Comments requestes on an proposed rule required mandantory Peer Review for CPA firms certifying financial statements filed with the SEC, Washington 1987.

Seicht, G., Formelle und materielle Prüfung, in: HWRev, 2. Aufl., Stuttgart 1992, Sp. 562 ff.

SG-DGfB, Hrsg., Anforderungsprofil für Hochschulausbildung des Prüfungswesens der Schmalenbach-Gesellschaft – Deutsche Gesellschaft für Betriebswirtschaft e.V., in: zfbf 1985, S. 154 ff.

Shimizu, T., Organisationslehre, japanische, in: HWO, 3. Aufl., Stuttgart 1992, Sp. 1554 ff.

Shingo, Sh., Das Erfolgsgeheimnis der Toyota-Produktion, Landsberg/Lech 1992.

Sieben, G. u.a., Unabhängigkeit und Unbefangenheit, in: HWRev, 2. Aufl., Stuttgart 1992, Sp. 1973 ff.

Siegloch, H., Gewissenhaftigkeit, in: HWRev, 2. Aufl., Stuttgart 1992, Sp. 713 ff.

Siegloch, H., Verschwiegenheit, in: HWRev, 2. Aufl., Stuttgart 1992, Sp. 2108 ff.

Smith, A., An Inquiry into Nature and Causes of the Wealth of Nations, London 1776.

Spindler, G.P., Das Unternehmen in kritischer Umwelt, Wiesbaden 1987.

Spinmarke, J., Hrsg., Handbuch Risk Management, Ergänzungslieferungen, Heidelberg 1989.

Steele, H.T. und Park, T., Fraud Findings, in: TIA Juni 1989, S. 67 ff.

Steger, U., Handbuch des Umweltmanagements, München 1992.

Strothmann, K.H. und Klicke, M., Innovationsmarketing, Wiesbaden 1989.

T

Taylor, F.W., The Principles of Scientific Management, New York 1911.

Theissen, M.R., Die Überwachung der Unternehmensführung, Stuttgart 1987.

Thom, N., Stelle, Stellenbildung und -besetzung, in: HWO, 3. Aufl., Stuttgart 1992, Sp. 2321 ff.

Thümmel, M., Berufswürdiges Verhalten, in: HWRev, 2. Aufl., Stuttgart 1992, Sp. 200 ff.

Treuhand-Kammer, Hrsg., Revisionshandbuch der Schweiz 1992, 2 Bde., Zürich 1993.

U

UEC-Empfehlung Nr. 6, Gewährleistung und Verbesserung der Prüfungsqualität – Quality Control, in: WPg 1979, S. 479 ff.

UEC-Entwurf einer Empfehlung zur Abschlußprüfung Nr. 7: Auswirkungen der Innenrevision auf den Umfang der Abschlußprüfung, in: WPg 1979, S. 327 ff.

UEC-Kommission für Berufsgrundsätze, Hrsg., Empfehlung zu den Berufsgrundsätzen und Vorschlag einer Empfehlung: Beziehungen zu Kollegen, 1980.

V

Völker, R., Innovationsentscheidungen und Marktstruktur, Heidelberg 1990.

VO 1/1982, Gemeinsame Stellungnahme der Wirtschaftsprüferkammer und des Instituts der Wirtschaftsprüfer Deutschland e.V. „Zur Gewährleistung der Prüfungsqualität".

Vogel, G., Erwartungen an die Beratung durch den Wirtschaftsprüfer, in: WPg 1988, S. 633 ff.

Votteler, G., Die ordnungsmäßige Dokumentation von Datenverarbeitungsprogrammen, Schwarzenbeck 1982.

W

Wagner, J., Inventurprüfung, in: HWRev, 2. Aufl. Stuttgart 1992, Sp. 908 ff.

Wanik, O., Internes Kontrollsystem, Prüfung, in: HWRev, 2. Aufl., Stuttgart 1992, Sp. 896 ff.

Welker v., A., Organisation des Risk Managements, in: HWO, 3. Aufl., Stuttgart 1992, Sp. 2212 ff.

Wildemann, H., Lean Management, Strategien zur Erreichung wettbewerbsfähiger Unternehmen, Frankfurt/Main 1993.

Wollnik, M., Implementierung computergestützter Informationssysteme, Berlin 1986.

Womak, J.P., Jones, D.T. und Roos, D., The Machine that changed the Work (Study of the International Motor Vehicle Program), Massachusetts Institute of Technology (MIT), USA, New York 1990.

WP-Handbuch 1985/86, Bd. 1, 9. Aufl., Düsseldorf 1985.

WP-Handbuch 1992, Bd. 1, 10. Aufl., Düsseldorf 1992.

WPK, Hrsg., Richtlinien für die Berufsausübung der Wirtschaftsprüfer und vereidigten Buchprüfer – Stand 12. März 1987, Düsseldorf 1987.

WPK, Hrsg., Der Wirtschaftsprüferberuf. Eine Information für den Berufsnachwuchs, Düsseldorf 1988.

WPK, Hrsg., Die Wirtschaftsprüferkammer – Organisation der beruflichen Selbstverwaltung der Wirtschaftsprüfer und vereidigten Buchprüfer. Düsseldorf, Januar 1989.

Wyden, R., US Congress looks at Internal Auditors, in: TIA Oktober 1987, S. 4 ff.

Z

Zimmermann, H.J., Stichprobenprüfung, Schätzstichprobe, in: HWRev, 2. Aufl., Stuttgart 1992, Sp. 1874 ff.

Zünd, A., Revisionsethik, Wirtschaftsethik als Prüferverhalten und Prüfungsobjekt, in: Bewertung, Prüfung und Beratung in Theorie und Praxis, Bd. 107 der Schriftenreihe der Treuhand-Kammer, Zürich 1992, S. 543 ff.

17. Stichwortverzeichnis

Verfasser

Hofmann, Rolf
Studium der Wirtschaftswissenschaft und Technologie an den Universitäten San Franzisko, Frankfurt am Main, Köln und Bochum. Professor, Dr. rer. pol., Dipl. - Kfm.
Weltweite Beratungserfahrungen in den Industriezweigen Montan, Steine und Erden, Zement, Elektro, Maschinenbau und Chemie, u. a. als Vorstand und Geschäftsführer.
Langjährige Leitung der Konzernrevision eines Weltunternehmens. Zehn Jahre Vorstandssprecher und Vorstand – jetzt Mitglied des Wissenschaftlichen Beirats – des Deutschen Instituts für Interne Revision (IIR). Ehemals Präsident der European Confederation of Institutes of Internal Auditing (ECIIA).
Lehre der Betriebswirtschaft an der Ruprecht-Karls-Universität Heidelberg. Lehrauftrag an der Ruhr-Universität Bochum.
Personal- und Unternehmensberater. Umfangreiche Fachpublikationen.

Hofmann, Ingo
Studium der Wirtschaftswissenschaft, Wirtschaftsinformatik und Elektrotechnik an der Ruhr-Universität Bochum. Erstes Staatsexamen. Zweijähriges Studienseminar und Zweites Staatsexamen.
Tätigkeit in verschiedenen Industrieunternehmen, in der Unternehmensberatung und im Verlagswesen. Lehramt, StR.
Zahlreiche Fachpublikationen